动力分散型动车组副司机
岗位培训教材

《动力分散型动车组副司机岗位培训教材》编委会　编

中国铁道出版社有限公司

2024年·北京

内 容 简 介

本书从安全知识、基础知识、专业知识、相关知识、基本技能以及职业素养等方面,对动力分散型动车组副司机所需的知识进行了介绍,共分二十二章。第一、二章为安全知识,包括劳动安全和专业安全;第三章至第二十章为理论知识,包括高速铁路及动车组技术概论、牵引供电、动车组基本构造等;第二十一章为实作能力,包括防护、应急救援设备的使用;第二十二章为综合能力,包括法律法规和职业道德。

本书可作为动力分散型动车组副司机的岗位培训教材,也可供相关技术人员参考使用。

图书在版编目(CIP)数据

动力分散型动车组副司机岗位培训教材/《动力分散型动车组副司机岗位培训教材》编委会编. —北京:中国铁道出版社有限公司,2024.7

ISBN 978-7-113-31098-1

Ⅰ.①动… Ⅱ.①动… Ⅲ.①高速动车-驾驶员-岗位培训-教材 Ⅳ.①U268.48

中国国家版本馆 CIP 数据核字(2024)第 054199 号

书　　名:动力分散型动车组副司机岗位培训教材
作　　者:《动力分散型动车组副司机岗位培训教材》编委会

责任编辑:袁文东　　　　编辑部电话:(010)51873421　　　　电子邮箱:jiche@tdpress.com
编辑助理:何志伟
封面设计:郑春鹏
责任校对:刘　畅
责任印制:樊启鹏

出版发行:中国铁道出版社有限公司 (100054,北京市西城区右安门西街 8 号)
网　　址:http://www.tdpress.com
印　　刷:北京联兴盛业印刷股份有限公司
版　　次:2024 年 7 月第 1 版　2024 年 7 月第 1 次印刷
开　　本:787 mm×1 092 mm 1/16　印张:24.5　字数:584 千
书　　号:ISBN 978-7-113-31098-1
定　　价:120.00 元

编委会

前　言

为了加快动车组司机培养进度，适应铁路运输发展需求，机车乘务员队伍中新增了动力分散型动车组副司机岗位。针对动力分散型动车组副司机的学习和培训计划，根据"铁路特有工种技能培训规范"《动力分散型动车组副司机》相关要求，本着"现场需要什么学什么，急需什么先学什么"的原则，编者参考相关规章制度、技术文件等编写了《动力分散型动车组副司机岗位培训教材》。

本书主要内容为动车组各系统及主要设备的构造、原理及功能等。对涉及乘务员操作部分的内容重点介绍，对其他的设备及工务、电务、供电、车务等相关专业知识做简略介绍。书中结合现场实际情况，涵盖岗位培训规范相关内容，既有动车组专业及行车基础知识，又有部分实作操作技能，同时尽量减少艰涩复杂的理论部分，力求通俗易懂，为动力分散型动车组副司机提供一本接触动车组、学习动车组、掌握动车组的教材。

本书由济南机务段吴伟、吴献伟，济南局集团公司机务部吕向阳主编，昆明局集团公司机务部徐肖武，上海局集团公司机务部徐育敏、朱爱民，南宁局集团公司机务部邓家亮，济南机务段韩茂鹏、张珂、吴卓青，呼和浩特机务段银俊、屈志敏，三棵树机务段邵和，牡丹江机务段唐强，石家庄电力机务段牛秀凯，青岛机务段周涛，乌鲁木齐机务段田剑，柳州机务段梁炜，江岸机务段王治存，洛阳机务段陈保伟参与编写。由于编者水平有限，书中不足之处敬请读者指正。

编　　者
2023 年 10 月

目　　录

第一章 劳 动 安 全

第一节 劳动安全相关标准

本章节所指标准是国家标准化行政主管部门依照《中华人民共和国标准化法》制定的在全国范围内各行业均适用并应执行的安全生产技术规范。

一、安全标志

安全标志是用来表达某种特定安全信息的标志,由图形符号、安全色、几何形状(边框)或文字构成,分为禁止标志、警告标志、指令标志和提示标志四种类型。

(一)禁止标志

禁止标志是禁止人们不安全行为的图形标志(共有 40 个),其基本形式是带斜杠的圆边框,如图 1-1 所示。

(二)警告标志

警告标志是提醒人们引起注意,以避免可能发生危险的图形标志(共有 39 个),其基本形式是正三角形边框,如图 1-2 所示。

禁止吸烟
NO SMOKING

(a)

禁止右转弯

(b)

注意安全
Caution danger

(a)

止步 高压危险

(b)

图 1-1 禁止标志   图 1-2 警告标志

(三)指令标志

指令标志是强制人们必须做出某种动作或采用防范措施的图形标志(共有 16 个),其基本形式是圆形边框,如图 1-3 所示。

（四）提示标志

提示标志是向人们提供某种信息（如标明安全设施或场所等）的图形标志（共有 8 个），其基本形式是正方形边框，如图 1-4 所示。

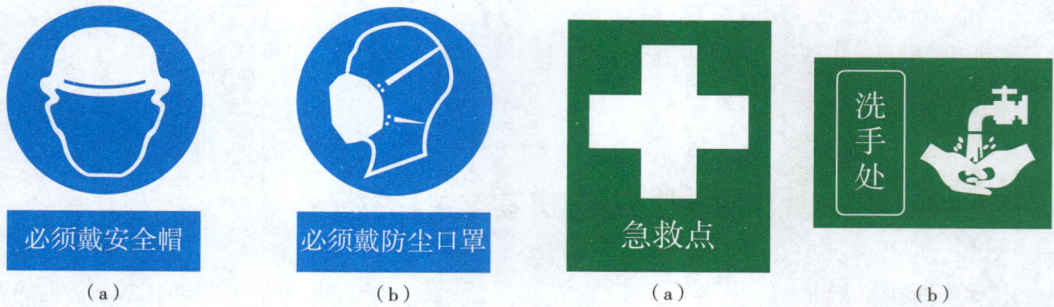

图 1-3　指令标志　　　　　　　　　　图 1-4　提示标志

（五）提示标志的方向辅助标志

提示标志需提示目标的方位时要加方向辅助标志。需要指示左向或向下时，辅助标志应放在图形标志的左方，如指示右向时，则应放在图形标志的右方，如图 1-5 所示。

图 1-5　提示标志的方向辅助标志

（六）文字辅助标志

文字辅助标志的基本形式是矩形边框，有横写和竖写两种形式。

二、安　全　色

在各种安全标志上使用安全色及对比色。安全色包括红、蓝、黄、绿四种颜色，对比色包括黑、白两种颜色。

（一）安全色含义及其使用范围

1. 红　　色

红色是传递禁止、停止、危险或提示消防设备、设施的颜色。用于各种禁止标志、交通禁令标志、消防设备标志、机械的停止按钮、刹车及停车装置的操纵手柄；机器转动部件的裸露部位，仪表刻度盘上极限位置的刻度；各种危险信号等。

2. 蓝　　色

蓝色是传递必须遵守的指令性信息的颜色。用于各种指令标志、道路交通标志和标线中的指示标志等。

3. 黄　　色

黄色是传递注意、警告信息的颜色。用于各种警告标志、道路交通标志和标线中警告标志、警告信号等。

4. 绿　　色

绿色是传递安全的提示性信息的颜色。用于各种提示标志、机器启动按钮及安全信号；急救站、疏散通道、避险处、应急避难场所等。

5. 黑　　色

黑色用于安全标志的文字、图形符号和警告标志的几何边框。

6. 白　　色

白色用于安全标志中红、蓝、绿的背景色，也可用于安全标志的文字和图形符号。

（二）对 比 色

对比色包括白色和黑色，和安全色同时使用时，应按规定搭配使用，宽度相同。可根据设备大小及安全标志位置的不同使用不同的宽度，每种颜色不少于两条，如图1-6所示。

图1-6　对比色

三、劳动防护用品分类

（一）概念和作用

劳动防护用品是作业人员在劳动过程中为防御物理、化学、生物等有害因素伤害人体而穿戴和配备的各种物品的总称。

（二）分　　类

劳动防护用品分为一般劳动防护用品和特种劳动防护用品，按对人体的防护部位分类，劳动防护用品通常分为九大类。

1. 头部防护用品

头部防护用品用于防御头部不受外来物体打击和其他危险、有害因素的侵袭。伤害头部的主要因素有物体打击伤害、高处坠落伤害、机械伤害、污染毛发（头皮）伤害。

2. 呼吸器官防护用品

呼吸器官防护用品是为防止呼吸道吸入有害气体、粉尘、气溶胶、烟雾等，或直接向使用者提供氧气或清净空气，保证尘、毒污染或缺氧环境中作业人员正常呼吸的防护用具。伤害呼吸器官的主要因素有生产性粉尘和生产性有害物。

3. 眼面部防护用品

眼面部防护用品是用于防御眼面部不受烟雾、尘粒、金属火花和飞屑、热、电磁辐射、激光、化学飞溅物等伤害的防护用品。常见的眼面部伤害主要有异物性眼伤害、化学性眼（面）伤害、非电磁辐射眼伤害、电磁辐射眼伤害、微波和激光眼伤害。

4. 听觉器官防护用品

听觉器官防护用品用于防御噪声侵入耳道，预防噪声对人身引起的不良影响。对听力的损害因素有机械性噪声、空气动力性噪声、电磁性噪声。

5. 手部防护用品

手部防护用品用于防御手部不受外来物体打击和其他危险及有害因素。对手部的伤害因素有火与高温、低温、电磁与电离辐射、电、化学物质、撞击、切割、擦伤、微生物侵害以及感染等。

6. 足部防护用品

足部防护用品用于防御足部不受外来物体打击和其他危险及有害因素。对足部的伤害因素主要有重物、锐利物品、高温、低温、化学物质、电、静电等。

7. 躯干防护用品

躯干防护用品用于防御躯干不受外来物体打击和其他危险及有害因素。对躯干的伤害因素主要有高温、强辐射热、低温、电磁与电离辐射、化学物质、电、静电等。躯干防护用品就是通常讲的防护服。

8. 护肤用品

护肤用品用于防止皮肤（主要是手、面等外露皮肤）免受化学、物理等有害因素的危害。对皮肤的伤害因素主要有高温、低温、紫外线、化学物质等。

9. 其他劳动防护用品

根据防护功能分为防高温的遮阳伞，防坠落用品的安全带（绳）和安全网，水上救生圈（筏、艇），电绝缘地板，防滑垫等，如图1-7所示。

四、动车组副司机劳动安全关键点通用控制措施

1. 严格遵守劳动纪律和作业纪律，班前充分休息，严禁班前、班中饮酒；严禁脱岗、串岗、私自替班或换班，班中不得做与工作无关的事情。

2. 新上岗、转岗、提职职工必须进行单位、车间、班组三级安全教育及其他规定的安全教育，经培训考试合格后方准上岗单独作业。

3. 行车、特种作业人员，机械设备、工具操作人员，须经专业安全技术培训考试合格后，方准持证上岗。

4. 作业中必须按规定着装、佩戴防护用品、正确使用防护用具，严格执行安全技术操作规程。

图1-7　部分劳动保护用品

5. 横越线路时,必须做到"一站、二看、三通过",严禁抢越、钻车或穿越两车间隙,严禁在道心或轨枕上行走,严禁扒乘机车车辆以车代步。

6. 顺路肩行走时注意线路上机车车辆移动情况并不得侵入机车车辆限界。

7. 电气化区段作业人员除落实上述措施外,还应严格执行《电气化铁路有关人员电气安全规则》。

第二节　预防机车车辆伤害

机车车辆伤害是指铁路机车车辆在移动过程中碰、撞、轧、压、挤、摔等造成作业人员伤亡。机车车辆伤害是铁路运输生产中的主要伤害之一,作业人员在站场与线路上因侵入限界、安全距离不足、作业防护不当、未执行作业安全标准等都容易造成机车车辆伤害。

一、机车车辆伤害的主要因素

事故因素包括人的因素、物的因素、环境因素和管理因素四个方面。

(一)人的因素

1. 作业人员安全意识淡薄,缺乏防护技能,如作业人员没有树立安全意识、不遵守安全规章、存在侥幸心理等。

2. 作业人员侵入机车车辆限界,如检查机车车辆时侵入邻线等。

3. 作业人员盲目穿越线路,如横越线路时,未执行"一站、二看、三通过"规定等。

4. 作业人员违反有关作业标准,如动车前,未确认车组人员到齐和车上车下无其他作业人员即动车等。

5. 防护用品、用具使用不规范,如未正确使用劳动防护用品;夜间作业时穿戴无反光标志的防护服等。

(二)物的因素

1. 防护装置、设施存在缺陷,如:防护装置、设施损坏、失效、失灵;防护装置、设施使用不当;夜间作业方位灯显示不良;调车信号显示距离不够;机车车辆防护栏作用不良等。

2. 劳动安全防护用品、用具存在缺陷,如:使用不符合标准的劳动安全防护用品、用具;防护用品、用具作用不良;高可视警示服反光标志失效;防护雨衣、防寒帽无耳孔等。

(三)环境因素

1. 作业场所环境不良,如:作业处所多条线路间距离较近;作业通道狭窄、杂乱、不平整、湿滑;作业处所声音嘈杂;作业处所货物堆放安全距离不足,存在未回收的废旧轨料;调车作业处所未设置路肩、调车平台等。

2. 恶劣天气,如:寒冷的冬季进行室外作业;高温天气进行室外作业;作业时遇降雾、暴风雨(雪)、扬沙等恶劣天气等。

3. 站场照明条件不良,如照明灯具少,照明灯具作用不良、损坏严重等。

4. 特殊地形地貌,如:作业处所线路存在大弯道,瞭望条件不良;作业处所存在无避车台的桥梁、隧道;作业处所安全避车距离不够等。

(四) 管理因素

1. 安全规章制度不完善,如:未根据实际情况制定相关安全规章制度;制定的作业标准不规范;作业项目缺乏安全控制措施;应急预案及响应存在缺陷等。

2. 安全培训教育不到位,如:未按规定对作业人员进行安全警示教育培训;未按规定组织作业人员进行安全防护知识学习。

3. 监督检查不到位,如:单位对现场作业缺乏监督检查;检查发现违章、违纪现象不重视、无整改;处理影响安全的问题不主动、不迅速;检查发现安全问题没有及时整改,未做到闭环管理等。

4. 劳动安全投入不足,如:不按规定配发劳动保护用品用具;配发防护用品用具不全等。

二、站场与线路行走安全

站内、区间行走是确保人身安全的关键,安全避车是避免被运行中的机车车辆碰撞而受到伤害的重要环节。铁路作业人员在站场或线路上行走、横越时,应严格遵守站场、线路行走和避车的相关规定。

1. 在站内行走应走车站固定行走线路,如站台或线路两侧平坦处。

2. 顺线路行走时,应走路肩,并注意本线、邻线的机车、车辆和货物装载状态。严禁在道心、轨枕上行走,不准脚踏钢轨面、道岔连接杆、尖轨等。

3. 在区间行走时应走路肩,不间断瞭望,在双线区间应面迎列车运行方向行走,禁止在邻线和两线中间行走或躲避列车。

4. 严禁扒乘机车、车辆,以车代步,禁止从行驶中的机车、车辆上跳下。

5. 不准在钢轨上、车底下、轨枕、道心里坐卧或站立。

6. 严禁在运行中的机车、车辆前方抢越。

7. 横越线路时,应走地下道或天桥。必须横越线路时,应"一站、二看、三通过",并注意左右机车、车辆的动态及脚下有无障碍物。

8. 横越停有机车、车辆的线路时,先确认机车、车辆暂不移动,然后在该机车、车辆端部5 m 以外绕行通过。

9. 必须横越列车、车列时,应先确认列车、车列暂不移动,然后由通过台或两车车钩上越过,勿碰开钩销,要注意邻线有无机车、车辆运行,严禁钻车底。

10. 禁止在未设置避车台的桥梁上躲避列车。若通过桥梁或进入下一个避车台时,必须确认具备安全通过条件时,方可通过桥梁。

三、预防机车车辆伤害安全知识和作业防护措施

1. 动车前,必须确认车组人员到齐和车上车下无其他作业人员,先鸣笛,后动车。

2. 邻线有列车通过时,不得在列车的通过一侧检查作业。

3. 上下机车车辆应在靠站台侧进行。禁止在邻近正线侧检查作业,特殊情况需要在邻近正线侧检查作业时,应通知车站并采取防护后,方可进行。

4. 严禁飞乘、飞降机车车辆。机车车辆在走行中,严禁在外走板、梯子、排障器等车体外部站立或从事修理工作。

5. 严禁无资质人员操纵机车或动车组。进行检查、起动试验前应保持全列止制动状态。

6. 在整备作业过程中,司机、副司机应按其各自职责和工作范围进行,并注意互相配合和联络;当副司机因作业离开司机室时,必须告知司机,特别在走行部或电器柜处进行工作时,应做好防溜措施并在操作手把上悬挂禁动牌。禁止在无地沟处钻入车底作业。

7. 驾驶途中严禁"三超一疲劳"(超速、超员、超载、疲劳驾驶)。严禁酒后驾车或带病出车。

第三节 预防触电

电气设备设施因接触不良、接线松脱、绝缘老化破损,形成漏电、短路等可能会导致触电伤亡或电气火灾事故。特别是在电气化铁路上,接触网等设备带有 27 kV 的高压电,更应注意触电事故的预防。

一、电气安全基本知识

(一)触电的生理机制

电流通过心脏会造成心脏功能紊乱,破坏原有的收缩、扩张节奏,心力衰竭,血液循环终止,使人因大脑缺氧而死亡;电流通过中枢神经(脑部和脊髓),可使呼吸停止、瘫痪;电流的热效应会造成电灼伤;电流的化学效应会造成电烙伤和皮肤金属化;电磁场的能量还会产生辐射。

对于工频电,按照通过人体的电流大小及呈现的不同反应,分为四个触电级别:

1. 感知电流:引起人体感觉但无有害生理反应的最小电流。

2. 反应电流:通过人体能引起肌肉不自觉收缩的最小电流值,通用值为 0.5 mA。

3. 摆脱电流:触电后能自主摆脱电源而无病理性的最大电流,成人为 10 mA,也是人体的安全电流。

4. 致命电流:引起心室颤动而危及生命的最小电流,成人一般为 50 mA。

(二)电流通过人体的途径

从左手到前胸是最危险的电流路径。这时心、肺、脊髓等器官都处于电路内,很容易引起心颤和中枢神经失调而危及生命。从右手到脚的危险小一些,但会因痉挛而摔伤,造成二次伤害。从右手到左手的危险性比右手到脚要小些。危险性最小的是从左脚到右脚,但触电者可能会因痉挛而摔倒,导致电流通过全身或二次伤害,所以电流通过人体各途径的安全性是相对的,每一种途径都会危及生命。

(三)安全电压

安全电压以通过人体的电流(不超过安全电流)与人体电阻(人体电阻与导电途径、皮肤潮湿、多汗、有损伤、导电扬尘、接触面、接触压力有关)的乘积为依据,这是一个不确定的值。我国现行的安全电压额定值的等级为 42 V、36 V、24 V、12 V 和 6 V。一般性的规定是:在干燥情况下,安全电压为 36 V。在隧道或潮湿场所,人体皮肤受潮,同时电器设备的金属外壳和能导电的构造物表面结露,规定安全电压为 12 V。在游泳池或设有电路的水槽内,规定安全电压为 6 V。国家标准《特低电压(ELV)限值》(GB/T 3805)规定,在干燥的情况下,特低电压极限值为 33 V;在潮湿场所,特低电压极限值为 16 V。

二、电气化铁路安全知识

电气化铁路牵引供电设备带有高压电,因此与非电气化铁路相比,电气化铁路对人身安全和作业安全提出了更高的要求。

电气化铁路主要由电力机车(或动车组)和牵引供电系统两大部分组成,将电能从电力系统传送给电力机车的电力装置的总称叫作电气化铁路的供电系统,又称牵引供电系统,主要由牵引变电所和接触网两大部分组成。牵引变电所将电力系统输电线路电压从 110 kV (或 220 kV)降到 27.5 kV,经馈电线将电能送至接触网;沿着铁路线的两旁,架设着一排支柱,上面悬挂着金属线,即为接触网。接触网是向电力机车直接输送电能的设备,电力机车(动车组)升弓后便可从接触网取得电能,用以牵引列车。

牵引供电构成的回路:牵引变电所—馈电线—电力机车—钢轨和大地—回流线—牵引变电所,如图 1-8 所示。

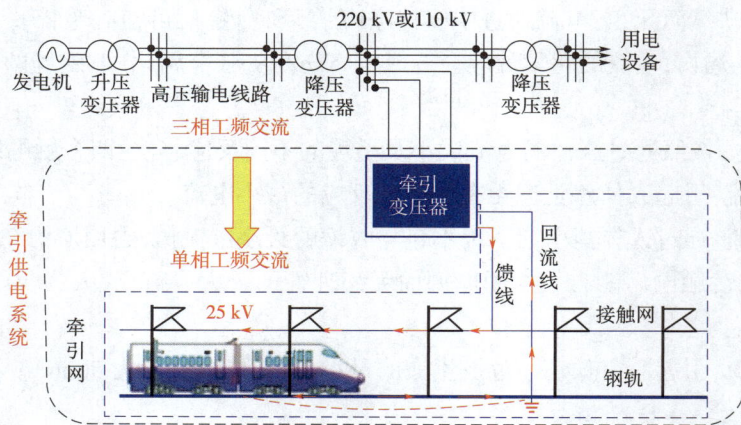

图 1-8　牵引供电系统

接触网是电气化铁路上的主要供电装置,它通过支柱及软横跨、硬横跨,以一定的悬挂形式将接触线直接架设在铁路的上方。接触网的功能是通过与电力机车车顶部分受电弓的滑动接触将电能供给电力机车(或动车组)。接触网额定电压值为 25 kV,最高工作电压为 27.5 kV,短时(5 min)最高工作电压 29 kV,最低工作电压为 19 kV(高速铁路为 20 kV)。架空式接触网主要由接触悬挂部分、支持装置、定位装置、支柱和基础四大部分组成。接触悬挂部分、支持装置、定位装置带电，与支柱（或其他建筑物）接地体之间用绝缘子隔开，如图 1-9 所示。

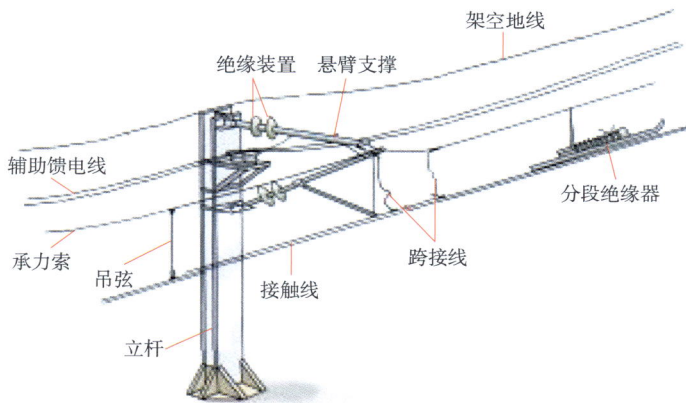

图 1-9　接触网主要结构

三、触电的方式

电流通过人体叫触电。人体触电方式有：直接接触触电、间接接触触电、跨步电压触电、感应电压触电、雷电触电、静电触电。触电时人体会受到某种程度的伤害，按其形式可分为电击和电伤两种。

（一）直接接触触电

人体直接接触或靠近电气设备及线路的带电体而发生的触电现象称为直接接触触电，如单相触电、两相触电、电弧伤害等。

1. 单相触电

当人站在地面上或其他接地体上，人体的某一部位触及一相带电体时，电流通过人体流入大地（或中性线），称为单相触电。对于高压带电体，人体虽未直接接触，但由于超过了安全距离，高电压对人体放电，造成单相接地而引起的触电，也属于单相触电，如图 1-10 所示。

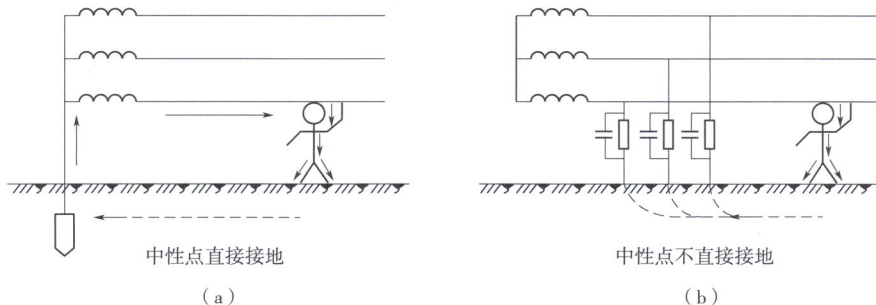

中性点直接接地　　　　　　　　中性点不直接接地
（a）　　　　　　　　　　　（b）

图 1-10　中性点直接接地和不直接接地的单相触电

一般情况下,接地电网里的单相触电比不接地电网里的危险性大。低压电网通常采用变压器低压侧中性点直接接地和中性点不直接接地(通过保护间隙接地)的接线方式。

(1)中性点直接接地

中性点直接接地的后果与人体和大地间的接触状况有关。如果人体站在干燥绝缘的地板上,因人体与大地间有很大的绝缘电阻,通过人体的电流就很小,不会有触电危险;如果地板潮湿,就有触电危险。在低压中性点直接接地的人中,单相触电事故在地面潮湿时易于发生。如高压架线断线,人体碰及断导线往往会致触电事故。此外,在高压线路周围作业,未采用安全措施,碰及高压导线触电事故也时有发生。

(2)中性点不直接接地

中性点不直接接地情况下,电流将从电源相线经人体、其他两相的对地阻抗回到电源的中性点,从而形成回路。此时,通过人体的电流与线路的绝缘电阻和对地电容的数值有关。正常情况下,设备的绝缘电阻相当大,通过人体的电流很小,一般不致造成对人体的伤害。

2. 两相触电

人体同时接触带电设备或线路中的两相导体,或在高压系统中,人体同时接近不同相的两相带电导体而发生电弧放电,电流从一相导体通过人体流入另一相导体,构成一个闭合回路,这种触电方式称为两相触电,如图 1-11 所示。

两相触电加在人体上的电压为线电压,电流将从一相导线经人体流入另一相导线,因此不论电网的中性点接地与否,其触电的危险性都最大。设线电压为 380 V,人体电阻为 1 700 Ω,则流过人体内部的电流达到 224 mA,将危及生命。

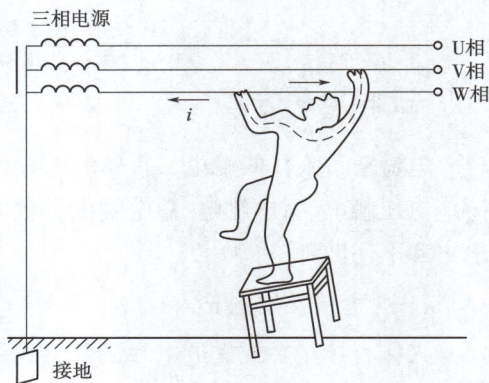

图 1-11　两相触电

(二)间接接触触电

间接接触触电是由于电气设备(包括各种用电设备)内部的绝缘故障,而造成其外露可导电部分(金属外壳)可能带有危险电压(在设备正常情况下,其外露可导电部分是不会带有电压的),当人员误接触到设备的外露可导电部分时,便可能发生触电。

(三)跨步电压触电

跨步电压是指电气设备碰壳或电力系统一相发生接地短路时,电流从接地处四散流出,在地面上形成不同的电位分布,人走近短路点时,两脚之间存在电位差,如图 1-12 所示。当跨步电压达到 40 V 以上时,将有触电危险,特别是人被跨步电压击倒后加大了人体的触电电压,从而造成意外和死亡。发现有跨步电压

图 1-12　跨步电压

危险时,应单足或并双足跳离危险区,亦可沿半径垂直方向小步慢慢退出。

(四)感应电压触电

由于带电设备的电磁感应和静电感应的作用,将会在附近的停电设备上感应出一定电位。高压双回路、多回路同杆架设以及两条平行架设的线路,如果一条线路带电,会造成另外停电的线路带电,特别是当和停电检修平行接近的带电线路出现三相不平衡或单相接地时,对停电线路的感应使其意外地带有危险电压,称为感应电压。

当线路电压等级在 220 kV 及以上时,感应电压已经不容忽视,必须采取措施加以防护。其根本的防护办法是:穿上既能与地有良好接触,又有一定屏蔽作用的静电防护服或导电鞋,以保持人体与地的良好接触向大地流泄电荷。

(五)雷电触电

雷击可分为直击雷和感应雷。直击雷是云层与地面凸出物之间的放电,感应雷分为静电感应雷和电磁感应雷。静电感应雷是由于带电积云接近地面,在架空线路导线或其他导电凸出物顶部感应出大量电荷引起的。电磁感应雷是由于雷电放电时,巨大的冲击雷电流在周围空间产生迅速变化的强磁场引起的,如图 1-13 所示。

(六)静电触电

用电设备的某个部位上储存的电荷通过人体放电引起的触电,如图 1-14 所示。

图 1-13　雷电触电

图 1-14　静电触电

四、触电伤害的主要因素

事故因素包括人的因素、物的因素、环境因素和管理因素四个主要方面。

(一)人的因素

1. 接触网断线触地后,未设置防护人员进行防护。
2. 未取得调度发布的停电作业命令进行作业。
3. 在作业区两端未进行验电接地。
4. 在可能来电方向的停电设备上未进行验电接地。

5. 作业区段附近有安全距离不足的其他带电设备,未进行停电并验电接地。

6. 停电作业附近有平行带电的电线路或接触网时,未在停电设备上增设接地线。

7. 有电机车(动车)带电进入无电区。

8. 误送电。

9. 所有接地、接零线等装置不牢固;接地极、接地线材料的选择不合理;接地装置的安装不牢固;接地电阻的大小不符合规范要求。

(二)物的因素

1. 未采用绝缘包装,电气设备通电部位裸露在外,人员容易触碰到。

2. 电气设备所用绝缘材料的选择不符合要求,绝缘性能不好。

3. 电气设备或线路绝缘老化,导线、引线及接头部位存在过热变色现象。

4. 临时线路绝缘不好,线径与负荷不匹配。

5. 所有接地标志不齐全、不明显。

6. 防雷装置不够完好、不齐全。

7. 接地系统未连为一个整体。

(三)环境因素

1. 存在潮湿、腐蚀性场所或存在导电性粉尘、高温、导电及有可能触及电气设备外壳和接地设备的场所。

2. 在特别危险环境下,使用的手持电动工具、照明灯无安全特低电压保护。

(四)管理因素

1. 未建立健全规章制度,未专门配备安全管理机构和管理人员。

2. 未对作业人员进行专门安全培训,并取得特种作业人员操作证。

3. 未按规定对安全用具定期进行绝缘检测和试验。

4. 未按规定定期进行安全检查,对检查问题进行整改。

五、预防触电的作业安全要求

(一)保证用电安全的基础要素

1. 电气绝缘:用不导电的绝缘材料把带电体封闭起来。保持配电线路和电气设备的绝缘良好,是保证人身安全和电气设备正常运行的基本要素。电气绝缘的性能是否良好,可通过测量其绝缘电阻、耐压强度来衡量。

2. 安全距离:人体、物体等接近带电体而不发生危险的安全可靠距离。如带电体与地面之间、带电体与带电体之间、带电体与人体之间、带电体与其他设施和设备之间,均应保持一定距离。

3. 安全载流量:允许持续通过导体内部的电流量。如果电流超过安全载流量,导体的发热将超过允许值,导致绝缘损坏,甚至引起漏电和发生火灾。因此,根据导体的安全载流量选择导体截面和设备十分重要。

4. 标识:明显、准确、统一的标识是保证用电安全的重要因素。颜色标识表示不同性质、不同用途的导线;标示牌标志一般作为危险场所的标志;型号标志作为设备特殊结构的标志,A 相为黄色,B 相为绿色,C 相为红色。明敷接地线涂以黑色。二次系统交流回路用黄色,负电源用蓝色,信号和警告回路用白色。仪表盘上运行极限参数画红线等。

(二)电气化区段作业一般安全规定

电气化铁路牵引供电设备带有高压电,禁止直接或间接与上述设备接触,并保持安全距离。为保证电气化铁路沿线有关人员人身安全,防止触电伤亡事故,凡新建电气化铁路在牵引供电设备送电前 15 天,建设单位应将送电日期通告铁路沿线路内外各有关单位。自通告之日起,视为牵引供电设备带电,有关人员均须遵守相关规定。电气化铁路沿线路内外各单位均需组织学习《电气化铁路有关人员电气安全规则》的相关内容。电气化铁路相关作业人员每年须进行一次安全考试,考试合格后,方准参加作业。

1. 为保证人身安全,除牵引供电专业人员按规定作业外,任何人员及所携带的物件、作业工器具等须与牵引供电设备高压带电部分保持 2 m 以上的距离,与回流线、架空地线、保护线保持 1 m 以上距离,距离不足时,牵引供电设备须停电。

2. 机车、动车及各种车辆上方的接触网设备未停电并办理安全防护措施前,禁止任何人员攀登到车顶或车辆装载的货物上。

3. 牵引供电设备故障时,与牵引供电设备相连接的支柱、接地引下线、综合接地线等可能出现高电压,未采取安全措施前,禁止与其接触,并保持安全距离。

4. 发现牵引供电设备断线及其部件损坏,或发现牵引供电设备上挂有线头、绳索、塑料布或脱落搭接等异物,均不得与异物接触,应立即通知附近车站,在牵引供电设备检修人员到达未采取措施以前,任何人员均应距已断线索或异物处所 10 m 以外。

5. 牵引供电设备支柱及各部接地线损坏,回流吸上线与钢轨或扼流变压器连接脱落时,禁止非专业人员与之接触。

(三)机车、动车组、车辆作业安全规定

1. 电气化铁路区段各车站给水线、电力机车整备线和动车组整备线,在分段绝缘器内侧 2 m 处应设安全区域标志。

2. 在全部停电或部分停电的电气设备设施上工作时,必须完成停电、验电、挂接地线等安全技术措施。

3. 电气化铁路区段,当列车、动车组在运行途中发生故障,机车司机、动车组司机、动车组机械师等需上车顶作业时,严格按照相关规定办理停电。

第四节　消防安全

火灾是在时间和空间上失去控制,对财物和人身造成一定损害的燃烧现象。燃烧是可燃物与氧化剂作用发生的放热反应。燃烧不但产生巨大的热量,而且生成气体、蒸气、固体

物质和浓烟。在燃烧过程中有些物质是有毒有害的,对人体具有刺激、麻醉、窒息作用,直接威胁着人们的生命安全。

一、火灾燃烧的要素

发生火灾必须同时具备可燃物、氧化剂和引火源三个要素。

(一)可 燃 物

1. 气体、液体和固体物质。凡是在标准状况下能够在空气(氧)或其他氧化剂中燃烧的物质,一般都称为可燃物。少部分无机物和绝大部分有机物都是能够燃烧的。

2. 常见的有机物有天然气、液化石油气、汽油、煤油、煤、木材、塑料、橡胶、棉花、麻、化学纤维等。

(二)氧 化 剂

氧化剂是指与可燃物相结合导致燃烧的物质,又称助燃物。可燃物燃烧必须与氧化剂发生反应,否则燃烧不能发生。氧化剂主要是空气、氧气、氯气、硝酸等。

(三)引 火 源

引火源是指能够使可燃物与氧化剂发生燃烧反应的能量来源。引火源常见的是热能,还有其他如电能、化学能、光能及机械能等,多以热能表现出来。

常见的引火源主要有:

1. "明火"是比较强的热源,它能点燃任何可燃物质。因为火焰的温度在700~2 000 ℃之间,高于一般可燃物质的自燃点。

2. "火星"是在铁与铁、铁与石、石与石之间强力摩擦、碰撞时产生的高温渣粒,或者是从烟囱中飞出来的、施焊作业中溅出来的高温渣粒。这种"火星"的温度高达1 200 ℃,虽然热量不大,但可以引燃可燃气体和液体蒸气,也可以引燃某些固体物质,如棉花、干草、锯末等松软物质。

3. "电弧"和"电火花"是两极间放电产生的火花,或者是电击产生的电弧光,还有静电释放的电火花,由于这种引火源普遍存在于生活、生产之中,所以是易于被人们忽视的危险的引火源。

4. "化学反应热"和"生物热",即由于化学变化或生物作用产生的热能,这种热能如不及时散发掉,就有可能引发火灾或者爆炸事故。

二、火灾类型

根据物质及其燃烧特性划分,可将火灾分为以下四种类型:

1. A类火灾,是指固体物质火灾,如木材、棉、毛、麻、纸张、塑料制品、化学纤维等火灾。

2. B类火灾,是指液体和可熔化固体物质的火灾,如汽油、柴油、酒精、植物油、变压器油、各种溶剂、沥青、石蜡等火灾。

3. C类火灾,是指气体火灾,如煤气、天然气、氢气、沼气、氨气、一氧化碳等火灾。

4. D类火灾,是指金属火灾,如钾、钠、铝、镁、铝合金等火灾。

这种分类表明了燃烧物质的种类属性和扑救火灾时选择相应的灭火剂。

三、火灾隐患

造成火灾的原因很多,根据原因大致可分为电气隐患、物料隐患、生活用火隐患、吸烟隐患、违反安全规定隐患等。

(一) 电气隐患

电气隐患包括违反电气安装与使用规定以及伪劣电气产品;露天安装的电气设备(如发动机、闸刀开关、电灯等)淋雨进水,使绝缘受损;一些电气设备,如变压器、电动机、电容器、导线及接头等在运行中发热温度升高;使用电炉、大灯泡取暖;电气线路短路、超负荷运行、导线接触电阻过大;电气线路导线裸露或绝缘破损,相线与相线、相线与零线或大地在电阻很小或没有通过负载的情况下相碰,产生电流突然大量增加或乱拉乱接电线,不按使用要求随意加大负荷,电线绝缘老化,不按时更换电线,忘记断电造成长时间通电等。

(二) 物料隐患

物料隐患包括易燃易爆化学危险物品自燃,以及煤、稻草麦秸、涂油物、鱼粉等自燃引起的火灾。

(三) 生活用火隐患

生活用火隐患是指生活或涉及生活的用火,包括炉灶(炉具)设置、使用不当,余火复燃,明火照明,生火取暖,熏蚊不当,在火灾事故中一直占较大比例。

(四) 吸烟隐患

吸烟隐患包括吸烟入睡、醉酒吸烟、随地乱扔烟蒂、火柴梗以及在有爆炸危险场所违章吸烟等和随地扔烟蒂和火柴梗,在火灾事故中也占一定比例。

(五) 违反安全规定隐患

违反安全规定是指生产、储存、运输等作业过程中违反规章制度或操作规程新导致的不安全因素,例如违章动火、施焊切割、违章操作等引起的火灾,也占到火灾事故的一定比例。

四、灭火方法

灭火的基本原理就是在发生火灾后,通过采取一定的措施,把维持燃烧所必须具备的条件之一消除,使其不能继续进行,火就会熄灭。因此,采取降低着火系统温度、断绝可燃物、稀释空气中的氧浓度、抑制着火区内的链式反应等措施,都可达到灭火的目的。

(一) 灭火的基本方法

1. 火灾报警方法

发生火灾时,首先要拨打"119"火警电话,及时准确的报警是火灾施救的关键。

(1)火警电话接通后,应讲清着火单位,所在区县、街道、门牌号码或乡村的详细地址。

(2)要讲清什么东西着火,起火部位,燃烧物质和燃烧情况,火势如何。

（3）报警人要讲清自己的姓名、工作单位和电话号码。

（4）报警后要有专人在街道路口等候消防车到来，引导消防车去往火场，以便迅速、准确地到达起火地点。

2. 冷却灭火法

根据可燃物质发生燃烧时必须达到一定温度这个条件，将灭火剂直接喷洒在燃烧着的物体上，使可燃物质的温度降到燃点以下，使其停止燃烧。

3. 窒息灭火法

根据可燃物质燃烧需要足够的助燃物质（空气、氧）这一条件，采取阻止空气进入燃烧区的措施，或断绝氧气而使燃烧物质熄灭。为将火灾熄灭，需将水蒸气、二氧化碳等惰性气体引入着火区，以稀释着火空间的氧浓度。当着火区空间氧浓度低于12%，或水蒸气浓度高于35%，或二氧化碳浓度高于30%～35%时，燃烧一般都会熄灭。若可燃物本身含有化学氧化剂物质，是不能采用窒息灭火法灭火的。

4. 隔离灭火法

根据发生燃烧必须具备可燃物质这一条件，将燃烧物质与附近的可燃物隔离或疏散，中断可燃物的供应，使燃烧停止。

5. 化学抑制灭火法

化学抑制灭火法使灭火剂参与到燃烧反应中去，起到抑制反应的作用。具体而言就是使燃烧反应中产生的自由基与灭火剂相结合，形成稳定分子或低活性的自由基，从而切断了自由基的连锁反应链，使燃烧停止。

（二）常用灭火器的类型及使用方法

按充装灭火剂的种类不同，常用灭火器有二氧化碳型、干粉型、空气泡沫型、卤代烷型、水基型、7150型等灭火器具，如图1-15所示。

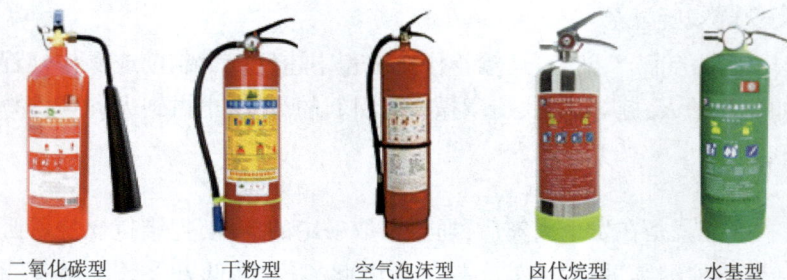

二氧化碳型　　干粉型　　空气泡沫型　　卤代烷型　　水基型

图1-15　常用灭火器

使用方法：

1. 储压式干粉灭火器。使用灭火器时注意，先使灭火器上下颠倒并摇晃几下，使内部干粉松动并与压缩气体充分混合。然后摆正灭火器，拔出手压柄和固定柄（提把）间的保险销，右手握住灭火器喷射管，左手用力压下并握紧两个手柄，使灭火器开启。待干粉射流喷出后，右手根据火灾情况，上下左右摆动，将干粉喷于火焰根部即可灭火。

2. 外储气瓶式干粉灭火器。外储气瓶式干粉灭火器主要由钢瓶、筒身、出粉管及喷嘴组成。使用时用力向上提起储气钢瓶上部的开启提环,随后右手迅速握住喷管,左手提起灭火器,通过移动和喷嘴摆动,将干粉射流喷于火焰根部即可灭火,灭火的使用如图 1-16 所示。

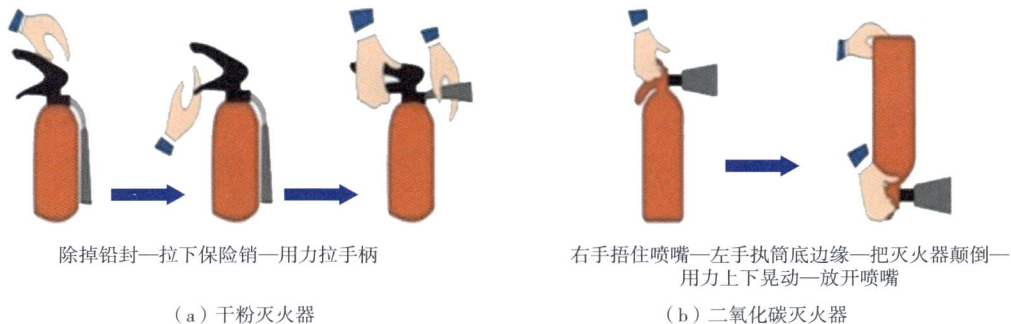

除掉铅封—拉下保险销—用力拉手柄　　　　　右手捂住喷嘴—左手执筒底边缘—把灭火器颠倒—
　　　　　　　　　　　　　　　　　　　　　　用力上下晃动—放开喷嘴

（a）干粉灭火器　　　　　　　　　　　　（b）二氧化碳灭火器

图 1-16　灭火器的使用

五、列车火灾应急处置

1. 立即停车。列车运行中发生火灾或爆炸事故时,应立即使用紧急制动,使列车停在安全地带。

2. 疏散旅客。列车发生火灾时,乘务员应迅速组织起火车厢旅客向邻近车厢或地面安全地带疏散。

3. 切断火源。列车运行中发生电器设备冒烟起火时,要立即关闭电源开关或断开保险。在电气化区段,应立即通知电力部门将接触网停电,以便灭火。在电源未切断前任何人不得用水灭火。

4. 迅速扑救。使用列车上的消防设备进行扑救。

5. 分离车辆。列车停妥后,应将着火车辆与其他车辆尽快分离。

6. 报告救援。尽快向上级机关和行车调度报告事故情况,请求救援,同时应迅速向"119"报警。

7. 抢救伤员。发现有人员受伤时,要积极地实施现场抢救,同时应迅速向"120"求救。

8. 保护现场。在扑救火灾时,要注意保护好火灾现场,严禁无关人员进入。

第五节　防暑降温

在酷热的环境中,当人体体温上升时,身体机能会自然地做出一些生理调节来降低体温,例如增加排汗和呼吸次数。当环境温度过高,这些生理调节不能有效地控制体温时,当体温升至 41 ℃ 或以上时,会出现全身痉挛或昏迷等现象,称为中暑。

一、中暑症状及处理办法

中暑按病性轻重可分为先兆中暑、轻症中暑与重症中暑三种。

（一）先兆中暑

一般表现为：疲乏、头昏、眼花、耳鸣、口渴、恶心、注意力不集中、动作不协调等症状。

处理方法：此时如能让病人立即离开闷热环境，到阴凉通风处，并松开衣服，让其喝点含盐饮料或冷开水，一般即可很快复原；如果病人不便转动，应立即打开窗户通风，或用电扇吹风，并给予清凉饮料或人丹、风油精等解暑药物，也可终止中暑的发展。

（二）轻症中暑

轻症中暑除了有先兆中暑的表现外，还可能出现以下症状：面色潮红、皮肤灼热、心悸胸闷、体温升高（38.5 ℃以上）、大量出汗、脉搏加快等。

处理方法：除需将病人立即搬离闷热环境外，还要脱去衣服，让其平卧，用冷水毛巾湿敷头部或包裹四肢和躯干，一边用电风扇吹风，让病人体温尽快下降。对面色苍白、伴有呕吐和大量出汗者，应及时喂以淡盐水（1 L水中加入2~3 g食盐）或清凉含盐饮料。

（三）重症中暑

重症中暑按症状可分为四种类型：热痉挛、热衰竭、日射病和热射病。

1. 热痉挛：多发生于大量出汗及口渴，饮水多而盐分补充不足致血中氯化钠浓度急速降低时。这类中暑发生时肌肉会突然出现阵发性的痉挛的疼痛。

2. 热衰竭：这种中暑常常发生于老年人及一时未能适应高温的人。主要症状为头晕、头痛、心慌、口渴、恶心、呕吐、皮肤湿冷、血压下降、晕厥或神志模糊。此时的体温正常或稍微偏高。

3. 日射病：由于直接在烈日下暴晒，强烈的日光穿透头部皮肤及颅骨引起脑细胞受损，进而造成脑组织的充血、水肿。由于受到伤害的主要是头部，所以最开始出现的不适就是剧烈头痛、恶心呕吐、烦躁不安，继而可出现昏迷及抽搐。

4. 热射病：在高温环境中从事体力劳动的时间较长，身体产热过多，而散热不足，导致体温急剧升高。发病早期有大量冷汗，继而无汗、呼吸浅快、脉搏细速、躁动不安、神志模糊、血压下降，逐渐向昏迷伴四肢抽搐发展；严重者可产生脑水肿、肺水肿、心力衰竭等。

处理方法：昏迷、抽筋、高烧、休克等症状，属于重症中暑，需要立即送医院急救。

二、中暑的主要因素

（一）生产性热源

生产性热源是指在生产过程中能够产生和散发热量的生产设备、产品或工件。铁路企业主要产生生产性热源的设备有内燃机车柴油机、锅炉等，处所有内燃机车驾驶室和机房、空调发电车机房等，接触生产性热源的作业人员有内燃机车乘务员、地勤检修人员、空调发电车司机等。

（二）高温天气露天作业

1. 高温天气露天作业存在高温、高辐射，作业时，人体会出现一系列生理功能改变，这些变化在一定限度范围内是适应性反应,但如超过范围,则会产生不良影响,甚至引起病变。

2. 铁路企业高温天气露天作业包括线路施工、维修作业,接触网施工、维修作业,电务施工、维修作业,调车作业、列检作业、房建施工作业等。

3. 从事铁路企业高温作业的人员包括线路工、巡道工、探伤工、信号工、接触网工、调车作业人员、列检作业人员、房建施工作业人员等。

(三)防暑降温缺陷

1. 高温天气露天作业,作业人员患有高血压、心脏病等禁忌疾病。

2. 高温天气露天作业,防暑降温措施不到位,如未佩戴防护用品。

3. 作业环境不良。如高温、高辐射、高湿度、通风不良、气压不适等。

4. 安全管理。如未建立防暑降温措施、高温中暑应急预案不完善、未进行防暑降温检查、职业安全卫生责任制未落实、作业现场未配备清凉饮料和防暑药品、对患有职业禁忌症的人员未调整岗位、高温天气作业人员连续作业时间超过国家规定等。

5. 防暑降温设施缺乏。如未合理设置电风扇、空调、通风机等。

三、防暑降温的基本知识和预防中暑措施

(一)防暑降温的基本知识

1. 作业人员作业时要按规定佩戴个人防护用品。

2. 对作业人员进行上岗前职业卫生培训和在岗期间的定期职业卫生培训,普及防暑降温、中暑急救等职业卫生知识。

3. 在高温工作环境设立休息场所。休息场所应当设有座椅,保持通风良好或者配有空调等防暑降温设施;要合理调整工休时间,注意劳逸结合,避免过度疲劳。

4. 高温天气要保证作业现场饮水或清凉饮料供应充足。现场应供给足够的符合卫生要求的饮用茶水或清凉饮料等,有效地防暑降温;高温天气现场作业人员要随身携带防暑药物,避免发生中暑事件。

5. 作业人员出现中暑症状时,应当立即采取救助措施,使其迅速脱离高温环境,到通风阴凉处休息,供给防暑降温饮料,并采取必要的对症处理措施;病情严重者,应当及时送医疗卫生机构治疗。

6. 合理饮食,及时补充水分。饮食以清淡为好,多食富含蛋白质和维生素 B、维生素 C 的食物,因这些水溶性维生素容易随汗排出。每日补充足够的水分,特别是出汗多时,要喝些盐汽水。

7. 保持充足的睡眠。

8. 空调不宜过冷,应该不断调节房间内环境温度,从而逐渐适应温度的较大变化。正确的做法是:居室的温度应在 26~29 ℃之间不断变换;睡眠时注意不要躺在空调的出风口和电风扇下,以免患上空调病。

9. 降温不宜过快。大汗淋漓时,不能到风扇前揭开衣服猛吹,也不能拧开水龙头,让冷

水直冲而下。

10. 衣服不宜过露。赤膊只能在皮肤温度高于环境温度时,才能通过增加皮肤的辐射、传导散热起到降温的作用。而酷暑之日,最高气温一般都接近或超过 37 ℃,皮肤不但不能散热,反而会从外界环境中吸收热量,因而夏季赤膊会感觉更热。

(二) 预防中暑措施

1. 经常留意气象台发出之天气警告,在炎热天气下应采取措施,以防中暑。

2. 在室内尽量打开窗户,利用风扇和空气调节以保持通凉快。

3. 避免在湿热的环境下作剧烈运动,应选择室内通风的场所进行。

4. 如要外出,可穿着浅色、宽松和通爽的衣物,戴上宽边帽子或伞以阻挡阳光直射及帮助散热。

5. 在酷热的天气下,不应做长时间的登山或远足等活动。

6. 户外活动最好安排早上或黄昏后。

7. 应补充足够水分,以防脱水现象。

8. 避免喝含咖啡因和酒类等利尿饮品。

9. 若有任何不适,应立即向医生求诊。

第二章　专业安全

第一节　出勤、退勤安全知识

一、出勤作业

1. 按规定时间到派班室出勤,在站接车和外点出勤的时间由机务段规定。出勤时,携带工作证、驾驶证及岗位培训合格证(需要进行年度鉴定并办理签章的证件,在办理期间需要使用证件上岗值乘时,由机务段出具书面证明;已实现电子上岗证的携带电子上岗证二维码)和《铁路技术管理规程》《CRH 系列动车组操作规则》《列控车载设备(ATP)司机操作手册》《机务非正常情况下动车组行车应急处理办法》《动车组途中应急故障处理手册》等行车资料及 450 MHz 手持终端、铁路数字移动通信系统手持终端设备,如图 2-1 所示。

2. 出勤时,到出勤调度员处报到,接受指纹影像识别和酒精检测,交给出勤调度员 IC 卡,领取司机手册、运行揭示、司机报单及列车时刻表等有关资料,如图 2-2 所示。

图 2-1　出勤携带资料

图 2-2　酒精检测

3. 认真核对确认运行揭示并签章,有关运行揭示内容必须清楚和理解。持交付的运行揭示与揭示栏公布的运行揭示进行核对,确认无误后,司机在交付的运行揭示上签字,在司机手册车站站名处针对交付的运行揭示予以重点标注,并在其后对应"备注"栏内标注限速值;在交付的运行揭示上,对有用揭示的序号画"〇"予以标注。遇改变信、联、闭条件或变更列车径路的施工时,详细阅读施工明示图、安全措施,认真学习派班室临时公布的有关命令、规章、事故通报等,根据担当列车种类、天气和施工等情况,制定运行安全注意事项,并记录于司机手册,如图 2-3 所示。

4. 到出勤调度员处办理出勤事宜，认真听取出勤指导，将司机手册、运行揭示交出勤调度员审核并签章。值乘装备列车运行监控装置（以下简称 LKJ）的动车组时，领取录入列车运行数据的 IC 卡，并将 IC 卡在模拟运行检测设备上与列车运行揭示内容核对，核对 IC 卡数据正确后，按规定在"机务派班室 LKJ 临时数据录入登记簿"上签字，如图 2-4 所示。

图 2-3　核对揭示

图 2-4　接受出勤指导

5. 到动车信息台接受指导，掌握本次列车的运行安全注意事项。

二、退勤作业

1. 司机到达派班室办理退勤手续。退勤前检查复核报单填写是否正确，对本次列车安全正点等任务完成情况进行认真总结并做出记录。对运行中行车安全装备使用、运缓、超劳、救援与被救援、路外伤亡、动车组故障、发生或防止事故等各类非正常情况和存在的问题向退勤调度员汇报说明，按要求填写有关报告、记录和"车机联控信息卡"，做到详细、正确、清楚，交退勤调度员。退勤时交回司机报单、司机手册、添乘指导簿、列车时刻表、运行揭示、调车作业通知单、书面调度命令等有关资料，退勤调度员确认文件转储齐全、检索记录文件完毕后，办理退勤手续，如图 2-5

图 2-5　退勤作业

所示。

2. 动车组入外段、中间站换班入公寓同以上标准执行，公寓未设驻寓管理人员时，应同以上要求用电话向本段派班室汇报。

3. 便乘的司机，回本段派班室及时办理退勤、IC 卡转储等手续。

第二节　列车运行安全知识

一、驾驶操纵基本要求

运行中应参照列车操纵示意图、提示卡操纵列车，服从命令，听从指挥。遵守列车运行图规定的运行时刻和各项允许及限制速度。

停车时,根据编组按动车组停车位置标做到一次稳准停车。

二、区间运行

1. 在上坡道起车时,不具备保持制动功能的动车组,可先将牵引手柄置适当级位后,再缓解制动,防止动车组溜逸。

2. 运行中应选择适当的牵引手柄位置,使用恒速功能,保持列车恒速运行。恒速装置作用不良时,应及时调整手柄位置,按规定速度运行。

3. 列控车载设备的转换必须按规定操作。在列车车次变化的地点(列车通信切换点),及时确认CIR注册的车次号正确,如图2-6所示。在通信切换点车次号注册不成功时,立即报告列车调度员,按照列车调度员指示办理。

4. 动车组在使用紧急制动停车后、途中解编或重联后,开车前需进行简略制动试验。

5. 列车调度员使用无线传输系统向司机传递

图2-6 车次号注册

行车凭证、调度命令时,司机应及时签认接收,对其内容清楚明白,有疑问时,须立即向列车调度员核对。

6. 冰雪天气线路积雪,有耐雪制动功能的应适时使用。

三、临时限速区段运行操作

进入限速慢行关系区间前,严格按规定执行车机联控制度,认真与车站核对运行揭示。遇接到临时限速调度命令时,必须核对清楚并做好记录或打印。

接近慢行地段时,应加强瞭望,密切注意地面有关施工标志,认真执行车机联控。及时准确按限速要求调整列车运行速度,在保证不超过限制速度的前提下,保持以不低于限制速度5 km/h的速度通过慢行限速地段(特殊情况除外),确认列车已全部通过慢行限速地段后,迅速恢复正常运行速度,并及时对该条运行揭示销号(经过一处划掉一处,在"○"内画"√",逐个销号)。

遇交付的运行揭示、IC卡数据、列控车载设备的限速和列车无线调度电话通知的限速,与地面限速标志的限速值、限速地点不一致时,按导向安全原则及时准确采取减速措施,以最低限速值和最长限速距离控制列车运行,并立即报告列车调度员或车站值班员,如图2-7所示。

四、司机室手柄及开关操作

不得违规擅自切除动车组安全保护功能。安装司机警惕装置的动车组,应在规定的时间间隔周期内操作。正常情况下,增加或减少牵引力、制动力时,主控(牵引或制动)手柄应逐步进行。牵引、制动工况转换时应在"0"位("切"位,下同)稍作停留。牵引"1"位("最小牵引"位）、制动"1"位（"最小制动"位）与"0"位转换时，应在牵引"1"位、制动"1"位稍作停留。列车运行中或未停稳前，严禁换向操作，手柄操作如图2-8所示。

图2-7　临时限速区段进行操作

图2-8　手柄操作

五、过分相绝缘区操作

1. 动车组司机应熟知担当区段内分相区位置和线路纵断面。过分相区前，根据信号显示及分相位置、线路坡度等情况，合理掌握速度，防止过分相时因速度过低停在分相无电区内。

动车组运行中应使用自动过分相功能。在经过乘务区段第一个分相区时，需验证自动过分相功能，司机应做好随时手动过分相的准备。在分相前应将牵引手柄置于"0"或"切"位，过分相区时，及时确认主断路器状态。

2. 自动过分相装置故障或遇特殊情况时采用手动过分相。手动过分相应"早断晚合"，根据断电标、合电标的位置，选择时机及时退回牵引手柄，人工断开、闭合主断路器。

通过分相区后确认操纵台各仪表和显示屏显示状态，过分相操作如图2-9所示。

六、制动操作

（一）常用制动

实施常用制动时，应结合列车速度、线路情况、目标速度、目标距离等条件，准确掌握制动时机和制动级位，在列车产生初步制动力后再逐步增加制动力，避免频繁往复操作制动手柄，保持列车均匀减速，如图2-10所示。

图2-9　过分相操作

图2-10　制动操作

(二) 紧急制动

遇到危及行车及人身安全等紧急情况和常用制动失效使用紧急制动时,迅速将制动手柄置于"紧急"("快速")位或按压紧急停车按钮,及时将牵引手柄移至"0"或"切"位。

七、瞭望确认

列车起动前及运行中,对前方信号、线路等设施和安全状况加强瞭望,严禁臆测行车。在进行记点、车机联控、行车安全装备操作、仪表确认等作业时,要在瞭望距离内迅速完成,或办理瞭望交接。途中瞭望如图 2-11 所示。

信号瞭望确认呼唤时机:进站(进路)信号、线路所通过信号不少于 800 m;出站信号为列车头部进入接车线警冲标内方;接近、预告信号机不少于 600 m;信号表示器不少于 100 m。因设计距离、障碍遮蔽等原因瞭望距离不足时,要先确认机车信号并呼唤。

运行中,发现严重晃车或有危及行车安全的情况时,迅速采取减速或停车措施,并立即用列车无线调度通信设备报告调度员或邻近车站值班员,同

图 2-11 途中瞭望

时按压 LKJ 的【定标】键形成记录(无 LKJ 时除外)。退勤时填记车机联控信息,并报告退勤调度员。遇撞击机动车或障碍物等危及行车安全的情况时,应立即采取紧急停车措施,危及人身安全时应紧急避险,并汇报列车调度员和就近车站。

动车组有异声、异状等非正常情况时,及时检查确认司机室内各仪表、显示屏的显示并采取相应措施。

按 LKJ 方式控车时,加强 LKJ 显示距离的核对,发现距离有误差时及时校正。进站停车时正确输入侧线股道号。

八、记 点

对始发站、停车站、终到站的停车、开车和区间临时停车、开车及特殊情况需要记录的时间,在司机手册中记录。记点报点如图 2-12 所示。时间标准以列控车载设备(LKJ 控车时为 LKJ)显示的时间为准。

记录时机:始发站、停车站、终到站在列车越过车站最外方道岔或停妥后,在司机手册上记录列车到、开时分;区间临时停车,在停车后和开车时进行;运行中通过车站,在出站后瞭望距离内迅速进行。通过车站时间的确定以司机室通过车站行车室为准。

出站后按规定报点记点,但不得在曲线、隧道、交汇列车和分相区等地点进行。

图 2-12 报点记点

九、鸣　笛

正常情况鸣笛(一长声 3 s)时机(限鸣区除外):接近鸣笛标、行人时。

遇平交道口前,行人及机动车挡道等危急安全时,无论在限鸣区内外都必须立即鸣笛示警。

司机向邻线运行的列车发出紧急停车信号时,应鸣示连续短声的紧急停车信号。

十、车机联控

车机联控按现行标准规定执行。

第三节　调车作业安全知识

1. 出入动车所由地勤司机负责操纵,在车站办理交接作业时,地勤司机要详细了解动车组出入站、所的运行经路,接发股道,按动车组停车位置标停妥,做好防溜措施,与动车组接班或到达司机按规定程序办理交接。

2. 在动车所内有动力调车作业时,持动车所下达的派工单或调车作业通知单,按计划作业;变更调车作业计划时必须停车,接到动车所重新下达的派工单或调车作业通知单后方可作业。

调车作业前,按照动车组调车计划,及时做好准备工作。动车前检查制动性能良好,确认防溜措施、防护设施已撤除,执行车机联控制度,信号不清、走行径路不明不得动车;动车组地勤司机必须在运行方向的前端司机室操纵动车组,停妥后保持最大常用制动力,按有关规定做好防溜。

3. 装备 LKJ 的动车组,调车作业必须全程开启监控装置,输入相应参数,建立调车作业监控文件。

4. 调动重联动车组两名地勤司机作业时,一位地勤司机在第一编组前部操纵端,二位地勤司机在第二编组后部操纵端,转线换向时由运行方向前端地勤司机操纵。

5. 调车作业按信号显示要求和限制速度行车,按停车信号或停车位置标停车;停车位置距停车信号或脱轨器不得少于 20 m,特殊情况需要近于 20 m 时,应一度停车后,以不高于 5 km/h 速度运行,如图 2-13 所示。

6. 动车组通过检修、检测、清洗等设备时,应按相关规定,执行一度停车、联控、换弓、限速等要求。

7. 各项调车作业完毕,需降弓时,必须确认受电弓已降下方可拔出主控钥匙;需设置止轮器防溜时,按规定位置的车轮下对向放置并牢靠固定,不得变更位置放置。

(a)　　　　　　(b)

图 2-13　调车作业

第四节　进站、出站安全知识

一、开车出站

根据列车长的通知关闭车门,确认行车凭证和开车时间,车门关闭后,准确呼唤,按规定进行车机联控,具备开车条件后起动列车。

起动时,可缓解制动的同时加载牵引。起车时,主控(牵引)手柄在"1"位("最小牵引"位)稍作停留,加载时手柄应逐级(步)递增,使牵引力逐步增加,避免在道岔处提高手柄级位,做到起车稳、加速快、避免空转。起动后,检查确认操作台各仪表、显示屏显示是否正确。

按列控车载设备方式控车时,以 C2 级【部分监控】模式开车,如图 2-14 所示,越过有源应答器后确认进入【完全监控】模式。装备 LKJ 的动车组运行至开车对标位置,按压 LKJ【开车】键,确认 LKJ 处于通常工作状态。

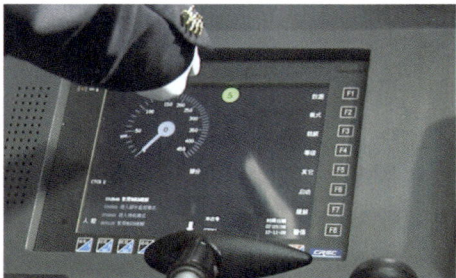

图 2-14　部分监控模式

二、进站停车

停车时,准确掌握速度和制动力,根据列车编组一次稳准对标停车。正常情况下,制动前应将牵引手柄置于"0"或"切"位,稳定使用中级挡位以下的制动,随着速度的降低,逐级回到制动"1"位停车,停稳后施加最大常用制动。

开关门作业应执行确认呼唤制度,确认站台,及时开启站台侧车门,对标开门如图 2-15 所示。遇自动开关门装置故障时,立即通知随车机械师。

中间站停车时,换向手柄不得置"0"位;司机必须坚守岗位,不得擅自离开司机室。

图 2-15　对标开门

第五节　动车段(所)内安全知识

一、出段(所)前

1. 按规定时间到动车段(所)调度室签到,领取"动车组运用技术状态交接簿(单)"和动车组钥匙,办理"电务车载设备检测合格证"交接;了解动车组型号、编组、存放股道等情况,并记入司机手册;根据动车段(所)调度的通知参加出库联检。

2. 闭合蓄电池、照明等相应开关,开启各行车安全装备,司机将 IC 卡数据文件输入 LKJ,持交付的运行揭示与输入 LKJ 的数据文件进行核对,确保运行揭示内容输入正确;输入选择列控车载设备各项数据并确认无误。司机按《CRH 系列动车组操作规则》要求对动车组进行检查试验。在进行各项检查试验和乘务作业时,按《CRH 系列动车组操作规则》要求厉行确认呼唤,确保人身安全。发现不良处所及时通知动车段(所)调度员和随车机械师。

3. 动车组在动车段(所)或折返地点停留出发前需要进行全部制动试验,如图 2-16 所示。一级修检修作业后的动车组在出发前司机进行简略制动试验[需进行全部制动试验时,由动车段(所)调度通知司机]。

4. 确认动车组在制动状态下解除防溜措施。未装备停放制动装置的动车组,司机撤除止轮器后通知随车机械师确认并在司机手册上签字;装备停放制动装置的动车组,缓解停放制动。

图 2-16　制动试验

二、入段(所)后

1. 严格遵守各信号的显示要求和各限制速度,如图 2-17 所示。接近停车信号、脱轨器、接触网终点标、车挡、尽头线、站界标等各防护信号、标志时,严格控制速度,停车时应留有 20 m 的安全距离,特殊情况必须小于 20 m 时,应停车再开,速度不得超过 5 km/h。

图 2-17　确认信号

2. 入段(所)后应在指定地点与动车组地勤司机办理交接。不与地勤司机办理交接时,进入指定位置停妥后,做好防溜措施并按动车所调度的要求降弓,到动车所调度室办理交接手续。

3. 动车组地勤司机根据动车所调度室调度员入所计划的通知,在动车所指定地点等待接车。

4. 动车组地勤司机在动车组入所操纵端与值乘司机办理交接,详细了解动车组运行情况,审核"动车组运用技术状态交接簿(单)"和"电务车载设备检测合格证",交接主控、司机室门等钥匙。

第六节　动车组故障处理和救援的安全知识

发生故障时,列车控制和管理系统(TCMS)显示器在当前页面下方会显示"故障发生信息"页面,并伴有报警声响。查看故障详情时,应避免出现误操作。

一、高度重视组合性故障

发生组合性故障时,往往可能存在严重的机械或电气故障,随车机械师应高度警惕此类故障,严格按照应急指导手册进行检查确认。应急指导手册中编入了典型的故障应急处置,但不可能涵盖所有的故障工况。应急指导手册中未涵盖的故障,请求地面技术支持。

二、故障处理

1. 熟练掌握复位、切除等方法

很多故障也是通过对软硬件复位的方式进行消除,因此应熟练掌握动车组的各种复位、切换及切除方法。

2. 权衡处置方案

应急处理时应坚持安全第一的原则,同时兼顾时效性,很多故障可能导致列车运行性能降低,但仍旧可以维持运行,经过处理,也许可以恢复列车的运行性能,但也可能会因耗时过多,错过了行车时间而造成较大晚点,甚至有可能处理不当而造成故障扩大化。因此应综合各种情况,判断选择在前方车站采取处理措施,恢复性能,还是维持现状继续运行。

应急处置时,随车机械师与发生局动车调度、动车司机保持沟通联系。

3. 重联动车组故障处置原则

重联车组配置成功后可视为一个整体,多数故障可以按照单组车的方法进行处理。重联车组在正常连挂方式下(即电气车钩和机械车钩均连接)经应急处理后如无法运行,应根据两组车的不同状态采用单组自动力运行或互为救援故障车组。

4. 其他注意事项

运行过程中操作升弓时速度不高于 200 km/h。

三、故障处理后

动车组故障丧失移动能力无法处理时(如全列无法供电、全列无牵引、重大机械故障等)应立即请求救援。若动车组依然具有低速运行能力时,随车机械师应及时将运行条件通知司机,由司机报告发生局"列车调度员(车站值班员)可以限速运行"。

动车组继续运行时,需重点对故障车厢进行巡视,加强监控,如出现异常振动或异声,应立即通知司机停车,下车检查。

四、救　　援

1. 动车组被救援时

救援列车可能为同型号动车组、其他型号动车组及机车,优先采用不需要使用过渡车钩模块的动车组救援,救援时优先选择电钩连挂的重联模式。

其他型号动车组及机车救援时,一般需在被救援动车组上安装适配的统型过渡车钩模块及救援列车适配的统型过渡车钩模块。

完成救援动车组及被救援动车组的相关设置及状态确认后,进行连挂。

被救援过程中,司机需在连挂端司机室密切监视总风风压和蓄电池电压。

2. 救援其他车组时

救援其他型号动车组,需要提供本车适配的统型过渡车钩模块给故障车,故障车处置人员将该模块与已安装在故障车上的过渡车钩模块进行连接,完成后与本车进行机械连挂作业。

3. AAR 前端车钩动车组的特殊说明

其他车型动车组与 AAR 前端车钩动车组相互连挂时,过渡车钩的相关操作中将 AAR 前端车钩动车组视为机车处理,参照主动连挂动车组应急指导手册中机车连挂的内容执行。

第三章　动车组概述

第一节　动车组技术概论

动车组采用了许多新技术、新结构,其关键技术主要是大功率电力牵引传动系统、高速转向架、制动技术、车体技术、车内环境及排污技术、列车监控及诊断技术。

一、大功率电力牵引传动系统

牵引传动系统是动车组的动力来源,主要特点是功率大、质量轻、体积小、可靠性高和低成本。动车组牵引传动系统采用先进的交–直–交电传动,主要包括以下设备:

1. 牵引变流器

牵引变流器采用新型大功率半导体期间绝缘栅双极型晶闸管(IGBT)或智能功率模块(IPM),实现了牵引变流器的小型化、轻量化、节能环保和经济适用,如图 3-1 所示。

图 3-1　牵引变流器

2. 牵引变压器

牵引变压器起动加速功率和再生制动功率大,质量和体积减轻、损耗降低,根据车型的不同,主要采用了芯式和壳式两种结构,如图 3-2 所示。

3. 牵引电动机

牵引电动机采用鼠笼式三相交流异步电动机,重量轻、功率大、结构简单、运用可靠、寿命长、终生免维护,如图 3-3 所示。

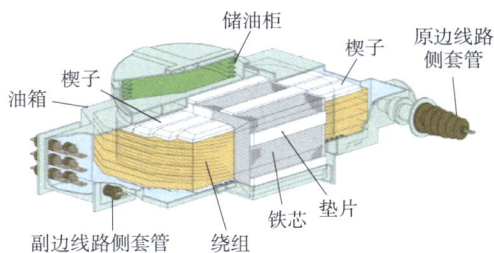

储油柜
楔子
原边线路侧套管
楔子
油箱
副边线路侧套管
绕组
铁芯
垫片

图 3-2　牵引变压器

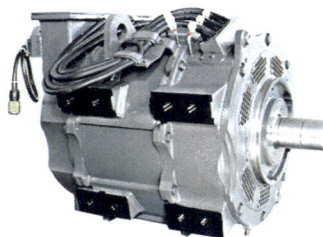

图 3-3　牵引电动机

4. 传动控制

传动控制采用矢量控制（VC 控制），通过等效电路的转换，使牵引电动机的控制和响应同时具备交流电动机和直流电动机的优点。

二、高速转向架

列车速度的提高，带来的是轮轨作用力的增大，轮轨黏着降低，对高速动车组转向架要求更高。动车组转向架采用的关键技术有：

1. 轻量化技术

转向架采用整体碾钢小直径车轮、空心轴、轻金属轴箱、轻量化轴承、电动机全悬技术，降低了簧下质量；转向架构架采用了 H 形构架、无端梁、无摇动台、无摇枕结构，降低了簧间质量和转动惯量，如图 3-4 所示。

2. 转向架悬挂技术

动车组转向架悬挂的特点是一系弹簧硬，同时并联垂向液压减振器。二系弹簧采用空气弹簧、适当匹配液压减振器，以实现横向和垂向软特性。软的二系特性将

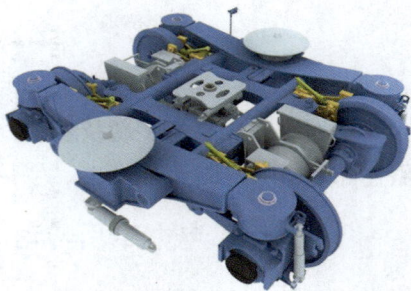

图 3-4　高速转向架

转向架的振动与车体有效隔离，使列车可以平稳运行。同时，转向架的设计重视一系纵横刚度参数的匹配，对转向架运行的稳定性有显著的作用，并影响曲线通过能力和轮轨的横向作用力。

3. 转向架驱动技术

驱动机构由牵引电动机、齿轮传动系统和联轴器组成，满足大功率、高转速、轻质量和小体积的要求。驱动系统的结构主要有两种，一是弹性空心轴驱动结构，二是联轴节驱动结构。

4. 电动机悬挂技术

电动机悬挂方式采用架悬或体悬，以充分降低簧下质量和簧间质量，体悬方式比架悬的转向架临界速度可提高约 30%。

三、制动技术

随着速度的提高，动车组所需制动功率将成倍上升；由于轮轨黏着系数随运行速度的提高而下降，对动车组的制动技术提出了更高要求。动车组采用的制动技术主要有：

1. 复合制动

由于动车组所需的制动功率较大，单一的制动方式不能满足要求，因此动车组均采用多种制动方式组合的复合制动方式，并配以电子防滑装置，以提高轮轨黏着利用。在动力转向架上采用动力制动（再生制动或电阻制动），再配合摩擦制动（盘形制动）；在非动力转向架上采用盘形制动加非黏着制动（涡流制动或磁轨制动）。

2. 制动控制

一般采用电气指令微机控制直通式电空制动控制系统，以微机为控制中心，优先采用动

力制动,实现经济的同时减少材料的损耗,当动力制动不足时,制动控制单元(BCU)发布电气指令,动车组施加空气制动,补充动力制动的不足。

3. 盘形制动

传统的闸瓦制动,在高速时制动对车轮轮辋的热损害极其严重,闸瓦摩擦受热后也会导致制动力下降,所以逐渐被盘形制动代替,作为动车组的主要制动方式,保证在动力制动发生故障时也能保证列车运行安全。

制动盘的材料由特种铸铁、铸钢和锻钢等发展到碳素纤维和铝合金复合材料,制动闸片的材料以粉末冶金代替合成材料。通常,在动力转向架车轴上可以装设轮盘,在非动力转向架车轴上装设轮盘和轴盘,如图 3-5 所示。

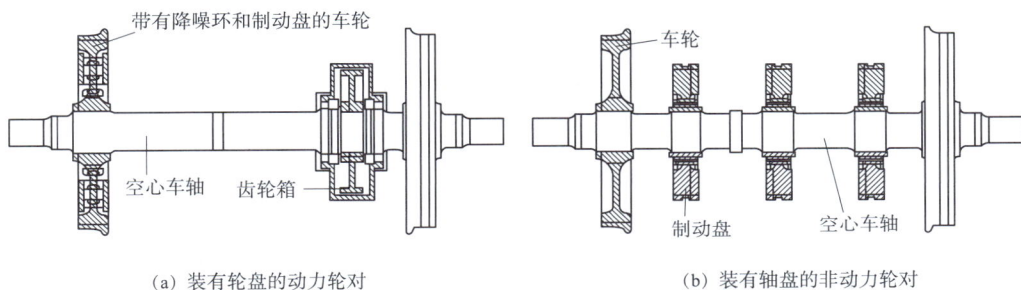

(a) 装有轮盘的动力轮对　　　　　　　　(b) 装有轴盘的非动力轮对

图 3-5　轮盘及轴盘

4. 动力制动

动力制动包括电阻制动和再生制动两种。电阻制动可以在任何转矩下利用蓄电池实现励磁,从而在断电情况下也能实现制动,缺点是高速时制动力急剧下降;再生制动可以在全速度范围内保持强大的制动力,还可以将部分制动能量转换成电能返回电网,有利于节能,因此,动车组的动力制动以再生制动为主。

5. 非黏着制动

非黏着制动分为电磁轨道制动和涡流制动。

电磁轨道制动是将制动电磁铁励磁,使其吸附于钢轨上,由电磁铁的摩擦块与钢轨摩擦产生制动力,优点是消耗功率少,由蓄电池即可实现励磁,对钢轨表面也有清洁作用,并且不受黏着的限制,缺点是钢轨表面因摩擦产生过热,严重时导致钢轨损伤,如图 3-6 所示。

涡流制动也是利用电磁效应产生制动力,但磁铁不与钢轨接触,与轨面保持 7~10 mm 距离,

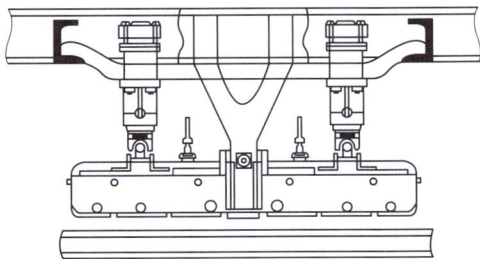

图 3-6　电磁轨道制动

利用磁场交变,在钢轨内产生感应涡流,从而产生制动力。优点是钢轨和磁铁无磨损,制动力可以调控,高速范围内有较好的制动特性,缺点是所需制动功率较大,会导致钢轨局部高温,如图 3-7 所示。

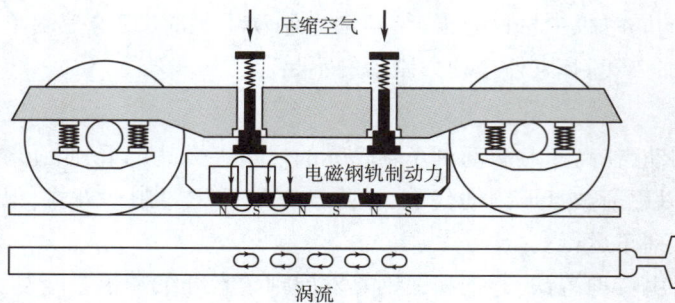

图 3-7   涡流制动

6. 防   滑

高速运行时轮轨间的黏着系数急剧下降,特别是轨面潮湿、有树叶等情况下,黏着系数更低,为缩短制动距离,又不至于因过大的制动力导致车轮滑行,动车组多采用微机控制的高性能防滑装置来提高黏着系数,采用微机电子防滑可使黏着系数提高 20% 左右,如图 3-8 所示。

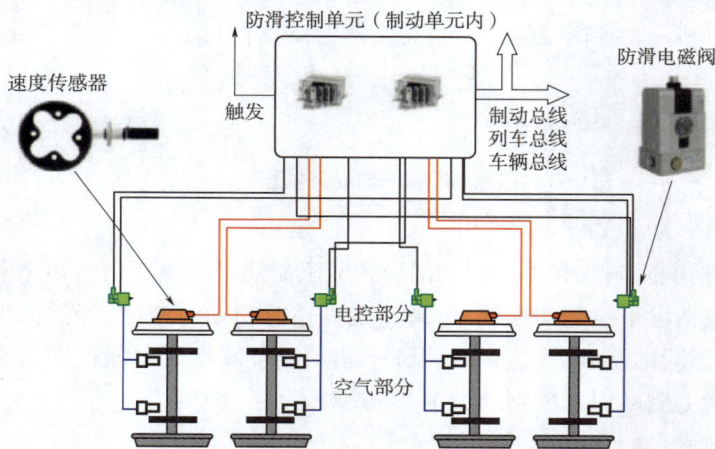

图 3-8   微机防滑控制

四、车体技术

1. 车体轻量化

动车组的车体系统占整车质量的一半以上,因此动车组轻量化的关键是车体的轻量化,主要采用了以下技术:

(1)采用新材料新工艺

动车组车体主要采用不锈钢和铝合金材料,多种异形截面和中空大截面铝合金挤压型材成为动车组车体主导材料,如图 3-9 所示;在车体头部流线型部分和车体内装修使用较多的纤维

图 3-9   动车组头车的铝合金骨架

复合增强塑料。

（2）改变车体结构

动车组车体采用矮车体（4 000 mm 以下）和鼓形断面，以减小车体质量和气动阻力。

（3）优化结构设计

采用并行设计方法进行设计，应用有限元法进行结构刚度计算，利用各种虚拟方法进行各种性能和方案的选择和优化。

（4）模块化和集成化

采用模块化和集成化，使车体以最小的体积实现规定的功能。

2. 空气动力学外形

运行速度提高，气动阻力所占比重逐渐加大，气动阻力主要由压差阻力、表面摩擦阻力和干扰阻力组成。

压差阻力来自车体头部正面压力和尾部涡流形成的负压；表面摩擦阻力来自超长车体的表面与空气摩擦；干扰阻力由转向架的各种悬挂阻力及其相互之间以及与钢轨之间的阻力组成，还有受电弓等车顶设备的阻力。此外，还有列车交会时产生的列车风及通过隧道时产生的隧道效应，因此，动车组应具有完善的空气动力学外形，即具有细长流线型的头尾部，光滑平顺的车体表面，在车体走行部外侧设置裙板，车顶受电弓处设置导流罩等。四种空气动力学外形如图 3-10 所示。

（a）短楔（钝体）形

（b）长楔（梭）形

（c）椭球形

（d）扁宽（双拱）形

图 3-10　空气动力学外形

3. 车体密封

动车组高速运行时，周围空气压力波动可达 5~8 kPa，空气压力的波动给旅客带来压迫耳膜、头晕恶心等不适感,为了防止这种情况并降低噪声,动车组车体实行密封,除车体上的门窗进行密封外,车辆间的连接装置(通过台)用弹性内风挡进行密封,如图 3-11 所示。车辆内端门采用自动门,处于经常关闭状态。

图 3-11　动车组车辆连接装置

五、车内环境及排污技术

动车组车内环境的改善主要是通过控制噪声、改善空调和通风、清洁排污等技术来实现。

1. 控制噪声

动车组的噪声来源主要有轮轨噪声、空气动力学噪声、结构振动噪声和受电弓噪声。

（1）轮轨噪声

轮轨噪声是动车组的主要噪声来源,车内噪声一般是直接或间接由轮轨作用产生的。

降低轮轨噪声的措施有:在线路方面,钢轨打磨光顺、采用吸声道砟;在动车组上,保持车轮踏面形状、车轮侧面加装隔声材料、采用弹性车轮;在设计方面,提高悬挂系统的高频隔振性能等。

（2）空气动力学噪声

空气动力学噪声由车体表面的空气湍流边界层对车体表面的激励产生,交会列车及通过隧道也会产生噪声。空气动力学噪声随列车速度的提高而加大,运行速度达到 300 km/h 以上时,空气动力学噪声占主要成分。

降低空气动力学噪声的主要措施是改善车体的气动外形及密封。

（3）结构振动噪声

结构振动噪声由轮轨噪声、空气动力学噪声以及走行部机械设备的运动冲击传入车体骨架,引起车体的弯曲振动而产生。

降低结构噪声的主要措施是采用降噪材料和隔声结构。

（4）受电弓噪声

受电弓噪声包括弓网间的滑动噪声、瞬间离线时的弧光声以及受电弓的空气啸叫声。

降低受电弓噪声的主要措施包括:改善受电弓和绝缘子的结构形状(图 3-12)、接触导线涂油、受电弓之间用母线连接、给受电弓加装防风、隔声器。

图 3-12　T 形受电弓

2. 改善空调与通风

动车组车内是一个高速运行中的密封空间,所以对空调换气装置有特殊要求。

（1）车内稳压

动车组通过隧道及交会列车时产生的压力波动,会造成旅客耳涨、耳疼等,为了避免这种压力波动,在空调的进、排风口装设阀门,正常情况下阀门开启,保证换气正常工作,当遇外界压力波动时,阀门自动或手动关闭或减小开度,保证车内压力正常。

（2）新型压气机

列车运行中高速气流作用在车体表面,形成负压附面层,导致普通压气机不能向车内正常供风,所以要采用高压压气机,如双级串联压气机。

（3）轻　量　化

空调和通风机组应尽量减轻质量,采用铝合金或不锈钢,或将空调装置放在车底,以降低重心。

3. 清洁排污

采用真空集便器,无环境污染,造价低廉,使用可靠,维修方便。

六、列车监控及诊断技术

列车监控及诊断的作用是发现和预防故障,保证动车组正常运行,包括运行监控、故障检测诊断以及通信网络三方面内容。

1. 运行监控

为防止超速运行、冒进和追尾等事故,动车组上多采用自动列车防护系统（ATP）,该系统分为车上设备和地面设备,主要功能包括区间占用、列车运行间隔、超速防护和操作安全的监视,运行状态的记录等,是保证列车运行安全的重要设备。

设备的控制方式分为两种,一种是机控为主,人控为辅;另一种是人控为主,机控为辅。设备机构上采用冗余热备方式,具有很高的安全性。

2. 故障检测与诊断

根据检测的目的分类,故障检测分为定期检测和连续检测、直接检测和间接检测、功能检测和运行检测、在线测试和离线测试、常规检测和特殊检测;根据检测的信号分类,故障检测主要包括声振检测、无损检测、温度检测、污染检测、交叉检测、压力强度检测和电气检测。

故障诊断包括故障检测和故障隔离。故障检测是对故障进行识别分析,并确定故障发生的原因;故障隔离是把故障确定到实施修理所要求的产品层次的过程。

故障诊断的主要目标是通过故障识别、故障定位以及采取的策略,达到减少停时的目的。

动车组故障诊断的主要内容包括机械部分的故障诊断、电气部分的故障诊断和空气管路部分的故障诊断。

3. 通信网络

列车通信网络实现各动力车的重联控制;实现全列车（动车和拖车）所有由计算机控制的部件联网通信和资源共享;实现全列车的制动控制、自动门控制、轴温监测及空调控制等功能;完成全列车的自检及故障诊断决策。

通信网络将分布于列车上不同位置具有不同功能的控制节点以一定的规则用通信介质连接起来,形成信息通道,在一定的计算机软、硬件的支持下,为连接在其上的节点提供稳定、可靠的通信服务。

对列车通信网的要求为：

（1）实时性；

（2）协议简单性；

（3）短帧信息传送；

（4）信息交换的频繁性、网络负载的稳定性；

（5）较高的安全性、容错能力；

（6）低成本。

第二节　动车组的模式及发展历程

一、动车组的模式

动车组按动力配置方式可分为动力集中型动车组和动力分散型动车组，两种形式的动车组的发展都有其自身的历史原因和发展过程。

（一）动力集中型动车组

动力集中型动车组从欧洲国家发展起来，代表有法国阿尔斯通的 TGV 动车组（图 3-13）和西门子的 ICE 动车组。

动力集中型动车组的牵引力由动车组两端（或一端）的动力车提供，需要动力车提供足够的牵引力，这就需要比较大的轴重，否则车轮将产生空转，造成车轮和钢轨的损伤，但同时轴重又不能过大，否则在高速运行的状态下，较大的轴重对线路的损害也较大。

图 3-13　动力集中型动车组
（法国 TGV SE 16）

1. 动力集中型动车组的优点

（1）其编组方式和传统的机车牵引列车相似，编组灵活可变，便于运用和维修管理。

（2）主要电气设备集中在动力车，便于检测和维修。

（3）除动力车外的车辆无大型电气设备，振动小，车厢内噪声小，舒适性好。

（4）动力车可以摘挂，既可以在高速线路上行驶，又可以在普速线路上行驶。

2. 动力集中型动车组的缺点

（1）动力车由于安装了电气设备而不能载客，整列车载客量减少。

（2）动力车有较大的轴重，对高速运行不利。

（3）黏着与高速的矛盾比较突出。

（4）动力车的制动能力受黏着的影响，需要拖车分担部分制动功率，因此制动性能欠佳。

（二）动力分散型动车组

动力分散型动车组是从日本发展起来的,是传统的城市轨道交通延伸。日本的列车以客运为主,干线轨道交通和城市轨道交通互相融合。

动力分散型动车组的动力车不是集中在列车的两端,而是分散布置于列车任何一辆车上,端车可以带动力,也可以不带动力;可以是部分车辆有动力,也可以是全部车辆均有动力。CRH5A 型动车组动力车配置如图 3-14 所示。

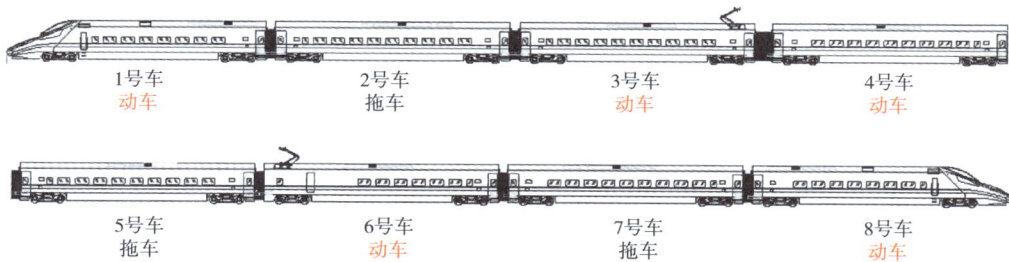

| 1号车 | 2号车 | 3号车 | 4号车 |
动车 拖车 动车 动车
5号车 6号车 7号车 8号车
拖车 动车 拖车 动车

图 3-14　CRH5A 型动车组动力车配置

1. 动力分散型动车组的优点

（1）动力装置分散在各车辆上,动力车也可以载客,载客量相对较多。

（2）动力设备和电气装置分散安装在各车上,所以列车轴重较小,簧下质量也小,对列车动力学和减少轮轨磨损有利。

（3）列车最大牵引力与轴重限制、黏着与高速之间的矛盾容易协调。

（4）制动力由各车辆分担,可充分利用动力制动,具有较好的制动性能。

（5）具有较低的每一座位寿命周期费用(LCC)。

2. 动力分散型动车组的缺点

（1）由于动力装置安装在车下,产生的振动和噪声影响车厢内的舒适度。

（2）动力装置工作环境比较恶劣,故障率较高。

（3）列车不能灵活编组,只能分单元编组,与传统的运用、维修管理体制不符,必须建立新的维修体系。

需要说明的是,动力集中和动力分散只是粗略的区分,如果细分,动力集中又可以分为一端集中和两端集中,一端集中如西门子的 ICE2 型动车组或我国的 CR200 型动车组,一端车有动力,另一端车只作为控制车,如图 3-15 所示;两端集中如阿尔斯通的大部分 TGV 列车。另外,动力分散又可分为部分分散和全部分散,部分分散是部分车辆有动力;全部分散是每辆车都有动力,如图 3-16 所示。

图 3-15　一端集中型动车组(德国 ICE2)

图 3-16　全部分散型动车组（日本新干线 500 系）

　　从严格的意义上讲,动力集中型动车组也属于动力分散的一种,因为毕竟动力分散在前后两端的动力车上。现代定义动力集中或动力分散是按动拖比进行的,所谓的动拖比,是指列车中有动力的车轴所承载的车重与无动力的车轴所承载的车重之比。列车动拖比<1∶3 为动力集中;1∶3≤动拖比<1∶1 为弱动力分散;动拖比≥1∶1 为强动力分散。

二、发展历程

(一) 国外动车组发展

　　1964 年,日本建成了世界上第一条高速铁路——东海道新干线,使用新干线 0 系动车组开启了高速列车的运营时代,运行速度达 210 km/h,如图 3-17 所示。

（a）　　　　　　　　　　　　　　　　　　（b）

图 3-17　新干线 0 系动车组

　　2007 年,法国 TGV-V150 型高速试验动车组创造了 574.8 km/h 的纪录,如图 3-18 所示。

图 3-18　TGV-V150 型高速试验动车组

（二）中国动车组发展

20世纪90年代我国开始研发动车组，陆续研发制造了"先锋号""中原之星""蓝箭""中华之星"等动车组，如图3-19所示。

| （a）庐山号 | （b）新曙光 | （c）春城号 | （d）先锋号 |

| （e）中原之星 | （f）大白鲨 | （g）蓝箭 | （h）中华之星 |

图3-19　我国自行研制的几种动车组

除此之外，还有"晋龙号""北亚号""长白山号""金轮号""神州号"等动车组。

2007年4月，CRH系列动车组全面上线投入运营，形成了CRH1、CRH2、CRH3、CRH5四个系列的动车组家族，如图3-20所示。

（a）CRH1型动车组　　　　　　　　（b）CRH2型动车组

（c）CRH3型动车组　　　　　　　　（d）CRH5型动车组

图3-20　CRH系列动车组

2008年，各生产厂商在根据市场需要和未来发展趋势，设计生产了具有代表性的CRH380系列动车组，分为CRH380A型动车组和CRH380B型动车组两种，如图3-21所示。

（a）CRH380A型动车组　　　　　　　（b）CRH380B型动车组

图 3-21　CRH380 系列动车组

　　2010 年 12 月，CRH380A 型动车组在京沪高铁先导段创造了 486.1 km/h 的中国第一速。

　　复兴号动车组列车，是中国标准动车组的中文命名，是具有完全自主知识产权、达到世界先进水平的动车组列车。

　　2017 年 6 月，"复兴号"动车组在京沪高铁正式双向首发。

第四章　牵引供电

第一节　电气化铁路供电系统

牵引供电是指拖动车辆运输所需电能的供电形式。除了电气化铁路外,城市电车、城市地下铁路、工厂矿山的电力交通运输供电等,都可称为牵引供电。电气化铁路供电因用电量大、分布广,因而形成相对独立于电力系统的电气化铁路牵引供电系统。

一、牵引供电系统的电流制

电气化铁路供电采用的电流制,目前主要有以下四种电流制。

(一)直流制

直流制是世界上早期电气化铁路采用的方式。原因是电力机车多采用机械性能好、调速方便的直流串励电动机牵引,利用直流电向直流电机供电可简化机车设备。

但是受直流牵引电动机额定电压的限制,直流制供电电压较低,通常只有 1 500 V。由于供电电压低,要保证机车足够的功率,就需要供电电流大,线路损耗也就大,所以,送电距离较短,一般不超过 20~30 km,导致变电所的数目相对增加。又由于电流较大,需要较大的导线截面,增加金属消耗。另外,牵引变电所还必须有整流设备。

(二)低频单相交流制

和直流制比较,低频的整流相对容易,电抗也较工频小,导线截面减小,送电距离也可相应提高到 50~70 km。

低频单相交流制的主要缺点是供电频率与工业供电频率不同,所以变电所必须有相应的变频装置,或由铁路专用的低频发电厂供电。

(三)三相交流制

在牵引电流制的发展过程中,瑞士、法国等国家采用了 3.6 kV 的三相交流制,电力机车牵引电动机采用三相交流异步电动机。

三相交流制是三相对称负荷,不会影响电力系统的三相对称性,牵引变电所和电力机车的结构也相对简化。而且三相异步电动机运行可靠、维护方便。主要缺点是供电线路复杂,特别是三相异步电动机调速比较困难。

（四）工频单相交流制

我国电气化铁路采用工频单相交流制。

1. 工频单相交流制的主要优点

（1）牵引供电系统结构简单。牵引变电所从电力系统获得电能并经过电压变换后，直接供给牵引网，不需要在变电所设置整流和变频设备，变电所结构大为简化。

（2）牵引供电电压增高，既可保证大功率机车的供电，提高机车的牵引定数和运行速度，又可使变电所之间的距离延长，导线截面减少，建设投资和运营费用显著降低。

（3）交流电力机车（动车组）的黏着性能和牵引性能良好。通过车上变压器的调压，牵引电动机可以在全并联状态下工作，牵引电动机并联运转可以防止轮对空转的恶性发展，从而提高了运用黏着系数。

（4）交流制的地中电流对地下金属的腐蚀作用小，一般可不设专门防护装置。

2. 工频单相交流制存在的主要问题

（1）单相牵引负荷将会在电力系统中形成负序电流，当电力系统容量较小时，负序电流的影响尤为突出。

（2）电力牵引负荷是感性负荷，功率因数低，特别是采用相控整流后，牵引电流变为非正弦波，出现较大的谐波电流，将使功率因数更低。

（3）牵引网中的单相工频电流将对沿线通信线路造成较大的电磁干扰。

二、工频单相交流牵引供电系统

工频单相交流牵引供电系统主要由牵引变电所和牵引网两部分组成，其主要作用是从电力系统取得电能，并送给沿铁路线运行的电力机车（动车组）。牵引供电系统的组成如图4-1所示。

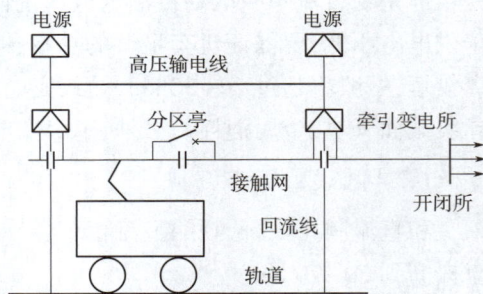

图4-1　工频单相交流牵引供电系统组成

（一）一次供电网络

一次供电网络是指直接向牵引变电所供电的地区变电所（或发电厂）及高压输电线路。输电线路一般分为两路，电压为110 kV。近年来，也有采用220 kV的（哈大线），相比之下，220 kV电源的可靠性和稳定性等技术指标相对较高。

（二）牵引变电所

牵引变电所的作用是降压，并将三相电源转换成两个单相电源，然后通过馈电线分别供电给牵引变电所两侧的接触网。

（三）牵　引　网

牵引网是由馈电线、接触网、钢轨、回流线组成的双导线供电系统。

馈电线是连接牵引变电所母线和接触网的架空铝绞线。馈电线除直接送电给接触网外,还要送电给附近车站、机务折返段、开闭所等,所以馈电线的数目较多,距离也可能较长。

接触网是牵引网的主体,由于接触网分布广,结构复杂,运行条件又差,所以不仅日常维修工作量大,短路故障也较多,故与牵引供电的可靠性关系极大。

流过电力机车的负荷电流经钢轨和回流线回到牵引变电所。由于钢轨对地并非绝缘,所以部分电流沿大地流回到牵引变电所,形成地中电流。

(四)分 区 亭

为了增加供电的灵活性,提高运行的可靠性,在两个相邻牵引变电所供电的接触网区段通常加设分区亭。分区亭的作用是:

1. 使相邻两供电区段实行并联供电或分开供电,也可使复线区段的上、下行实行并联或分开供电。

2. 相邻牵引变电所发生故障而不能继续供电时,可以闭合分区亭内的断路器由非故障牵引变电所实行越区供电。

(五)开 闭 所

电气化铁路的枢纽站场(如编组站、客站、机车整备线等),均由接触网供电。为了提高供电的可靠性和灵活性,通常将其分组并独立供电,为此就需要增设开闭所。如果是复线电气化铁路区段,通过开闭所的断路器还可将上行和下行接触网并联起来,此时的开闭所还兼有分区亭的作用。

三、牵引网供电方式

牵引网供电方式有直接供电方式、吸流变压器(BT)供电方式、带回流线(负馈线)的直接供电方式和自耦变压器(AT)供电方式。

1. 直接供电方式

直接供电方式牵引变电所与接触网间不设置任何防干扰设备。馈电回路结构简单,造价低,但对通信线路干扰较大,如图4-2所示。

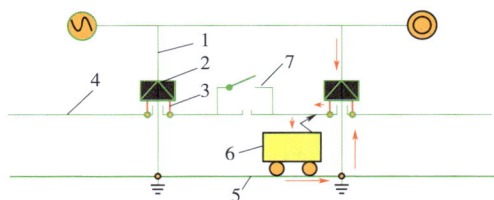

1—输电线；2—变电所；3—馈电线；4—接触网线；5—钢轨；6—机车；7—分区亭。

图 4-2　直接供电

2. 吸流变压器(BT)供电方式

牵引供电系统中加装吸流变压器—回流线装置的供电方式。其原理是当牵引电流流经吸流变压器原边,将强迫流经轨道的大部分电流通过吸上线流到回流线中返回牵引变电所。由于回流线电流抵消了绝大部分因接触网电流产生的电磁感应影响,因而对通信线的影响大幅减少,如图 4-3 所示。

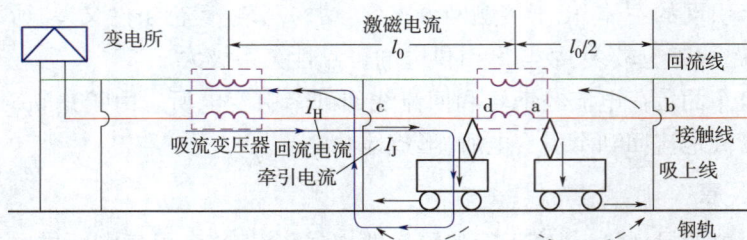

图 4-3   吸流变压器(BT)供电

吸流变压器(BT)供电方式并不能完全消除电磁干扰,存在半段效应,并且使得牵引网单位长度阻抗变大,供电电压损失及电能损失均增加,在接触网回路中增加了变压器设备和电气分段,结构复杂且维护工作量大,同时机车受电弓通过吸流变压器分段时,将产生电弧,烧损接触线和受电弓滑板。

3. 带回流线的直供电

在线路的两侧架设回流线,和钢轨并联。这种供电方式经济性好、可靠性高、故障率低、维修工作量小、馈电回路简单、回路阻抗较小、一次投资及运营费均较低,如图 4-4 所示。

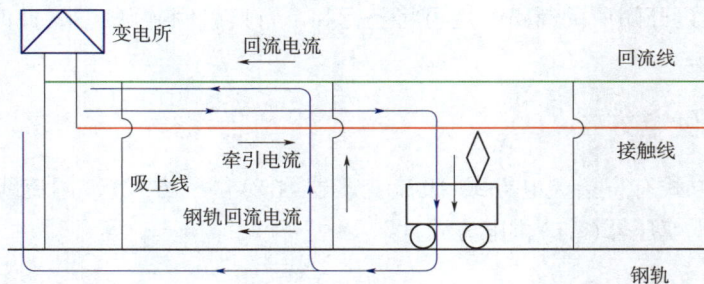

图 4-4   带回流线的直供电

4. 自耦变压器(AT)供电方式

这种供电方式是通过牵引变压器将 110 kV 三相电降压至单相 55 kV,接触网与正馈线之间并联接入一台自耦变压器,其中心抽头与钢轨联结,如图 4-5 所示。

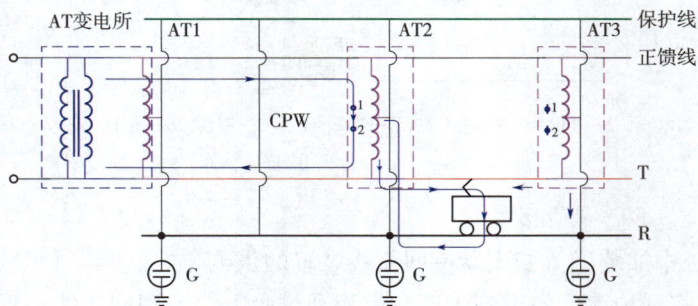

图 4-5   自耦变压器(AT)供电方式

采用自耦变压器(AT)供电方式使牵引网电压增高,电流减小,牵引变电所间距离增大,提高了网压水平;自耦变压器并联于接触网上,不需增设电分段,能适应高速、大功率电力机车或动车组运行。自耦变压器供电方式具有良好的防干扰性能,但是也存在半段效应;接触网结构复杂,保护方式繁琐;初期建设投资较大。

高速铁路一般采用带回流线(负馈线)的直接供电方式和自耦变压器(AT)供电方式。

第二节　接触网的构造及部件名称

接触网其主要由接触悬挂、支持装置、定位装置、支柱与基础四部分组成。

一、接触悬挂

接触悬挂包括接触网导线(接触线)、吊弦、承力索和坠砣补偿器等。电力机车(动车组)运行时,受电弓顶部的滑板紧贴接触线摩擦滑行取流。因此,要求接触线弹性均匀,弛度变化小,保证在任何条件下都能不间断地给机车供电。

接触悬挂的种类较多,一般按悬挂的结构不同可分为简单悬挂和链型悬挂两大类。

(一)简单悬挂

简单悬挂是由一根接触线直接固定在支持装置上的悬挂形式,优点是结构简单、支柱高度低、投资少、施工维修方便;缺点是导线的张力、弛度随温度变化较大,导线弹性不均匀,不利于高速受流。

简单悬挂根据其接触线是否进行补偿,分为未补偿简单悬挂和带补偿简单悬挂。简单悬挂如图4-6所示。

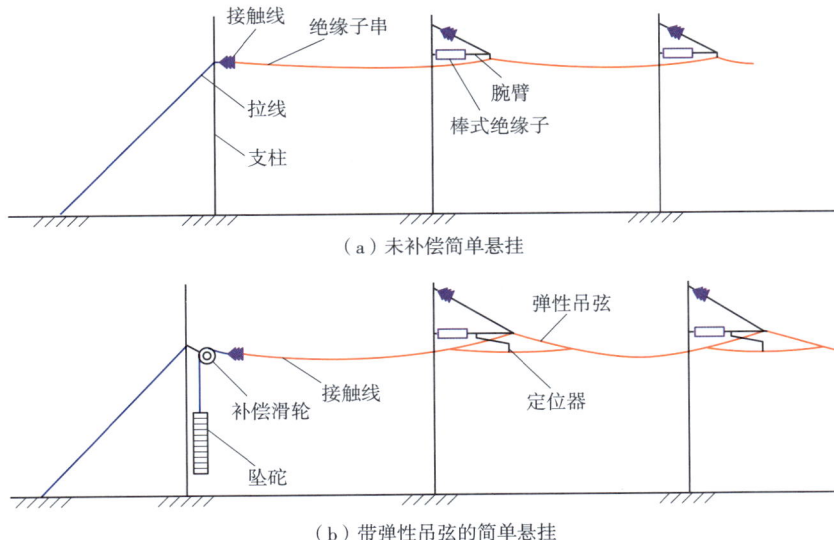

（a）未补偿简单悬挂

（b）带弹性吊弦的简单悬挂

图4-6　简单悬挂

(二) 链型悬挂

1. 按悬挂链数的多少分类

按悬挂链数分为单链型和双链型(复链形)。

单链型是我国接触网悬挂的主要形式,双链型接触线经短吊弦悬挂在辅助吊索上,辅助吊索又通过吊弦悬挂在承力索上。

链型悬挂如图 4-7 所示。

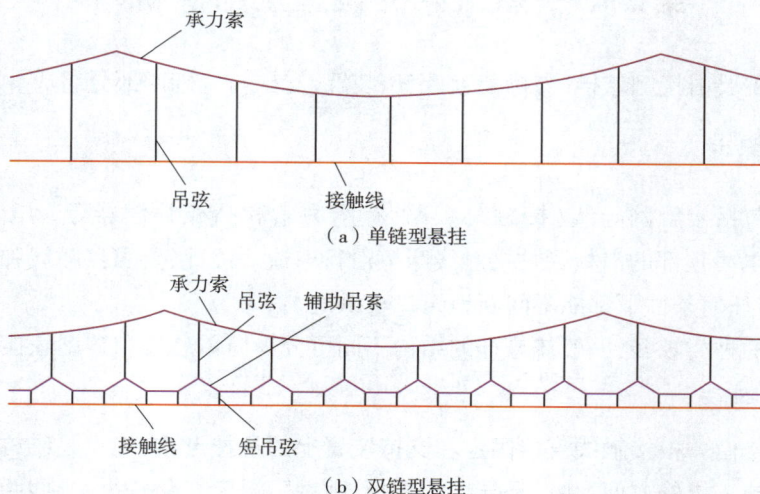

(a) 单链型悬挂

(b) 双链型悬挂

图 4-7　链型悬挂

2. 按悬挂点处有无弹性吊弦分类

按悬挂点处有无弹性吊弦分为简单链型悬挂和弹性链型悬挂。

简单链型悬挂是我国接触悬挂的主要形式,弹性链型悬挂在秦沈客专上有采用,单链型悬挂如图 4-8 所示。

3. 按张力补偿方式分类

按张力补偿方式分为未补偿、半补偿和全补偿悬挂。

未补偿悬挂,在下锚处不设补偿装置(硬锚),接触线、承力索张力弛度随温度变化较大;半补偿悬挂,接触线补偿下锚,承力索未补偿,存在明显的吊弦偏斜和张力差;全补偿悬挂,接触线和承力索都设有张力补偿装置,张力恒定、弹性均匀、受流较好,适合高速行车需要,是我国接触悬挂的主要形式。

补偿悬挂如图 4-9 所示。

注:接触线(或承力索)终端与支柱的连接称为下锚。

4. 按接触线、承力索在空间的位置关系分类

按接触线、承力索在空间的位置关系分为直链型悬挂、半斜链型悬挂、全斜链型悬挂。

直链型悬挂的承力索和接触线布置在同一垂直平面内,它们在水平面的投影是一条直线;半斜链型悬挂是承力索沿线路中心线布置,接触线在每一支柱定位点处,通过定位装置

被布置成"之"字形,半斜链型悬挂风稳定性好;全斜链型悬挂接触线和承力索均布置成方向相反的"之"字形,风稳定性好,但结构复杂。接触线和承力索位置空间关系如图4-10所示。

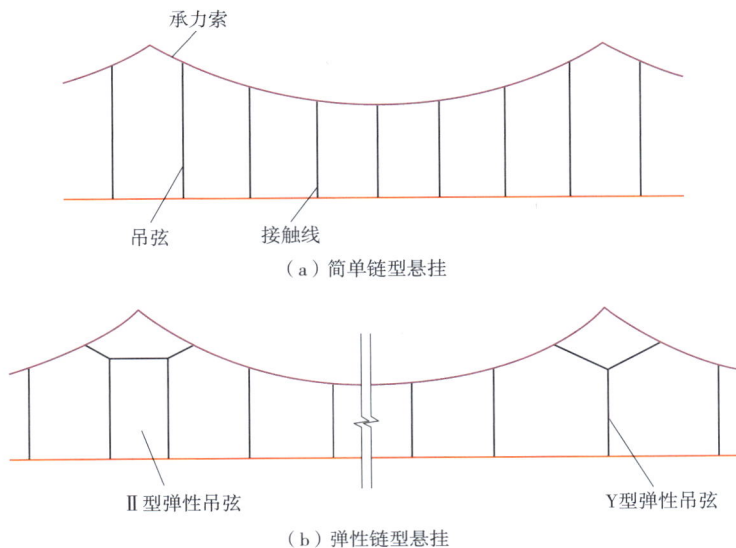

（a）简单链型悬挂

（b）弹性链型悬挂

图 4-8　单链型悬挂

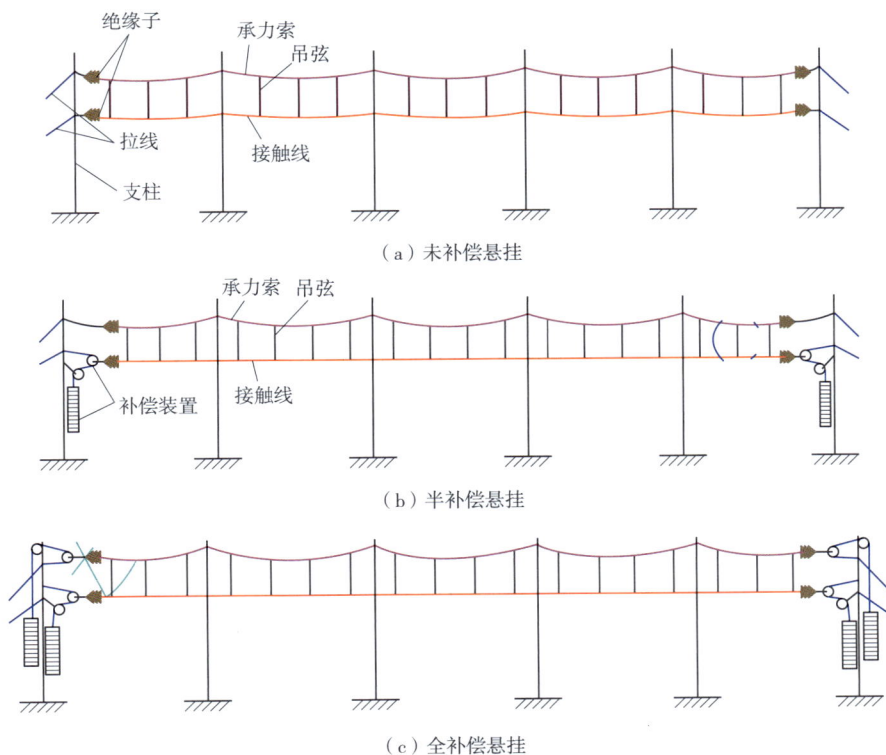

（a）未补偿悬挂

（b）半补偿悬挂

（c）全补偿悬挂

图 4-9　补偿悬挂

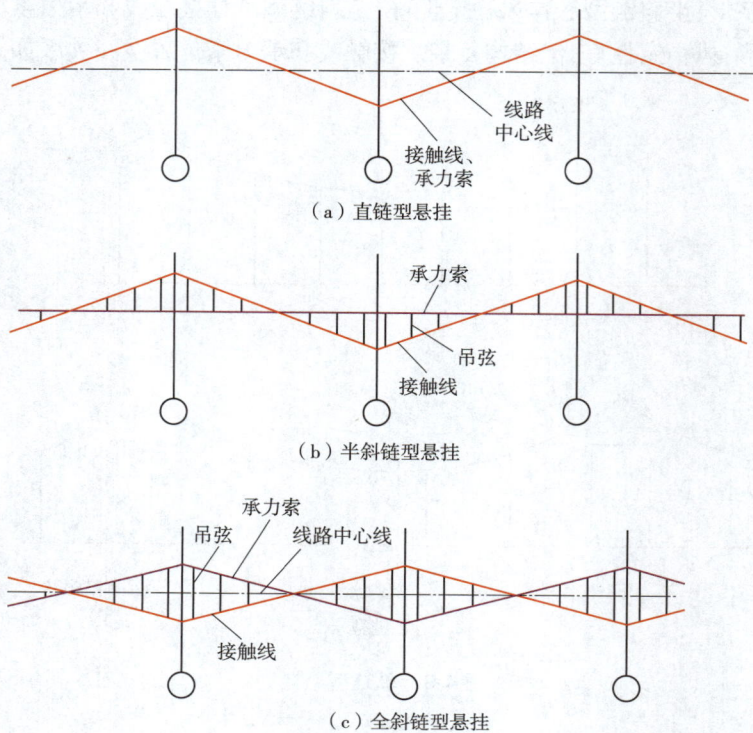

（a）直链型悬挂

（b）半斜链型悬挂

（c）全斜链型悬挂

图 4-10　接触线和承力索位置空间关系

二、支持装置

支持装置是把导线悬挂到支柱并固定在一定位置上的中间装置,支持装置用来支持接触悬挂,并将其负荷传给支柱或其他建筑物。

支持装置包括腕臂(肩架)、软横跨(是一套彼此连接在一起的线索装置)和硬横梁(硬横跨)。腕臂主要包括腕臂底座、拉杆底座、压管底座、棒式绝缘子、平腕臂、斜腕臂、套管双耳、承力索座、腕臂支撑、管帽等,支持装置组成如图 4-11 所示。

三、定位装置

定位装置是支持结构中的主要组成部分,它是在定位点处对接触线实现相对于线路中心进行横向定位的装置,由定位管、定位器、支持器、定位线夹及其他连接部件组成。在直线区段,相对于线路中心把接触线拉成之字形状;在曲线区段,相对于受电弓中心行迹把接触线拉成切线或割线。

定位器是定位装置的主体,它是通过线夹把接触线固定到相应位置上。定位器从形状上可分为直管式定位器、T 形定位器、软定位器等,如图 4-12 所示。在曲线区段上,由于线路

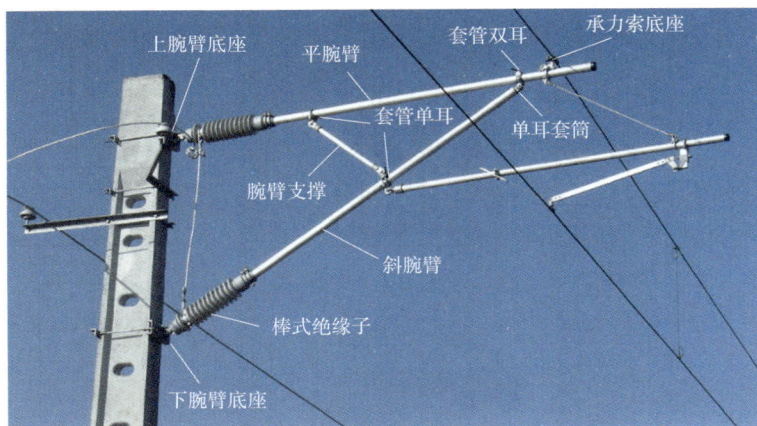

图 4-11　支持装置组成

的外轨超高,机车受电弓随之向曲线内侧发生倾斜,为避免定位器碰撞受电弓,要求定位器具有一定的倾斜度,其倾斜度规定在 1:10~1:5 之间。

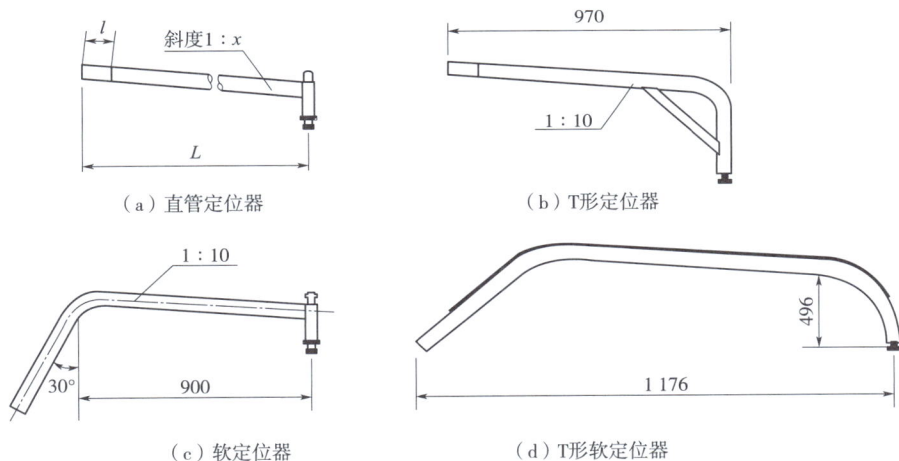

（a）直管定位器　　　　　　　　　　（b）T形定位器

（c）软定位器　　　　　　　　　　（d）T形软定位器

图 4-12　定位器种类

四、支柱与基础

接触网支柱按其使用材质分为预应力钢筋混凝土支柱和钢柱两大类。为了节约钢材,我国广泛采用钢筋混凝土支柱,但 5 股道以上的软横跨支柱、桥梁支柱和双线路腕臂支柱则采用钢支柱。

钢柱基础有很多形式,按外形分为工字形、锥形、单阶梯形、多阶梯(空心)形等,如图 4-13 所示。钢柱基础一般为现场浇筑的混凝土整体基础,基础内预埋地脚螺栓,安装时将钢柱拧固于地脚螺栓上。

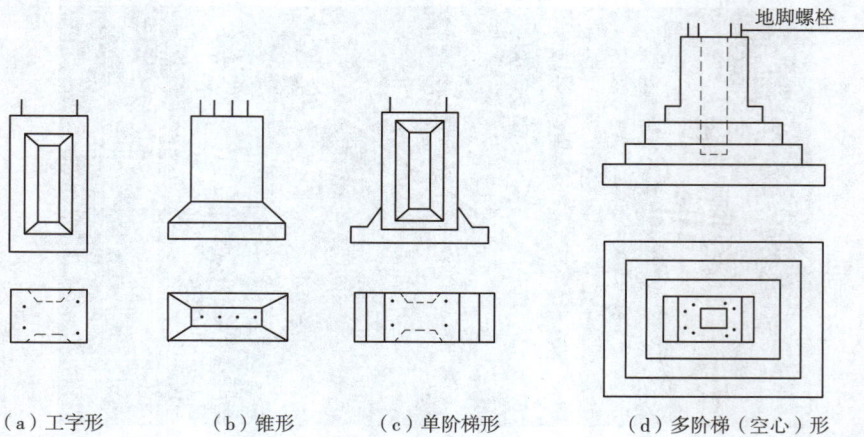

（a）工字形　　　（b）锥形　　　（c）单阶梯形　　　（d）多阶梯（空心）形

图 4-13　钢柱基础类型

第三节　电分相区、电力禁停区设置

一、电分相

目前国内牵引供电接触网采用单相供电，为平衡电力系统各相负荷，牵引供电一般实行三相电源相序轮换供电，即牵引变电所向接触网供电的馈线是不同相的。为了减少单相牵引负荷对三相电力系统的不平衡的影响，保证相与相间的电气隔离，在这些不同相的接触网供电臂相连接处设置的绝缘结构称电分相，如图 4-14 所示。

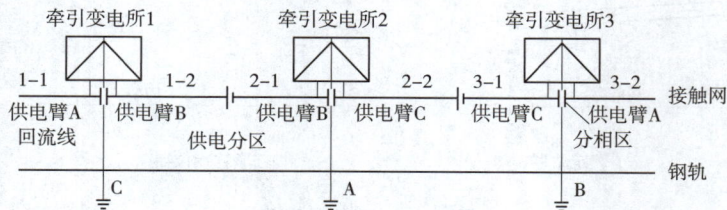

图 4-14　电分相设置

电分相一般设置在牵引变电所出口处及供电臂末端、局分界处，主要由接触网部分、车载装置、地面信号装置等组成。

（一）电分相的作用

1. 保证工作电压

一条供电臂只能供二十多公里的电，再远末端电压就会降低，所以在两条供电臂交会的关节处设置电分相，这样才能保证所有的接触网最低电压能满足电力机车和动车组的工作电压（接触网网压 19～27.5 kV）。

2. 快速查找故障

在发生故障时,可以缩小事故影响范围,同时也方便故障的查找。

3. 方便越区供电

在一个变电所发生故障时,相邻的变电所可以越区供电。

(二)电分相的种类

接触网换相供电时每隔 20~30 km 就设一个电分相,电分相从结构划分有器件式和关节式两大类。

1. 器件式电分相

器件式电分相是利用电分相绝缘器串接在一起而形成一种在电气上分开、在机械上不分段的电分相结构。常用器件式电分相是由三组分相绝缘元件串接在接触线中而构成的分相设备,也有用四组绝缘元件串联组成分相器的,增加一组绝缘元件是为了增加可靠性,同时增加中性区的有效长度,以适应电力机车运行的需要。器件式电分相结构如图 4-15 所示。

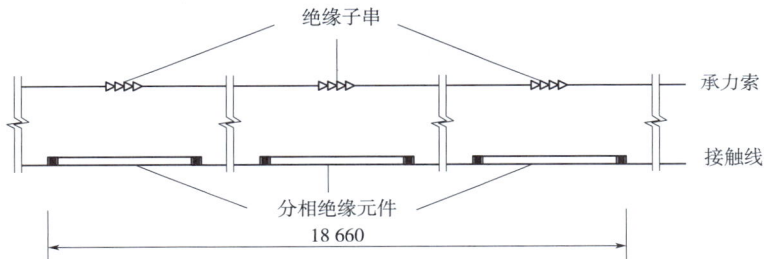

图 4-15　器件式电分相结构(单位:mm)

器件式电分相结构简单但是运行中易形成硬点,相同条件下器件式电分相的硬点平均为接触网的 3~6 倍,而且运行速度越高,硬点差值越大。据统计,同样一组器件式电分相,当速度为 120 km/h、140 km/h、160 km/h 时,其硬点分别约为 $30g$、$60g$、$110g$,而相关规定要求硬点 $\leqslant 50g$。这些硬点将导致打碰弓、拉弧。靠加强维修和调整来减小器件式电分相的硬点是很困难的,即使耗费大量的人力和物力,效果也难以令人满意。器件式电分相严重恶化弓网关系,其接头线夹处接触线磨耗很快,有机绝缘杆件运行环境恶劣容易发生事故,应尽量减少使用。

2. 关节式电分相

随着铁路不断提速,为了尽量减少接触网上硬点,保护机车受电弓和接触线,减少弓网事故率,满足列车受流要求,目前我国和大多数国家的高速电气化铁路电分相均采用由两个绝缘锚段关节组成的关节式电分相。

关节式电分相是利用两组或三组绝缘锚段关节并嵌入中性段而组成的一种在电气和机械上都分开的电分相装置。由于构成电分相的绝缘锚段关节有三跨、四跨和五跨三种形式,锚段关节跨距长度不同,两个关节的衔接布置也有多种方式,中性区距离也长短不一。目前关节式电分相存在五跨、六跨、七跨、八跨、九跨、十跨、十二(十三)跨等七种形式。六跨电分相如图 4-16 所示。

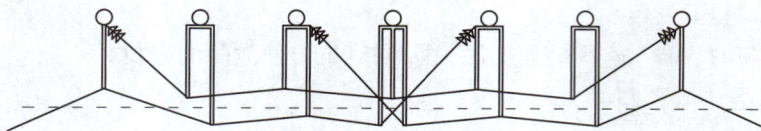

图 4-16　六跨电分相

从电力机车高速受流角度看,分相绝缘装置中性区长度越短越好。

六跨电分相由两个四跨绝缘锚段关节重叠两跨构成,按满足双列重联动车组正常工作双弓弓间距 200~215 m 设计,中性段长度小于 200 m、无电区长度约 30 m。这种形式电分相中间支柱需要安装三套腕臂来分别悬挂三支接触悬挂,使安装调整比较复杂,且需要双支柱实现。

七跨电分相示意如图 4-17 所示。

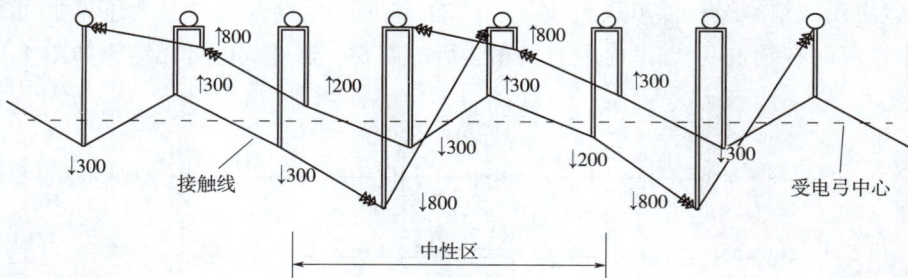

图 4-17　七跨电分相(双四跨关节式电)(单位:mm)

关节式电分相结构复杂但是利于高速行车。高铁多采用带中性段的六跨锚段关节式电分相和十一跨锚段关节式电分相。六跨一般中性区长度不大于 190 m,无电区长度约为 22 m;十一跨一般中性区长度约为 300 m,无电区长度约为 100 m。

二、电力机车禁停标

为避免电力机车在起电分段作用的绝缘锚段关节处停车时受电弓短接绝缘关节、烧断接触网等情况的发生,设置电力机车禁停标,如图 4-18 所示。

(一)禁停标设置标准

禁停标采用反光牌,白底、黑框、黑色"停"字、红色斜道。柱身和底座用 63 号槽钢制成,柱身正面按图漆成黑白相间的道道,禁停标反面漆成白色。"电""力"两字的字高 125 mm、宽 100 mm,两字间距 100 mm;"停"字高 350 mm、宽 280 mm,在"停"字上打斜红道,水平夹角 45°,斜红道宽 30 mm、长 400 mm;表示间距的数字"××"字高 80 mm、宽 64 mm,表示间距单位的"m"字高 60 mm、宽 48 mm。施工埋深 800 mm,混凝土封固。

其中:××表示每组关节处设置的两禁停标的间距,该距离范

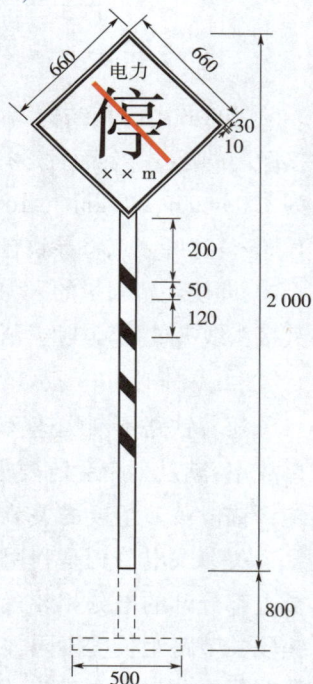

图 4-18　电力机车禁停标
(单位:mm)

围内禁止电力机车、动车组受电弓停留。

(二)禁停标安装位置

立于转换柱至锚柱跨距内距转换柱 2 m 处,靠列车前进方向的左侧(双线区段均立于支柱侧),标志面向锚柱,距线路中心距离应不小于 3.5 m。遇特殊情况不能按此标准设置时,可根据现场情况适当缩短,但禁停标必须设置在两接触线的垂直距离大于 300 mm,且便于司机瞭望处。

第四节　隔离开关作用

隔离开关是将接触网设备在有电压而无负荷情况下切断或闭合线路用的一种电气设备。

隔离开关安装在电分段处,和分段绝缘器配合使用起供电分段的作用,和吸流变压器配置以便于吸流变压器的检修。

一、隔离开关类型

接触网采用电力系统中的 35 kV 单级隔离开关和电气化铁道专用耐污型单极隔离开关。按其用途分为带接地刀闸和不带接地刀闸两种;按操作次数分为经常操作和不经常操作两种。

二、隔离开关结构

上述隔离开关的主体结构基本相同,只是带接地刀闸的隔离开关多了一套接地刀闸的联动装置。它们是由金属底座、绝缘瓷柱、导电刀闸、接地刀闸和操作机构组成,单级隔离开关结构如图 4-19 所示。开关的分、合过程是操作手动机构,经传动杆转动主轴上的瓷柱,并带动导电刀闸水平转动 90°。

对带接地刀闸的隔离开关,当主刀闸打开的同时,接地刀闸闭合;当主刀闸闭合时,接地刀闸打开。

三、隔离开关的操作机构

隔离开关的操作机构分为三种:操作棒操作、摇把手柄操作、电动操作。早期的 GW4-35D 隔离开关是采用操作棒操作的;现在作用的大部分是作用摇把手柄,通过减变速,传动系统来操作;单极负荷隔离开关,采用电动(自动)和摇把式操作。

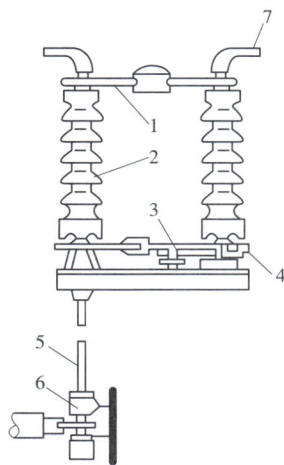

1—导电电闸;2—瓷柱;3—交叉连杆;4—底座;
5—传动杆;6—操纵机构;7—设备线夹。

图 4-19　单极隔离开关结构

第五章　线路与道岔基本知识

第一节　高速铁路线路结构组成及特点

高速铁路路基、桥梁等重要基础设施设备的建设标准与技术要求比一般铁路高得多，除了具有足够的强度条件外，还要保证在高速运行条件下，避免出现列车振动、轮轨力加大等破坏安全舒适运营的状况，这也要求路基、桥梁和轨道结构具有持久稳定的高平顺性。随着高速铁路的发展，隧道在高速线路上也大量地出现，高速铁路隧道和普速铁路隧道最大的区别就是当列车以高速通过隧道时，产生的空气动力学效应对行车、旅客舒适度、列车相关性能和洞口环境的不利影响十分明显，同时对于防排水标准、防灾和耐久性等方面也有较高的要求，因此应保证高速线路上隧道的质量，减少养护维修量，延长隧道建筑物的使用寿命。

一、路　　基

高速铁路为满足轨道平顺性要求，路基结构应具备足够的强度、稳定性和耐久性，满足少维修（免维修）、耐久性的设计要求，严格控制路基的工后沉降，提高路基结构的压实质量，对软土地路基进行治理加固，对各种过渡段结构进行适当处理，加强路基抵抗各种自然因素作用力的能力。

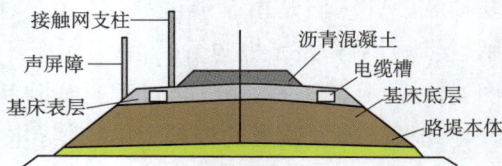

图 5-1　单线路堤标准断面

路基一般由基床表层、基床底层、路堤下部和地基四部分组成，如图 5-1 所示。

二、桥　　梁

高速铁路桥梁与一般铁路桥梁相比，必须具有足够的强度和刚度，必须保证可靠的稳定性和保持桥上轨道的高平顺状态，能够承受较大的动力作用，具备良好的动力特性。

（一）桥梁种类

桥梁在材料方面，预应力钢筋混凝土具有刚度大、噪声低、温差变化引起的结构位移对线路影响小、运营养护工作量小等一系列优点，因此在建成的高速铁路桥梁中占有绝对优势；考虑施工方便，宜采用等跨布置的简支结构。根据桥梁受力情况，分为梁桥、拱桥、刚架桥、悬桥和斜拉桥等，如图 5-2 所示。

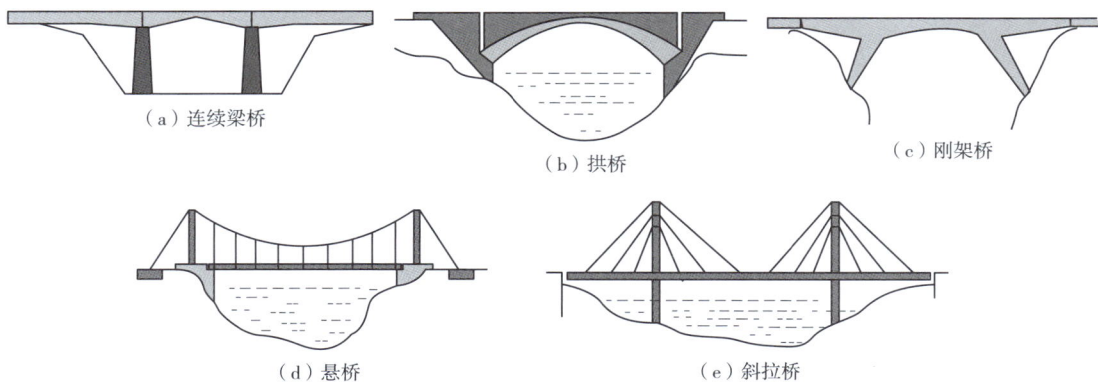

（a）连续梁桥　　（b）拱桥　　（c）刚架桥

（d）悬桥　　（e）斜拉桥

图 5-2　桥梁的种类

（二）我国高速铁路桥梁特点

1. 地质条件复杂多样

东部沿海地带、冲积平原、海陆沉积层、内陆湿地，以软土和松软土为主；中西部黄土高原、黄河流域冲积平原为湿陷性黄土地区，另外还存在不良地质石灰岩岩溶地区，地质条件极为复杂。

2. 高架桥多，桥梁比例大

考虑建筑物与地基变形、控制工后沉降、占地少及环境保护、养护维修等因素，加大桥梁比例，修建高架桥。

3. 大量采用简支箱梁结构形式

通过技术比较，以 32 m 简支箱梁作为标准跨度，整孔预支架设施工。

4. 特殊结构桥多

为适应不同地区自然环境差异，在客运专线建设中广泛采用特殊结构桥梁，主要有拱桥、连续刚构、V 形刚构、斜拉桥、组合结构桥等。

5. 大跨度桥多

跨度达 100 m 及以上的桥梁居多。

6. 减振降噪措施

一是从噪声源上进行治理，对桥梁来说就是尽量减小结构振动，降低噪声发生源的振动和噪声声强；二是从传播途径上加以控制，设置声屏障、隔音板等。

7. 重视桥梁建筑美学

除了考虑结构安全性与经济型之外，还同时从桥梁美学效果综合考虑桥梁形式美、功能美以及与自然环境、人文环境的协调性，京沪高铁南京大胜关长江大桥如图 5-3 所示。

图 5-3　京沪高铁南京大胜关长江大桥

第二节　线路平面和纵断面基本知识

铁路线路的平面和纵断面对行车速度影响很大,随着列车运行速度的不断提高,大功率机车和动车组的应用,以及对乘坐平稳舒适度的高标准高要求,高速铁路线路的平面、纵断面相比普速铁路的特点体现在:欠超高越来越小,允许坡度值越来越大,其他各参数值要求平面、纵断面的变化尽可能的平缓和舒适,保证线路高速行车的安全稳定和高平顺性。

一、线路平面

铁路线路在空间的位置是用它的中心线来表示的。线路中心线是指距外轨半个轨距的铅垂线 AB 与两路肩边缘水平连线 CD 交点 O 的纵向连线,如图 5-4 所示。

线路中心线在水平面上的投影,叫作铁路线路的平面(俯视),表明线路的直、曲变化状态,如图 5-5 所示。

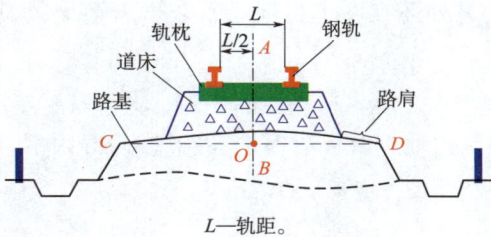

图 5-4　线路中心线

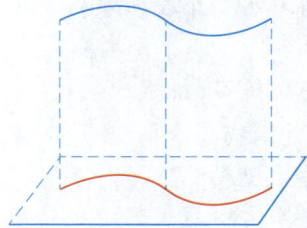

图 5-5　线路平面投影

线路平面由直线、圆曲线、缓和曲线所组成。

为了绕避地面障碍或地质不良地段,线路设计时设置了曲线,曲线可减少工程量,缩短工期,降低造价,获得较好的经济效果。

直线和圆曲线往往不宜直接相连,它们之间应加设一段缓和曲线,如图 5-6 所示。缓和曲线的半径是从缓和曲线所衔接的直线一端起,由无穷大逐渐变化到另一端所衔接的圆曲线的半径 R。这样,就能保证列车平顺地从直线进入圆曲

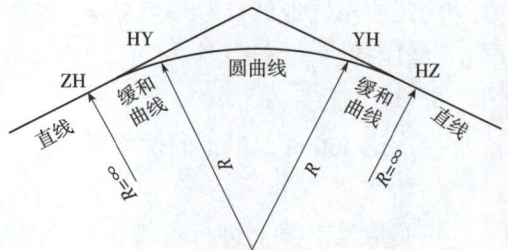

图 5-6　缓和曲线

线(或由圆曲线进入直线),使离心力逐渐增加(或减小),从而避免轮轨间的突然冲击,改善行车条件,提高旅客的舒适度。缓和曲线的设置还可使曲线的轨距加宽和外轨超高得以过渡。

二、线路纵断面

(一)线路纵断面的概念及组成

线路中心线展直后在铅垂面上的投影,叫铁路线路的纵断面(侧视),表明线路的坡度变化,如图 5-7 所示。

线路纵断面由平道、坡道及设于变坡点处的竖曲线组成。

(二)线路纵断面主要技术参数

1. 最大坡度

坡度指以坡段终点对起点的高度差与两点之间水平距离的比值,用 i‰表示,如图 5-8 所示。

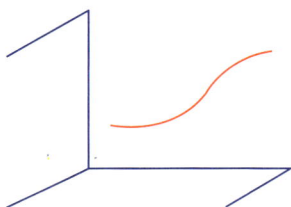

h—坡道起点至终点的垂直高度;
L—坡道起点至终点的水平长度;
α—坡道与水平面的夹角。

图 5-7　线路纵断面　　　　　　图 5-8　线路坡度

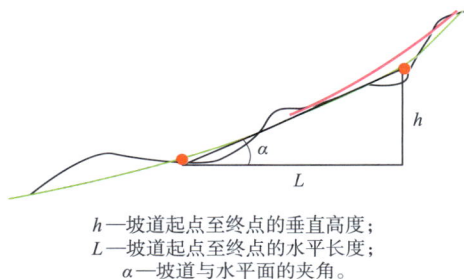

坡度值大小的计算公式如下:

$$i = \frac{h}{L} \times 1\,000 = 1\,000\tan\,\alpha$$

线路采用坡度的大小,对设计线路的运营和工程影响很大。在运营方面,限制坡度增大,牵引重量减少,列车速度降低;在工程方面,减少建设线路的工程量,降低造价。

与普速铁路相比,高速铁路动车组功率高、速度快,运行时可为爬坡提供强劲的动能,涉及时允许采用较大的坡度值。

2. 竖曲线半径

在铁路线路纵断面上,列车经过相邻两坡段的变坡点处会产生附加应力和附加加速度,因此,在设计纵断面时,相邻坡段的坡度代数差应尽量小些,不得超过允许最大值,否则应设置竖曲线来连接两个相邻的坡段。

高速铁路线路相邻坡度大于 1‰时应设置竖曲线,采用圆曲线型,其半径大小除保证列车经过变坡点时车钩不脱钩、车轮不脱轨外,还要考虑竖曲线上产生竖向离心加速度和离心力对旅客舒适度的影响。行车速度越高,竖曲线半径越大。

3. 最小夹坡段长度

同夹直线原理一样,高速铁路线路除了最小坡段长度满足两个竖曲线不重叠外,还要考虑两个竖曲线间有一定的夹坡段长度,保证列车在前一个竖曲线终点处产生的振动在夹坡段长度范围内衰减完毕,不至于在进入下一个竖曲线起点时产生叠加,保证运行舒适性。同时还要兼顾工程投资,适应地形。

第三节　道岔类型、结构、限速等基本知识

机车车辆在运行过程中,常常需要由一条线路转入另一条线路,或跨越其他线路。这就需要设置线路的连接与交叉设备,即道岔。

高速铁路道岔在结构和功能上和普速铁路道岔没有太大的差别,只是对安全性和舒适性要求更高。

一、道岔类型

道岔有多种类型,我国铁路常用的有单开道岔、对称道岔、三开道岔、复式交分道岔、菱形道岔、交分道岔、交叉渡线道岔等,另外还有将一条线路纳入另外一条线路的三轨套线和四轨套线,以及钢轨伸缩调节器、铁鞋脱落器、脱轨道岔等线路特殊设备。

二、道岔结构

道岔种类虽然很多,但常用的有单开道岔、对称道岔、交分道岔及交叉渡线道岔四种。

(一)单开道岔

单开道岔是最简单、最常用的一种道岔,是一种主线为直线,侧线向主线的左侧或右侧分支的道岔,分为左开道岔和右开道岔,如图 5-9 所示。

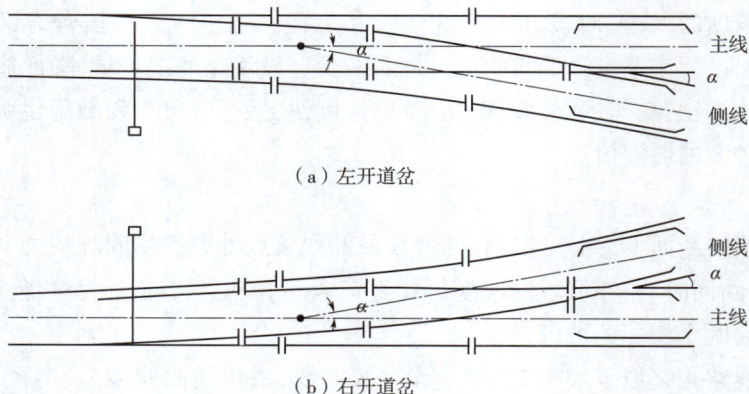

（a）左开道岔

（b）右开道岔

图 5-9　单开道岔

单开道岔由转辙器、辙叉及护轨、连接部分组成,如图 5-10 所示。

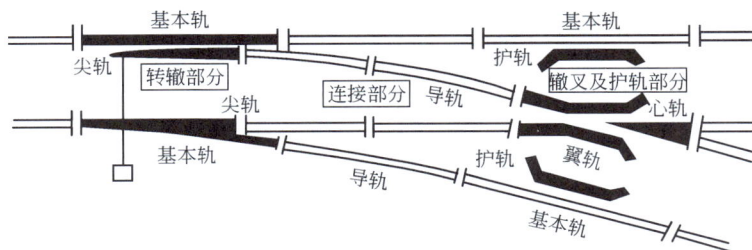

图 5-10　单开道岔的组成

转辙器是引导机车车辆沿直线或侧线方向行驶的线路设备,由两根基本轨、两根尖轨、转辙机械组成。基本轨一般采用 12.5 m 或 25 m 的标准轨制成,除承受车轮的垂直压力外,还与尖轨共同承担车轮横向水平力,并保持尖轨位置稳定;尖轨是用与基本轨同类型的标准钢轨或特种断面钢轨炮制而成,是转辙器的主要部件。尖轨通过连接杆与转辙机械相连,依靠被刨尖的一端与基本轨紧密贴靠,扳道就是操纵转辙机械来改变尖轨的位置,以正确引导车轮的运行方向,使道岔接通列车要进入的线路;转辙机械可以改变尖轨的位置,确定道岔的开通方向。

辙叉由辙叉心、翼轨、护轨组成。辙叉的作用是使车轮由一股钢轨越过另一股钢轨,保证车轮安全通过两股轨线的相互交叉处。

叉心两工作边的交点称为辙叉理论中心(理论尖端);叉心实际尖端处有 6～10 mm 的宽度称为实际尖端;叉心两工作边的夹角称为辙叉角。两翼轨相距最近处称为辙叉咽喉。

连接部分由两根直轨、两根导曲线轨组成,它的作用是连接转辙器和辙叉器及护轨部分,使之成为一组完整道岔。

(二)对称道岔

整个道岔对称于主线的中线或辙叉角的中分线,列车通过时无直向及侧向之分。对称道岔增大导曲线半径,提高侧线通过速度,并可缩短站场长度,如图 5-11 所示。

图 5-11　对称道岔

(三)三开道岔

三开道岔是将一个道岔纳入另一个道岔内构成(两顺向道岔),有三个辙叉,可开通三个方向。三开道岔可减少用地,但尖轨寿命短,两普通辙叉部分不能设置护轨,且存在有害空间,车辆沿主线方向运行速度低,如图 5-12 所示。

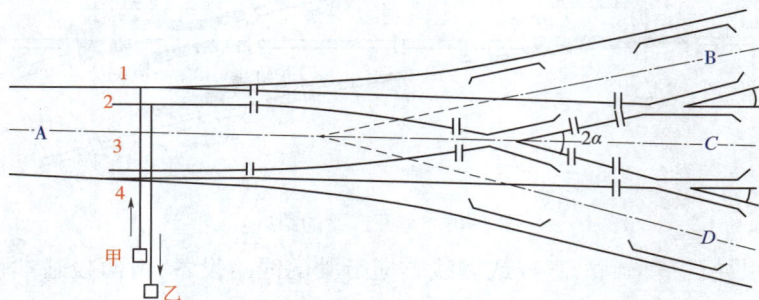

图 5-12　三开道岔

(四) 交分道岔

交分道岔是将一个单开道岔纳入另一个道岔构成(两对向道岔)。交分道岔可开通四个方向,有四个辙叉(两个钝角辙叉、两个锐角辙叉)。交分道岔缩短了线路连接长度,但两钝角辙叉处存在无护轨的有害空间,如图 5-13 所示。

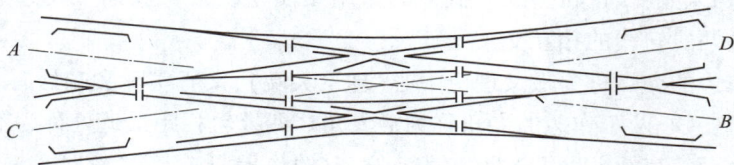

图 5-13　交分道岔

三开道岔和交分道岔的共同特点是将一个道岔套到另一个道岔内,既减少用地,又起到两副道岔的作用,故这类道岔称为复式道岔,而单开道岔和双开道岔,则称为单式道岔。

(五) 交叉渡线道岔

由四副单开道岔和一组菱形交叉设备组合而成,如图 5-14 所示。

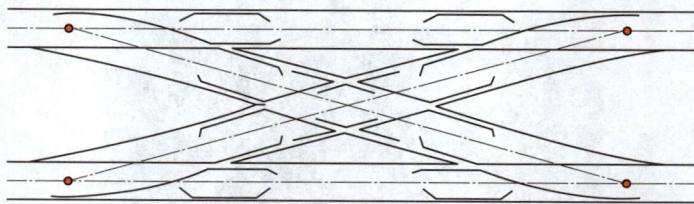

图 5-14　交叉渡线道岔

三、道岔号码及限速

道岔因其辙叉角的大小不同,有不同的道岔。道岔以其辙叉角的大小不同来区分,辙叉角越小,导曲线半径越大,道岔全长越长,道岔号数越大,机车车辆侧向通过道岔时越平稳且过岔速度越高。9 号、12 号、18 号这 3 个型号的道岔,它们的侧向允许过岔速度分别为 30 km/h、45 km/h 和 80 km/h。

常用道岔有关指标见表 5-1。

表 5-1　常用道岔有关指标

道岔号数 N	辙叉角 α	导曲线半径 （m）	道岔全长 （m）	侧向允许通过速度 （km/h）
9	6°20′25″	180	28.848	30
12	4°45′49″	330	36.815	45
18	3°10′12.5″	800	54.00	80

第六章　力学和机械基础

第一节　力学基础知识

力学是一门独立的基础学科,是有关力、运动和介质(固体、液体、气体和等离子体),宏、细、微观力学性质的学科,研究以机械运动为主,及其同物理、化学、生物运动耦合的现象。力学是一门基础学科,同时又是一门技术学科,它研究能量和力以及它们与固体、液体及气体的平衡、变形或运动的关系。

一、列车牵引力的产生和传递过程

牵引力是与列车运行方向相同并可由司机根据需要调节的外力。

机车的动力装置(在电力牵引时)将电能或(热力牵引时)燃料的化学能转变为机械能,产生的扭矩通过传动装置传递给动轮,再通过动轮与钢轨间的相互作用,产生钢轨对动轮轮周上的切向反作用力,这个作用于机车动轮轮周上的外力,就是轮周牵引力,简称为牵引力。

二、列车制动力的产生和传递过程

动车组实施制动时,牵引电动机转变为发电机状态,电动机产生与运行方向相反的力矩,使动车组处于制动状态;空气制动时,列车管减压,制动缸增压,通过制动杠杆等带动制动夹钳,使制动闸片压紧在制动盘上,产生制动力。

三、列车运行阻力的产生和分类

列车与外界相互作用产生的与列车运行方向相反、阻碍列车运行、不能由司机控制的外力称为列车阻力。

产生列车阻力的原因很复杂,与许多因素有关,为了便于分析和计算,一般分为基本阻力和附加阻力。基本阻力是列车在任何情况下运行(包括起动)都存在的阻力;附加阻力是列车在个别情况下才遇到的阻力,如坡道上运行时有坡道附加阻力,曲线上运行时有曲线附加阻力,在隧道中运行时有隧道空气附加阻力。

基本阻力和附加阻力合在一起,称为全阻力。

(一)基本阻力

产生基本阻力的因素很多,对于动车组来说,最主要的就是车辆各零部件之间、车辆表面与空气之间、车轮与钢轨之间的摩擦和冲击,主要由以下五种因素组成。

1. 轴承与轴颈之间的摩擦阻力

运行中,轴承与轴颈之间发生相对运动,接触面产生摩擦力,这种摩擦力是基本阻力的重要组成部分,如图 6-1 所示。

当车轮滚动时,轴颈圆周上轴颈与轴承间产生摩擦力,该摩擦力对车轮中心形成一个与车轮回转方向相反的力矩,这个力矩力图阻止车轮回转,从而在轮轴接触点引起一个钢轨对车轮的反作用力,这个反作用力即为轴颈与轴承之间摩擦引起的列车阻力。

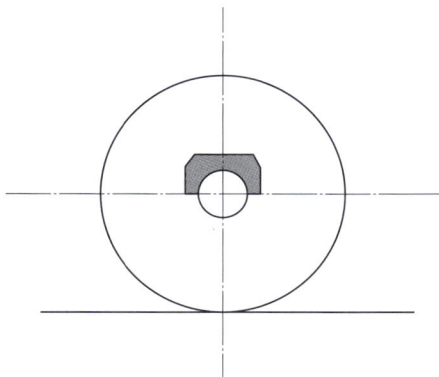

2. 车轮在钢轨上滚动产生的阻力

如果车轮和钢轨都是绝对刚体,并且车轮是几何

图 6-1　轴承摩擦阻力

圆,钢轨是几何平面,那么车轮在钢轨上滚动时就是纯滚动,没有滚动阻力。实际上车轮和钢轨并非绝对刚体,当车轮以一定的荷重压在钢轨上时,接触面产生弹性变形,变形的大小取决于车轮荷重、轮轨材质强度及硬度、轨枕种类和铺设密度、道床质量及停车时间的长短。

3. 车轮与钢轨之间的滑动阻力

车轮与钢轨间的滑动阻力,主要由三个原因产生,一是车轮踏面与轨面各接触点的直径不同;二是同一轮对的两个车轮直径不同;三是轮对组装不正确。上述原因均会引起车轮在钢轨上横向及纵向滑动从而产生阻力。

4. 冲击和振动引起的阻力

列车运行中,由于轮对踏面及钢轨表面不平,特别是钢轨连接处的轨缝,都会引起冲击和振动,使列车的动能受到损失,形成了由于冲击和振动引起的阻力。

这种阻力的大小与机车车辆的结构以及线路质量有关,特别是车轮踏面擦伤、钢轨接缝处过大时,这种阻力就更大一些。因此,采用重型长轨条,改善机车车辆的减振装置,提高线路质量均可减小冲击和振动引起的阻力,还可延长机车车辆走行部各部件的使用寿命。

5. 空气阻力

列车运行时,与周围空气发生相对运动,列车前部的空气被压缩,尾部的空气产生涡流,形成部分真空,同时,列车的上下左右侧面都要和空气发生摩擦,不平滑的处所也要产生涡流,空气与列车间的这些相互作用形成阻碍列车运动的力叫空气阻力。

(二) 附加阻力

附加阻力是列车在线路上运行时受到额外的阻力,取决于线路情况(如坡道、曲线、隧道等)。

1. 坡道附加阻力

列车在坡道上运行时,其重力产生垂直和平行于轨道的两个分力,平行于轨道的分力即列车坡道附加阻力。列车上坡时,阻力是正值;列车下坡时,阻力是负值。

2. 曲线附加阻力

产生原因：轮缘与钢轨之间的侧向摩擦、轮轨间的横向和纵向滑动、上下心盘之间和轴瓦与轴颈之间摩擦等加剧。

影响因素：曲线参数（如曲线半径、外轨超高等、轨距加宽）、机车车辆走行部参数（如固定轴距等）、运行速度。

3. 隧道附加阻力

列车在隧道内运行时，由于空气受隧道约束，不能向四周扩散，造成活塞现象，引起头部正压和尾部负压的压力差，产生阻碍列车运动的阻力。

第二节　机械基础知识

一、机械传动的基本概念

通常将机器中动力部分的动力和运动按预定的要求传递到工作部分的中间环节，称为传动。

传动可以通过机、电、液等形式来实现。在现代工业中，根据传动的原理不同，主要应用着机械传动、液压传动、气压传动和电传动等四种传动方式。

机械传动是利用带轮、齿轮、链轮、轴、蜗杆与蜗轮、螺母与螺杆等机械零件作为介质来进行功率和运动的传递，即采用带传动、链传动、齿轮传动、蜗杆传动和螺旋传动等装置来进行功率和运动的传递。机械传动是最常见的传动方式，它具有传动准确可靠、操纵简单、容易掌握、受环境影响小等优点，但也存在传动装置笨重、效率低、远距离布置和操纵困难、安装位置自由度小等缺点。

二、机械传动的基本形式及特点

常见的机械传动形式：带传动、链传动、齿轮传动和螺旋传动。

（一）带传动

1. 带传动的形式

在实际使用中，由于使用场合和转动方向不同，有不同的传动形式。根据两轴在空间的相互位置和转动方向的不同，带传动主要有开口传动、交叉传动和半交叉传动三种传动形式。

（1）开口传动

开口传动用于两轴平行并且旋转方向相同的场合。两轴保持平行，两皮带轮的中间平面应重合。开口传动的性能较好，可以传递较大的功率。

（2）交叉传动

交叉传动用于两轴平行但旋转方向相反的场合。由于交叉处皮带有摩擦和扭转，因此传动带的寿命和载荷容量都较低,允许的工作速度也较小,线速度一般在 11 m/s 以下。

交叉传动不宜用于传递大功率,载荷容量不应超过开口传动的 70% ~ 80%,传动比可到 6。为了减少磨损,轴间距离不应小于 20 倍的带轮宽度。

（3）半交叉传动

半交叉传动用于空间的两交叉轴之间的传动,交角通常为 90°。传动带在进入主动轮和从动轮时,方向必须对准该轮的中间平面,否则,传动带会从带轮上掉下来。

半交叉传动的线速度一般不宜超过 11 m/s,传动比一般不超过 3,载荷容量约为开口传动的 70% ~ 80%,并且只能单向传动,不能逆转。带传动的形式见表 6-1。

表 6-1　常用带传动形式

传动简图	开口传动	交叉传动	半交叉传动

2. 带传动的特点

带传动的优点:

（1）适用于两轴中心距较大的传动,中心距最大可达 10 m。

（2）带传动是弹性体,可缓冲、吸振,传动平稳,噪声小。

（3）结构简单,制造、安装和维护方便,成本低廉。

（4）过载时,带在带轮上打滑,可防止其他零件损坏,起安全保护作用。

带传动的缺点:

（1）带传动的结构不够紧凑,传动装置的外廓尺寸较大。

（2）带在带轮上有弹性滑动,瞬时传动比不恒定,且传动效率低,带的寿命较短。

（3）因需要张紧,对轴的压力大。

（4）带传动中的摩擦会产生电火花,不适宜用在高温、易燃、易爆或经常与油水接触的场合。

（二）链 传 动

链传动是以链条作为中间挠性传动件,通过链节与链轮齿的不断啮合和脱开而传递运动和动力的,它属于啮合传动。链传动由主动链轮、链条和从动链轮组成,如图 6-2 所示。当主动链轮转动时,通过链条与链轮之间的啮合力带动从动链轮跟着旋转,同时将主动轴的运动和动力传递给从动轴。

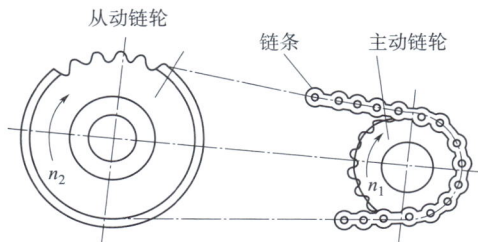

图 6-2　链传动

1. 链传动的类型

根据用途的不同,链传动分为传动链、起重链和牵引链。传动链用来传递动力和运动,起重链用于起重机械中提升重物,牵引链用于链式输送机中移动重物。

　　一般机械传动中常用的是传动链。传动链有齿形链和短节距精密滚子链(简称滚子链)。

　　齿形链又称无声链,由成组齿形链板左右交错排列,并用铰链连接而成,如图 6-3 所示。齿形链运转平稳,噪声小,承受冲击载荷的能力高,但结构复杂、质量大、价格高,常用于高速或运动精度和可靠性较高的传动装置中。

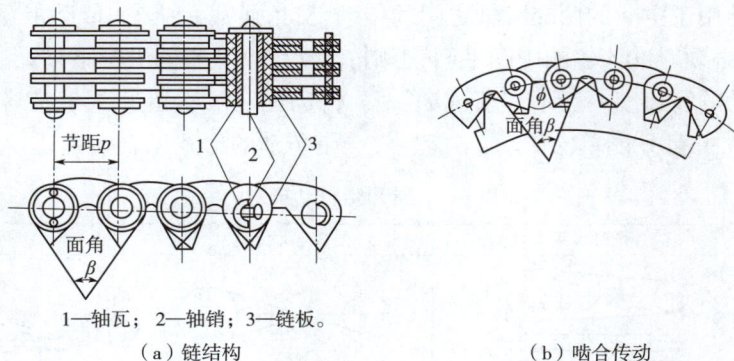

1—轴瓦; 2—轴销; 3—链板。

（a）链结构　　　　　　　　　　（b）啮合传动

图 6-3　齿形链

　　滚子链结构简单,成本较低,生产量大,从低速到较高速、从轻载到重载都适用,在传动链中占有主要地位,如图 6-4 所示。滚子链由滚子、套筒、销轴、内链板和外链板所组成。

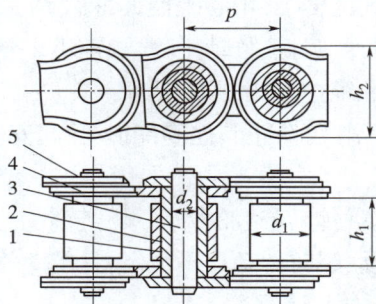

1—滚子; 2—套筒; 3—销轴; 4—内链板; 5—外链板;
p—节距（mm）; h_1—内链板间距（mm）; h_2—外链板间距;
d_1—滚子直径（mm）; d_2—销轴直径。

（a）链的主要几何尺寸

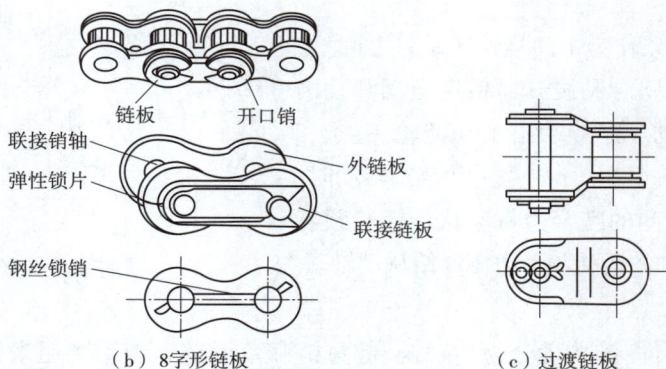

（b）8字形链板　　　　　　　　（c）过渡链板

图 6-4　滚子链的结构

链板一般制成 8 字形,以使它的各个横截面具有接近的抗拉强度,同时减少了链的质量和运动时的惯性力。链条中相邻两销轴中心的距离称为节矩,用 p 表示,它是链传动的主要参数。节矩较大,链的各元件尺寸也越大,链传递的功率也越大,但平稳性变差。故在设计时如果要求传动平稳,则应尽量选取较小的节矩。当传递功率较大时,可采用双排链或多排链,如图 6-5 所示。

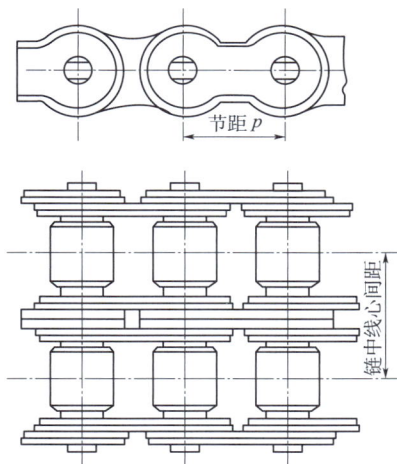

节距 p

链中线心间距

图 6-5 双排链

多排链由几排普通单排链用销轴联成,多排链的承载能力与排数成正比,但由于精度的影响,各排链所受载荷不易均匀,故排数不宜过多,常用双排链或三排链,四排以上的少用。

2. 链传动的特点

链传动的优点:

(1)链传动是具有中间挠性件的啮合传动,与带传动相比,无弹性滑动和打滑现象,故能保证准确的平均传动比,传动效率较高,结构紧凑,传递功率大,张紧力比带传动小,作用在传动轴与轴承上的力较小,但无过载保护作用。

(2)在相同功率条件下,链传动比带传动结构紧凑,并适用于低速、重载下工作。

(3)与齿轮传动相比,链传动结构简单,加工成本低,安装精度要求低,适用于较大中心距的传动,能在高温、多尘、油污等恶劣的环境中工作。

链传动的缺点:

(1)链条与链轮工作时磨损较快,使用寿命较短,磨损后链条的节距增大,链轮齿形变瘦,链条在啮合时会发出"咯咯"的响声,甚至造成脱链现象。

(2)只能传递平行轴间的同向回转运动,安装时对两轮轴线的平行度要求较高。链条不适宜装在两个成水平位置的链轮上传动,这样容易发生脱链或顶齿。

(3)由于链条进入链轮后形成多边形折线,从而使链条速度忽大忽小地周期性变化,并伴有链条的上下抖动。因此,链传动的瞬时传动比不恒定,传动平稳性较差,有冲击和噪声,不宜用于高速和急速反向的场合。

(4)制造费用较高。

(三)齿轮传动

1. 齿轮传动的传动形式

按照齿轮工作条件不同,齿轮传动又可分为开式齿轮传动、半开式齿轮传动和闭式齿轮传动三种形式。

(1)开式齿轮传动

这种传动齿轮是外露的,由于灰砂容易落入齿面,润滑不完善,故轮齿易磨损。优点是结构简单,适用于圆周速度较低和精度要求不高的情况。

（2）半开式齿轮传动

这种传动齿轮的下部浸入润滑油池内，有简单的防护罩，但仍然没有完全克服开式传动的缺点，一般用于较低速度的传动。

（3）闭式齿轮传动

齿轮和轴承等均装在刚性很大的箱体内（如各种减速器中的齿轮传动），润滑良好，封闭严密，安装精确，可保证良好的工作。

2. 齿轮传动的特点

齿轮传动的优点：

（1）由于采用合理的齿形曲线，所以齿轮传动能保证两轮瞬时传动比恒定，平稳性较高，传递运动准确可靠。

（2）适用的传动功率和圆周速度范围较大。

（3）传动效率高（一般为 0.94～0.99，一般圆柱齿轮的传动效率可达 98%），使用寿命长。

（4）结构紧凑、体积小。

齿轮传动的缺点：

（1）齿轮的制造、安装精度要求较高，制造成本大。

（2）承受过载和冲击的能力差，低精度齿轮传动时噪声和振动较大。

（3）当两传动轴之间的距离较大时，若采用齿轮传动结构就会复杂，所以齿轮传动不适宜于距离较大两轴间的运动传递。

（4）没有过载保护作用。

（5）在传递直线运动时，不如液压传动和螺旋传动平稳。

（四）螺旋传动

1. 螺旋传动的类型

螺旋机构按螺旋副中的摩擦性质，可分为滑动螺旋和滚动螺旋两种类型。

滑动螺旋的螺杆与螺母直接接触，处于滑动摩擦状态，如图 6-6 所示。滑动螺旋具有以下特点：螺杆与螺母之间的摩擦大，易磨损且传动效率低；可设计成自锁特性的传动；结构简单、制造方便。

若将螺旋副的内、外螺纹改成内、外螺旋状的滚道，并在其间放入滚动体，便是滚动螺旋，如图 6-7 所示。

2. 螺旋传动的特点

螺旋机构与其他将回转运动转变为直线运动的传动

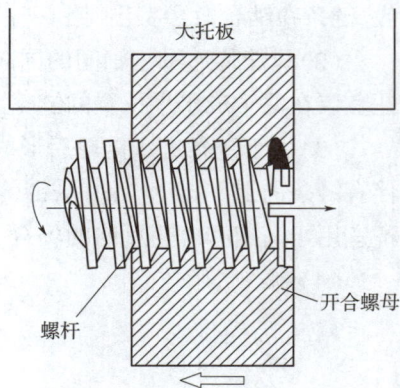

图 6-6 车床的螺杆螺母传动

装置（如曲柄滑块机构）相比，具有结构简单，工作连续、平稳、承载能力大、传动精度高、易于自锁等优点，在机械制造中获得了广泛的应用。其缺点是螺纹之间产生较大的相对滑动，因而磨损快，使用寿命短，效率低，近年来由于滚动螺旋机构的应用，使磨损和效率问题得到了很大的改善。

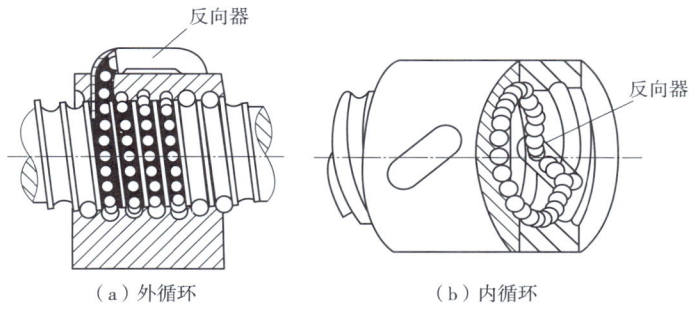

（a）外循环　　　（b）内循环

图 6-7　滚动螺旋

第七章　电工与电子基础

第一节　电工的基本物理量

电工的基本物理量包括电量、电流、电压、电动势与电源、电阻、电功等。

一、电　荷　量

自然界中的物质是由分子组成的,分子又是由原子组成的,而原子是由带正电荷的原子核和一定数量带负电荷的电子组成的。在通常情况下,原子核所带的正电荷数等于核外电子所带的负电荷数,原子对外不显电性。但是,用一些办法,可使某种物体上的电子转移到另外一种物体上。失去电子的物体带正电荷,得到电子的物体带负电荷。物体失去或得到的电子数量越多,则物体所带的正、负电荷的数量也越多。

物体所带电荷数量的多少用电荷量来表示。电荷量是一个物理量,它的单位是库仑,用字母"C"表示。1 C 的电荷量相当于物体失去或得到 6.25×10^{18} 个电子所带的电量。

二、电　　流

电荷的定向移动形成电流。电流有大小,有方向。通常规定正电荷定向移动的方向为电流的方向,用电流强度来衡量电流的大小。

三、电　　压

在电路中电场力把单位正电荷由高电位 a 点移向低电位 b 点所做的功称为两点间的电压,用 U_{ab} 表示。所以电压是 a 与 b 两点间的电位差,它是衡量电场力做功本领大小的物理量。

四、电动势与电源

电源是利用非电力把正电荷由负极移到正极的,它在电路中将其他形式能转换成电能。电动势就是衡量电源能量转换本领的物理量,用字母 E 表示,单位伏特,简称伏,用字母 V 表示。

五、电　　阻

一般来说,导体对电流的阻碍作用称为电阻,用字母 R 表示,单位欧姆,简称欧,用字母 Ω 表示。

六、电 功

电流通过用电器时,用电器就将电能转换成其他形式的能,如热能、光能和机械能等。通常把电能转换成其他形式的能叫作电流做功,简称电功,用字母 W 表示。

第二节 直流电路和交流电路基本知识

一、电路的组成和作用

电流所流过的路径称为电路,由电源、负载、开关和连接导线等四个基本部分组成,如图 7-1 所示。

电源是把非电能转换成电能并向外提供电能的装置。常见的电源有干电池、蓄电池和发电机等。负载是电路中用电器的总称,它将电能转换成其他形式的能,如电灯把电能转换成光能;电烙铁把电能转换成热能;电动机把电能转换成机械能。开关属于控制电器,用于控制电路的接通或断开。连接导线将电源和负载连接起来,担负着电能的传输和分配的任务。电路电流方向是由电源正极经负载流到电源负极,在电源内部,电流由负极流向正极,形成一个闭合通路。

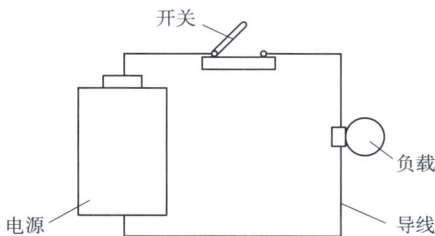

图 7-1 电路基本组成

二、直流电路和交流电路

(一) 直流电路

直流电流只会在电路闭合时流通,而在电路断开时完全停止流动。在电源外,正电荷经电阻从高电势处流向低电势处,在电源内,靠电源的非静电力的作用,克服静电力,再把正电荷从低电势处"搬运"到达高电势处,如此循环,构成闭合的电流线。所以,在直流电路中,电源的作用是提供不随时间变化的恒定电动势,为在电阻上消耗的焦耳热补充能量。

一般来说,把干电池、蓄电池当作电源的电路就可以看作直流电路;把交流电经过、变压之后,作为电源而构成的电路,也是直流电路。

普遍的低电压电器都是利用直流电的,特别是电池供电的电器。大部分的电路都要求直流电源。

(二) 交流电路

交流电路是指电源的电动势随时间作周期性变化,使得电路中的电压、电流也随时间作周期性变化,这种电路叫作交流电路。如果电路中的电动势电压、电流随时间作简谐变化,该电路就叫简谐交流电路或正弦交流电路,简称正弦电路。

交流电的产生主要有两类方式,一类是用交流发电机产生,另一类是用含电子器件如电子管、半导体晶体管的电子振荡器产生。

<h2 style="text-align:center">第三节　电磁感应基本知识</h2>

一、磁现象

通常把物体能够吸引铁、钴、镍及其合金的性质称为磁性,把具有磁性的物体叫作磁体。磁体上磁性最强的位置称为磁极,磁体有两个磁极:南极和北极,通常用字母 S 表示南极(常涂红色),用字母 N 表示北极(常涂绿色或白色)。条形、蹄形、针形磁铁的磁极位于它们的两端。

任何一个磁体的磁极总是成对出现的。若把一个条形磁铁分割成若干段,则每段都会同时出现南极、北极,这叫作磁极的不可分割性。磁极与磁极之间存在的相互作用力称为磁力,其作用规律是同性磁极相斥,异性磁极相吸。一根没有磁性的铁棒,在其他磁铁的作用下获得磁性的过程叫磁化。如果把磁铁拿走,铁棒仍有的磁性则称为剩磁。

二、电磁感应

电和磁是可以互相转化的。在一定条件下,电流能够产生磁场;同样,磁场也能使导线中产生电流,磁转化为电的现象叫作电磁感应。

直导线 AB 在磁场中,它的两端与检流计连接构成闭合回路。当导线向右移动垂直切割磁感应线时,检流计指针偏转,如图 7-2(a)所示,表示导线中有电流产生;导线向左方垂直移动切割磁感应线时,检流计指针也发生偏转,但方向与前面的相反,如图 7-2(b)所示。

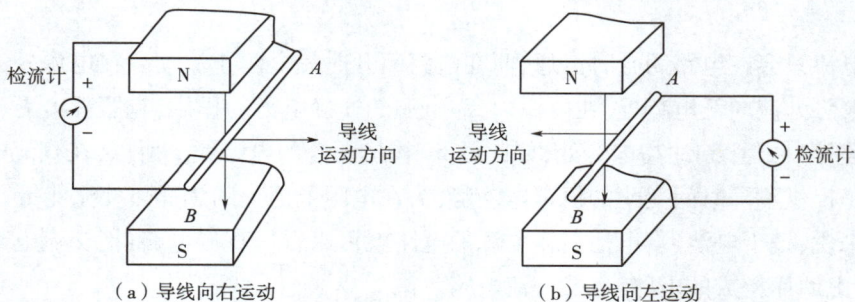

（a）导线向右运动　　　（b）导线向左运动

图 7-2　通电直导线的磁场运动

导体不动,没有切割磁感应线时,检流计指针无偏转,说明导线中没有电流。导线的移动速度越快,检流计指针偏转越大,即电流越大。

将线圈的两端与一个检流计连接而构成闭合回路,如图 7-3 所示。

当条形磁铁插入线圈瞬间,线圈中的磁通量增加,检流计指针向右偏转,如图 7-3(a)所示,说明线圈中磁通发生变化,线圈中有电流出现。若把条形磁铁从线圈中拔出,在拔出瞬

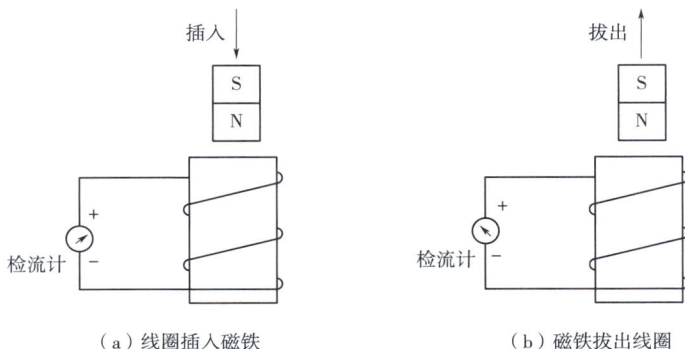

（a）线圈插入磁铁　　　　　　　（b）磁铁拔出线圈

图 7-3　条形磁铁相对线圈运动

间,检流计指针向相反方向偏转,说明线圈中磁通也发生变化,线圈中也有电流出现,如图 7-3(b)所示。当条形磁铁在线圈中停止运动时,检流计指针无偏转,线圈中磁通没有变化,线圈中也没有电流。如果条形磁铁插入或拔出的速度越快,即磁通量变化得越快,则检流计指针偏转越大,反之,检流计指针偏转越小。

无论是直导线在磁场中作切割磁感应线运动,还是磁铁对线圈做相对运动,都是由于运动使得穿过(直导线或线圈组成的)闭合回路中的磁通量发生了改变,因而在直导线或线圈中产生电动势。若直导线或线圈构成回路,则直导线或线圈中将有电流出现。回路中磁通量的变化是导致直导线或线圈中产生电动势的根本原因,即"动磁生电"。磁通量的变化越大,产生的电动势越大。

因磁通变化而在直导线或线圈中产生电动势的现象,叫作电磁感应。由电磁感应产生的电动势叫作感应电动势。由感应电动势在闭合电路形成的电流,叫作感应电流。

第四节　半导体基础知识

一、常用半导体器件

根据物体的导电能力的不同,电工材料可分为三类:导体、半导体和绝缘体。半导体可以定义为导电性能介于导体和绝缘体之间的电工材料。

半导体的电阻率介于金属和绝缘体之间,室温时为 $1\ \mathrm{m\Omega \cdot cm} \sim 1\ \mathrm{G\Omega \cdot cm}$。典型的半导体有硅 Si 和锗 Ge 以及砷化镓 GaAs 等。

半导体的导电能力在不同的条件下有很大的差别:当受外界热和光的作用时,它的导电能力明显变化;往纯净的半导体中掺入某些特定的杂质元素时,会使它的导电能力具有可控性;这些特殊的性质决定了半导体可以制成各种器件。

二、半导体二极管

在 PN 结上加上引线和封装,就成为一个二极管。二极管按结构分为点接触型、面接触型和平面型三大类。

点接触型二极管 PN 结面积小,结电容小,常用于检波和变频等高频电路。

面接触型二极管 PN 结面积大,结电容大,用于工频大电流整流电路。

平面型二极管 PN 结面积可大可小,PN 结面积大的,主要用于功率整流;结面积小的可作为数字脉冲电路中的开关管。

三、双极性晶体管

双极型晶体管 BJT 是通过一定的工艺,将两个 PN 结接合在一起而构成的器件,是放大电路的核心元件,它能控制能量的转换,将输入的任何微小变化不失真地放大输出,放大的对象是变化量。

双极型晶体管 BJT 常见外形有四种,分别应用于小功率、中功率或大功率,高频或低频等不同场合。

四、场效应管

场效应管 FET 是一种利用电场效应来控制其电流大小的半导体器件。根据结构不同可分为两大类:结型场效应管(JFET)和金属–氧化物–半导体场效应管(MOSFET 简称 MOS 管)。每一类又有 N 沟道和 P 沟道两种类型。其中 MOS 管又可分为增强型和耗尽型两种。

第八章　动车组基本构造

第一节　动车组基本知识

动车组是由动车(M 车)和拖车(T 车)组成的自带动力、两端均可以操纵驾驶、整列一体化设计的一种列车。

一、动车组定义及特征

普通列车通常由一节(或多节)火车头,拉着长长的一串车厢,普通列车组成如图 8-1 所示。

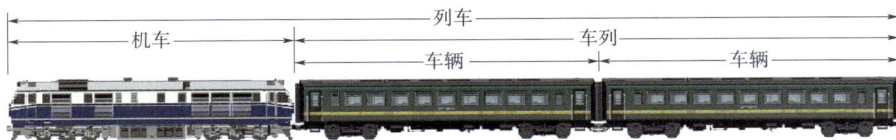

图 8-1　普通列车组成

图 8-1 中,如果去掉机车,剩下的只是一串连挂在一起的车辆,这一串车辆因为没有动力及完整的列车标志,所以只能称为车列;当连挂上机车并形成完整的列车标志的时候,才具备了运行的资格,才能叫作列车。

动车组也是列车的一种,但它不是机车+车辆,它是车辆+车辆,这里面的有些车辆是有动力的,代替了机车的功能,那么,动车组就是由数辆带动力的车辆和数辆不带动力的车辆,或者全部都是带动力的车辆连挂在一起组成的车组,CRH2A 型动车组的列车组成如图 8-2 所示。

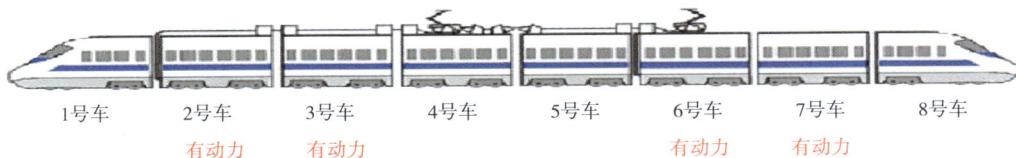

图 8-2　CRH2A 型动车组的列车组成

图 8-2 中,2 号车、3 号车、6 号车和 7 号车是有动力的车辆,负责推拉着列车行驶;4 号车、5 号车没有动力,被动地被拖着行驶;1 号车和 8 号车也没有动力,但有驾驶室,控

制列车运行。

有些动车组的车门旁边的显示屏上,在显示车次、始发/终到站的时候还会显示"EMU"的字样,如图8-3所示。"EMU"是英文"Electric Multiple Units"的缩写,意思是"电力牵引单元"。其中,"单元"是核心,在这个"单元"中,若干车辆以特定方式连挂在一起,实现列车运行的目的。多数情况下,该"单元"不能被拆散,否则列车不能运行,或列车功能不完整,所以,这个单元中的组成车辆是固定的。

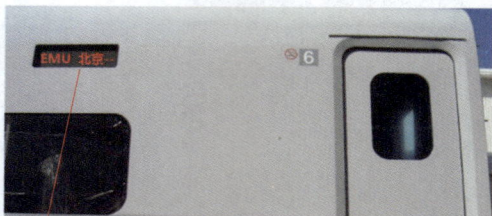

车外侧面目的地显示屏

图8-3　CRH2A型动车组车门旁的显示屏

二、动车组分类

动车组的分类方式主要有:按动力配置方式分类、按牵引动力类型分类和按转向架连接方式分类。

(一)按动力配置方式分类

动力配置方式是指在动车组的编组中,动力车的数量和所处的位置。按动力配置方式可分为动力分散型动车组和动力集中型动车组。

(二)按牵引动力类型分类

按牵引动力类型可分为内燃动车组、电力动车组和混合动力动车组。

1. 内燃动车组

内燃动车组是指以内燃机作为原动力驱动的动车组,根据内燃机的种类,又可分为柴油机动车组和燃气轮机动车组。我国铁路内燃动车组绝大多数是柴油机动车组,如北京—八达岭间的"长城号"动车组。

内燃动车组投资少,见效快,常用于非电气化铁路区段。

2. 电力动车组

电力动车组从外界获取电力作为能源驱动动车组,牵引功率大、轴重轻、经济性好且环保,是动车组的主要类型。

磁悬浮也属于电力动车组,它利用电磁系统使列车悬浮在导轨上,利用直线电机将电能直接转换为牵引力,推动列车高速运行。

3. 混合动力动车组

由我国研制的CJ5型混合动力型动车组集成了两种或三种不同的动力源,包括采用"接触电网供电+动力电池供电"(EEMU)"接触电网供电+内燃动力包+动力电池组供电"(DEMU)"内燃动力包+动力电池组供电"等不同动力提供方式,如图8-4所示。

图8-4　混合动力动车组

（三）按转向架连接方式分类

按转向架连接方式可分为独立式动车组和铰接式动车组。

1. 独立式动车组

独立式动车组是指传统的转向架与车体的连接方式，每节车的车体都由两台转向架支撑，车辆与车辆之间通过车端连接装置连接，动车组解编后车辆可以独立行走。

2. 铰接式动车组

车体与车体之间用弹性铰接相连，在两个车体连接处共用一台转向架，每节车辆不能从动车组中解编下来独立行走。

三、动车组主要组成

动车组是由机械和电气组成的，通常可划分为十一个组成部分：车体及车端连接、转向架、牵引传动系统、辅助电气系统、供风及制动系统、网络及监控系统、旅客信息系统、车内环境控制系统、给水卫生系统、内装结构及车内设施、驾驶设施。

（一）车体及车端连接

车体是容纳乘客和司机驾驶的地方，又是安装与连接其他设备和部件的基础。为使车体轻量化，动车组车体通常采用铝合金和不锈钢材料制造，铝合金材料是动车组车体材料的主要方向。

动车组车体分为带司机室车体和不带司机室车体两种，如图 8-5 所示。

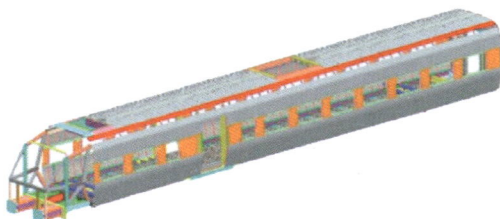

（a）CRH1A型动车组头车不锈钢车体

（b）CRH2系列动车组头车铝合金车体

（c）CRH1A型动车组头车骨架

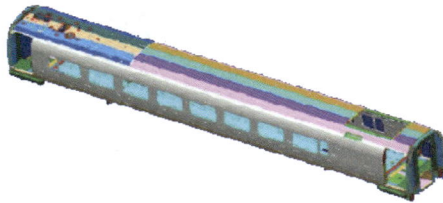

（d）CRH3系列动车组中间车铝合金车体

图 8-5　不同型号动车组的不同车体

车辆要连成车列，必须借助于连接装置，连接装置包括机械连接和电气/空气连接。机械连接包括车钩缓冲装置和风挡等；电气/空气连接包括高压电器连接、辅助系统和列车供电连接以及控制系统连接、空气管路的连接,如图 8-6 所示。

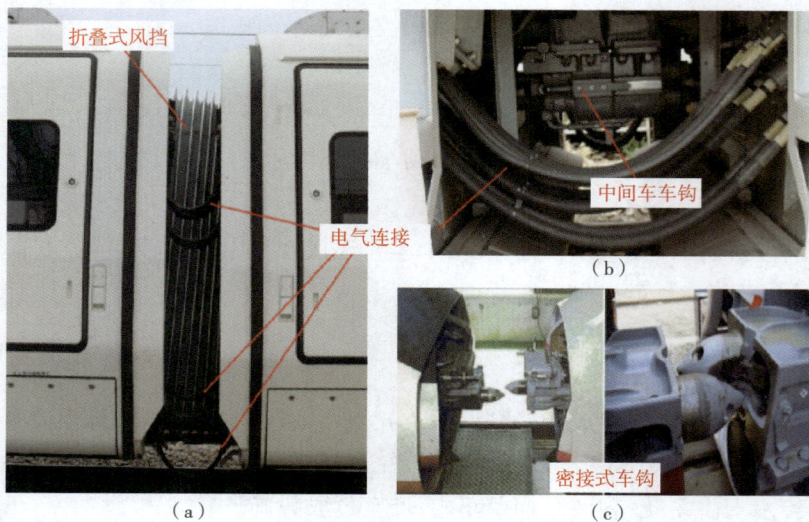

图 8-6　车端连接

(二)转向架

转向架处于车体和轨道之间,用来牵引和引导车辆沿轨道行驶,同时承受和传递来自车体及线路的各种载荷,缓和其作用力;通过电空制动系统产生必要的制动力,是保证列车运行品质和安全的关键系统部件。

动车组转向架分为动力转向架和非动力转向架。动力转向架的车轴可以全部是动轴,也可以部分是动轴,如图 8-7 所示。

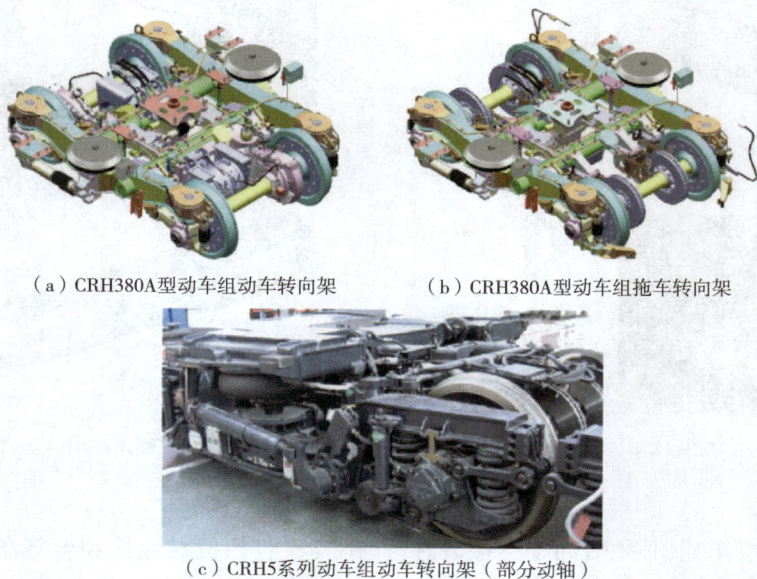

(a)CRH380A型动车组动车转向架　　　(b)CRH380A型动车组拖车转向架

(c)CRH5系列动车组动车转向架(部分动轴)

图 8-7　部分型号动车组转向架

（三）牵引传动系统

牵引传动系统将接触网的电能引入车内后，经过降压、整流、逆变等环节，输出到牵引电机，由牵引电机将电能转换为机械能，牵引列车运行；制动时，牵引电机转变为发电机状态，将发出的电能返回到接触网。

牵引传动系统主要包括受电弓、主断路器、牵引变压器、牵引变流器、牵引电机、其他高压设备、齿轮箱及传动系统的保护等，CR400BF 型动车组牵引系统组成如图 8-8 所示。

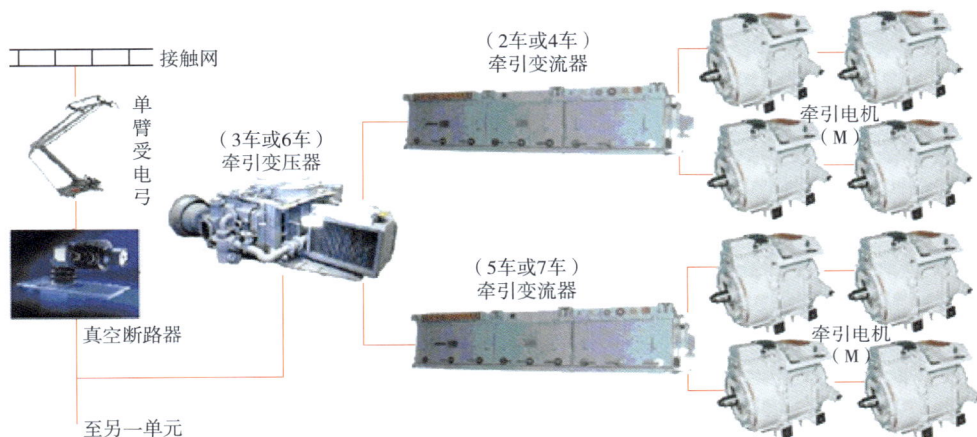

图 8-8　CR400BF 型动车组牵引系统组成

（四）辅助电气系统

辅助电气系统主要由辅助变流器、蓄电池、充电机组成。辅助系统供电的设备包括空气压缩机、冷却通风机、油泵/水泵电机、空气调节系统、采暖设备、照明设备、旅客服务设备及维修用电等，另外，还具备应急供电功能，包括应急通风、应急照明、应急显示、通信及其控制等，CR400AF 型动车组辅助供电系统如图 8-9 所示。

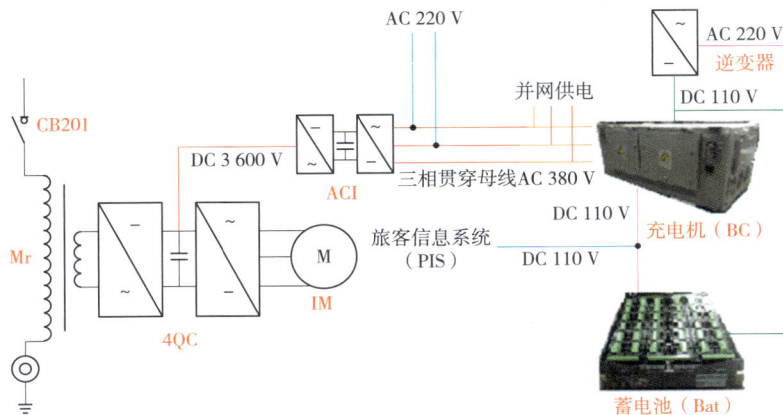

图 8-9　CR400AF 型动车组辅助供电系统

(五)供风及制动系统

供风及制动系统是保证列车减速或准确停车及安全运行必需的设备。动车组通常采用动力制动与空气制动的复合制动模式。动车组的制动装置包括基础制动装置、空气制动装置以及制动控制系统等,制动控制系统包括动力制动控制系统和空气制动控制系统;供风系统主要由空气压缩机、干燥器和供风管理等组成。CRH 系列动车组一个动力单元的制动系统组成如图 8-10 所示。

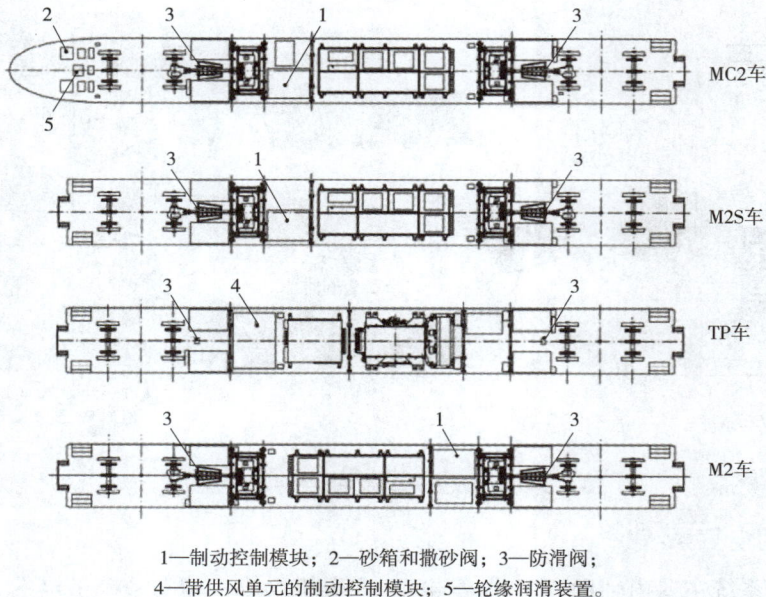

1—制动控制模块; 2—砂箱和撒砂阀; 3—防滑阀;
4—带供风单元的制动控制模块; 5—轮缘润滑装置。

图 8-10　CRH 系列动车组一个动力单元的制动系统组成

(六)网络及监控系统

网络及监控系统是基于计算机技术和通信技术的分布式计算机控制系统,提供整列车的控制、监测、诊断等功能。列车网络控制就是应用于列车上的计算机通信网络,属于动车组必备技术之一。网络和监控系统可实现各动力车的重联控制、全列车所有由计算机控制的部件联网通信和资源共享,实现全列车的制动控制、车门控制、轴温监测及空调控制等功能,完成全列车的自检及故障诊断决策。

(七)旅客信息系统

旅客信息系统为旅客和司乘人员提供音视频服务,是一种分布式的信息服务系统,主要由广播通信子系统、信息显示子系统和影音娱乐子系统组成,如图 8-11 所示。

旅客信息系统的主要功能是:

1. 通过乘务员室的主机和分布于各客室内的扬声器、各车厢的车载电话等广播通信系统为旅客提供必要的广播信息。

2. 通过乘务员室内的主机和各车厢的车内外信息显示器为乘客提供所需的信息。

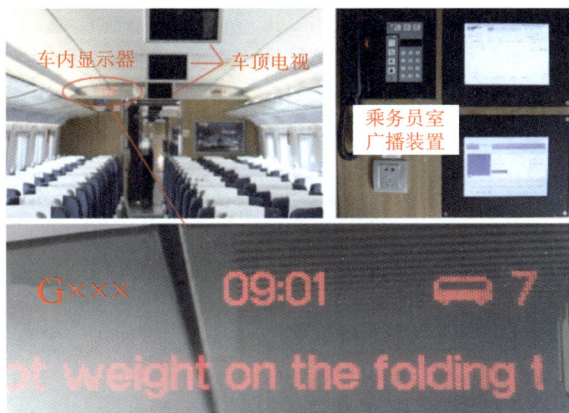

图 8-11　CRH3 系列动车组旅客信息系统部分设备

3. 通过乘务员室的主机和各车的车顶电视、商务座椅的影视娱乐设备为乘客提供音视频节目。

(八) 车内环境控制系统

车内环境控制系统通过各种技术对车内空气湿度、温度、压力、清洁度和空气流速进行调节,使车内环境保持理想舒适的状态,为车内人员提供一个良好的环境。

车内环境控制系统主要由空调系统、压力保护系统和照明系统组成。

(九) 给水卫生系统

给水卫生系统属于服务设施,为旅客及司乘人员提供饮食和卫生服务,主要包括给水装置及卫生设备,给水装置可提供洗漱用水、饮用水、卫生间冲洗用水、清洗用水等。

(十) 内装结构及车内设施

内装结构主要包括地板、内侧墙、顶板和间壁、平顶板等内饰部件。车内设施指服务旅客的车内固定附属装置,包括设备电气、座椅、车门、车窗、行李架等。

(十一) 驾驶设施

驾驶设施指司机操作的设备,司机从司机室驾驶设施获取列车运营信息、发出运行指令和完成各种操纵项目,按照设备部件布置的区域分为外部设备组成和内部设备组成。外部设备包括雨刮器、开闭机构、外部照明和司机室登车门,内部设备包括操纵台、司机座椅、司机室内饰、司机室空调、遮阳帘等,如图 8-12 所示。

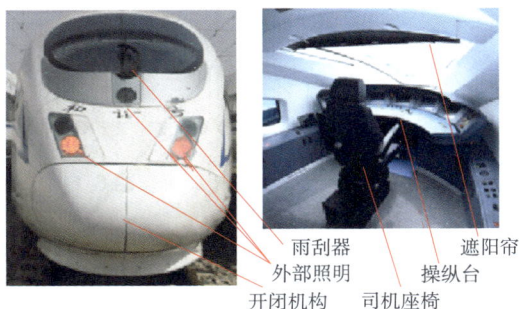

图 8-12　CRH3 系列动车组司机室外部及
内部设备

第二节　动车组总体及主要技术参数

一、动车组总体

(一)动车组编组

1. CRH1A 型动车组

CRH1A 型动车组有 8 辆编组,采用 5M3T 的动力配置方式,分为 3 个动力单元,第一动力单元 A 由 2 辆动(M)车和 1 辆拖(T)车组成;第二动力单元 B 由 1 辆动(M)车和 1 辆拖(T)车组成;第三动力单元由 2 辆动(M)车和 1 辆拖(T)车组成。全列车包含 4 种形式的车辆,包括带司机室的动车(Mc1、Mc2)、带受电弓的拖车(Tp1、Tp2)、不带受电弓的中间拖车(带吧台拖车)和中间动车(M1、M2、M3),如图 8-13 所示。

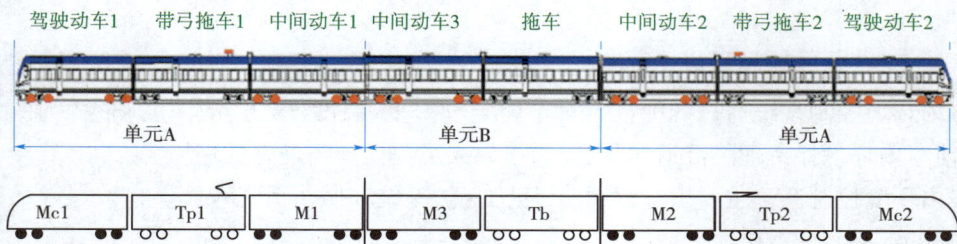

图 8-13　CRH1A 型动车组编组

2. CRH2A 型动车组

CRH2A 型动车组有 8 辆编组,采用 4M4T 的动力配置方式,分为 2 个动力单元,1、2、3、4 号车为第一动力单元,5、6、7、8 号车为第二动力单元。每个动力单元由 2 辆动车和 2 辆拖车组成(T+M+M+T)。5 号车为餐座合造车,7 号车为一等车,首尾车辆设有司机室,如图 8-14 所示。

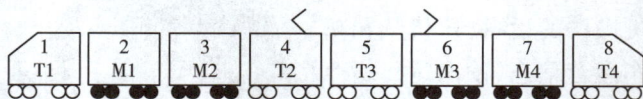

图 8-14　CRH2A 型动车组编组

3. CRH3C 型动车组

CRH3C 型动车组有 8 辆编组,采用 4M4T 的动力配置方式,分为 2 个动力单元,1、2、3、4 号车为第一动力单元,5、6、7、8 号车为第二动力单元。每个动力单元由 2 辆动车和 2 辆拖车组成(T+M+M+T)。全列车有 5 种形式的车辆,包括带司机室的端车(EC01、EC08)、变压器车(TC02、TC07)、变流器车(IC03、IC06)、餐座合造车(BC04)和一等车(FC05),如图 8-15 所示。

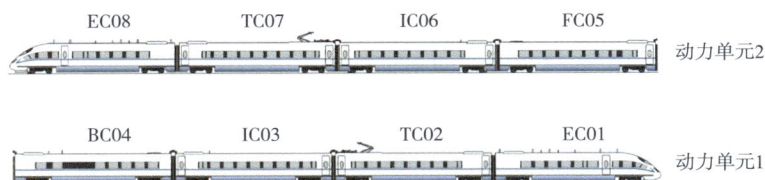

图 8-15　CRH3C 型动车组编组

4. CRH5A 型动车组

CRH5A 型动车组有 8 辆编组,采用 5M3T 的动力配置方式,分为 2 个动力单元,第一动力单元由 3 辆动车和 2 辆拖车组成,第二动力单元由 2 辆动车和 2 辆拖车组成。00 号车为一等车,06 号车为餐座合造车。首尾车辆设有司机室,如图 8-16 所示。

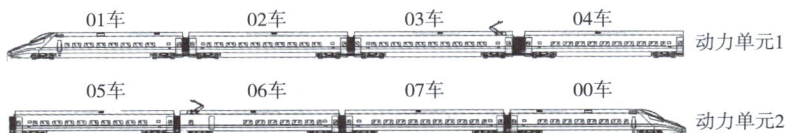

图 8-16　CRH5A 型动车组编组

5. CR400AF 型动车组

CR400AF 型动车组有 8 辆编组,采用 4M4T 的动力配置方式,分为 2 个动力单元,每个动力单元由 2 辆动车和 2 辆拖车组成(T+M+M+T)。TC01 号车为一等车,首尾车辆设有司机室,如图 8-17 所示。

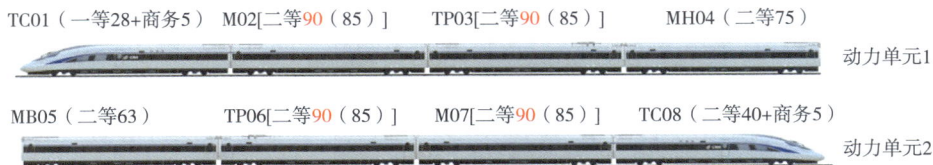

图 8-17　CR400AF 型动车组编组

6. CR400BF 型动车组

CR400BF 型动车组有 8 辆编组,采用 4M4T 的动力配置方式,分为 2 个动力单元,每个动力单元由 2 辆动车和 2 辆拖车组成(T+M+M+T)。TC01 号车为一等车,首尾车辆设有司机室,如图 8-18 所示。

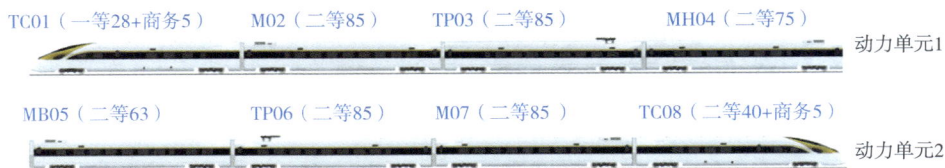

图 8-18　CR400BF 型动车组编组

（二）车端设备

车端设备是指连接两车辆间或连接两车列间的所有机械、空气和电气装置，主要包括车钩和缓冲器、内外风挡以及电气连接器等。

1. 车钩和缓冲器

传统列车的车端连接装置通常称牵引缓冲装置，由车钩和缓冲器两部分组成，如图8-19所示。车端连接装置具有连接、牵引和缓冲作用，即除了在机械上将彼此独立的车辆连接成车列外，在运行过程中它必须传递牵引力、制动力或冲击力，并缓和及衰减列车运行过程中由于牵引力的变化和制动力前后不一致而引起的冲击和振动。而动车组的车端连接装置除了具有上述机械连接功能以外，还必须具有车厢间的密封功能，以及传递压缩空气、电气信号和控制信号等功能。

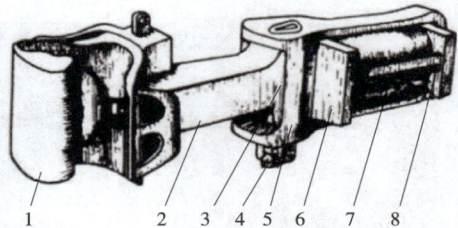

1—钩舌；2—钩身；3—钩尾；4—钩尾销；
5—钩尾框；6、8—从板；7—缓冲器。

（a）传统列车车钩连接状态　　　（b）传统列车的牵引缓冲装置组成

图 8-19　传统列车车端连接装置

动车组的车钩装置采用密接式车钩，包括端部车钩和中间车钩。由于端部车钩和中间车钩的运用工况存在不同，因此两车钩的结构与性能也有一定的区别，即端部采用全自动车钩（自动车钩），而中间采用半自动车钩，可以实现机械、气路和电路三者同时连接，CRH2 系列动车组密接式车钩如图8-20 所示。

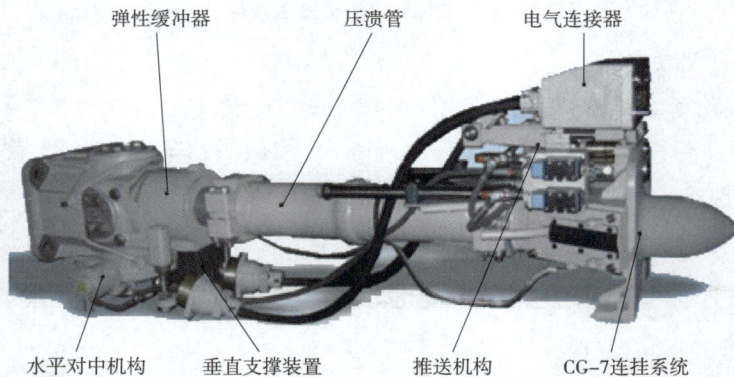

弹性缓冲器　　压溃管　　电气连接器

水平对中机构　　垂直支撑装置　　推送机构　　CG-7连挂系统

图 8-20　CRH2 系列动车组密接式车钩

　　密接式车钩属于刚性全自动车钩,它要求在两车钩连接后,其间没有上下和左右的相对移动,而且纵向间隙也限制在很小的范围内(1~2 mm)。这对提高列车运行平稳性、降低车钩零部件的磨耗和噪声均有重要意义。

　　密接式车钩的工作过程主要分连挂和解钩两种。当两车需要连挂时,两车钩以规定的速度相互接近,车钩钩舌与对应车钩的钩头相接触,并在该钩头斜端面的压迫下逆时针转动,逐渐进入钩舌腔内,直至完全进入,而与此同时弹簧拉动解钩杆并带动钩舌顺时针转动,待转动停止后,半圆形钩舌和钩舌腔相互嵌套,完成连挂。而当需要解钩时,通过向解钩风缸充入压缩空气,解钩风缸的活塞在压缩空气的作用下,克服弹簧作用力,推动解钩杆,并带动半圆形钩舌转动直到它处于解钩位置为止,此时原来连挂在一起的车钩将处于待解钩状态,自动车钩的连挂和解钩如图 8-21 所示。

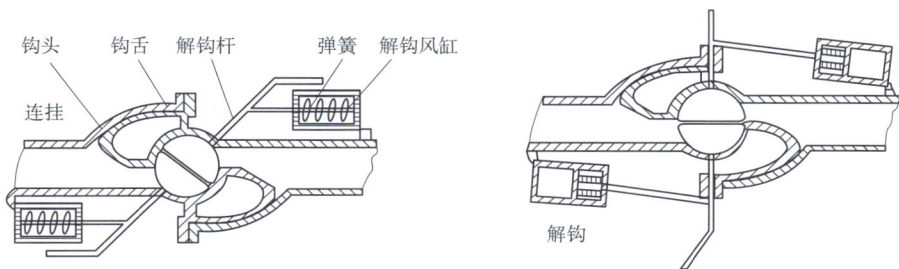

图 8-21　自动车钩的连挂和解钩

　　不同的动车组采用了不同型号的密接式车钩,目前在国内动车组上主要由柴田氏车钩、丹纳车钩和夏芬博格车钩,各型车钩解钩及工作原理基本一致。

　　动车组除了端部的自动车钩外,各车辆之间采用的车钩为手动摘钩形式,只有通过人工的方式才能实现摘钩,因此称为半自动车钩。半自动车钩和端部自动车钩相比较,半自动车钩只是没有解钩风缸,其他方面与自动车钩几乎完全相同。半自动车钩作用原理也与端部自动车钩基本相同,只是解钩时需要手动拉动解钩杆使其转到解钩位置,如图 8-22 所示。

　　在动车组需要被机车救援时,因机车使用的车钩和动车组密接式车钩不能直接连挂,因此需要在两者之间增加过渡车钩,但过渡车钩仅能实现机械上的连接,空气和电气连接需通过另外的设备实行,机车和 CRH3 系列动车组通过过渡车钩连接如图 8-23 所示。

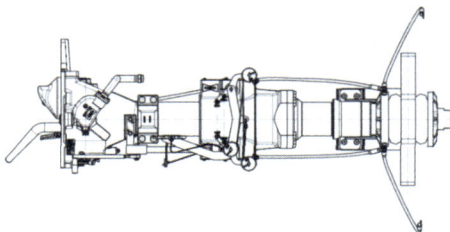

机车车钩　过渡车钩　动车组车钩

图 8-22　CRH3 系列动车组半自动车钩　　　　图 8-23　机车和 CRH3 系列动车组通过
　　　　　　　　　　　　　　　　　　　　　　　　　　　　过渡车钩连接

缓冲装置通常采用橡胶缓冲器,通过橡胶之间的压缩来实现能量的吸收,采用此类型的缓冲器制造简单,安装方便。

2. 风　挡

动车组两车辆间设有压缩式外风挡、气密式内风挡和防雪风挡。压缩式外风挡起到隔音和降噪的作用;气密式内风挡主要靠螺栓及橡胶密封件形成气密结构,保证动车组内部的气压波动在标准值以内;防雪风挡则是为了防止积雪对车辆运行的影响而设置的。

压缩式外风挡、气密式内风挡和防雪风挡等均安装在车体车厢的外端墙上,CRH1A 型动车组连接风挡如图 8-24 所示。

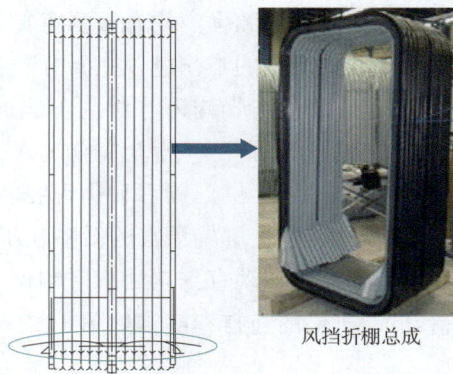

风挡折棚总成

图 8-24　CRH1A 型动车组连接风挡

3. 电气连接器

动车组在车顶用倾斜形高压电缆或螺旋形高压电缆实现各车辆之间的高压连接,在车钩处实现中压和低压连接,CRH2A 型动车组中间电气连接器如图 8-25 所示。

（a）中间车钩电气连接器　　　　　　　　　（b）中间单芯连接器

图 8-25　CRH2A 型动车组中间电气连接器

(三) 车体结构

除 CRH1A、CRH1B、CRH1E 型动车组车体采用不锈钢材料外,其他动车组的车体均采用大型中空铝合金型材组焊而成,为筒型整体承载结构,这样使得车体具有良好的防振、隔音效果。

车体结构分为头车车体和中间车车体两种。头车车体由底架、侧墙、车顶、端墙、车体附件及司机室头部结构组成;中间车车体由底架、侧墙、车顶、端墙及车体附件组成,CRH1A 型动车组头车不锈钢车体结构如图 8-26 所示,CRH3 系列动车组头车和中间车铝合金车体结构如图 8-27 所示,CRH5 系列动车组头车和中间车铝合金车体结构如图 8-28 所示。

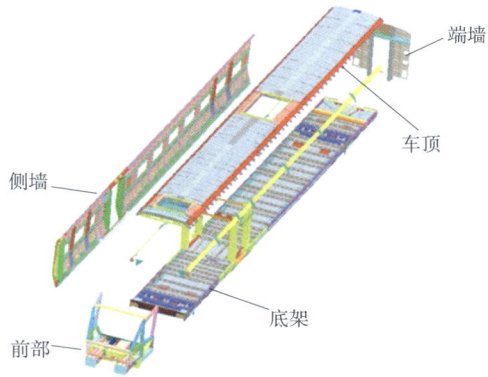

图 8-26　CRH1A 型动车组头车不锈钢车体结构

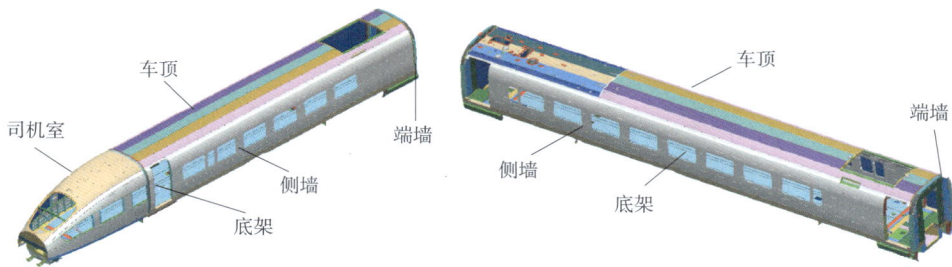

图 8-27　CRH3 系列动车组头车和中间车铝合金车体结构

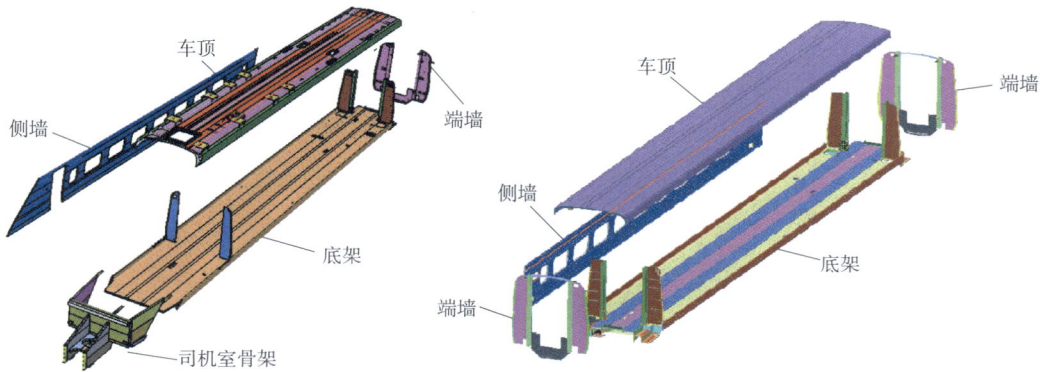

图 8-28　CRH5 系列动车组头车和中间车铝合金车体结构

二、动车组主要技术参数

（一）CRH系列动车组主要技术参数（表8-1）

表8-1　CRH系统动车组主要技术参数

动车组型号	CRH1A 型	CRH1A-A 型	CRH2A 统型	CRH3C 型	CRH5A 型
车体材质	不锈钢	铝合金	铝合金	铝合金	铝合金
头车长度（m）	26.95	26.995	25.7	25.535	27.718
中间车长度（m）	26.6	25.65	25.0	24.175	25.9
总长（m）	213.5	207.89	201.4	196.12	211.3
车辆宽度（mm）×高度（mm）	3 328×4 040	3 358×4 160	3 380×3 700	3 257×3 890	3 200×4 270
车辆定距（m）	19.0	18.0	17.5	17.375	19.0
地板面距轨面高度（m）	1.25	1.25	1.3	1.26	1.26
转向架轮径（mm）新/全磨耗	915/835	915/835	860/790	动车：920/830 拖车：920/860	890/830
轴距（mm）	2 700	2 700	2 500	2 500	2 700
轮对内侧距（mm）	1 353	1 353	1 353	1 353	1 353
轨距（mm）	1 435	1 435	1 435	1 435	1 435
受电弓落弓高度（mm）	4 774	4 776	4 748	TSG19：4 339 CX018：4 330	4 572
最高运行速度（km/h）	250	250	250	350	250
最高试验速度（km/h）	275	275	275	385	275
牵引功率（kW）	5 300	5 300	5 152	8 800	5 500
牵引电机功率（kW）	265	265	322	550	550
编组形式	8 辆	8 辆	8 辆	8 辆	8 辆
动力配置	5M3T	5M3T	4M4T	4M4T	5M3T
空调机组制冷量（kW）	48	头车：42 中间车：46	37.21×2	44/5 司机室	44/4 司机室
转向架轴重（t）	16.5	16.5	15.45	17	17
齿轮箱传动比	3.27	3.27	3.036	2.793 1/2.429 0	2.22
网络拓扑结构	分布式	分布式	WTB、MVB	WTB、MVB	TCN
自动车钩中心高度（mm）	880	1 000	1 000	1 000	1 025
受电弓数量及位置	2弓/2、7车	2弓/2、7车	2弓/4、6车一位端	2弓/2、7车	2弓/3、6车

（二）CRH380 系列动车组主要技术参数（表 8-2）

表 8-2　CRH380 系列动车组主要技术参数

动车组型号	CRH380A 统型	CRH380B 统型	CRH380CL 型	CRH380D 型
车体材质	铝合金	铝合金	铝合金	铝合金
头车长度(m)	26.5	25.697 5	26.525	27.85
中间车长度(m)	25.0	24.5	24.825	26.6
总长(m)	203	202	400.4	215
车辆宽度(mm)×高度(mm)	3 380×3 700	3 257×3 890	3 265×3 890	3 358×4 160
车辆定距(m)	17.5	17.375	17.375	18.8
地板面距轨面高度(m)	1.3	1.26	1.26	1.25
转向架轮径(mm)新/全磨耗	860/790	动车:920/830 拖车:920/860	动车:920/830 拖车:920/860	920/850
轴距(mm)	2 500	2 500	2 500	2 700
轮对内侧距(mm)	1 353	1 353	1 353	1 353
轨距(mm)	1 435	1 435	1 435	1 435
受电弓落弓高度(mm)	4 516	4 330	4 360	4 283
最高运行速度(km/h)	350	350	350	350
最高试验速度(km/h)	385	>400	385	420
牵引功率(kW)	9 600	9 200	19 200	10 080
牵引电机功率(kW)	400	587	615	630
编组形式	8 辆	8 辆	16 辆	8 辆
动力配置	6M2T	4M4T	8M8T	4M4T
空调机组制冷量(kW)	37.21×2	45/5 司机室	44/5 司机室	44/5 司机室
转向架轴重(t)	15.45	17	17	17
齿轮箱传动比	2.379	2.4429	2.429	2.436
网络拓扑结构	WTB、MVB	WTB、MVB	TCN	分布式
自动车钩中心高度(mm)	880	1 000	1 000	880
受电弓数量及位置	2 弓/4、6 车一位端	2 弓/2、7 车	2 弓/2、7、10、15 车	2 弓/2、7 车

（三）**CR400** 系列动车组主要技术参数（表 8-3）。

表 8-3　CR400 系列动车组主要技术参数

动车组型号	CR400AF 型	CR400BF 型
车体材质	铝合金	铝合金
头车长度（m）	26.5	25.697 5
中间车长度（m）	25.0	25.0
总长（m）	208.95	210
车辆宽度（mm）×高度（mm）	3 360×4 050	3 360×4 050
车辆定距（m）	17.8	17.8
地板面距轨面高度（m）	1.26	1.26
轴距（mm）	2 500	2 500
轨距（mm）	1 435	1 435
受电弓落弓高度（mm）	4 428	4 330
最高运行速度（km/h）	350	350
最高试验速度（km/h）	380	385
牵引功率（kW）	10 000	10 400
牵引电机功率（kW）	625	650
编组形式	8 辆	8 辆
动力配置	4M4T	4M4T
转向架轴重（t）	≤16	17
网络拓扑结构	WTB、MVB	WTB、MVB
自动车钩中心高度（mm）	1 000	1 000
受电弓数量及位置	2 弓/3、6 车	2 弓/3、6 车

第三节　动车组转向架

转向架是动车组重要的组成部件之一，其结构设计的合理性直接影响车辆的运行品质和行车安全。

一、转向架组成

动车组转向架的组成主要包括构架、轮对轴箱装置、一系悬挂系统、二系悬挂系统、驱动装置、基础制动装置等，动力转向架包括传动系统。为了保证转向架的安全运用，转向架轴端安装轴承温度传感器，根据需要，部分转向架还安装了转向架构架横向振动加速度传感器和齿轮箱轴承温度传感器等，以 CRH2A 型动车组转向架为例，如图 8-29 所示。

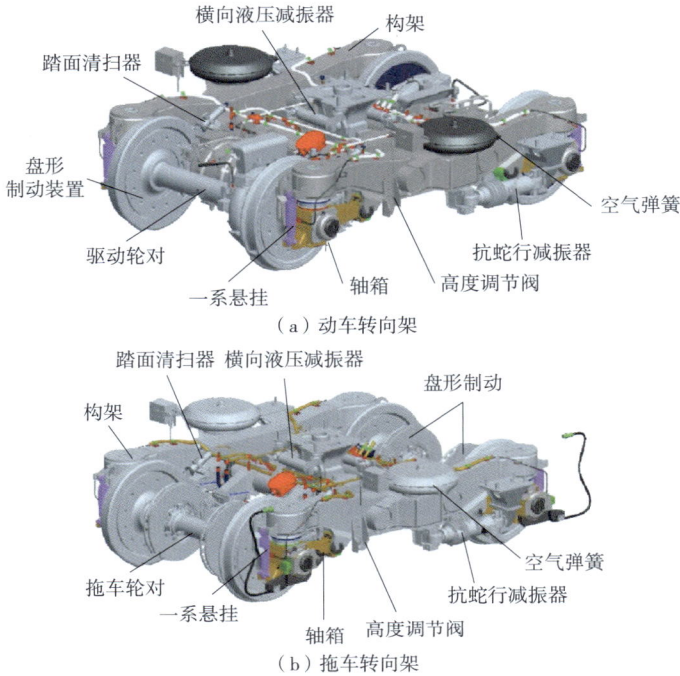

（a）动车转向架

（b）拖车转向架

图 8-29　CRH2A 型动车组转向架

二、转向架各部件作用

（一）构　　架

构架是转向架的主要承载部件,它将转向架的各个零、部件组成一个整体,并承受和传递各种载荷,如图 8-30 所示。

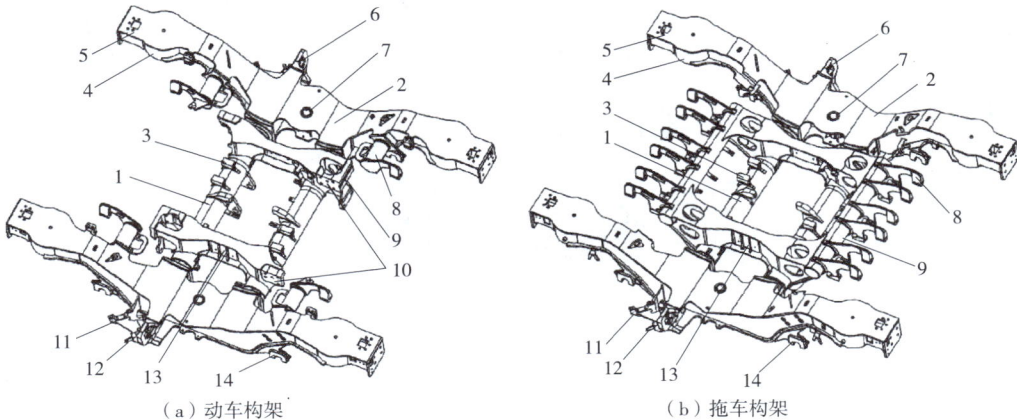

（a）动车构架　　　　　　　　　　　（b）拖车构架

1—横梁组成；2—侧梁组成；3—牵引拉杆座；4——系弹簧帽筒；5——系垂向减振器座；6—抗蛇行减振器座；7—空气弹簧座；8—制动缸吊座；9—齿轮箱安装座；10—板簧安装座；11—连杆座；12—二系垂向减振器座；13—横向缓冲器座；14—转臂定位座。

图 8-30　CRH380CL 型动车组转向架构架

（二）轮　对

轮对作为车辆与线路的系统界面，直接向钢轨传递力，通过轮轨间的黏着产生牵引力或制动力，并通过车轮的回转实现车辆在钢轨上的运行，如图 8-31 所示。

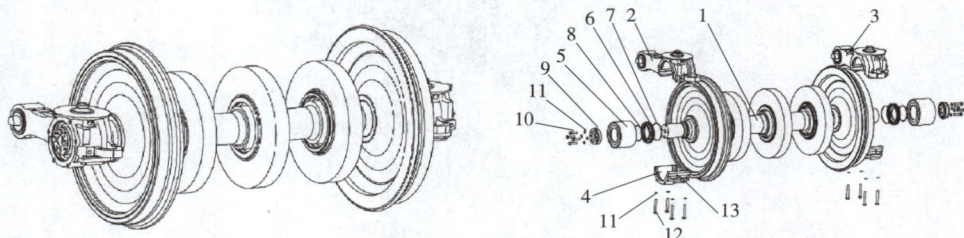

1—轮对；2、3—轴箱转臂(左右)；4—转臂箍；5—轴承；6—防尘挡圈；
7、8—密封圈；9—轴承压盖；10~12—螺栓和垫圈；13—定位销。

图 8-31　CRH380BK 型动车组轮对

（三）轴　箱

轴箱是连接构架与轮对的活动关节，保证轮对进行回转运动，CRH2A 型动车组转向架轴箱如图 8-32 所示。

（四）一系悬挂

用来平衡轴重分配，缓和线路不平顺对车轴的冲击，并保证车辆运行平稳性，主要由螺旋钢弹簧和一系减振器组成，CRH380BL 型动车组一系悬挂如图 8-33 所示。

图 8-32　CRH2A 型动车组转向架轴箱

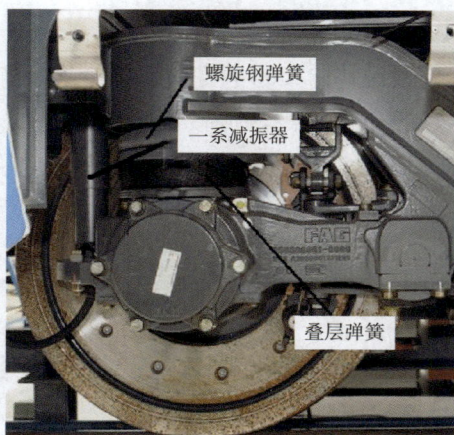

图 8-33　CRH380BL 型动车组一系悬挂

（五）二系悬挂

二系悬挂指车体与转向架之间的连接装置，用于传递车体与转向架间的垂向力和水平力，在车辆通过曲线时使转向架能相对于车体回转，减缓车体与转向架间的冲击振动，主要由空气弹簧和垂向减振器组成，CRH380C 型动车组二系悬挂如图 8-34 所示。

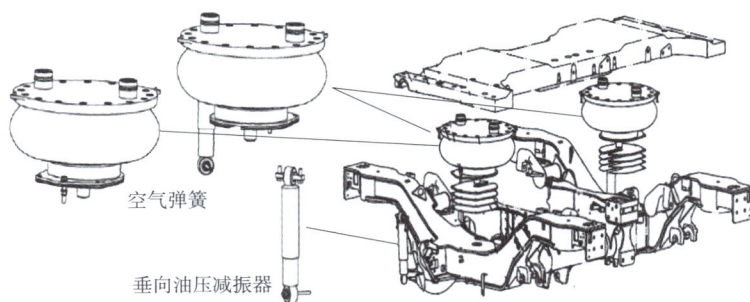

空气弹簧

垂向油压减振器

图 8-34　CRH380C 型动车组二系悬挂

（六）驱动装置（动力转向架）

将动力装置的扭矩有效地传递给轮对，驱动车轮转动，CRH1A 型动车组转向架驱动装置如图 8-35 所示。

牵引电机

电机与构架连接螺栓

齿轮箱

WN联轴器

图 8-35　CRH1A 型动车组转向架驱动装置

（七）基础制动装置

将制动缸压力增大若干倍后传给闸片，使其压紧制动盘，对车辆施行制动，CRH2A 型动车组基础制动装置如图 8-36 所示。

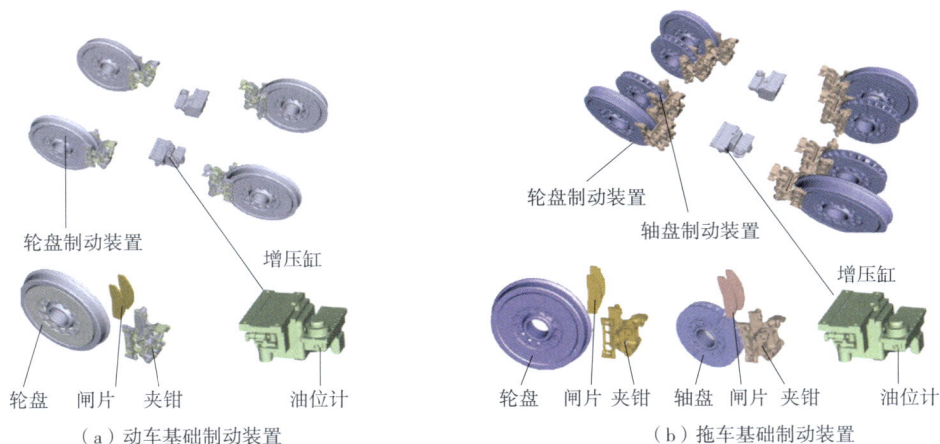

轮盘制动装置

增压缸

轮盘　闸片　夹钳　油位计

（a）动车基础制动装置

轮盘制动装置

轴盘制动装置

增压缸

轮盘　闸片　夹钳　轴盘　闸片　夹钳　油位计

（b）拖车基础制动装置

图 8-36　CRH2A 型动车组基础制动装置

第九章　动车组牵引传动系统

第一节　动车组牵引传动系统基本组成及功能

一、牵引传动系统组成

动力分散型动车组牵引传动系统多采用交流传动,其牵引传动系统主要由受电弓、高压隔离开关、主断路器、电流互感器、避雷器及高压电缆组件等高压设备以及牵引变压器、四象限整流器、中间直流环节、牵引逆变器、牵引电机、齿轮箱等动力单元组成。

根据动车组型号的不同,CRH 系列及 CR400 系列各型动车组均由至少两个动力单元组成,每个动力单元根据配置情况,可包括受电弓、高压隔离开关、真空断路器、避雷器、互感器、主变压器、牵引变流器、牵引电机等设备。

动车组受电弓从接触网获得 AC 25 kV/50 Hz 电源,经主变压器降压后,再经牵引变流器整流、逆变为电压频率可调的三相交流电输送到牵引电机,如图 9-1 所示。

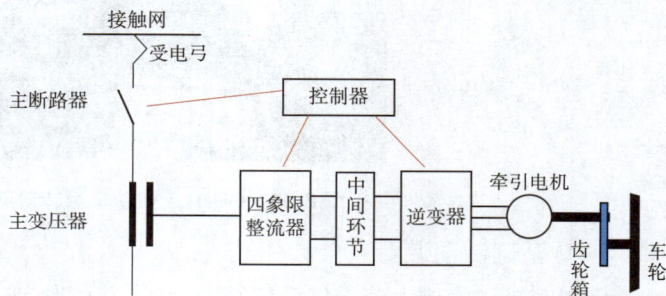

图 9-1　牵引传动系统组成

(一)受电弓

受电弓是从接触网上获得电能的电气设备,是一种受流装置。受电弓通过绝缘子安装在电力机车或动车组的车顶上,当受电弓升起时,其滑板与接触网导线直接接触,从接触网导线上受取电流,通过车顶母线传送到车内供车内设备使用。

(二)主断路器

当电路发生短路、过载时,安装在电路中的断路器就会断开(俗称"跳闸"),起到保护电器的作用。

(三)变压器

接触网的 25 kV/50 Hz 单相交流电,电压仍然太高,作为动车组,不需要那么高的电压,那么还要进一步降压。变压器主要的作用就是降压。

变压器按照绕组在铁芯上的布置方式,分为芯式变压器和壳式变压器。

芯式变压器类似线包围住铁芯("口"字形),壳式变压器类似铁芯("日"字形)围在线包上,如图 9-2 所示。

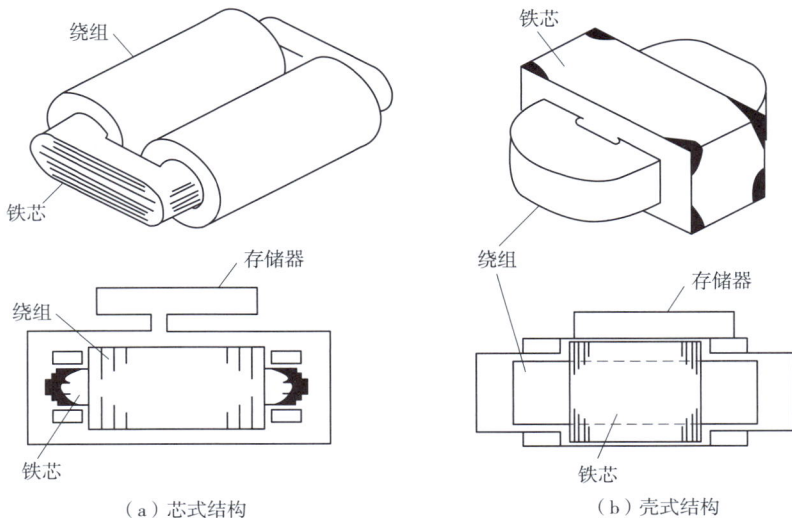

（a）芯式结构　　　　（b）壳式结构

图 9-2　芯式和壳式结构

(四) 变 流 器

变流器是牵引传动系统中的核心,是高技术含量的一部分。CRH 系列动车组采用的传动方式都是交—直—交,这个交—直—交就是变流器来体现的。

交流牵引电机的调速需要通过变频的方式来进行,但变压器的输出是不能变频的,变压器基于电磁感应原理制造,电磁感应的核心就是闭合回路的磁通变化产生电压,磁通在一个闭合的铁芯内传递,变化率是一致的,即两侧频率是一致的,所以变压器不能变频。要想通过变频实现交流电机的调速,在变压器和电机之间,还需要一个变频装置,就是主变流器。

1. 四象限整流器主要构成及作用

四象限整流器的构成如图 9-3 所示。

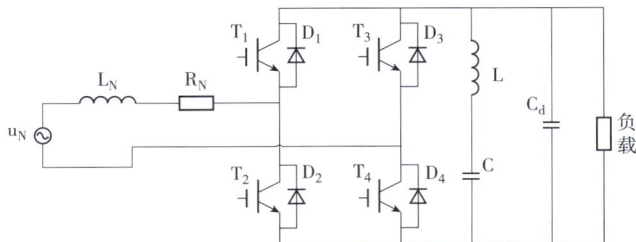

图 9-3　四象限整流器构成

（1）四象限整流器主要组成

①预充电电路：由交流接触器、功率电阻组成及相应的控制回路。主要功能是系统上电时，完成对直流母线电容的预充电。避免上电时强大的冲击电流烧坏功率模块。

②输入电抗器：电动状态下起储能作用，形成正弦电流波形。回馈状态下，起滤波作用，滤掉电流波形的高频成分。

③变流器模块：整流侧和逆变侧 IGBT 变流器、隔离驱动、电流检测以及各种保护监测功能。

④中间电容：储能，滤波。

（2）四象限整流器作用

使能量可以双向流动，既可以由网侧向负载侧提供能量，又能把能量由负载侧向网侧反馈，很容易实现异步电动机的再生制动；从网侧吸收的电流为正弦波，减少了接触网的等效干扰电流，减轻对通信的干扰；使电网侧功率因数接近 1；可保证中间回路直流电压在允许偏差内。

2. 牵引电机

将交流电能转换成机械能的电机叫做交流电机。交流电机分成异步电机（转速小于同步转速）和同步电机（转速等于同步转速），实际中以异步电机应用最为普及，同步电机相对较少。动车组采用了鼠笼式三相交流异步电机。

电机结构如图 9-4 所示。

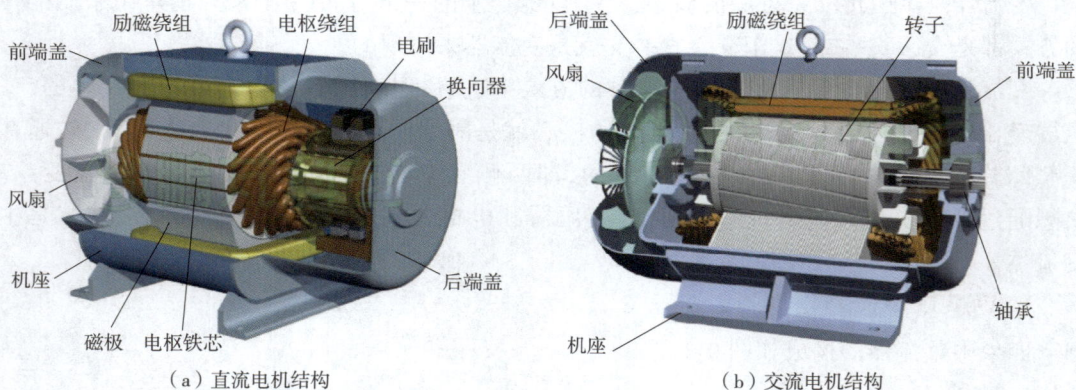

（a）直流电机结构　　　　　　　（b）交流电机结构

图 9-4　电机结构

图 9-4（a）和图 9-4（b）分别是直流电机和交流电机的结构，从两张图上对比来看，图 9-4（a）中的直流电机比图 9-4（b）中的交流电机多了个电刷和换向器，所以，从结构上，直流电机比交流电机更复杂，成本更高。

二、牵引传动系统功能

动车组牵引传动系统的主要功能是在牵引时，将电能转换成机械能；再生制动时将机械能转换成电能。

（一）牵引运行时

受电弓将接触网 AC 25 kV/50 Hz 单相工频交流电,经相关高压电气设备传输给主变压器,主变压器降压输出单相交流电供给牵引变流器,牵引变流器由脉冲整理器、中间直流环节和牵引逆变器组成。脉冲整流器将单相交流电变换成直流电,经中间直流环节输出给牵引逆变器,牵引逆变器输出电压/频率可调的三相交流电源驱动牵引电机,牵引电机的转矩和转速通过齿轮变速箱传递给轮对驱动列车运行,从而实现电能和机械能的转换,如图 9-5 所示。

（二）再生制动时

控制牵引逆变器使牵引电机处于发电状态,牵引逆变器工作与整流状态,牵引电机发出的三相交流电被整流为直流电并对中间直流环节进行充电,使中间直流环节电压上升。脉冲整流器工作与逆变状态,中间直流回路直流电被逆变为单相交流电,该交流电通过主变压器、真空断路器、受电弓等高压设备反馈给接触网,从而实现机械能到电能的转换,如图 9-5 所示。

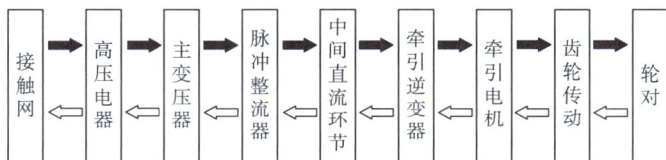

图 9-5　能量变换与传递过程

第二节　受电弓结构及工作原理

现在动车组普遍采用气囊式受电弓,动车组不同,装备的受电弓也不同,但结构上大同小异,如图 9-6 所示。

从受电弓外观上看,单臂受电弓都做成了看起来比较复杂的">"或"<"的形状,因为作为一种机械,这里面运用到了一个非常经典的机械设计——四连杆。

四连杆结构,在日常生活中并不少见,比如折叠门/窗、折叠伞、活动晒衣架、汽车的前轮转向、自行车的减振等,都运用了四连杆结构,四连杆原理如图 9-7 所示。

图 9-7 中,*AD* 是固定不动的构件,称为机架;

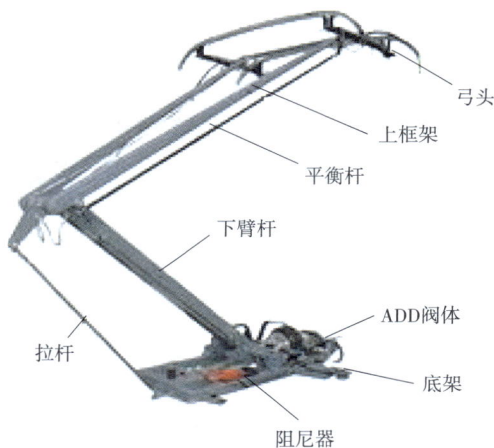

图 9-6　受电弓结构

BC 与机架不直接连接，称为连杆；AB、CD 与机架直接相连，称为连架杆；其中 AB 可以做圆周运动，是曲柄；CD 不能做圆周运动，是摇杆。当 AB 做逆时针转动时，可以改变 C 点的运动速度和轨迹，这就是四连杆的原理。

　　受电弓的机械部分，实际上就是两个四连杆结构，第一套四连杆机构主要由底架、下臂杆、上框架以及拉杆形成，该机构的作用是使受电弓完成工作过程中的升降动作。第二套四连杆机构

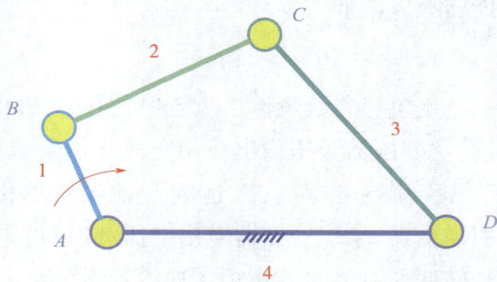

图 9-7　四连杆原理

主要由下臂杆、上框架、平衡杆、弓头组成，该机构作用是保证弓头滑板面在受电弓整个工作高度范围内，始终保持水平状态，如图 9-8 所示。

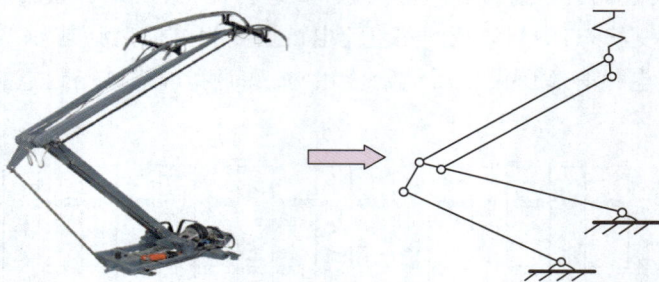

图 9-8　受电弓的双四连杆

受电弓升弓和降弓原理如图 9-9 所示。

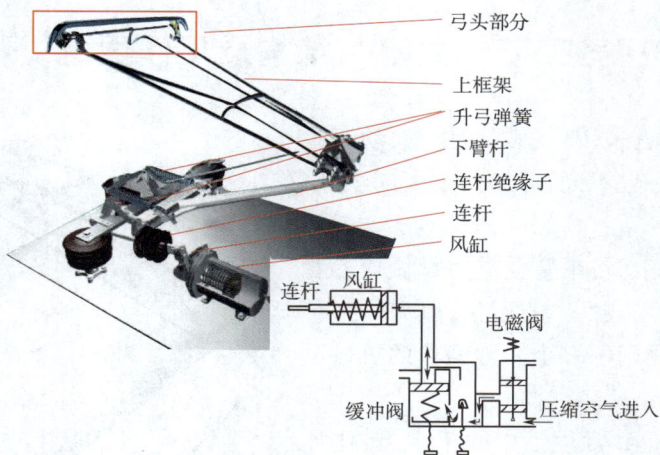

图 9-9　升弓和降弓原理

　　当需要从接触网上取电时，司机发出升起受电弓的指令，电磁阀得电，开通压缩空气通路，压缩空气经电磁阀、缓冲阀进入风缸，压缩气缸弹簧，通过连杆的机械动作，升弓弹簧使下臂杆转动，抬起上框架和滑板，受电弓匀速上升，在接近接触线时有一缓慢停滞，然后迅速

接触接触线。降弓时,气缸内压缩空气经缓冲阀迅速排向大气,在降弓弹簧作用下,克服升弓弹簧的作用力,使受电弓迅速下降,脱离接触网。

第三节 高压设备逻辑关系

高压设备是指主电路中使用的电气设备,包括受电弓、真空断路器、避雷器、高压电压互感器、高压电缆及高压连接器、保护接地开关、高压隔离开关、高压电流互感器、接地电阻等。

通过高压设备,可以将接触网电能转化并传输到车辆的电气系统,其负荷包括:电力牵引传动系统、电池系统和辅助通电系统。

高压设备逻辑关系主要包括高压设备的控制和管理,由列车控制和管理系统(TCMS)负责,主要包括受电弓逻辑控制、主断路器逻辑控制、车顶隔离开关逻辑控制和主变压器逻辑控制。

一、受电弓逻辑控制

列车正常运行时,每个高压单元只允许升起一个受电弓,不允许中间或两端的两个受电弓同时升起。

受电弓的硬线电路包括:升前弓、升后弓、降弓、ADD 降弓、紧急断电环路等列车线,TCMS 对受电弓的逻辑控制主要有受电弓切除、受电弓选择、受电弓降弓控制、受电弓升弓控制、受电弓互锁功能和紧急驱动模式。

二、主断路器

列车运行时,仅允许升起受电弓车厢的主断路器闭合。主断路器逻辑控制主要有:主断路器切除、主断路器闭合、主断路器断开。

1. 主断路器闭合须满足以下条件:

(1)司机室占用;

(2)牵引手柄"0"位;

(3)受电弓已升起;

(4)供风压力正常;

(5)无断开主断路器指令;

(6)主断路器环路正常;

(7)高压供电系统正常;

(8)牵引变压器无故障;

(9)牵引供电隔离开关及预充电电路断开;

(10)网络接口模块正常。

2. 主断路器断开的一般条件如下:

(1)网压不在正常范围内;

（2）变压器故障保护；

（3）网络设备故障保护；

（4）无占用司机室且不在换端模式；

（5）牵引变流器发出的断主断路器信号；

（6）网侧过电流保护；

（7）供风压力不足；

（8）紧急断电环路断开。

三、车顶隔离开关

列车正常运行时，所有车顶隔离开关均处于闭合状态。

车顶隔离开关逻辑控制主要包括：车顶隔离开关切除、车顶隔离开关闭合、车顶隔离开关断开。

1. 车顶隔离开关断开的一般条件如下：

（1）变压器故障；

（2）本地主断路器断开故障；

（3）LDS 闭合故障；

（4）紧急模式；

（5）无受电弓升起。

2. 车顶隔离开关闭合的一般条件如下：

（1）无断开车顶隔离开关指令；

（2）无受电弓升起。

四、主变压器

变压器的监视与保护由列车 TCMS 网络系统执行，网络系统的主要保护及控制功能如下：

（1）温度保护；

（2）油循环保护；

（3）瓦斯继电器保护；

（4）原边漏电保护；

（5）原边过电流保护；

（6）冷却系统监视及控制。

第十章　动车组制动系统

使运动的物体降低运动速度或停止,或使静止中的物体保持静止状态称为制动。

第一节　动车组制动系统组成及功能

　　动车组制动系统主体结构采用了规模化、集成化的微机控制的直通式电空制动或直通式电空制动与间接式空气制动复合的制动系统,制动时电制动优先,不足时由空气制动补充。

　　制动系统主要由供风系统、制动控制系统、基础制动装置、防滑系统、辅助系统组成。以CRH3系列动车组为例的制动系统组成如图10-1所示。

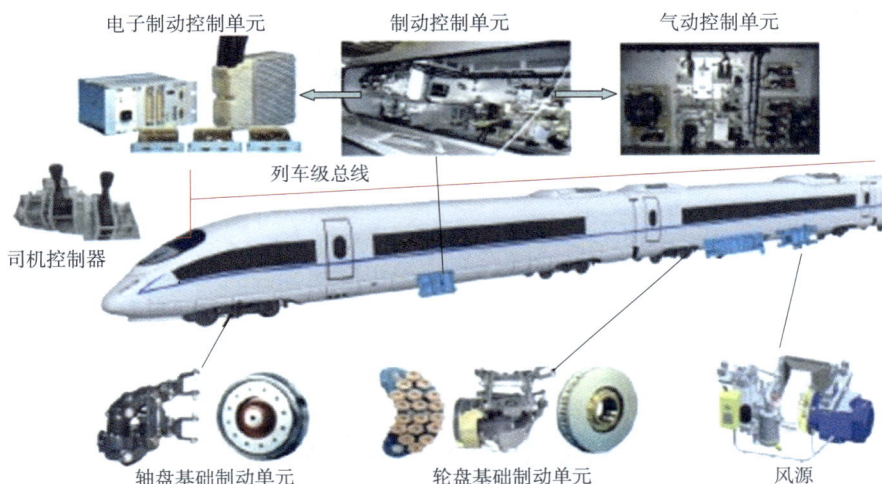

图 10-1　制动系统组成(以 CRH3 系列动车组为例)

一、供风系统(风源)

　　供风系统用于产生并储存用风设备所需的压缩空气,包括空气压缩机、干燥装置、风缸、安全阀、管路和塞门等。

(一)空气压缩机

按压缩方式可分为往复式空气压缩机和旋转式空气压缩机。

1. 往复式空气压缩机

往复式压缩机由电机通过联轴装置直接驱动,电机轴直接带动曲轴使活塞动作,反复交替进行吸气行程和压缩行程,一般经二级压缩即可得到所需压强的压缩空气。

2. 旋转式空气压缩机

旋转式空气压缩机分为螺杆式和涡旋式两种。螺杆式压缩机以工作容积作为回转运动的容积式压缩机,气体的压缩依靠容积的变化实现,压缩机转子在机壳内做回转运动实现容积的变化;涡旋式压缩机利用固定的和运动的两个盘之间的相对转动实现空气的压缩。

CRH 系列动车组多采用螺杆式压缩机,如图 10-2 所示,用同步指令线来控制各压缩机的同步工作,使负荷均匀。

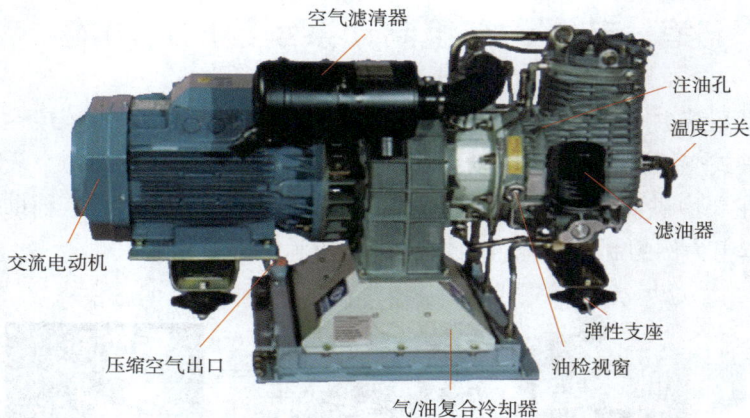

图 10-2　螺杆式空气压缩机(以 CRH5 系列动车组为例)

(二) 干燥装置

干燥装置设置在空气压缩机输出管路中,用于消除压缩空气中的水分,防止管路、风缸及用风设备受到水汽腐蚀。干燥装置包括采用吸附材料的可再生式干燥塔和由中控纤维组成的膜式干燥器。CRH 系列动车组多采用再生式干燥器,如图 10-3 所示。

图 10-3　空气干燥器(以 CRH5 系列动车组为例)

(三)风　　缸

风缸的作用是储存压缩空气,动车组上的风缸根据用途分为储存压缩机输出压缩空气的总风缸、储存制动专用压缩空气的制动气缸(图 10-4)和厕所等设备使用的压缩空气的辅助风缸。

(四)安　全　阀

安全阀设置在空气压缩机输出接口,当空气压缩机输出压力超过规定值时,安全阀动作,排除多余的压缩空气,保护其他用风设备,如图 10-5 所示。

(五)管路和塞门

管路是连接供风系统各设备的压缩空气通道,根据空气流量大小,管路的通径大小不一;塞门用于空气管路的开闭。

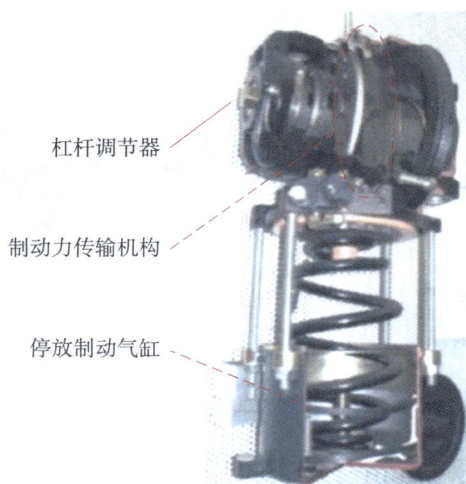

图 10-4　制动气缸
(以 CRH5 系列动车组为例)

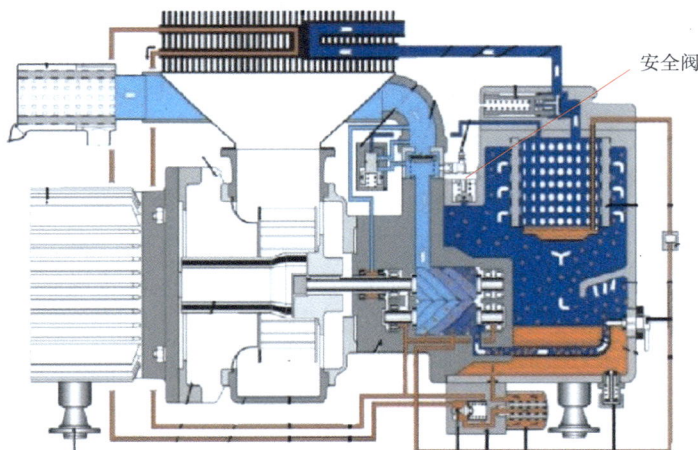

图 10-5　安全阀(以 CRH5 系列动车组为例)

二、制动控制系统

制动控制系统的功能是产生、传递制动信号,对制动力进行计算和分配。制动控制系统主要由制动信号发生装置、制动信号传输装置和制动控制装置组成。

(一)制动信号发生装置

制动信号发生装置有自动(ATP 或 LKJ)和手动(司机制动控制器)两种,司机制动控制器的位置有两种情况,一种是 CRH2/CRH6/CRH380A、CRH3/CRH380B(L)、CRH380CL 系列动车组,安装在司机室操纵台司机的左手侧,和传统的机车安装方式类似;另一种是CRH1、CRH380D、复兴号、CRH5 系列动车组,安装在司机室操纵台司机的右手侧。制动控制器如图 10-6 所示。

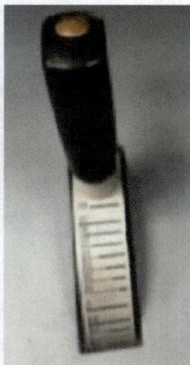   

（a）CRH1系列动车组　　　　（b）CRH2系列动车组　　　　（c）CRH3系列动车组　　（d）CRH5系列动车组
　　主控手柄　　　　　　　　　　制动手柄　　　　　　　　　　牵引手柄　　　　　　主控手柄

图 10-6　动车组制动控制器

由司机发出常用制动信号时,制动力的设定值与制动控制器手柄的位置有关,手柄的位置由电位计检测,检测到的电压值由辅助电子设备转换为成比例的控制信号后输送到制动控制单元,有的动车组是直接把手柄位置信息按脉冲宽度调制(PWM)生成模拟指令,经导线传输至制动控制单元。

紧急制动时,通过单独的紧急制动环路控制,当环路断开时,动车组施加纯空气的紧急制动。

（二）制动信号传输装置

1. 功　　能

制动信号传输装置即负责制动信号传输的网络或列车线,它将制动信号发生装置发出的指令传递给所有车辆,将各车辆的信息传送给司机室。

2. 传输介质

列车线有带屏蔽层的经输电缆和光缆两类,包括光纤、双绞线或同轴电缆。

3. 信号类型

信号有网络信号和电气信号两种,网络信号是制动指令通过列车网络控制系统(TCMS)传输给每辆车的制动控制单元(BCU);电气信号有模拟信号和数字信号两种,模拟信号是以电压、电流、频率、脉宽等模拟量的大小表示不同的制动要求,数字信号是以若干指令线的不同的通、断组合来表示。

（三）制动控制单元(BCU)

制动控制单元包括电子制动控制单元(EBCU)和空气制动控制单元(PBCU)。

1. 电子制动控制单元

电子制动控制单元是制动控制系统中接收制动指令,对制动力进行计算和分配的计算机,相当于制动系统的"大脑"。它根据输入的制动指令信号、速度信号和载荷信号输出制动模式信号,部分动车组还具有防滑控制、不旋转轴监测、空气压缩机管理等功能,如图 10-7 所示。

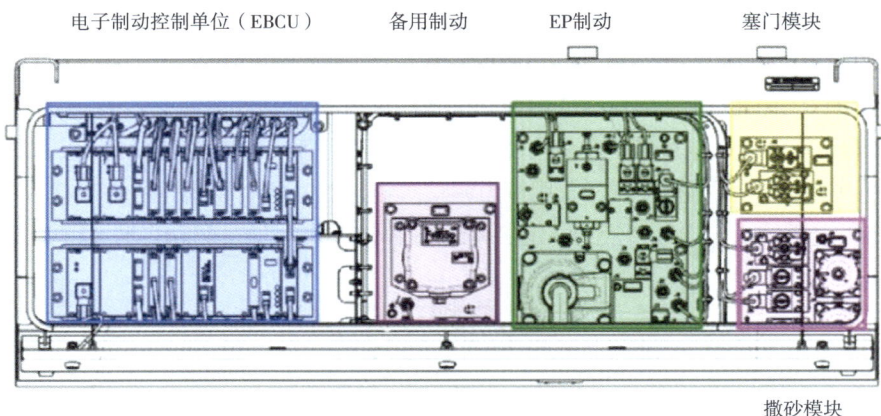

图 10-7　电子制动控制单元（以 CRH3 系列动车组为例）

2. 空气制动控制单元

空气制动控制单元负责将电子制动单元的电子指令转化为空气压力，直接控制制动缸的动作。空气制动控制单元分为直通式制动控制模块、间接式自动制动控制模块、停放制动控制模块及辅助模块，并设有用于检测空气压力的气路测试口，如图 10-8 所示。

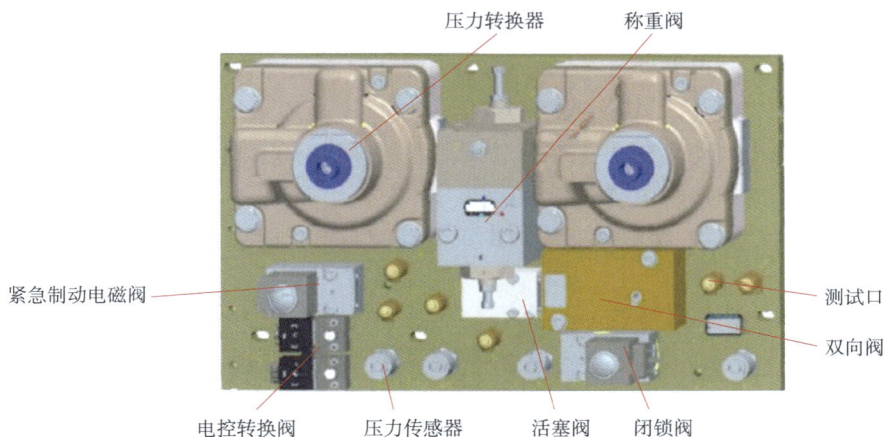

图 10-8　空气制动控制单元（以 CRH5 系列动车组为例）

（1）直通式制动控制模块

直通式制动控制模块包括常用制动控制部分和紧急制动控制部分，常用制动控制部分包括具有充/排风功能的制动施加/缓解电磁阀和出口端的压力传感器；紧急制动控制部分通过紧急制动电磁阀直接向制动施加装置供风，实现紧急制动功能。

（2）间接式自动制动控制模块

间接式自动制动控制模块用于备用制动的控制，保证列车在直通制动故障情况下的制动功能。

（3）停放制动控制模块

停放制动控制模块由双稳态脉冲电磁阀和压力传感器组成，双稳态电磁阀实现停放制动施加/缓解的控制，压力传感器用于停放制动施加/缓解状态的检测。

（4）辅助模块

辅助模块包括截断塞门模块、受电弓供风模块、撒砂控制模块等。

对于 CRH2/CRH6/CRH380A 系列动车组来说，空气制动装置由电空转换阀、中继阀、压力调整阀、增压缸等组成。电空转换阀将输入的压力空气转变成与电控转换阀电流成比例的输出压力空气，中继阀将压力空气或紧急用压力调整阀输出的紧急制动用压力空气输入增压缸，增压缸将来中继阀的压力空气转换为一定倍率的油压输出到制动缸，驱动自动夹钳单元动作。

第二节　动车组制动系统控制方式

一、常用制动

进行制动控制时，制动信号发生装置发出指令，制动指令被制动控制单元（BCU）接收，进行制动力的计算和电/空制动力的分配。

司机操纵制动控制器施加制动时，制动指令进入头车的制动控制单元，头车制动单元读取指令，根据各车车重、制动力可用情况、制动级位、列车速度等信息进行制动计算，实现空气制动与动力制动的合理分配与复合，并保证不会超过黏着系数的限制。

每辆车的制动控制单元通过车辆总线（MVB）读取制动力设定值，将其转换成预控压力进入中继阀，并由中继阀将其转换成制动缸压力。

常用制动优先采用动车的再生制动，如果动力制动不足，则优先在拖车上补充空气制动，当动力制动不可用时，则由空气制动代替。

每辆车上的制动施加/缓解状态均被本车制动控制单元记录，并通过车辆总线和列车总线反馈给司机室。

二、紧急制动

紧急制动独立于常用制动之外，它由紧急制动环路进行控制，只要紧急制动环路断开，紧急制动电磁阀动作，列车就会产生制动作用。紧急制动时，制动系统施加最大制动力，以确保列车在规定的制动距离内停车。

以下情况可触发紧急制动：

（1）按下紧急制动按钮，如图 10-9 所示。

（2）制动控制器处于紧急制动位置。

（3）由列车超速保护系统（ATP）触发。

（4）运行中施加停放制动，停放制动监测环路中断触发紧急制动。

（5）当转向架的稳定运行状态监测或轴承温度监测环路中断，且实施最大常用制动失败

紧急制动按钮

图 10-9　紧急制动按钮
（以 CRH3 系列动车组为例）

时,转向架监测环路触发紧急制动。

(6)司机长时间未操作警惕装置(约30 s),引起紧急制动环路断开触发紧急制动。

紧急制动一旦触发,将保持直到列车完全停止(零速封锁),在此期间不能被缓解。

三、停放制动

停放制动的作用是在列车无压缩空气无电的情况下,带有弹簧储能功能的停放制动确保列车安全停在20‰的坡道上。

停放制动通过司机室操纵台上的停放制动控制按钮施加或缓解,并通过停放制动控制线传输给相应的制动控制单元。各车制动控制单元通过控制双稳态脉冲电磁阀施加或缓解停放制动,电磁阀排风施加停放制动,充风缓解停放制动。

当电源故障时,双稳态脉冲电磁阀保持最后一次的设置,从而保证停放制动不会无意被施加或缓解。

当空气制动和停放制动同时施加时,空气制动产生的制动缸压力通过双向止回阀向停放制动缸加压,防止空气制动缸的空气制动力与停放制动缸的弹簧力叠加,导致基础制动装置负荷过载。

停放制动的工作状态通过压力传感器检测,施加停放制动时,停放制动监测环路被激活,如果在施加停放制动时动车组发生移动或运行过程中意外施加停放制动,停放制动监测环路触发紧急制动并封锁牵引力。

为确保停放制动故障时的紧急缓解,在转向架的两侧设置了手动缓解拉绳(图 10-10),通过紧急缓解装置和空气阶段塞门能够切除故障的停放制动。

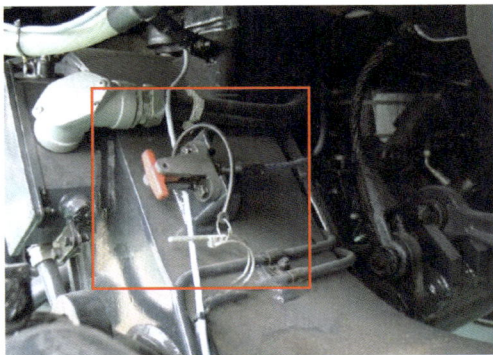

图 10-10　停放制动手动缓解拉绳
(以 CRH5 系列动车组为例)

四、备用制动

备用制动在动车组电子制动控制系统发生故障或救援/回送时使用,通过备用制动手柄(图 10-11)施加制动。

备用制动为自动式空气制动,通过控制列车管的空气压力来实现列车的制动和缓解,备用制动启用后,制动主手柄的制动控制被切断,电制动也无法使用。

备用制动手柄有"完全缓解""缓解""中立""制动"和"紧急制动"五个作用位置,其中"完全缓解""中立"和"紧急制动"位具有止挡,其他位置为非稳定位置,松开手柄后将返回"中立"位。手柄处于"完全缓解"位时,列车管中的压力保持在减压阀所设定的工作压力上;制动时,列车管压力下降,下降的值随手柄在"制动"位停留时间的增加而增加;处于"缓解"位时,列车管压力上升随时间递增;"紧急制动"位时,列车管压力下降为零;"中立"位时,除列车管泄漏造成的影响外,压力保持不变。

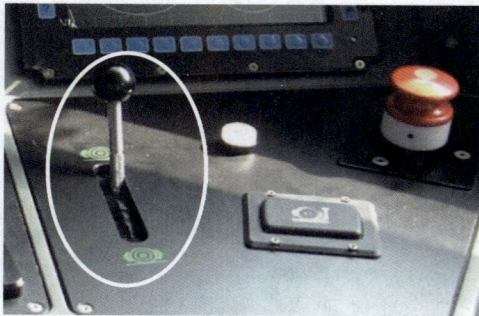

（a）CRH5系列动车组备用制动手柄　　　　　　（b）CRH3系列动车组备用制动手柄

图 10-11　备用制动手柄

第三节　基础制动装置构成

基础制动装置包括制动夹钳单元、制动盘和闸片。

一、制动夹钳单元

制动夹钳单元有传统式（杠杆式）和紧凑式（一体式）两种，除了 CRH2A 型动车组使用杠杆式以外，其他动车组均使用紧凑式。

传统式制动夹钳是用一根横杆将两个制动杠杆连接起来，形成"H"形的结构，制动缸和闸片分别安装在"H"形的两端。制动时，通过制动缸及制动杠杆的作用，使安装在另一端的闸片夹紧制动盘；缓解时，制动缸内压力降低，在制动缸内缓解弹簧的作用下，闸片离开制动盘，如图 10-12 所示。

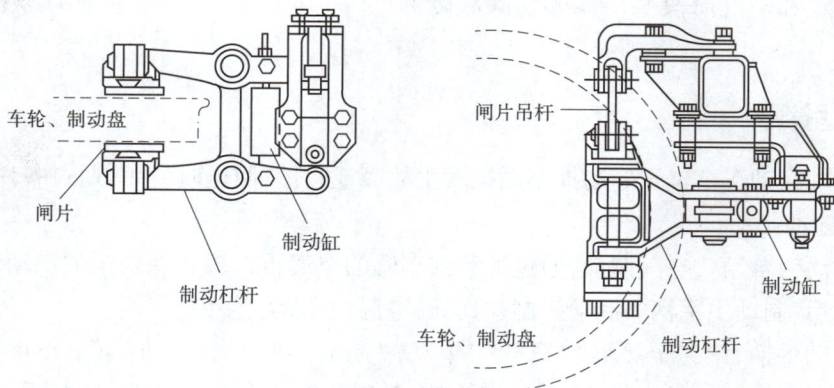

图 10-12　杠杆式制动夹钳

紧凑式制动夹钳由支架和"H"形的本体组成，本体的一端以销轴与支架连接，本体可沿销轴的轴向滑动；另一端安装液压制动缸和闸片，夹钳本身可以移动，称为浮动式夹钳，本体两侧均设有制动缸，称为对称式夹钳，如图 10-13 所示。

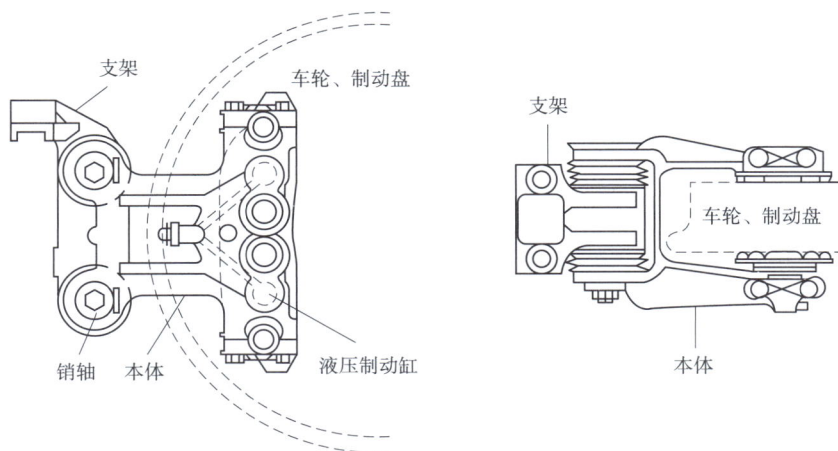

图 10-13　紧凑式制动夹钳

二、制 动 盘

按制动盘本身结构,可分为整体式和分体式;按安装位置,可分为轴盘和轮盘,如图 10-14 所示。

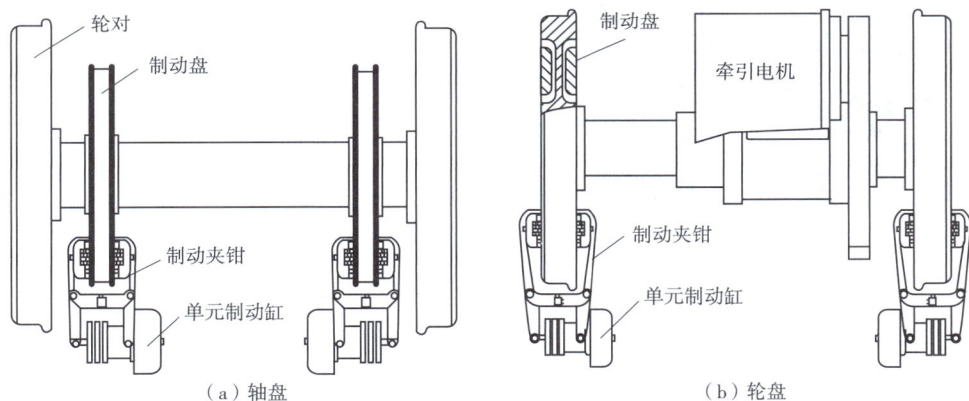

（a）轴盘　　　　　　　　　　　　（b）轮盘

图 10-14　轴盘和轮盘

动车组拖轴中一般安装轴盘;在动轴中,由于轴上需要安装驱动装置,受空间限制,多采用轮盘。

三、制动闸片

闸片的形状为月牙形或扇形(图 10-15),也有对称分为两半的。

闸片材料大致可分为合成材料、烧结金属材料、C/C 纤维组合材料和陶瓷基复合材料四种。

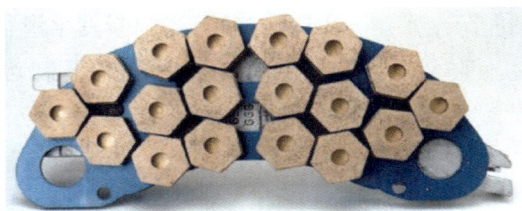

图 10-15　制动闸片

第四节　防滑、撒砂及其他功能

一、防　滑

滑行是制动过程中由于制动力超过了轮轨之间的黏着力,车轮被"抱死"而导致转动速度急剧减小,由滚动摩擦变为滑动摩擦的现象。

滑行会使制动距离增加,擦伤车轮踏面,给转向架零部件带来附加冲击力,降低其使用寿命,影响列车安全平稳性能。

防滑装置就是为防止黏着制动时因制动力过大或轮轨黏着系数降低而引起滑行的装置。

防滑装置经历了机械式防滑、电子式防滑和微机防滑三个技术阶段,各种防滑方式的区别是对滑行进行判断的部分,目前动车组均采用微机防滑。

微机防滑主要由速度传感器、滑行检测器、防滑电磁阀组成,如图 10-16 所示。

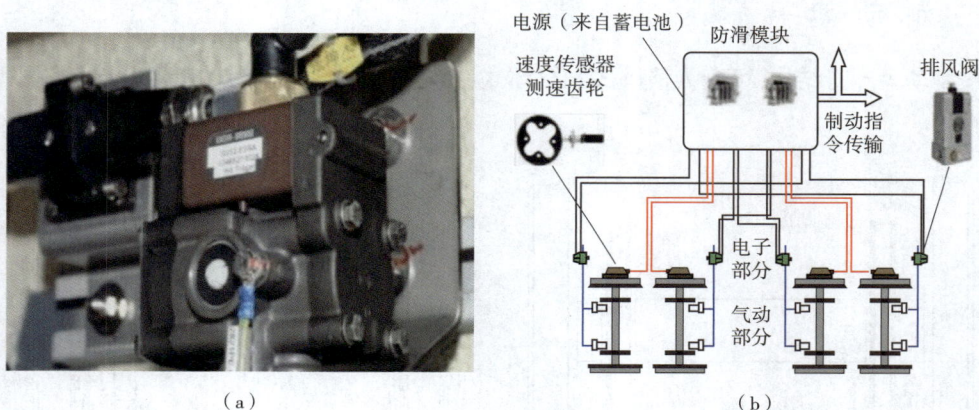

（a）　　　　　　　　　　　　　　　（b）

图 10-16　微机防滑结构组成

（一）速度传感器

速度传感器的输出是防滑控制中速度计算的基础,安装在轴端,有电磁式和光电式两种,它根据齿盘的齿数和轮径,就可以计算出车轮的转速,如图 10-17 所示。

（二）滑行检测器

滑行检测器按一定方法(减速度、速度差、滑移率)对速度传感器传来的车轮转动脉冲信号进行计算分析和逻辑判断,当判断发生滑行时,使防滑阀动作,降低制动力使车轮恢复制动,按照"缓解—保压—制动"的模式进行控制。

（三）防滑电磁阀

发生滑行时,防滑电磁阀在滑行检测器控制下产生排风、保压和充风等作用,使制动缸

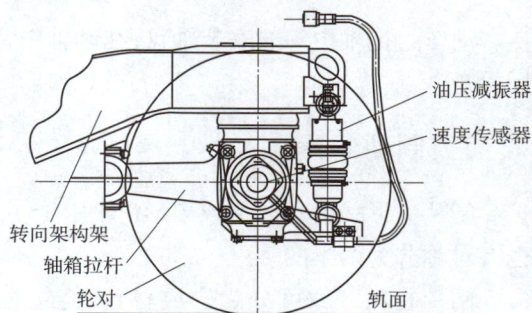

图 10-17　速度传感器
（以 CRH2 系列动车组为例）

压强产生相应变化,有效控制滑行。

动车组的防滑检测以速度差检测为主,和作为后备的减速度、滑移率检测方法一起使用。当任一检测标准判断发生滑行时,防滑电磁阀即动作,当三个指标都不满足滑行发生条件时,滑行检测器根据此判断恢复黏着,防滑电磁阀动作,制动缸压力保持不变或再次上升。

防滑控制针对空气制动,电制动时同样存在滑行,如动车组电制动及空气同时施加时发生滑行,一般首先降低该轴的电制动力使轮对恢复黏着,如滑行仍发生,则切除电制动由空气制动进行滑行控制。电制动的滑行再黏着控制原理和空气制动类似,但它是通过牵引控制单元(TCU)调节电制动力的大小来实现。

二、撒　　砂

动车组设有撒砂装置,可向轮轨间喷洒砂粒,改善黏着。撒砂装置由砂箱、控制装置(单独设置或集成在制动控制单元中)、撒砂单元、管路及喷嘴组成,如图 10-18 所示。

另外为防止冬季低温冻结砂管,在喷嘴处还设有加热装置。

三、旅客紧急制动装置

在各车客室内设有旅客紧急制动按钮或手柄,车内出现紧急情况时,可操作此设备,列车产生紧急制动,同时司机室发出声光报警,司机可根据实际情况决定立即停车或维持运行,如图 10-19 所示。

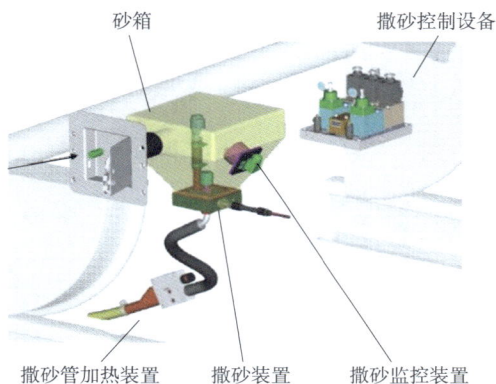

图 10-18　撒砂装置
(以 CRH5 系列动车组为例)

(a)CRH2系列动车组客室紧急制动按钮　　(b)CRH5系列动车组客室紧急制动手柄

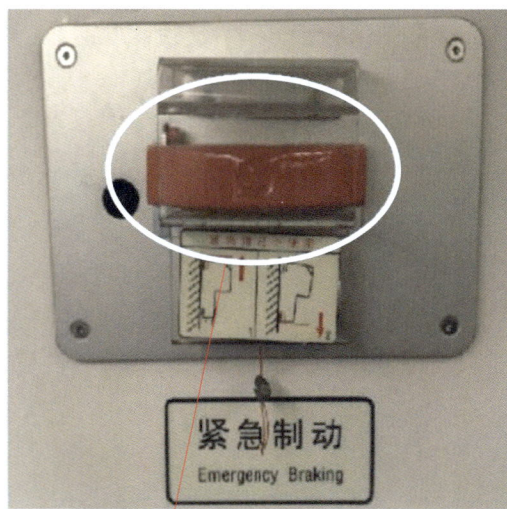

图 10-19　旅客紧急制动装置

四、踏面清扫装置

踏面清扫装置为气压驱动,控制装置通过供风电磁阀控制踏面清扫器的动作与缓解,实现对轮对的清扫,同时,踏面清扫研磨子与踏面研磨产生的金属粒子黏附在踏面上,可改善轮轨黏着,如图 10-20 所示。

图 10-20　踏面清扫装置

第十一章　动车组控制系统

第一节　动车组牵引控制系统基本构成及作用

一、CRH1 型动车组

CRH1 型动车组共设有 5 个动车,分别置于全列车组的 8 节车厢中。而若干动车与装有动力源—主变压器的拖车组合一起则相应的构成了动力组,这些动力组从配置上均由拖车内的一个主变压器进行独立供电,并由组内的一个主控制计算机进行全面的控制,这些带动力源及自身完整变流牵引部分的动力组称为动力单元。

动力单元内部设有独立的受流设备和变流牵引设备,其主控计算机通过车组的网络系统形成了一个整体,使所有的动力单元、所有的动车均统一同步的按指令完成牵引或再生制动的工作。

全列车组可分成 3 个动力单元,这是按照影响供电和车组计算机系统结构进行的功能分组。

动力单元一由 3 个车厢,2 动 1 拖,8 个驱动轴,全变压器负载组成。这 3 个车厢分别是动车 Mc1、拖车 Tp1 和动车 M1 车厢,动力单元的动力源设在拖车 Tp1 内,两动车 Mc1 和 M1 车内的独立变流系统在拖车 Tp1 牵引变压器的供电下完成一系统变流牵引的工作。

动力单元二由 3 个车厢,2 动 1 拖,8 个驱动轴,全变压器负载组成。这 3 个车厢分别是动车 Mc2、拖车 Tp2 和动车 M2 车厢,动力单元的动力源设在拖车 Tp2 内,两动车 Mc2 和 M2 车内的独立变流系统在拖车 Tp2 牵引变压器的供电下完成一系统变流牵引的工作。

动力单元三由 2 个车厢组成,4 个驱动轴,半变压器负载组成。这 2 个车厢分别是 M3 和 Tb 车厢,动力单元的动力源设在拖车 Tb 内,单个动车 M3 车内的独立变流系统在拖车 Tb 牵引变压器的供电下完成一个系统变流牵引的工作。

3 个动力单元如图 11-1 所示。

图 11-1　CRH1 型动车组动力单元

(一)牵引控制系统组成

牵引控制系统主要由受电弓及车顶高压设备、牵引变压器、高压控制箱、变流器箱、滤波器箱、牵引电机及辅助牵引设备组成,如图 11-2 所示。

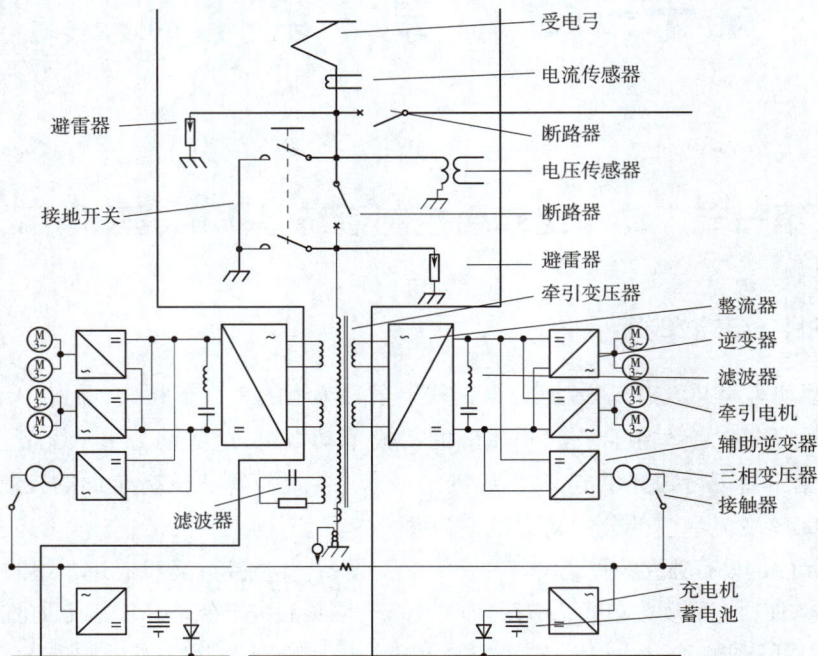

图 11-2　CRH1 型动车组牵引控制系统组成(以 1 个单元为例)

(二)牵引传动工作原理

牵引传动工作原理如图 11-3 所示。

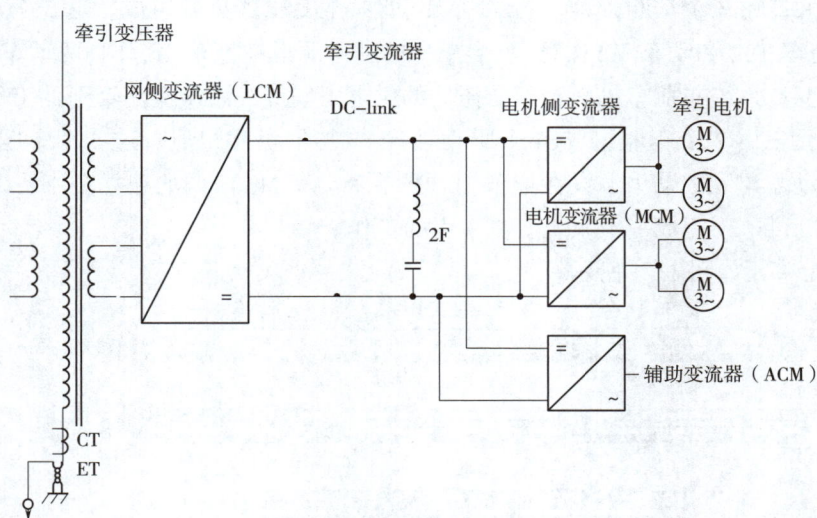

图 11-3　牵引传动工作原理

1. 网侧变流器(LCM)的控制原理

网侧变流器(LCM)将输入的交流电压转换成输出的直流电压,输入电压由主变压器的二次绕组提供。网侧变流器(LCM)为电机变流器(MCM)模块和辅助变流器(ACM)模块提供直流电压。在电制动期间,通过网侧变流器(LCM)的电源反向,能量可以通过主变压器反馈至电网。

2. 电机变流器(MCM)的控制原理

电机变流器(MCM)模块为两个并联的牵引电机提供电源。将直流(DC)环节电压转换成对称的三相电压,振幅和频率可变。实施电制动时,通过电机变流器(MCM)的电源反向,能量可以被反馈。车辆经过分相区时,牵引系统进入制动模式。这样,系统避免了直流(DC)环节电容器的电压降,电机也保持励磁,并且可以在网侧电压恢复后立即开始牵引。

二、CRH2 型动车组

(一)牵引控制系统组成

动车组以 2 动 2 拖为一个基本动力单元。每个基本动力单元的牵引系统主要由网侧高压电气设备、1 台牵引变压器、2 台牵引变流器、8 台三相交流异步牵引电机构成,如图 11-4 所示。

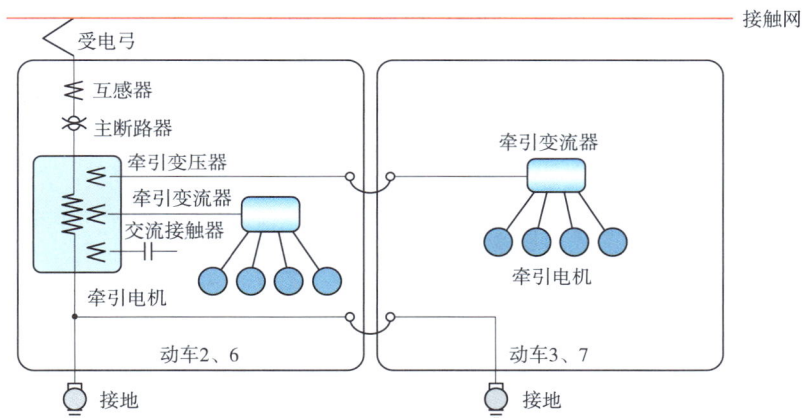

图 11-4　牵引控制系统组成

1. 网侧高压电气设备

主要包括:受电弓、主断路器、避雷器、电流互感器、接地保护开关等。

受电弓(DSA250 型):每个基本动力单元有 1 个受电弓,全列共 2 个。

主断路器(CB201C-G3 型):每个基本动力单元有 1 个主断路器,全列共 2 个。

高压电流互感器:每个基本动力单元有 1 个高压电流互感器,全列共 2 个。变流比 200/5,用于检测牵引变压器原边电流。

避雷器(LA204 或 LA205 型):每个基本动力单元有 1 个避雷器,全列共 2 个。

接地保护开关(EGS 开关、SH1052C 型):每个基本动力单元有 1 个接地保护开关,全列共 2 个。

2. 牵引变压器(ATM9 型)

每个基本动力单元有 1 个牵引变压器,全列共 2 个。

3. 牵引变流器(CI11 型)

每个基本动力单元有 2 个牵引变流器,全列共 4 个。

主电路由脉冲整流器、中间直流电路、中间整流电路、逆变器构成,采用脉冲宽度调制(PWM)方式控制。中间直流电压为 2 600~3 000 V(随牵引电机输出功率进行调整),每个牵引变流器采用矢量控制原理控制 4 台并联的牵引电机。效率大于 96%,功率因数大于 97%。

4. 牵引电机(MT205 型)

每节动车有 4 台并联牵引电机,每个基本动力单元有 8 台牵引电机,全列共 16 台。

牵引电机为四极三相鼠笼式异步电动机,采用驾悬、强迫风冷方式,通过挠性齿型联轴节连接传动齿轮;额定输出功率 300 kW,额定转速 4 140 r/min。

(二)牵引主电路工作原理

动车组电源由接触网通过受电弓获得,通过主断路器(VCB)与牵引变压器的一次侧绕组连接。牵引电路开闭由主断路器(VCB)来实施。牵引变压器二次绕组侧设有 2 个线圈,一次侧的电压为 25 kV 时,二次侧绕组电压则为 1 500 V。牵引变流器在 M1 车和 M2 车上,每台牵引变流器控制 4 台牵引电机。在牵引时向牵引电机提供电力、在制动时进行电力再生控制,如图 11-5 所示。

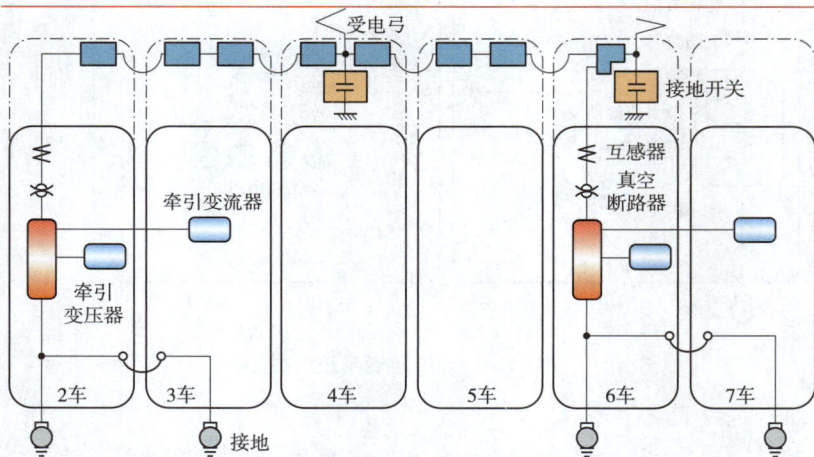

图 11-5　牵引系统工作原理

牵引电机采用三相鼠笼式感应电机,其轴端设置有速度传感器,用于检测牵引变流器测速以及制动控制装置的速度(转子频率数)。

牵引系统故障时可分别对 M1 车、M2 车切除动力,也可以通过断开主断路器(VCB)切除一个牵引单元,不影响另一个单元的牵引。

三、CRH3 型动车组

CRH3 型动车组的每列动车组的牵引控制系统由 2 个牵引单元组成。每个牵引单元的牵引主电路设备主要由 1 个受电弓、1 个牵引变压器、2 个牵引变流器、8 个牵引电机和 2 个牵引控制单元(TCU)组成。每个牵引电机带有一套机械传动装置,包括齿轮箱和联轴节,如图 11-6 所示。

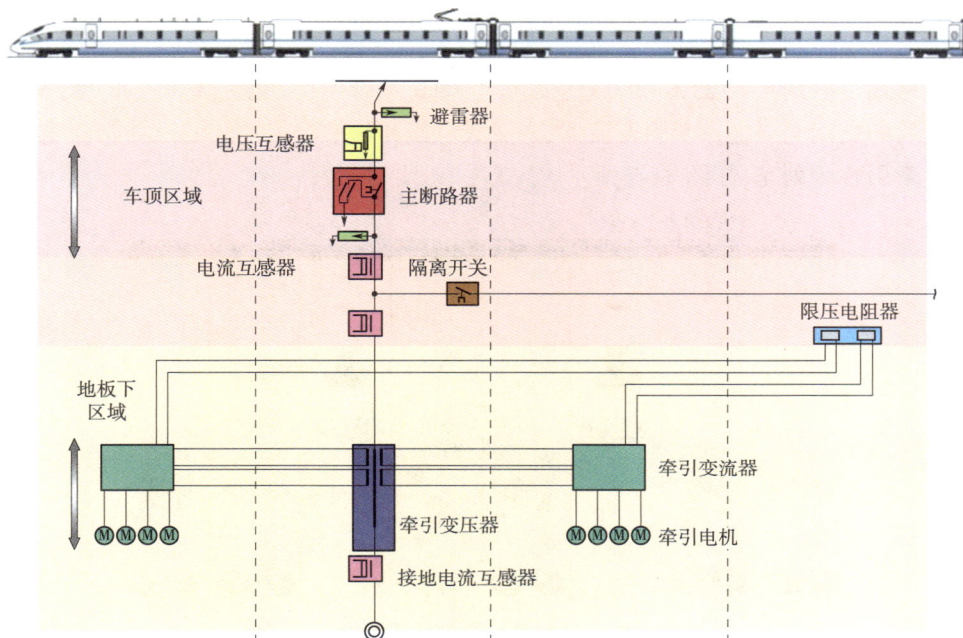

图 11-6　牵引系统(以一个单元为例)

牵引控制系统主要通过牵引控制单元(TCU)实现牵引控制并对牵引变流器的运行进行监督。牵引控制系统作为牵引系统的一部分,它执行以下重要任务:

1. 牵引或再生制动力的控制。
2. 参数控制,如干扰电流和 $\cos \varphi$。
3. 牵引直流(DC)中间环节电压的控制。
4. 牵引变流器驱动信号的产生。
5. 牵引电路开关件的控制。
6. 变流器、牵引电机和其他驱动元件的监控。
7. 车轮空转/滑行控制。
8. 提供与牵引相关的诊断数据。
9. 通过车辆总线和其他控制单元的数据通信。

在每个牵引单元中有 2 个动力单元。每个动力单元有 1 个牵引变流器和 1 个控制单元(TCU),4 个牵引电机并联提供牵引。每个牵引变流器主要由 2 个四象限斩波器(4QC),1 个带有串联谐振电路的中间电压电路,1 个制动斩波器(BC)和 1 个宽脉冲调制的变频器(PWMI)构成。中间电源回路给列车供电模块提供电源,列车供电模块位于牵引逆变器箱外部,它给列车辅助供电系统和车载设备(包括牵引系统的辅助设备如泵、风扇)等供电。甚至当受电弓降弓后,当列车的运行速度高于牵引电机能量再生所需的某一最低速转速时,列车供电模块也能给牵引系统供电。

四、CRH5 型动车组

动车组牵引控制系统主要由受电弓、主断路器、牵引变压器、牵引变流器及牵引电机组成。受电弓通过电网接入 25 kV 的高压交流电,输送给牵引变压器,降压成 1 770 V 的交流电。降压后的交流电再输入牵引变流器,逆变成电压和频率均可控制的三相交流电,输送给牵引电机牵引整个列车,如图 11-7 所示。

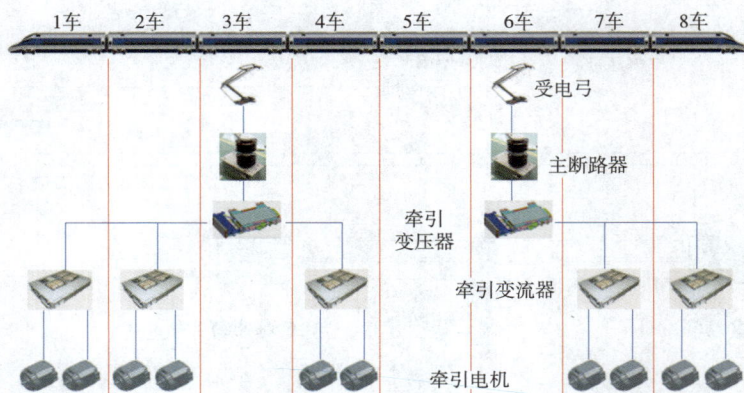

图 11-7　牵引控制系统组成

每个动力单元带有 1 个牵引变压器和 1 个受电弓。在正常运行中,每列车只启用一个受电弓。每个牵引动力单元的牵引设备都由下列设备组成:

1. 1 个高压单元,带受电弓和保护装置。

2. 1 个牵引变压器。

3. 2 套或 3 套绝缘本栅双极晶闸管(IGBT)水冷技术的主牵引套件。

4. 4 台或 6 台异步牵引电机,底架悬挂,最大设计负载 550 kW(轮缘处功率)。由于每台电机是由 1 个独立的牵引逆变器驱动的,在同一车辆内轮对间轮径差最大为 15 mm 的情况下,无须减小负载。每节动车装有 2 台牵引电机。

正常情况下,两个牵引系统均工作,当一个牵引系统发生故障时,可以自动切断故障源,继续运行。

每个动力单元的牵引设备由下列设备组成:

1. 1 个高压单元,具有受电设备、保护装置和主变压器,安装在 Tp 和 Tpb 车上。

2. 1 个主变压器,采用强制油冷却,安装在 Tp 和 Tpb 车上。

3. 第一牵引动力单元具有 3 个牵引/辅助变流器,第二牵引动力单元具有 2 个牵引/辅助变流器,每台牵引/辅助变流器驱动 2 台牵引电机。牵引/辅助变流器获得可调节的直流电压,并驱动异步牵引电机的牵引和再生制动。在过电分相时由于再生制动短时停止工作,过渡的制动电阻器投入使用。每辆动车配置两台异步牵引电机,底架悬挂,单台电机设计持续功率可达到 550 kW,并且车轮的直径差(在相同车轴上)接近 3 mm 时也能够提供 500 kW 的负载。

每台牵引控制器能够完成如下的功能:

1. 控制设备发送的牵引/制动命令;
2. 控制中间直流线电压和受电弓输入端的功率因数;
3. 控制电机牵引/制动转矩;
4. 电力设备的保护;
5. 对控制器本身的自诊断和功率部件的控制。

第二节　动车组牵引、制动指令控制过程

一、牵引控制过程

(一)四方平台动车组牵引控制

动车组牵引控制的指令主要包括:前进、后进、牵引、级位等指令,司机通过主控制器进行操作。主控制器的前进(4 线)或后进(5 线)、牵引指令(9 线)及 1~10 级位指令(11、12、13、15、17、19 线)的各指令线被输入到车辆信息控制的中央装置,通过控制传送向牵引变流器传输指令,进行牵引运行控制,如图 11-8 所示。

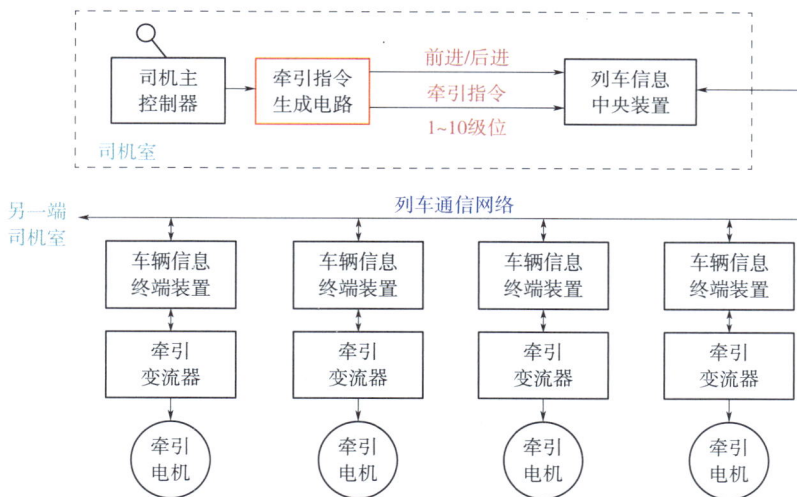

图 11-8　四方平台动车组牵引控制

(二)唐山、BST、长客平台动车组牵引控制

动车组牵引控制的指令主要包括:前进、后进、牵引力目标值等指令,司机通过主控制器进行操作。主控制器的牵引指令经电位计输出脉冲信号,输入到列车网络控制系统的中央控制单元(CCU),通过控制传送向牵引变流器传输指令,进行牵引运行控制,如图 11-9 所示。

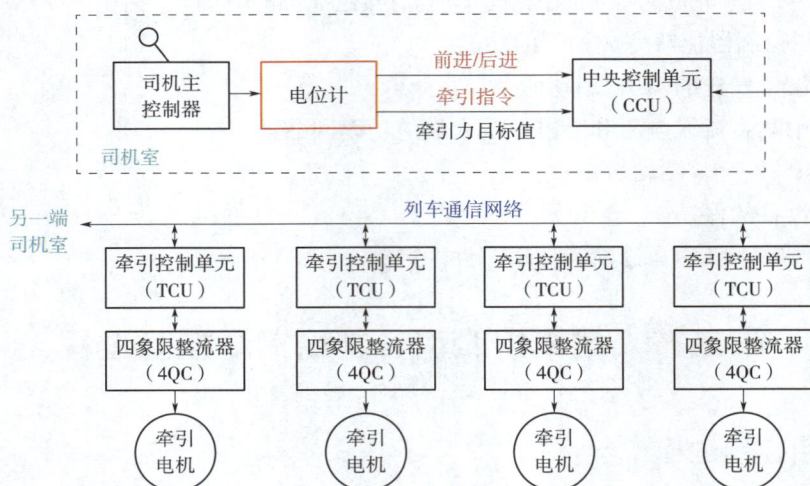

图 11-9　唐山、BST、长客平台动车组牵引控制

二、制动控制过程

由司机制动控制器或控车设备（LKJ 或 ATP）发出制动指令，传递到列车网络控制系统的中央控制单元（CCU），再由中央控制单元（CCU）分配到各车的制动控制单元（BCU），各车制动控制单元（BCU）进行制动计算，计算所需制动机后，优先通过变流器和牵引电动机施加电制动力，同时，电制动力的大小反馈给各车制动控制单元（BCU），如果制动力足够，则全部施加电制动；如果电制动力不足，则在拖车上先施加空气制动力；如果制动力还不足，再在动车上施加空气制动，如图 11-10 所示。

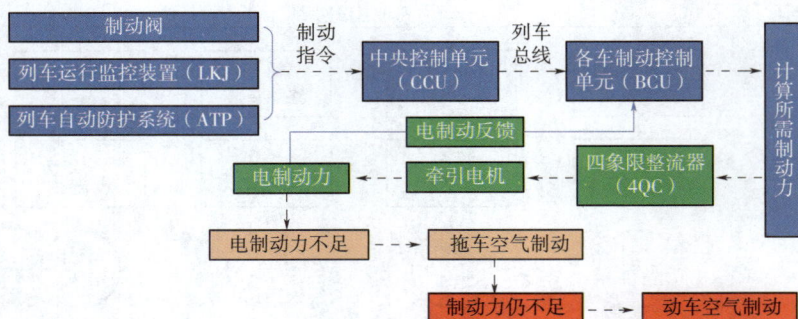

图 11-10　制动控制过程

(一) 四方平台动车组制动控制

四方平台动车组制动控制如图 11-11 所示。

制动指令的产生是制动设定器或控车设备产生的 B1 ~ B7 级制动力模拟信号，如图 11-12 所示。

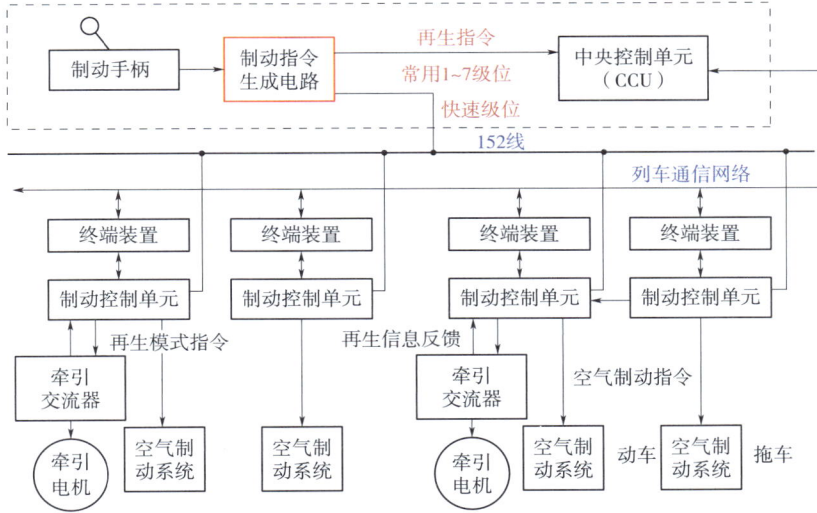

图 11-11 四方平台动车组制动控制

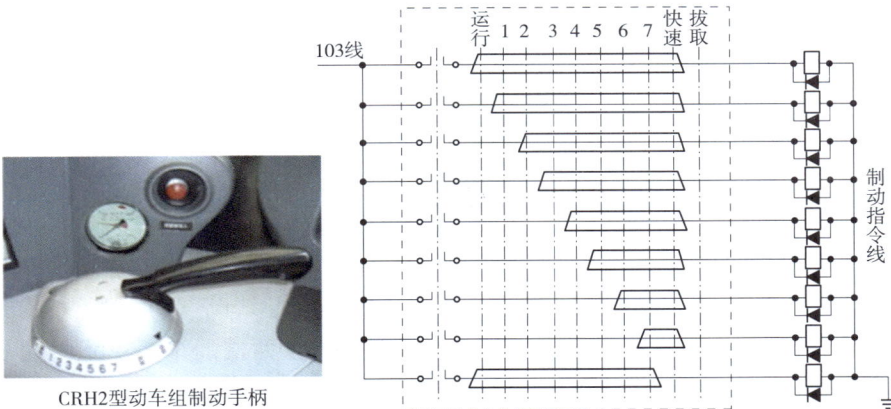

CRH2型动车组制动手柄

图 11-12 制动力模拟信号

(二)唐山、BST、长客平台动车组制动控制

制动指令不是硬线的模拟信号,而是根据制动控制器的位置,电位计产生一个脉冲信号给中央控制单元(CCU),其他过程一致。

第十二章 动车组网络信息系统

动车组网络信息系统又称为列车控制、监视与诊断系统,简称 TCMS,动车组网络信息系统(TCMS)由多个本地计算机组成网络构成相互通信的分配型系统。为保证运行安全,动车组网络信息系统(TCMS)具备通道冗余、重要设备冗余和主从控制切换功能。

动车组网络信息系统(TCMS)由具有网络通信功能的输入输出网络设备和各子系统控制器[如牵引控制单元(TCU)、制动控制单元(BCU)、辅助控制单元(ACU)、门控单元(DCU)]组成,子系统控制器包括带有车辆子系统控制用的软件和智能硬件装置组成,通过列车控制网络进行数据传输和信息共享来实施控制、监测和诊断,目的是更好的协调控制和管理动车组的各子系统。

第一节 各车型网络拓扑结构特点

一、CRH1 系列动车组网络拓扑结构

以 CRH1 系列动车组 8 编组为例。

CRH1 系列动车组网络拓扑结构为两级总线式,包括列车总线(WTB)和车辆总线(MVB),分为三个车辆网段,每个车辆单元组成一个 MVB 车辆网段,两端的车辆单元由动车、拖车、动车组成且互为对称,中间的车辆单元由一个动车和一个拖车组成;列车总线(WTB)通过网管(GW)连接三个车辆网段。其冗余方式包括:线路通道冗余、司机室重要输入输出设备冗余、第二主冗余[占用端司机室重要设备,如重要输入输出设备或主控(CCU)故障时,另一端司机室(车辆总线)的车辆控制单元(CCU)可以上升为第二主,承担列车控制与监测功能]。

(一) 列车总线

通过网管实现列车总线(WTB)和车辆总线(MVB)网络的通信,车辆控制器通过车辆总线(MVB)网络对本单元组车辆的各个系统进行控制。传输电缆采用双路双电缆的冗余设计,两路列车总线(WTB)信号分别通过两根电缆传输,一根电缆或列车总线(WTB)信号出现故障时,列车总线(WTB)网络保持正常工作,列车通信网络(TCN)两层网络拓扑结构如图 12-1 所示。

(二) 车辆总线

MVB 总线作为车辆总线,负责连接到该车辆总线上设备的信息交换。通过它可以使车辆控制单元与各子系统或 I/O 模块之间可靠通信,动车组各子系统的控制、监测和故障诊断信息

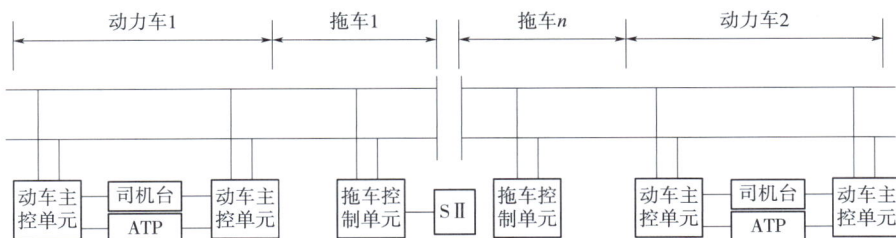

图 12-1　列车通信网络(TCN)两层网络拓扑结构

都可以经车辆总线在车辆控制单元与各子系统或 I/O 模块间进行可靠的传输和交换。通过传递过程数据、消息数据等,控制各子系统或 I/O 模块执行相应的功能,监测各子系统或 I/O 模块的状态。车辆总线为车辆内各设备的诸多控制功能(如牵引、辅助、制动、门控、空调、旅客信息、充电机等)的自动实现、信息的传送、资源的共享以及各设备之间的合理配合提供了可靠、顺畅的通道。

(三) 网络拓扑结构

CRH1 系列动车组网络信息系统(TCMS)对动车组的控制、监测及故障诊断功能分为列车级和车辆级两个部分。列车级的功能是通过列车总线、车辆控制单元和网关实现,作为列车主控的车辆单元(TBU)通过网关和列车总线获取其他车辆单元的信息,发布控制命令;车辆级的功能是通过车辆总线、车辆控制单元、输入输出模块、显示屏等实现。动车组网络信息系统(TCMS)通过列车总线(WTB)和车辆总线(MVB)实现与牵引、辅助、制动、空调、门等各个子系统之间的通信。

连接到车辆总线(MVB)上的设备有:牵引控制单元、制动控制单元、远程传输模块、通信控制器、数字输入输出模块、模拟输入输出模块、空调控制单元、外门控制单元、蓄电池控制单元,CRH1 系列动车组网络硬件结构如图 12-2 所示。

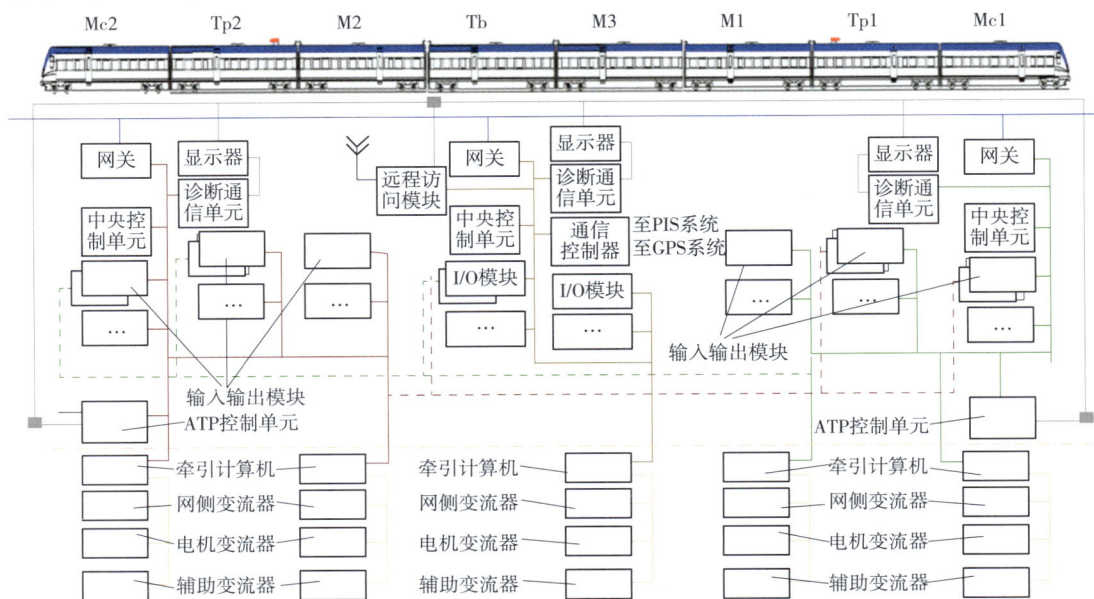

图 12-2　CRH1 系列动车组(8 编组)网络硬件结构

在 CRH380D 型动车组上，硬件结构增加了司机警惕装置、总线耦合器、显示屏、受电弓控制器、轴抱死监测单元等硬件设备。

二、CRH2/CRH380A 系列动车组网络拓扑结构

以 CRH2 系列动车组 8 编组为例。

(一) 网络拓扑结构

CRH2 系列动车组的列车级信息传输系统为双重环形系统两层网络结构，以确保系统的冗余性。上层网络为连接各动态编组车辆的列车级通信网络，列车总线通信采用 ANS1878.1. ARCNET 协议，以列车运行控制计算机为核心，连接各中央装置和终端装置；下层网络用于各车厢，是面向控制的一种连接车载设备的数据通信系统，采用 20 mA 电流环方式（和牵引变流器、制动控制装置的传送适合使用光纤方式 H-PCF200/230）；与部分设备的信息传输通过高级数据链路控制（HDLC）方式。

CRH2 系列动车组网络拓扑结构如图 12-3 所示。

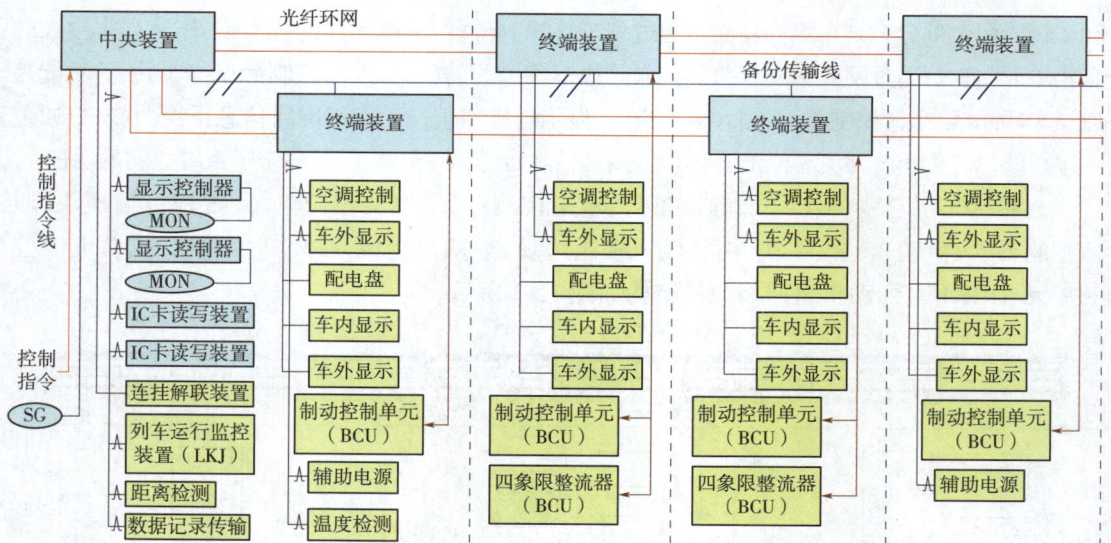

图 12-3 CRH2 系列动车组网络拓扑结构(以 1 个单元为例)

操纵台上设置的车辆信息显示器中，提供一般模式、检修模式、诊断模式等用于各种用途的工作模式。车辆信息显示器具有触摸功能，可从菜单页面中选择需要的页面。

(二) 系统冗余

1. 双重环路结构

网络系统的中央装置和终端装置由光纤连接，构成环线回路，具有向右和向左的两条线路，是一种分散型的结构。当发生两处以上的线路故障时，可以继续由其他连接线路进行传输。另外，还设置有备份传输线（自我诊断传输线），当环形网络发生故障时也可以进行传输，通过此备份线路传输控制指令，对各设备进行控制。

2. 中央装置内的控制传输部的双重化

中央装置内部的控制传输部采用两块独立的插件板,对控制指令的采集与控制指示灯的显示实现双重冗余。

中央装置的 1 系和 2 系是两个相对独立的系统,各自采用单独的电源进行供电,1 系故障时 2 系自动接管 1 系的网络控制权。中央装置 1 系和 2 系内部各自插接一块 TXC 插件,TXC 插件负责司控指令的采集及司控指示灯、单元指示灯的输出,如图 12-4 所示。

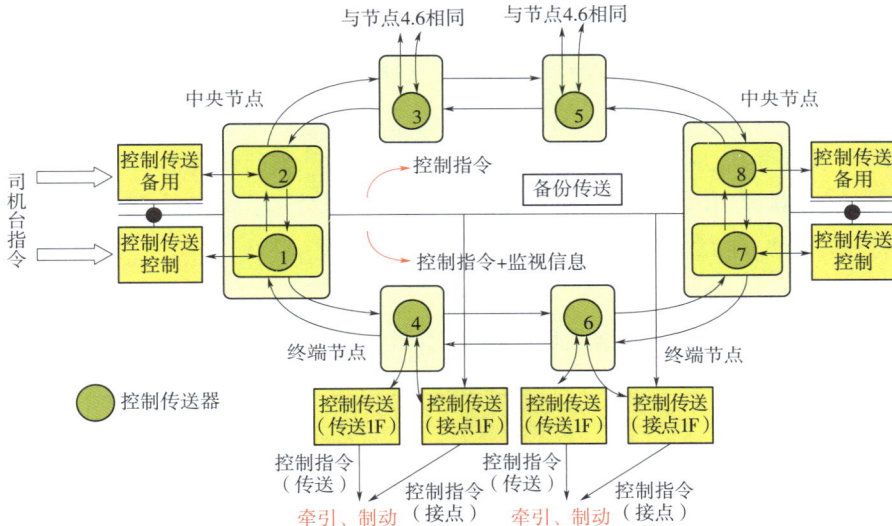

图 12-4 信息传输框图

对于同一司控指令,1 系和 2 系控制传输部将同时进行采样,1 系正常时,指令通过控制传输部制作后传递给光节点,再由光节点通过环网发送到网络,此时 2 系只监视环网上 1 系发出的数据;1 系故障时,则 2 系接管网络,2 系控制传输部采样的司控指令将被传送到环网上,从而实现司控采样与网络传输路由的冗余。

对于关键的司控室状态指示灯,也是通过控制传输部输出,1 系和 2 系的控制传输部输出通道同时驱动同一个指示灯,一组 TXC 插件故障时指示灯状态正常。

对于 CRH380A 系列动车组,其动车组网络信息系统(TCMS)列车级网络还采用了中央装置双中央处理器(CPU)的控制传输部(失效保护性)、列车级网络设有热备冗余的自诊断传输线,提高了系统的可靠性。

三、CRH3/CRH380B(L)系列动车组网络拓扑结构

以 CRH3 系列动车组 8 编组为例。

CRH3 系列动车组包括两个牵引单元,每个牵引单元为一个车辆总线(MVB)网段,每个车辆总线(MVB)网段均采用主干分值(又称骨架式)结构,每辆车都设有中继器(端车设有两个中继器),将一个牵引单元内的车辆总线(MVB)分成了多个分支,这样即使出现了某个分支或子系统设备网络通信故障,最多只影响故障网络分支的通信,不会影响整个牵引单元的其他车辆网络分支的通信。每个牵引单元通过网关将车辆总线(MVB)协议转换为列车总线(WTB)

协议,各牵引单元间通过列车总线(WTB)总线进行通信。冗余包括线路通道冗余、重要输入输出设备冗余、中央控制单元冗余切换和人机接口显示设备冗余等。

(一) 列车总线

列车总线能实现列车级数据在不同牵引单元间的传递,屏蔽双绞线作为传输媒介,两根单独的电缆用作冗余列车总线线路。

(二) 车辆总线

每个牵引单元内的车辆总线(MVB)网段均设有两个互为冗余的中央控制单元,除此之外在车辆总线(MVB)网段上还有牵引控制单元、制动控制单元、辅助控制单元、充电机单元以及人机显示接口等。

高压系统、火警系统、厕所卫生系统、内部照明等通过输入输出设备站SIBAS KLIP STATION和紧凑式输入输出站 MVB COMPACT IO 等接入车辆网。轮对轴承温度、电机及齿轮箱轴承温度则通过温度采集模块PT100进行采集并介入车辆网进行监视。

(三) 网络拓扑结构

CRH3 系列动车组网络拓扑结构如图 12-5 所示。

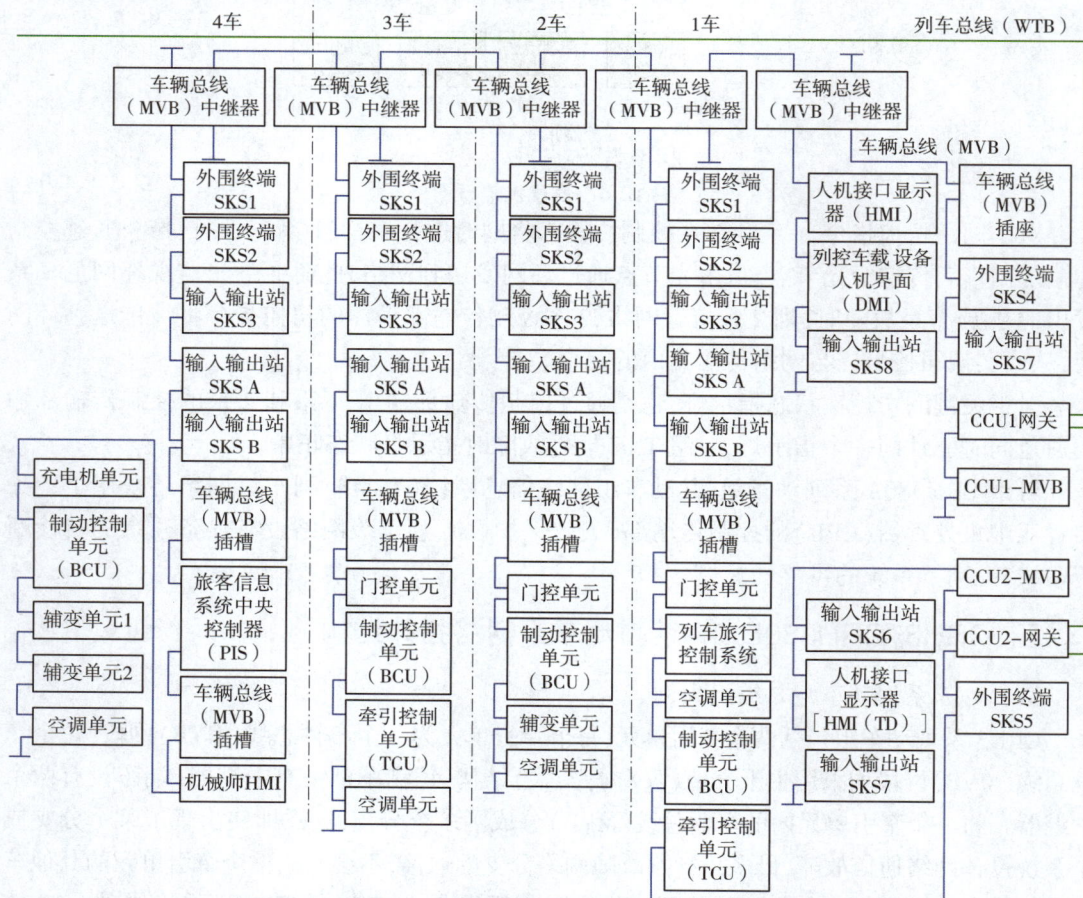

图 12-5　CRH3 系列动车组网络拓扑结构(以 1 单元为例)

连接到车辆总线(MVB)的设备包括:牵引控制单元(TCU)、制动控制单元(BCU)、门控单元(DCU)、空调控制单元(HVAC)、旅客信息系统(PIS)中央控制器、列车运行控制系统、辅助控制单元(ACU)、充电机(BC)、中央控制单元(CCU)、人机接口显示器(HMI);通过输入输出网络设备接入车辆网的系统包括:高压系统(主断路器、变压器)、车载电源监视(断路器监视、车载电气系统管理)、空压机(压缩机监视、空气压力监视)、火灾报警系统 FAS、厕所卫生和水箱伴热系统、安全环路监视(紧急制动环路、停放制动环路)、转向架监视(轮对轴温、电机轴承温度、齿轮箱轴承温度)、内部照明、内门监视。

CRH380BL 型动车组网络拓扑结构如图 12-6 所示。

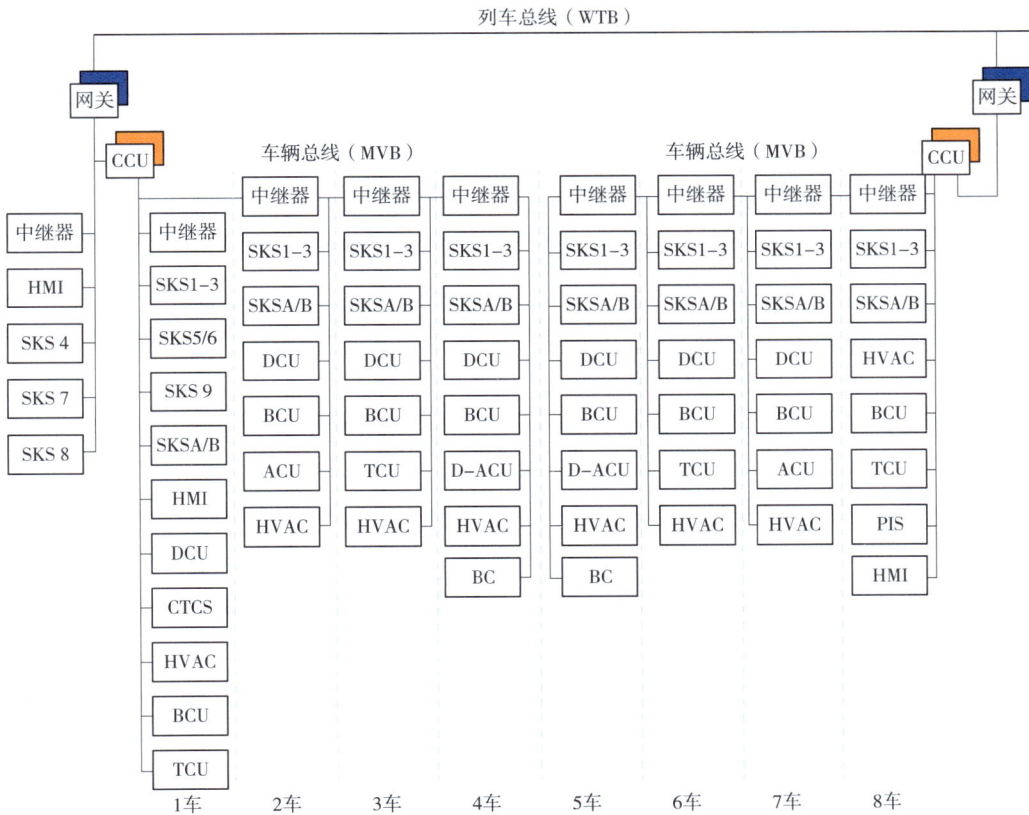

图 12-6 CRH380BL 型动车组网络拓扑结构(以 1~8 车为例)

四、CRH5 系列动车组网络拓扑结构

CRH5 系列动车组采用列车总线和车辆总线两级总线,列车总线为 WTB 总线,车辆总线为 MVB 总线和 CAN 总线。

(一)列车总线

列车总线能够实现列车级数据在不同牵引单元间的传递,列车总线(WTB)显著的特点是它能以连续顺序给节点自动编号并让所有的节点具备识别列车的右侧或左侧的能力。每当动车组组成改变时(例如连挂和解编操作),列车总线上的节点会自动执行初运行过程,该过程在电气上将各节点连接起来,并给每个节点分配连续的地址。初运行后,所有车辆均获得列车的结构信息。为提高列车总线(WTB)传输的可靠性,列车总线(WTB)提供介质冗余能力,节点在两条线路上同时发送数据,在一条线路上接收数据,同时监测另外一条线路的工作是否正常。

(二)车辆总线

MVB 总线和 CAN 总线在一个牵引单元内作为车辆总线,负责连接到该车辆总线上设备的信息交换。它可以使主处理单元(MPU)与各子系统或 I/O 模块接口之间可靠连接,动车组各子系统的控制、监测和故障诊断信息都可以经车辆总线在主处理单元与各子系统或 I/O 模块接口间进行可靠的传输和交换。通过传递过程数据、消息数据等,控制各子系统或 I/O 模块执行相应的功能,监视各子系统或 I/O 模块的状态。车辆总线为车厢内各设备的诸多控制功能(如牵引、辅助、制动、门控、开通、旅客信息、充电机等)的自动实现、消息的传递、资源的共享以及各设备之间的合理配合提供了可靠、顺畅的通道。

(三)网络拓扑结构

列车级的功能通过列车总线、主处理单元和网关实现,不同牵引单元的主处理单元(MPU)通过网关和列车总线获取其他牵引单元的信息、发布控制命令和接收反馈状态。车辆级的功能是通过车辆总线、主处理单元、输入输出模块、显示屏实现。车辆总线根据功能不同又分为 MVB-A 信号总线、MVB-B 牵引总线、MVB-C 服务总线和 CAN 总线,动车组网络信息系统(TCMS)通过三种 MVB 总线实现与牵引、辅助、制动、开通、门等各个子系统之间的通信,通过 CAN 总线执行与充电机、卫生间和热轴监测等子系统的通信,如图 12-7所示。

冗余实现方式包括:线路通道冗余、重要输入输出设备冗余、端车的两个牵引主处理单元(MPU-LT)和舒适主处理单元(MPU-LC)互为冗余、网关冗余等。

连接到 MVB 信号线上的设备包括:牵引主处理单元(MPU-LT)、舒适主处理单元(MPU-LC)、主要监测器(TS)、诊断监测器(TD)、远程输入输出模块(RIOM)。连接到 MVB 牵引线上的设备包括:牵引控制单元(TCU)、制动控制单元(BCU)、辅助控制单元(ACU)、高压控制单元(CLT)。连接到 MVB 服务线上的设备为:空调(HVAC)、乘务员显示器(LT)、外部门(DOOR)。连接到 CAN 总线上的设备包括:充电机(BC)、卫生间(WC)、热轴监测系统(HADS)、旅客信息系统(PIS)。

五、CRH380CL 型动车组网络拓扑结构

CRH380CL 型动车组网络系统列车总线为 ATI 总线,车辆总线为 RS-485 型总线,列车总线和车辆总线的通信标准符合高级数据链路通信协议(HDLC)。

列车级网络以冗余主干网连接各中央单元和终端单元,下层网络用于各车厢,是面向各子系统的数据通信系统。

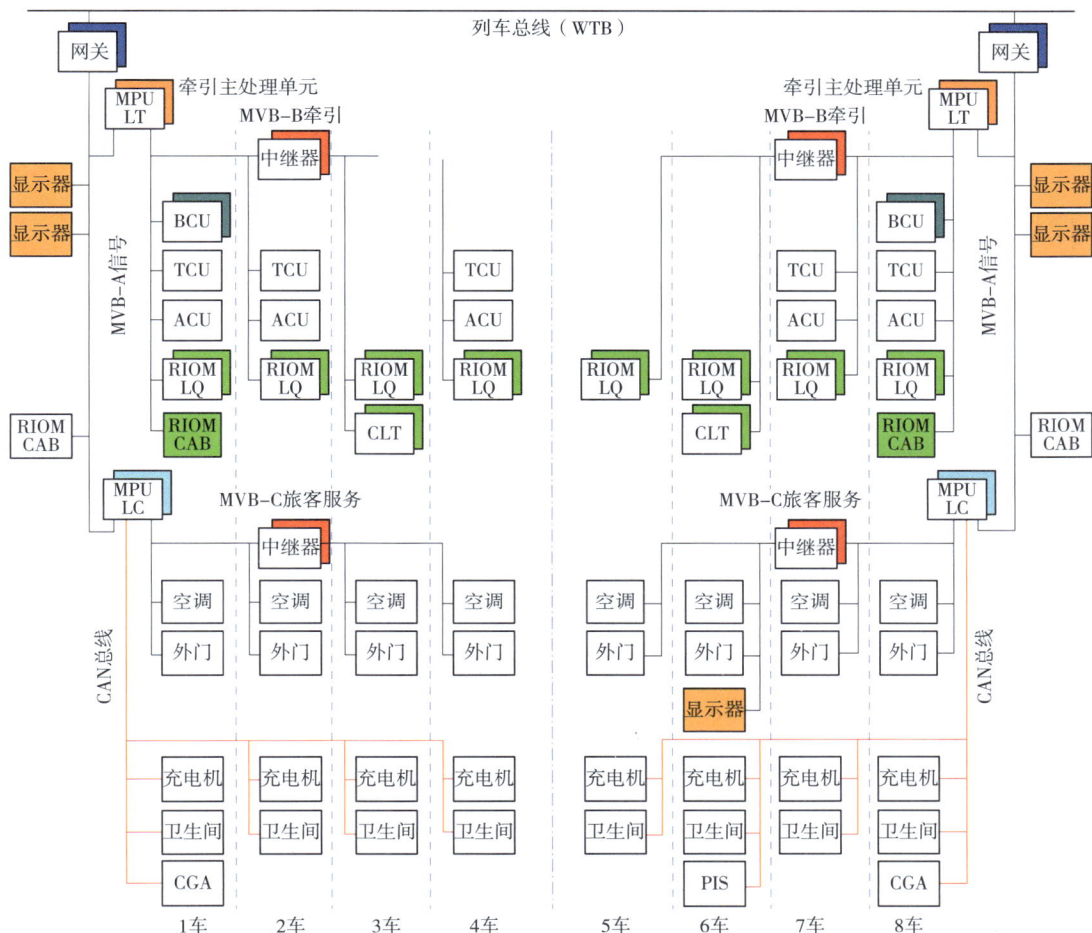

图 12-7　CRH5 系列动车组网络拓扑结构

　　系统硬件由中央单元、终端单元、输入输出接口单元 IFU、显示器组成,每节车厢都有一个中央单元或终端单元,进行各设备的控制和监测。ATI 总线采用双重冗余的屏蔽双绞线,控制单元的传送线也采用了冗余设计,当一条 ATI 总线发生故障或控制单元的某个传送线发生故障时,不会影响网络信息的正常传输。

　　占用端司机室的中央单元负责全列车的控制指令的逻辑处理,两端的中央单元互为冗余,如果主控中央单元发生故障时,从控中央单元将成为主控中央单元,发送控制指令,控制单元本身带有若干输入/输出接口,但由于动车组需要通过硬线信号发送或接收的信息很多,所以在每节车辆上增加了一个输入/输出接口单元,它具备大量的数字量或模拟量的输入输出接口,很多硬件信号通过该接口与动车组网络信息系统(TCMS)相连。

　　子系统通过 RS-485 型总线与控制单元相连,即中央单元(终端单元)与各子系统通过点对点方式(或一点对多点方式)连接。

　　网络拓扑结构如图 12-8 所示。

　　连接到 ATI 列车总线上的设备包括:中央控制单元(CCU)、终端单元(LCU)。连接到

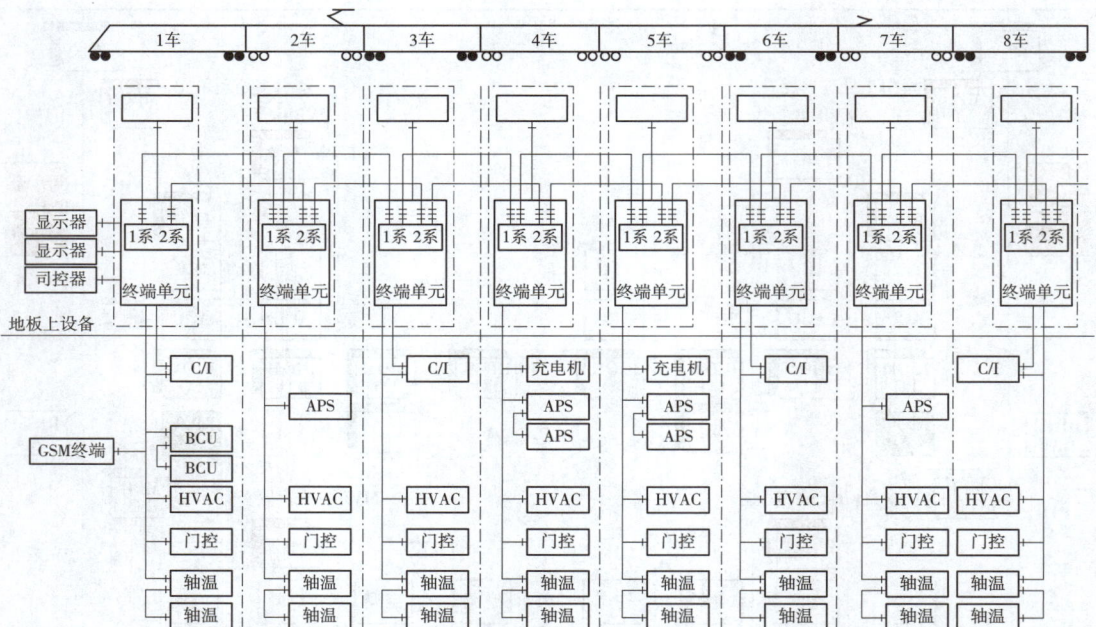

图 12-8　CRH380CL 型动车组网络拓扑结构(以 1~8 车为例)

RS-485 型车辆总线上的设备包括:监控屏(HMI)、输入输出单元(IFU)、牵引控制单元(C/I)、制动控制单元(BCU)、空调单元(HVAC)、门控单元(DCU)、远程数据传输系统(GSM/WLAN)、热轴监测系统(HADS)、充电机(BC)、辅助控制单元(APS)、受电弓控制(PCU)。

第二节　网络系统信息显示方式及含义

网络信息系统显示器在不同的动车组上,数量和名称也不一样,CRH1 系列动车组(含 CRH380D)每端司机室只有一个显示器,简称 IDU;CRH2/CRH380A 系列动车组每端司机室有两个显示器,简称 MON;CRH3/CRH380B(L)系列、CRH380CL 型、复兴号系列每端司机室有两个显示器,简称 HMI;CRH5 系列动车组每端司机室有两个显示器,简称 TS 和 TD。

各车型网络信息系统显示器(机械师室的除外),均安装在司机室操纵台上,安装位置基本相同,但显示内容和显示方式有所不同。

一、CRH1 系列动车组显示器 IDU

(一)显示器安装位置

CRH1 系列及 CRH380D 型动车组网络信息系统显示器智能显示器 IDU 安装在司机操纵台台面上,司机控制器右前方,如图 12-9、图 12-10 所示。

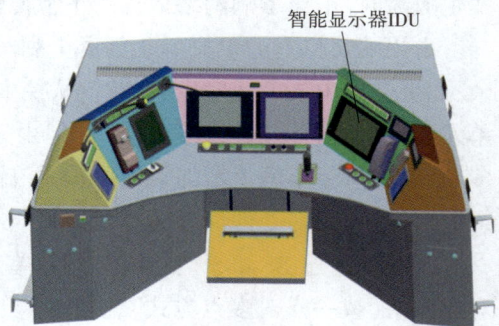

图 12-9　CRH1 系列动车组智能显示器 IDU 安装位置

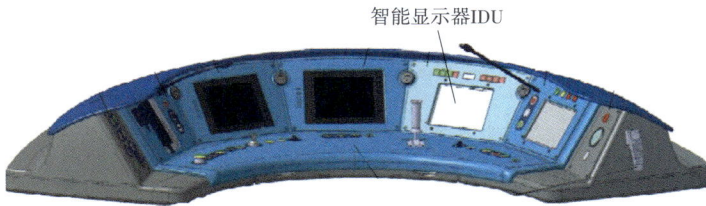

图 12-10　CRH380D 型动车组智能显示器 IDU 安装位置

(二) 显示器页面布局

智能显示器 IDU 页面中,包括标题信息显示区域、列车配置信息显示区域、活动的事件菜单信息显示区域、警报信息显示区域、页脚信息显示区域等,如图 12-11 所示。

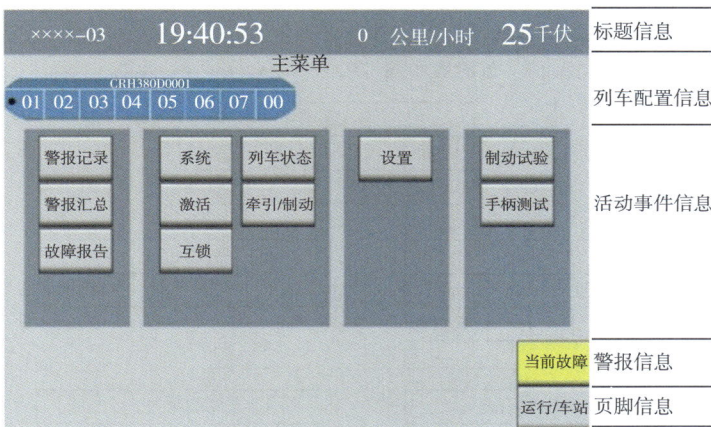

图 12-11　智能显示器 IDU 页面布局

(三) 页面菜单

以下仅列举司机常用页面菜单,如图 12-12~图 12-14 所示。

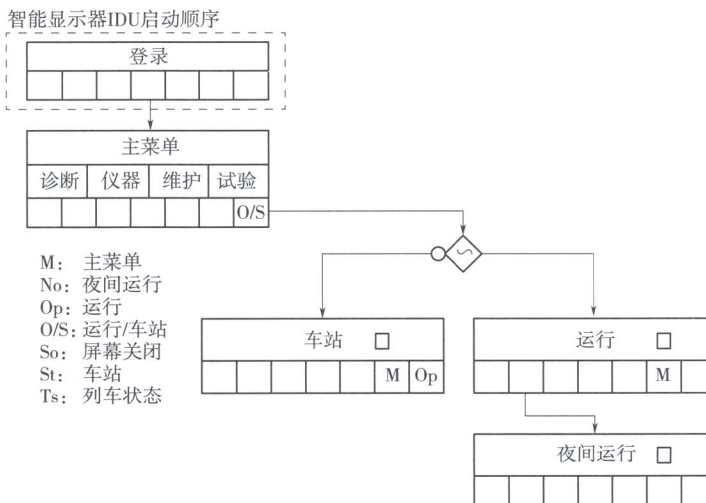

图 12-12　智能显示器 IDU 主菜单(登录、主菜单、运行和停靠)

Aa：所有在线事件
Ao：在线事件浏览
M：主菜单
O/S：运行/停靠
Rf：刷新

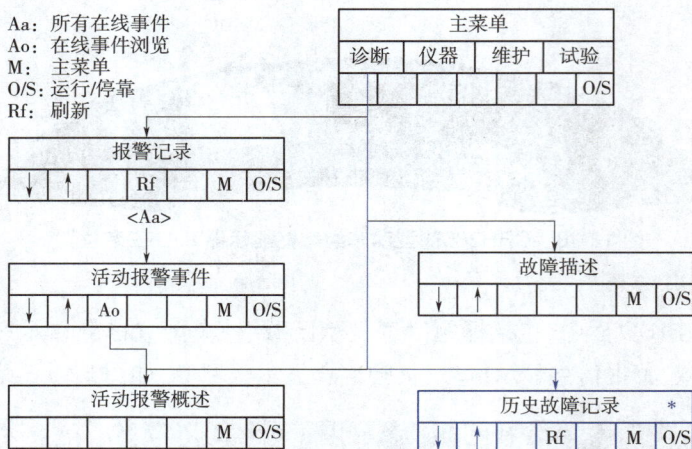

图 12-13　智能显示器 IDU 主菜单（主菜单、诊断）

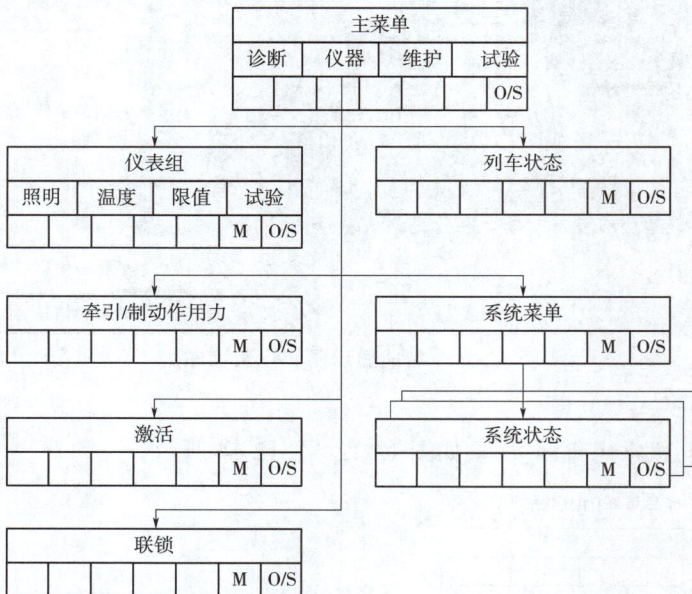

图 12-14　智能显示器 IDU 主菜单（主菜单、设备）

（四）主要页面显示内容

以下仅列举司机常用显示页面。

1. 登录页面

在登录页面,可输入规定的用户名后登录到智能显示器 IDU 主菜单页面,如图 12-15 所示。

2. 主菜单

在主菜单页面,可通过触摸屏触摸查看报警情况及故障记录、查看牵引、制动等系统工作状态、进行制动试验等,如图 12-16 所示。

图 12-15　登录页面

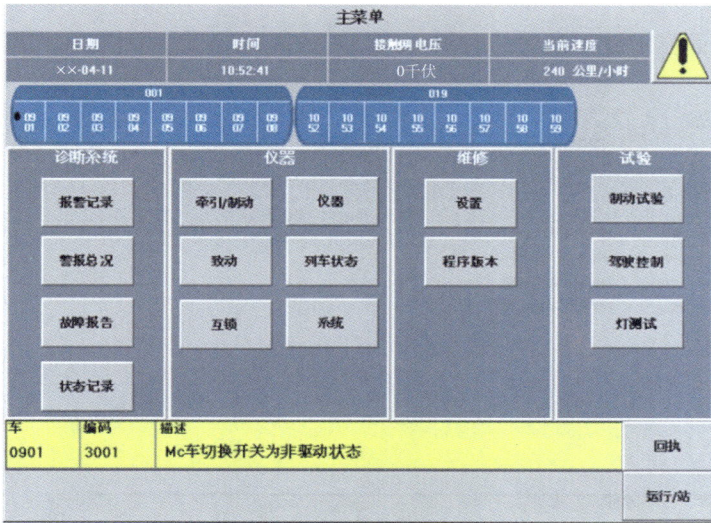

图 12-16　主菜单页面

3. 夜间运行页面

在夜间运行页面"活动时间"栏内仅显示实际运行速度和时间,触摸屏幕任意地点可恢复正常,如图 12-17 所示。

4. 停靠页面

停靠页面主要显示各车辆外门状态,如图 12-18 所示。

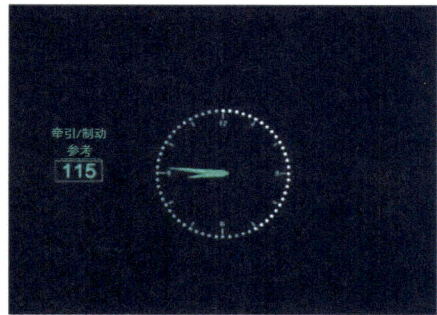

图 12-17　夜间运行页面

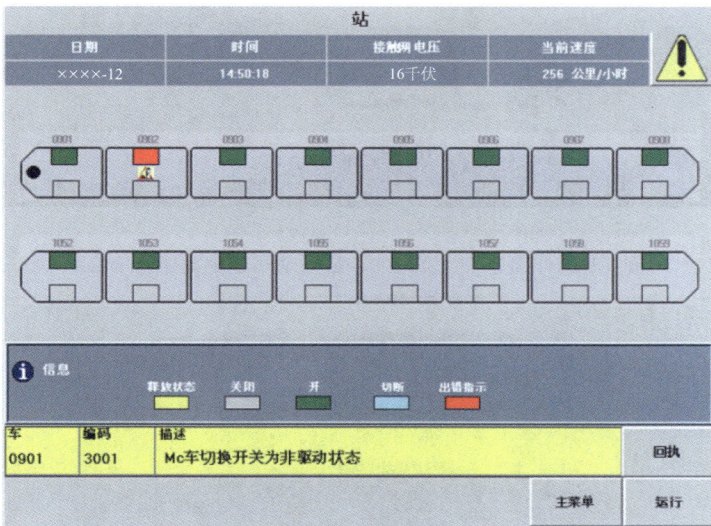

图 12-18　停靠页面

5. 故障报告页面

故障报告页面显示故障发生的时间、车厢号、故障代码及故障描述,如图 12-19 所示。

图 12-19 故障报告页面

二、CRH2/CRH380A 系列动车组显示器 MON

(一) 显示器安装位置

CRH2/CRH380A 系列动车组网络信息系统显示器 MON 有两台,根据车型不同,安装位置有所不同,CRH2A/2B/2C/2E 型动车组,一台显示器安装在司机操纵台前方,另一台安装在操纵台左侧的侧墙上,如图 12-20 所示;CRH2A(统)型及 CRH380A 系列动车组两台显示器一台安装在操纵台正前方,一台安装在操纵台右侧显示区,如图 12-21 所示。

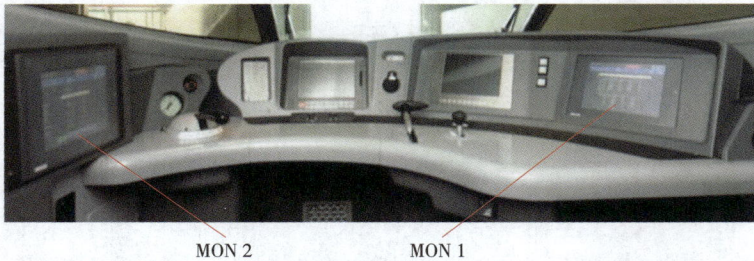

图 12-20 CRH2A/2B/2C/2E 型动车组的显示器 MON

图 12-21 CRH2(统)型及 CRH380A 系列动车组的显示器 MON

（二）显示器页面布局

显示器页面中,上部为基本信息栏,如页面名称、报警信息、时间、当前速度、当前公里数等;下部为实时信息栏,如车次、牵引/制动情况、各设备状态、切除/复位等;下部区域的中间在某些页面中还显示白色的动车组图标,包括动车组编组、车号、牵引/制动状态、运行方向等信息,如图 12-22 所示。

图 12-22　显示器 MON 页面布局

（三）页面菜单

1. 司机模式菜单

司机模式菜单可以查看列车行驶状态、车辆信息、出库信息、制动信息、电源电压、配电盘信息、车门状态及车次设定等功能,如图 12-23 所示。

2. 制动信息菜单

制动信息菜单主要包括制动缸压力、总风压力、空气弹簧压力、再生制动等子菜单,正常运行及制动试验时使用该菜单中页面,如图 12-24 所示。

（四）主要页面显示内容

1. 一般模式页面

动车组上电启动完成后,司机室两台显示器 MON 进入一般模式页面,供司机或其他人员选择相应的模式,如图 12-25 所示。

一般模式下可以做到:运行里程的检测、车辆检查信息的显示(变流器、受电弓状态、VCB 等)、监视器信息的修改和输入、运行状态的显示(列车号、各单元状态等)、安全装置动作状态、编组形式、空调的控制、室内灯广播等的控制、发生故障时的状态记录、故障的实时显示及处理的指南、电力累计、运行或试运行中车辆性能信息的收集等功能。

可通过司机模式菜单页面受理

司机模式菜单页面

可通过显示菜单键的页面受理。
此外,可在其他模式菜单页面
触摸【司机】+【确认】键

行驶状态 → 行驶状态页面 ← 1

车辆信息 → 车辆信息页面1 → 2
  下一页面   上一页面
  车辆信息页面2

故障一览 → 故障一览页面

联解信息 → 3

应急手册 → 应急手册页面

供电分类 → 供电分类页面
  设备切除 复位   返回

远程控制切除 → 远程控制切除页面
  设备切除 复位   返回

切除状态 → 切除状态页面

制动信息 → 4

牵引变流器(编组) → 5

牵引变流器(各车) → 6

累计电力 → 累计电力页面

空转滑行 → 空转滑行页面

电源电压 → 电源电压页面 ⇄ 电源电压页面2
  下一页面   上一页面

车门信息 → 车门信息页面

光传输状态 → 光传输状态页面

配电盘信息 → 配电盘信息页面1车厢
  n车厢   1车厢
  → 配电盘信息页面n车厢

出库信息 → 出库信息页面

车次设定 → 7

监控设定 → 监控设定页面 → 返回 日期 → 日期设定页面
              时刻 → 时刻设定页面

轴温切除 → 轴温切除页面

抱死切除 → 抱死切除页面

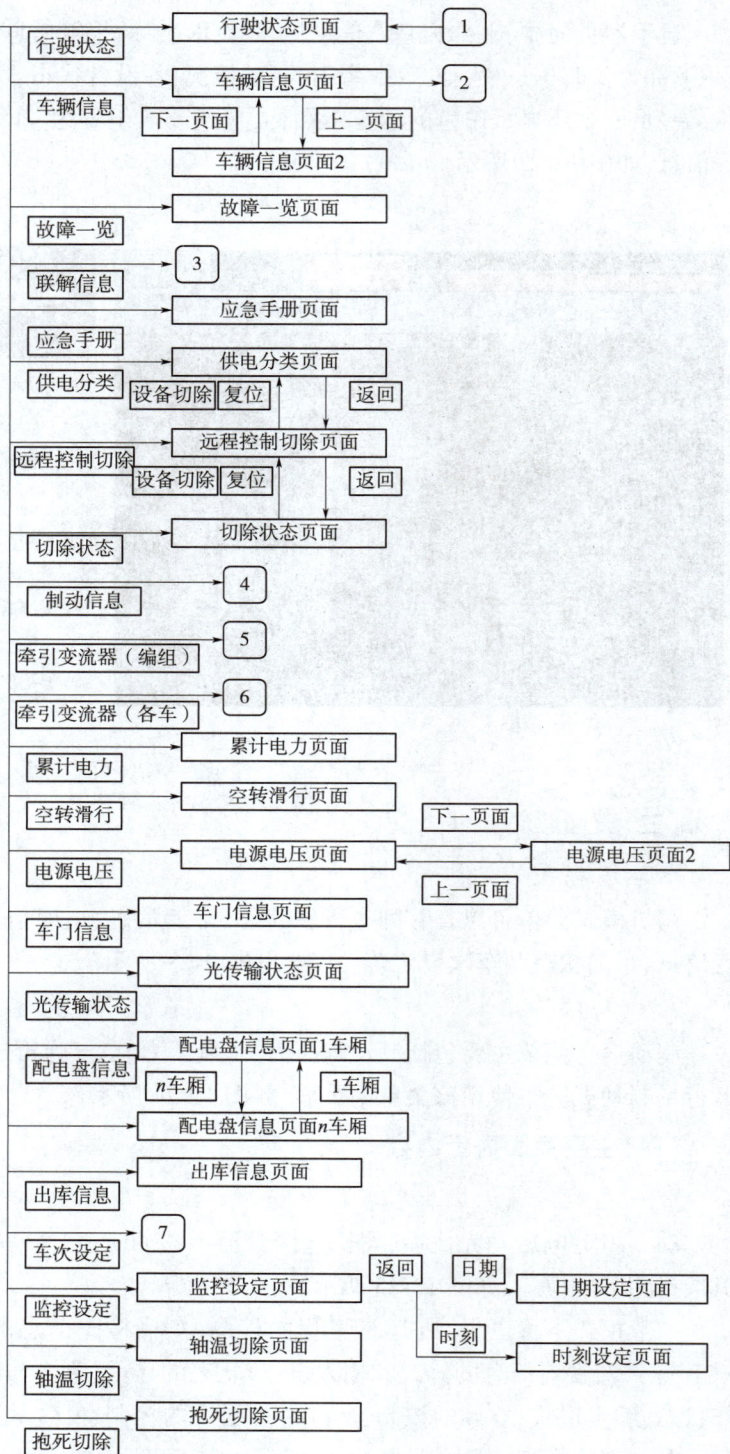

图 12-23　司机模式菜单

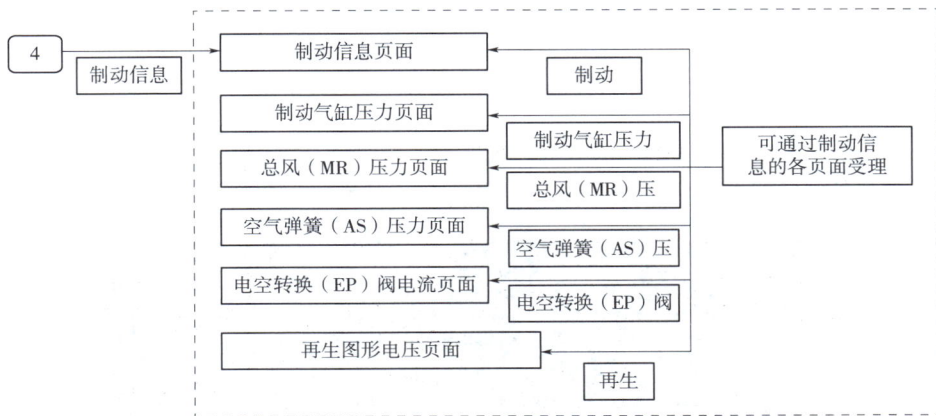

图 12-24 制动信息菜单

2. 司机模式页面

司机模式页面是司机模式下的主菜单,可以根据需要通过触摸进入所需要的相应子菜单页面。通常,正常情况下,CRH2 系列动车组操纵台上 MON1 选择进入行驶状态页面,侧墙 MON2 选择进入制动信息页面,而 CRH2A(统)型动车组和 CRH380A 系列动车组操纵台前方 MON 选择进入行驶状态页面,操纵台右侧 MON2 选择进入制动信息页面,如图 12-26 所示。

图 12-25 一般模式页面

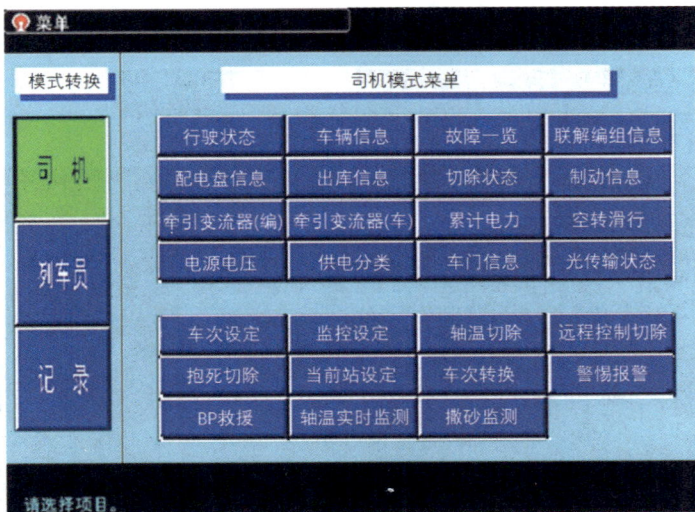

图 12-26 司机模式页面

图 12-26 为 CRH2A(统)型动车组和 CRH380A 系列动车组的司机模式主菜单,相比早期的 CRH2 系列动车组,该页面增加了"轴温实时监测"和"撒砂监测"子菜单。

3. 行驶状态页面

行驶状态页面显示牵引/制动级位及恒速状态、车次、设备切除状态、动车组图标、动车组运行方向、车号、车门状态、单元状态等,如图 12-27 所示。

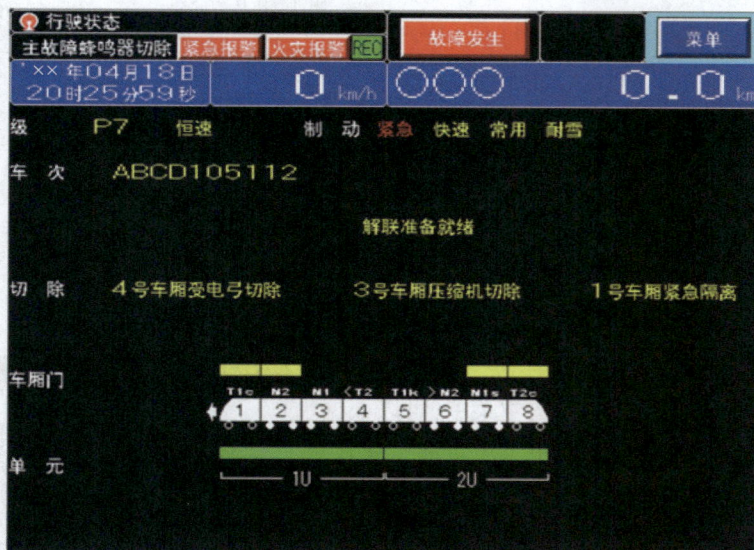

图 12-27　行驶状态页面

4. 制动信息页面

制动信息页面主要显示制动缸压力、空气弹簧压力、总风压力、电空转换(EP)阀电流、制动控制单元(BCU)和 CI 再生电压等信息,选择其子菜单,可以进入子菜单查看上述信息的详细情况,如图 12-28 所示。

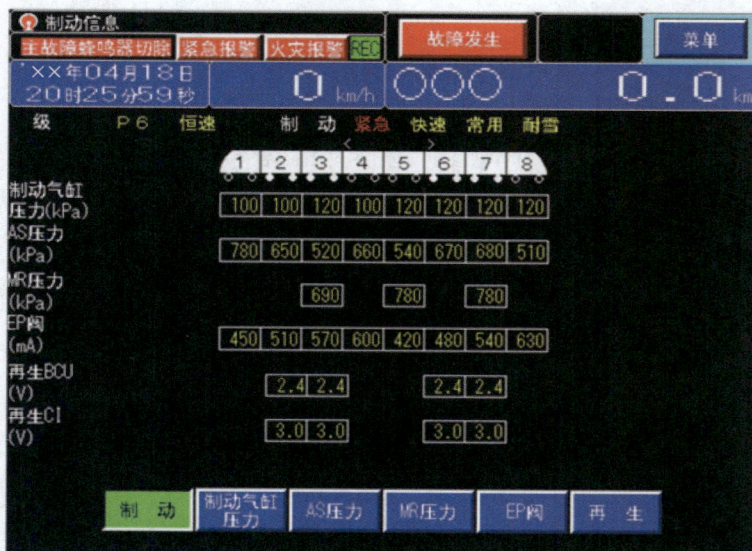

图 12-28　制动信息页面

5. 远程切除/复位页面

在远程切除/复位页面上先进行动力单元的选择,然后选择该单元可切除/复位的设备,进行设备的切除或复位操作,如图 12-29 所示。

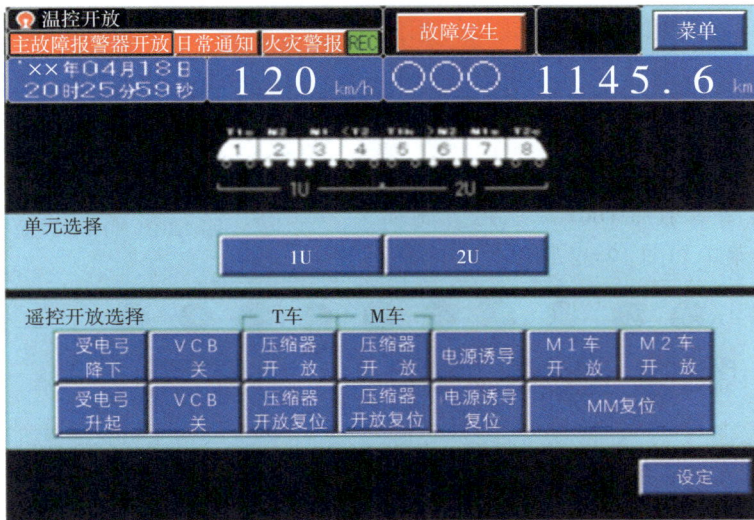

图 12-29 远程切除/复位页面

与远程切除/复位页面类似的还有电源切换页面、BKK/BKK2 复位页面、抱死/轴温切除和复位页面,使用触摸屏选择,执行相应的故障处理软操作。

三、CRH3/CRH380B(L)系列动车组显示器 HMI

(一)显示器安装位置

CRH3/CRH380B(L)系列动车组网络信息系统显示器 HMI 有两台,在操纵台显示区左前和右前方对称,如图 12-30 所示。

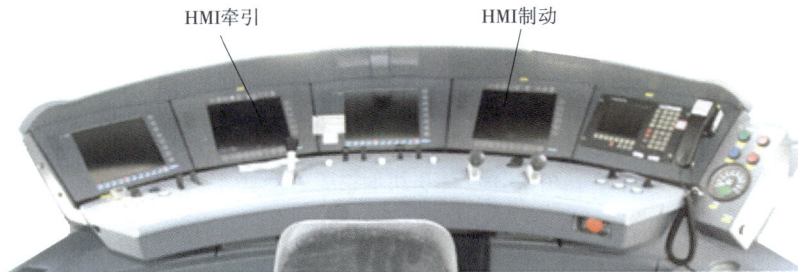

图 12-30 CRH3/CRH380B(L)系列动车组的显示器 HMI

(二)显示器页面布局

显示器页面分为 4 部分:1 为标题栏,从 a 至 d 分别显示编号、标题、日期和时间;2 为显示区;3 为列车运行状态栏,显示指示灯和故障指示器的信息,故障指示器显示车辆编号和子系统代码信息,在状态栏(三个功能键的宽度)的右边显示,同时发出声信号;4 为功能键区,按压功能键对应的硬键可进行相应子菜单或执行相应功能,如图 12-31 所示。

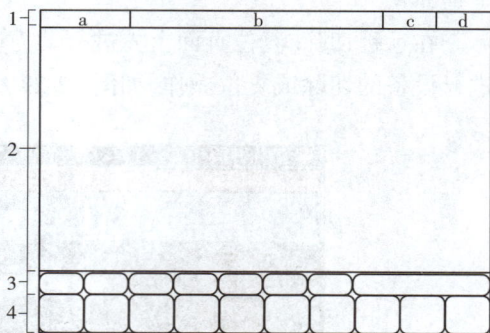

图 12-31　HMI 页面布局

(三)页面菜单

动车组上电启动后,左侧显示器 HMI 默认进入牵引页面,右侧显示器 HMI 默认进入制动页面,页面主要子菜单如图 12-32 和图 12-33 所示。

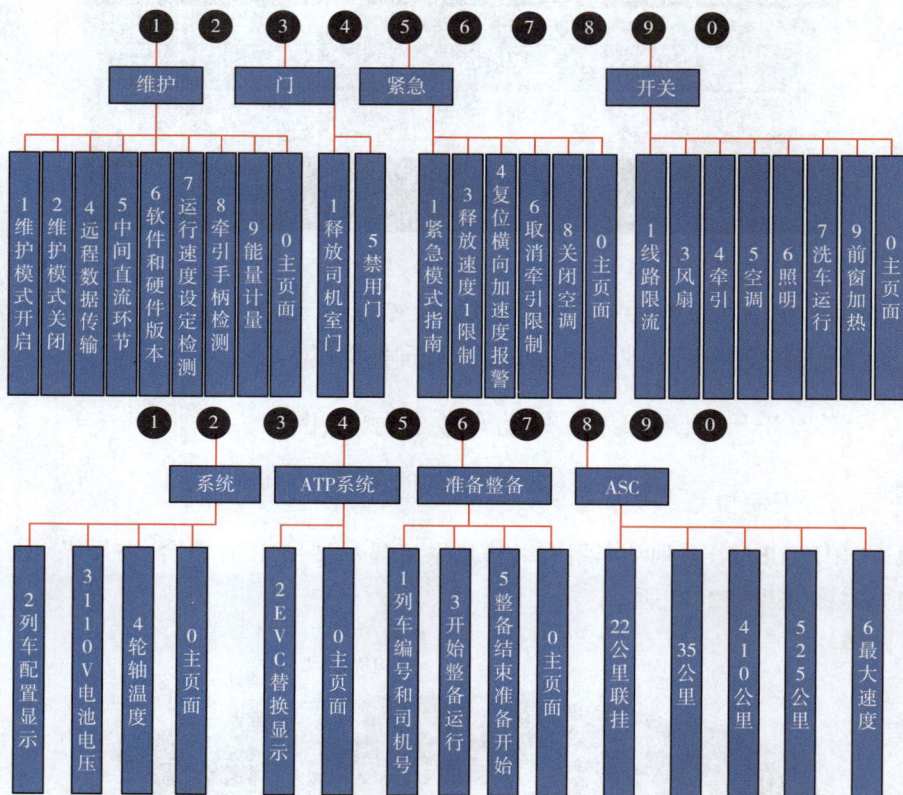

图 12-32　牵引页面主要子菜单

(四)主要页面显示内容

1. 牵引页面

牵引页面以柱状光带和矩形图标显示接触网电压、电流、牵引/再生情况、变流器状态、受电弓和主断路器状态,功能键区显示牵引相关子菜单,按压对应的硬键可进入相关子菜单,如图 12-34 所示。

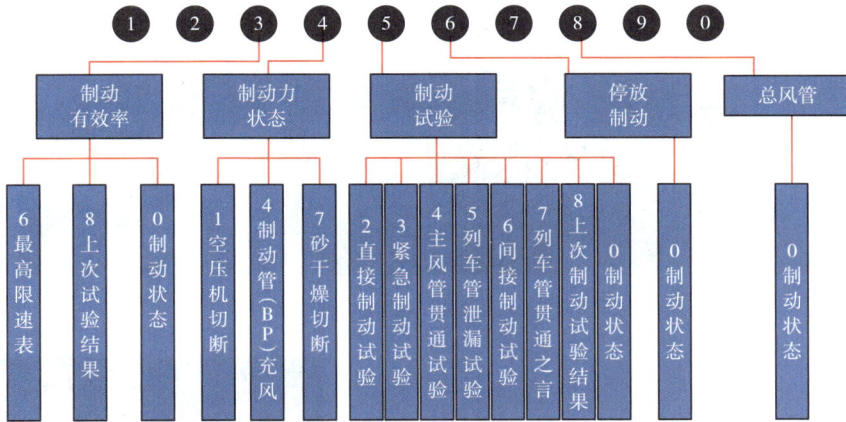

图 12-33　制动页面主要子菜单

2. 车门页面

车门页面显示各车辆车门开启/关闭状态及故障和禁用情况,功能键区显示车门相关子菜单,按压对应的硬键可进入相关子菜单,如图 12-35 所示。

3. 制动页面

制动页面以柱状光带显示列车管和总风管压力,以矩形图标显示再生和空气制动状态,功能键区显示制动相关子菜单,按压对应的硬键可进入相关子菜单,如图 12-36 所示。

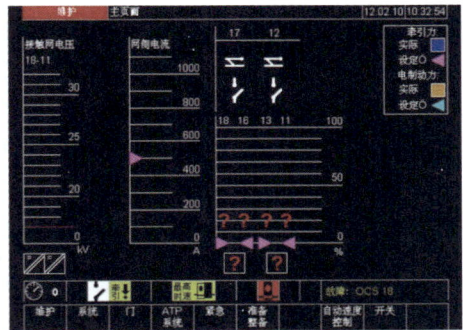

图 12-34　牵引页面

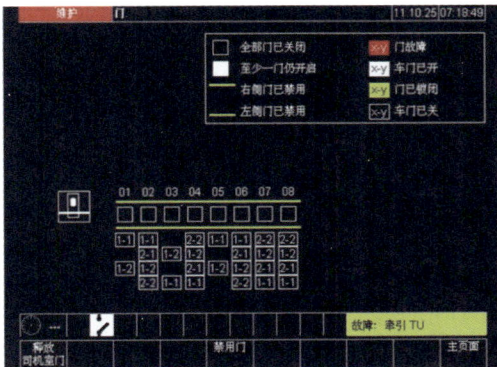

图 12-35　车门页面

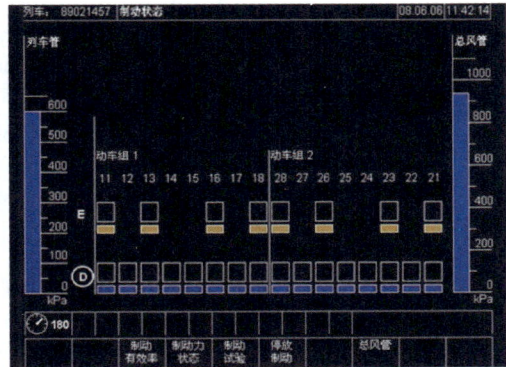

图 12-36　制动页面

四、CRH5 系列动车组显示器 TS/TD

(一) 显示器安装位置

显示器安装在操纵台左前和右前方,对称布置,如图 12-37 所示。

图 12-37　CRH5 系列动车组上的显示器 TS/TD

(二)显示器页面布局

显示器页面分为上中下三个部分,上部 1 为标题栏;中部 2 为显示区;下部 3 为功能键区,如图 12-38 所示。

(三)页面菜单

CRH5 系列动车组页面菜单较简单,通过按压功能键对应的下方按键,可切换至相应的显示页面,如图 12-39 所示。

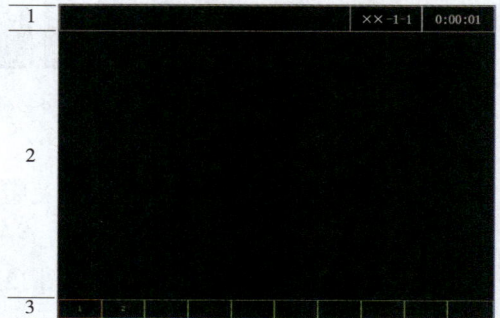

图 12-38　页面布局

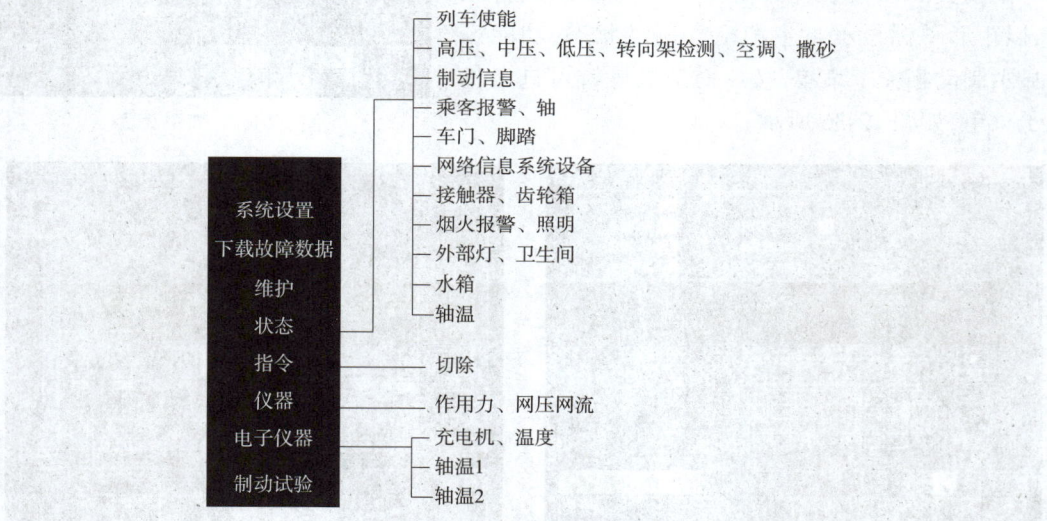

图 12-39　司机用页面菜单

(四)主要页面显示内容

1. 显示器 TS

（1）主页面

动车组上电启动后,显示器 TS 默认进入该页面,通过仪表盘的形式向司乘人员显示重要的模拟量信息、包括列车运行速度、牵引/电制动力矩、网压、总电流、制动管压力及总风管压力等,如图 12-40 所示。

图 12-40 中,作用力表显示动车组牵引力和制动力的目标值及实际值,表针右转为牵引力,左转为制动力,动车组重联时,作用力表上的刻度数值×2 显示。

（2）设备软切除页面

在设备软切除页面上,通过移动光标选中可切除的设备,进行设备的远程切除或复位操作,如图 12-41 所示。

图 12-40　主页面 TS

2. 显示器 TD

显示器 TD 主要用于向司机显示动车组的设备状态,设备故障时根据故障类别的不同,实时显示在显示器 TD 上,通报司乘人员。

（1）使能页面

动车组上电启动后,显示器 TD 默认进入使能页面,在使能页面上,以图形显示编组和司机室占用情况;以矩形图的不同样式显示受电弓、主断路器、牵引变流器、辅助变流器、空气压缩机、高压控制箱、充电机等的工作状态,如图 12-42 所示。

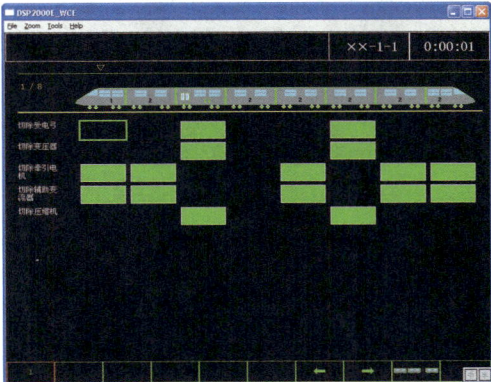

图 12-41　TS 软切除页面

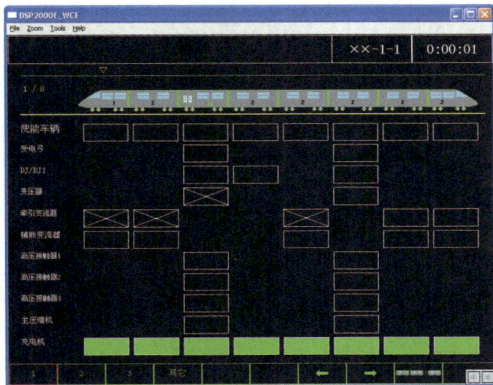

图 12-42　TD 使能页面

（2）制动页面

制动页面显示备用制动、直通制动、警惕装置紧急制动、安全回路、乘客紧急制动、制动控制单元、紧急制动电磁阀、制动状态、抱轴和停放制动等信息,正常情况下,进行制动试验时使用制动页面,如图 12-43 所示。

（3）车门页面

在车门页面可查看车门及脚踏的状态以及有无故障、切除及隔离情况,如图 12-44 所示。

五、其他动车组显示器 HMI

其他动车组如 CRH6 系列动车组,页面布局、菜单结构、页面显示与 CRH2/CRH380A 类似;CRH380CL、复兴号系列动车组,页面布局、菜单结构页面显示类似,因此不再一一叙述,如图 12-45 和图 12-46 所示。

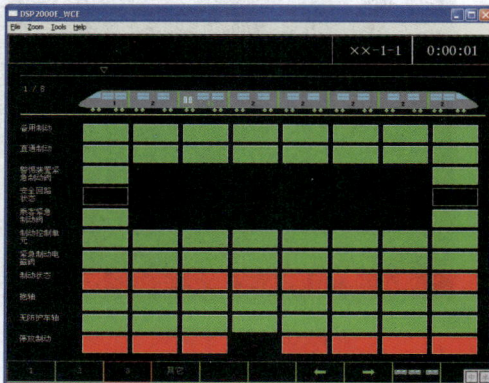

图 12-43　制动页面

图 12-44　车门页面

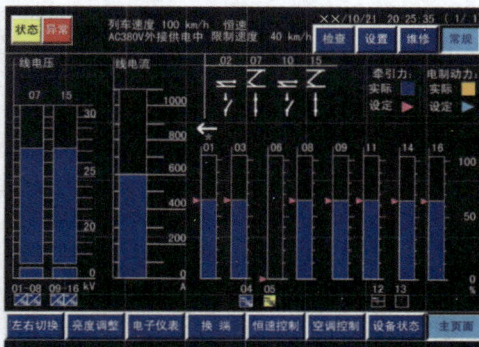

（a）CRH380CL型动车组左侧HMI牵引页面

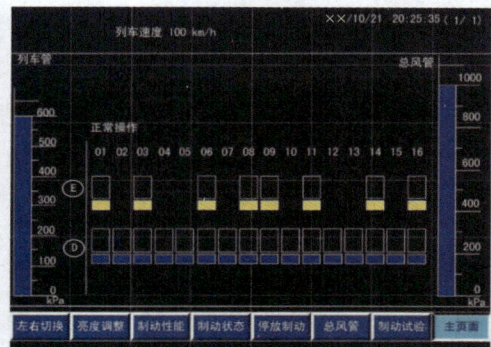

（b）CRH380CL型动车组右侧HMI制动页面

图 12-45　CRH380CL 型动车组网络信息显示器 HMI 显示

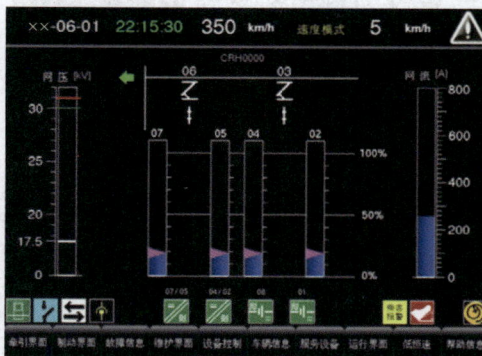

（a）复兴号系列动车组左侧牵引页面

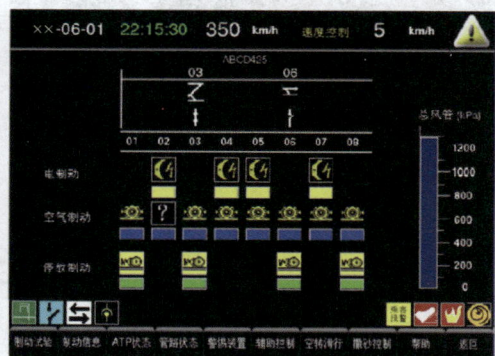

（b）复兴号系列动车组右侧制动页面

图 12-46　复兴号动车组网络信息显示器 HMI 显示

第十三章　动车组司机室

第一节　动车组司机室设备各显示屏、开关及按钮的布局、功能和操作

一、CRH1A 型动车组

（一）操 纵 台

司机操纵台位于司机室中央,主要安装操纵列车和获取运行状态信息的所有设备。操纵台设备由中央面板 A、左侧面板 B、右侧面板 C、司机控制台面四个主要部分组成,如图 13-1 所示。

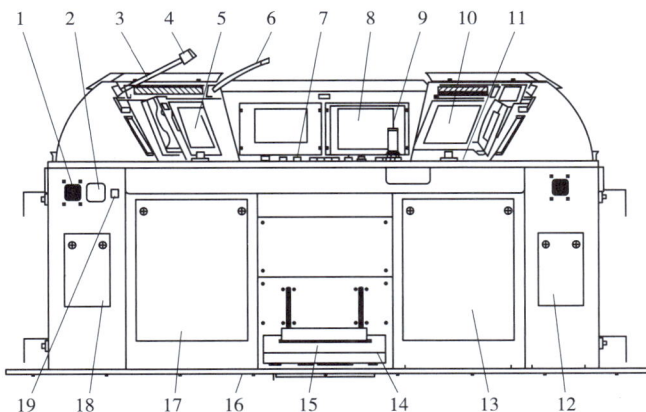

1—扬声器,车载无线通信设备（CIR）；2—AC 220 V电源接座；3—台上控制面板,左侧；
4—阅读灯；5—左面板；6—麦克风,通告和紧急呼叫；7—中间控制面板；8—前面板（A）；
9—操纵杆；10—右面板；11—右控制面板（C2）；12—小检查门,右侧；13—大检查门,右侧；
14—脚踏；15—安全踏板；16—地板；17—大检查门,左侧；18—小检查门,左侧；19—脚踏加热开关。

图 13-1　操纵台设备布置

1. 中央面板 A

司机正对面板为中央面板 A,安装列控车载设备(ATP)的智能显示器 DMI、列车运行监控记录装置 LKJ-2000 型显示器、扭矩显示窗口,如图 13-2 所示。

2. 左侧面板 B

左侧面板 B 主要安装车载无线通信设备(CIR)和旅客信息系统(PIS)通信控制器、后视监控器及两个用于列车控制功能的控制面板 B1 和 B2,如图 13-3 所示。

图 13-2　中央面板

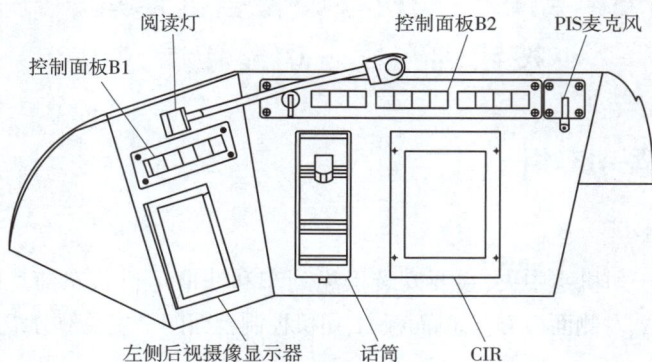

图 13-3　左侧面板 B

3. 右侧面板 C

右侧面板 C 主要安装智能显示器 IDU、车载无线通信设备（CIR）和旅客信息系统（PIS）通信控制器、后视监控器和一个用于列车控制功能的控制面板 C1，如图 13-4 所示。

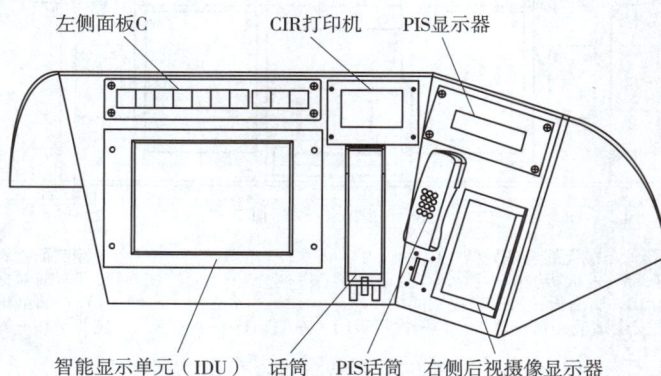

图 13-4　右侧面板 C

4. 面板 B1

面板 B1 包含用于制动功能的按钮和指示灯，如图 13-5 所示。

5. 面板 B2

面板 B2 包含用于列车控制功能、司机室内部控制功能和供电功能的按钮和指示灯，如图 13-6 所示。

制动测试，指示灯绿色表示测试正在进行（1号）

制动测试，指示灯红色表示制动测试未获通过（2号）

保持制动，指示灯绿色表示保持制动启动（5号）

制动

停车制动，指示灯绿色表示停车制动启动（3号）

停车模式激活，指示灯黄色表示停车制动有效（4号）

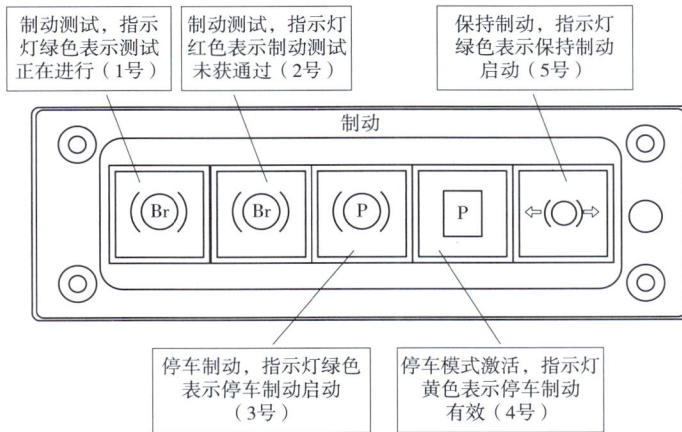

图 13-5　面板 B1 设备及作用

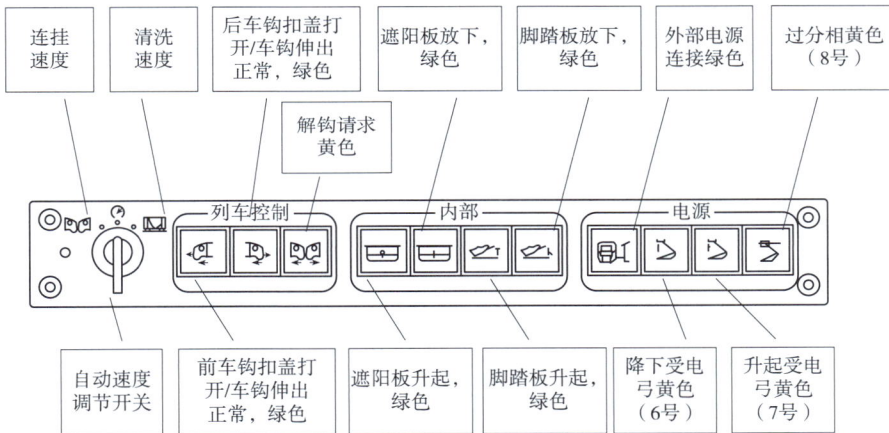

连挂速度

清洗速度

后车钩扣盖打开/车钩伸出正常，绿色

解钩请求黄色

遮阳板放下，绿色

脚踏板放下，绿色

外部电源连接绿色

过分相黄色（8号）

列车控制　　内部　　电源

自动速度调节开关

前车钩扣盖打开/车钩伸出正常，绿色

遮阳板升起，绿色

脚踏板升起，绿色

降下受电弓黄色（6号）

升起受电弓黄色（7号）

图 13-6　面板 B2 设备及作用

6. 面板 B3

面板 B3 包含门控制按钮和司机钥匙，如图 13-7 所示。

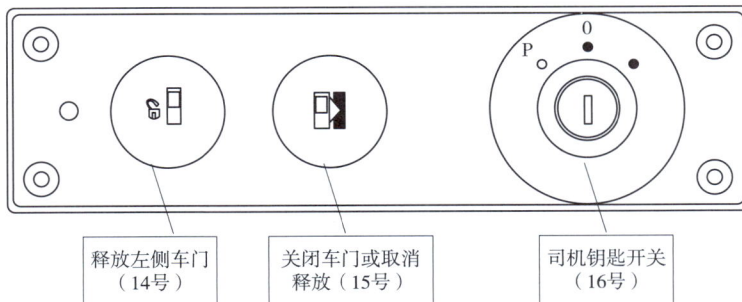

释放左侧车门（14号）

关闭车门或取消释放（15号）

司机钥匙开关（16号）

图 13-7　面板 B3 设备及作用

7. 控制面板 C1

控制面板 C1 包含故障警示灯及警惕装置指示灯等，如图 13-8 所示。

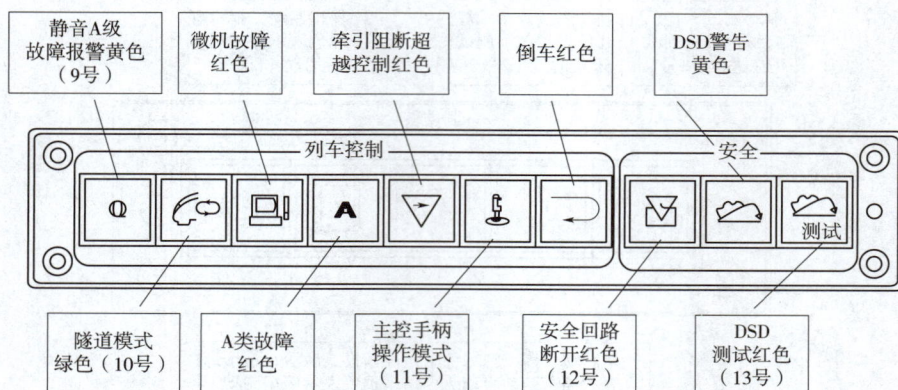

图 13-8　控制面板 C1 设备及作用

8. 中间控制面板 A1

中间控制面板 A1 包含用于旅客信息系统（PIS）、列车和司机室功能的按钮和指示灯，如图 13-9 所示。

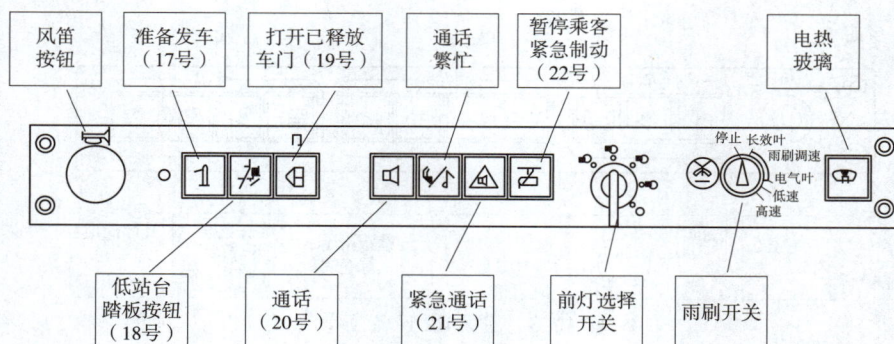

图 13-9　中间控制面板 A1 设备及作用

9. 右侧控制面板 C2

右侧控制面板 C2 包含用于安全和右侧门控制的按钮，如图 13-10 所示。

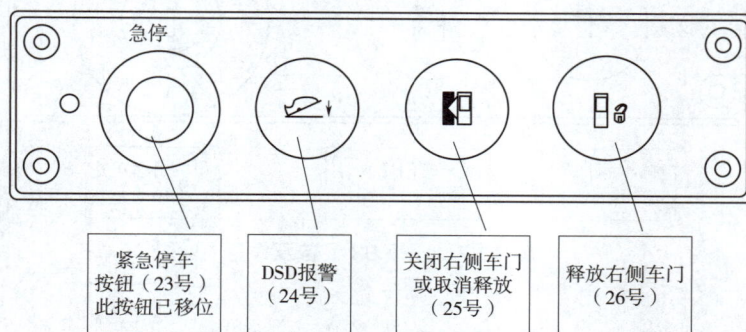

图 13-10　右侧控制面板 C2 设备及作用

(二)电气柜

司机室安装两个电气柜,动车组大部分电器设备控制电源保险开关及按钮安装在此。

1. K1 电气柜

司机室后墙左侧电气柜为 K1 柜,如图 13-11 所示。

2. K2 柜

司机室后墙右侧电气柜为 K2 柜,包括 LKJ 主机、TAX2 箱、TSC1 数据无线传输主机、数字输入输出单元、车辆控制装置、数字输入/输出单元等,如图 13-12 所示。

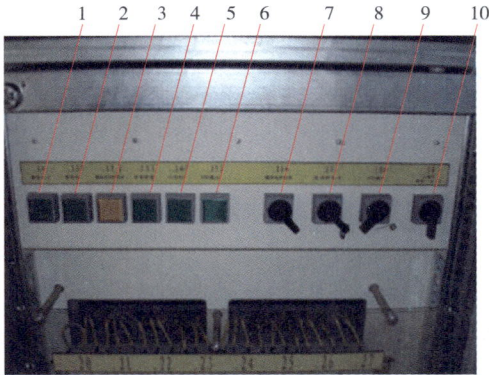

1—蓄电池开关OFF（关）；2—蓄电池接触器ON（开）；
3—辅助压缩机ON（开）；4—手工防冻排水；
5—外部三相连接；6—IDU复位；7—DSD旁路；
8—DSDCCU；9—ATP切断开关；10—牵引开关。

图 13-11　K1 柜设备及作用

图 13-12　K2 柜设备

(三) 司机控制器

司机控制器是列车操作的主要控制器,是一个可进行 16 个挡位操作的操控杆,如图 13-13 所示。

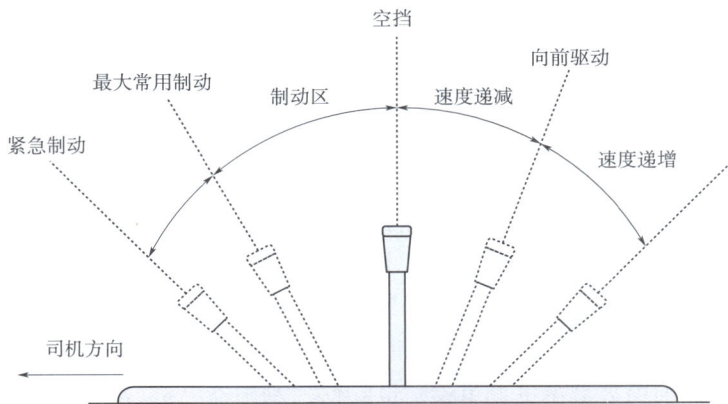

图 13-13　司机控制器

使用操作：

当主控手柄处于"零"位时，按下处于"空挡"位的操控杆顶部的锁定按钮，才可将操控杆推到"向前驱动"位，司机控制器及解锁按钮如图 13-14 所示。自此位向前移是加速，向后移是减速；将操控杆从"零"位向后拉，可实施常用制动，共 7 挡。向后拉过 7 位即实施紧急制动。

解锁按钮

二、CRH2A 型动车组

CRH2 型动车组司机室是指从头车前方端墙到司机室后部通过台端墙的区域，1 号、8 号车各设一个司机室，运行方向前端的司机室负责控制列车运行，两个司机室具有基本相同的结构和功能。

司机室内设置了动车组的主要操纵设备，对全列车的运行状况及动车组的服务系统进行控制，实时监测动车组的相关运行信息。

图 13-14　司机控制器及解锁按钮

司机室主要分为通过台、配电盘柜、驾驶室、设备舱四个区域。

1. 通过台是指司机室两侧门之间以及至端墙之间的区域。通过台区域内布置有司机室侧门、通往客室的隔断门、通信设备柜、座席及行车安全备品。侧门具有气密作用，气密和环境控制条件与客车车厢相同，门上装有向内开的带自动锁的车窗；司机室与客车车厢之间的端墙上，安装有向司机室内开的隔断门，隔断门上设有门锁（钥匙与侧门钥匙相同）及观察窗；另外，司机室后部的通过台，安装有通信设备柜，柜内安装列车无线调度通信设备主机；通过台内还有两组弹起式座席并有搭载行车安全备品的空间。

2. 通过台与驾驶室之间的通道两侧的配电盘柜内，分别安装有总体配电盘、车辆信息中央装置、列车分合控制配电盘、总体配电盘、运行控制配电盘、救援转换装置以及列控车载设备（ATP）/列车运行监控装置（LKJ）主机。

3. 驾驶室内设置操纵台，操纵台上安装有列车运行监控装置（LKJ）、列控车载设备（ATP）及车辆信息控制装置的显示器、故障显示灯、各仪表、按钮、操作手柄等。在操纵台左侧的侧墙面板上安装有车辆信息控制装置的显示器 MON、车载无线通信设备（CIR）、车内通信设备、重联电话、电压表、各选择开关、打印设备等运行辅助设备。驾驶室前方上部安装有前照灯（DV 100 V，封闭式大灯，150 W/50 W 切换式）和标志灯（红色 LED）。驾驶室前窗采用有防雾导电膜的安全玻璃。侧窗贴有青铜色中间膜。操纵台下方安装有司机室环境控制用的各种出风口及车辆信息控制装置的 IC 卡插口。操纵台下地板上安装有风笛踏板。

4. 设备舱内安装有运行时很少用或不经常操作的设备，包括车钩及其缓冲装置、车辆广播控制器、列车间隔监测装置、空调室内机及其电源箱和变压器、辅助制动特性发生器、救援用电源变换装置、前窗玻璃温度调节器、气压开关、刮雨器电机、配管单元箱等，如图 13-15 所示。

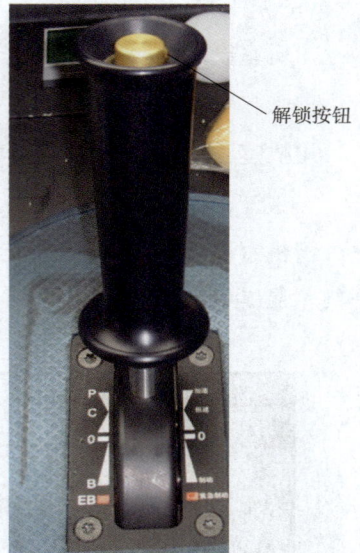

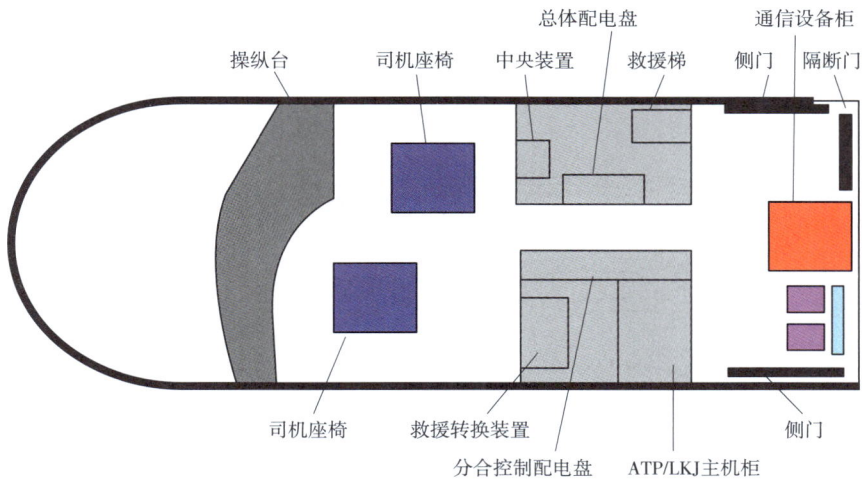

图 13-15　司机室主要设备布置

(一) 驾 驶 室

驾驶室是司机工作的地点,主要设备布置如图 13-16 所示。

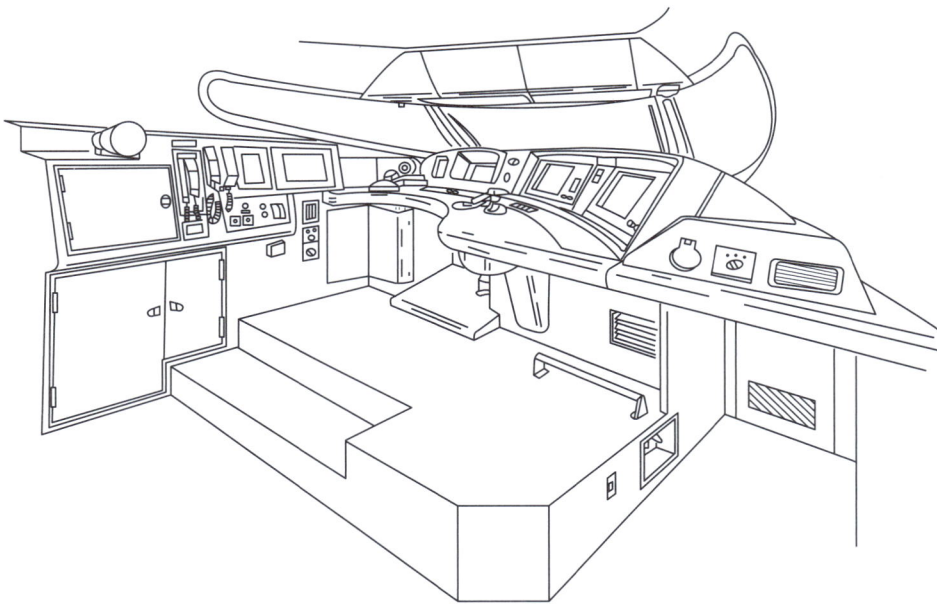

图 13-16　驾驶室主要设备布置

驾驶室设备包括操纵台、司机座椅、侧墙配电盘等。

1. 操 纵 台

操纵台上安装有与司机操作密切相关的设备,操纵台高地板侧面还安装有不常用的救援切换开关、220 V 插座。

操纵台正面设备如图 13-17 所示。

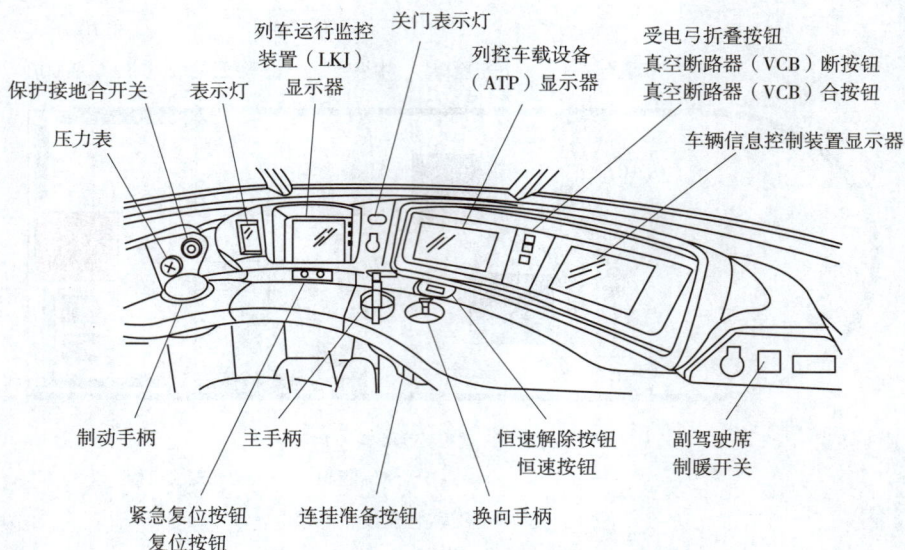

保护接地合开关　表示灯　列车运行监控
装置（LKJ）
显示器　关门表示灯　列控车载设备
（ATP）显示器　受电弓折叠按钮
真空断路器（VCB）断按钮
真空断路器（VCB）合按钮

压力表　车辆信息控制装置显示器

制动手柄　主手柄　恒速解除按钮
恒速按钮　副驾驶席
制暖开关

紧急复位按钮
复位按钮　连挂准备按钮　换向手柄

图 13-17　操纵台正面设备

操纵台正面设备说明见表 13-1。

表 13-1　操纵台正面设备说明

标记	名　称	常位	功　能	使用时机	备　注
	主手柄	切	设定牵引力的大小，分为"P1"~"P10"挡	根据需要	
	换向手柄	关	设定动车组的运行方向，分"前""关""后"三挡	根据需要	
	制动手柄	运行	设定制动力的大小，分"运行""B1~B7""快速""拔取"位	根据需要	
UBRS	紧急制动复位	断开	复位紧急制动	发生紧急制动后，制动手柄置"快速"位，按压紧急复位	弹簧复位
RS	复位	断开	将保护电路的动作复位，使设备重新投入运转	保护电路动作后	弹簧复位
EGCS1	保护接地合	断开	接通接地开关，升弓状态使接触网接地，降弓状态高压设备防护	需要进行高压设备检查、维护时	红色
恒速 SW	恒速开关	断开	保持动车组以恒定的速度行驶	车速≥30 km/h 且牵引手柄"P2"挡及以上时设定恒速控制	操作制动手柄或牵引手柄或按压恒速解除按钮可解除恒速

续上表

标记	名　　称	常位	功　　能	使用时机	备　　注
恒速断开SW	恒速解除	断开	解除恒速控制CSR关闭	不需要设定恒速时	
PanDS	受电弓折叠	断开	降下受电弓，同时断开真空断路器（VCB）	受电弓下降操作时	弹簧复位
VCBOS	真空断路器（VCB）断	断开	断开真空断路器	需要断开真空断路器（VCB）时	弹簧复位
VCBCS1	真空断路器（VCB）合	断开	闭合真空断路器	需要接通真空断路器（VCB）时	弹簧复位

操纵台右侧设备说明见表13-2。

表13-2　操纵台右侧设备说明

标记	名　　称	常位	功　　能	使用时机	备　　注
CabHeS2	暖气转换2	开	司机室暖气开关	司机室需提供暖气时	
HGS	连挂准备	开	开始连挂操作	两列动车组连挂时	操纵台下

操纵台故障显示灯如图13-18所示。

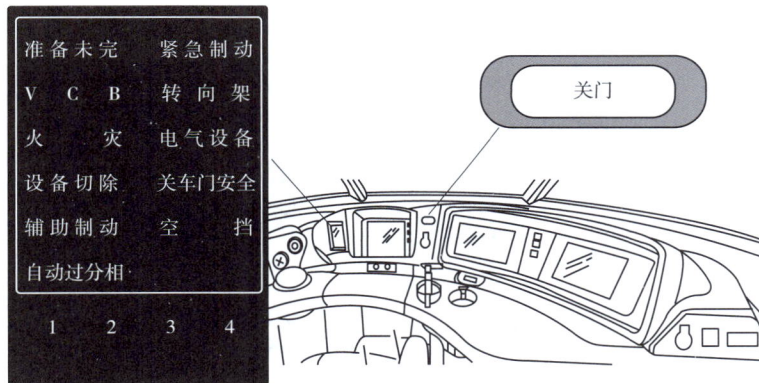

图13-18　故障显示灯

故障显示灯说明见表13-3。

表13-3　故障显示灯说明

标记	名　　称	颜色	功　　能	信号源	线号码
	准备未完	红	动车组尚未具备升弓合主断条件时点亮	中央监视器	130M
	真空断路器（VCB）	红	断开真空断路器（VCB）时点亮	中央监视器	134M
FrLp	火灾	红	火灾报警开关被按下且没有复位时点亮		

续上表

标记	名　称	颜色	功　能	信号源	线号码
	设备切除	褐色	切除某一电气设备时点亮	中央监视器	137M
	辅助制动	褐色	辅助制动投入时点亮		140L
	紧急制动	红	紧急制动动作且未复位时点亮	中央监视器	131M
	转向架	红	检测到制动不缓解、轴温、黏着、空转、滑行等转向架异常时点亮	中央监视器	133M
	电气设备	红	保护接地开关（EGS）闭合时及检测到驱动电路故障时点亮	中央监视器	132M
	关车门安全	绿	车速≥5 km/h（5SR 关闭）时侧门压紧后点亮		146
	空挡	褐色	中央装置接收到空挡时点亮		79M
	自动过分相	红	检测到自动过分相控制装置故障时点亮		J515M
RLP1	单元显示灯 1	红	1~4 号车动力单元工作不正常时点亮	中央监视器	121M
RLP2	单元显示灯 2	红	5~8 号车动力单元工作不正常时点亮	中央监视器	122M
RLP3	单元显示灯 3	红	9~12 车动力单元工作不正常时点亮	中央监视器	123M
RLP4	单元显示灯 4	红	13~16 号车动力单元工作不正常时点亮	中央监视器	124M
	关门显示灯	黄	车厢侧门全部关闭时点亮	DIR	140A

操纵台下部设备如图 13-19 所示。

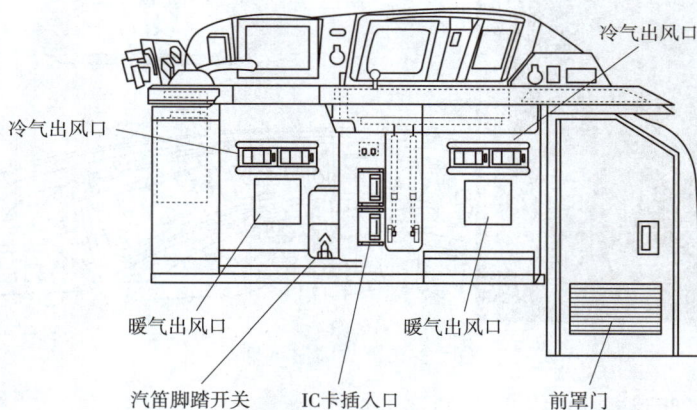

图 13-19　操纵台下部设备

操纵台下部设备说明见表 13-4。

表 13-4　操纵台部下设备

名　称	功　能
冷气出风口	司机室冷气装置工作时的冷气出风口
暖气出风口	司机室暖气装置工作时的暖气出风口

续上表

名　　称	功　　能
汽笛脚踩式开关	鸣响汽笛的脚踩式开关
IC 卡插入口	下载 MON 装置数据的 IC 卡插入口
车头罩门	为了进入设备室、车头罩内的门

2. 驾驶室左侧面板

驾驶室左侧面板设备主要包括驾驶辅助设备、通信设备等，如图 13-20 所示。

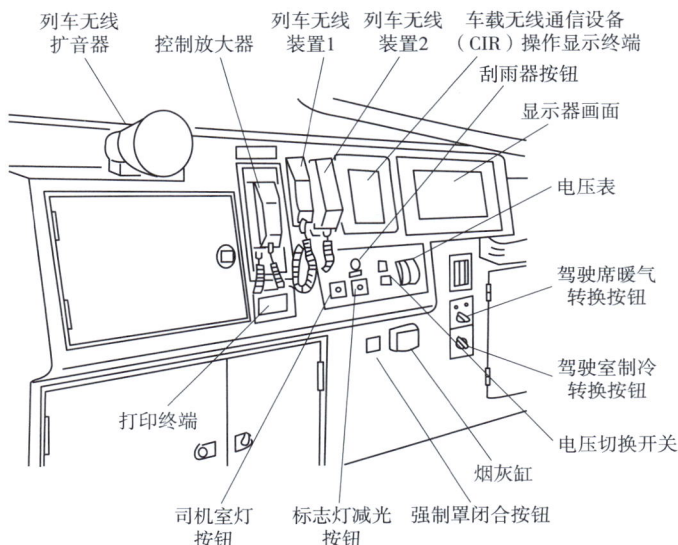

图 13-20　左侧面板设备

驾驶室左侧面板设备说明见表 13-5。

表 13-5　驾驶室左侧面板设备说明

标记	名　　称	常位	功　　能	使用时机	备　　注
HMLpDS	前部标识灯减光		前部标志灯强、弱调整	需调整前部标志灯强、弱光时	
CabLpS1	司机室灯	投入	司机室照明	需点亮或关闭司机室灯时	
CabLpS2	驾驶室灯开关	投入	司机室灯（随车机械师室区域）点亮	根据需要使用	司机室通过台侧墙
CabHeS1	暖气转换 1	断开	司机室暖气开关	根据需要使用	
	刮雨器	断开	启动、关闭刮雨器，调整动作速度，喷水	雨天影响瞭望时	三挡控制雨刷速度，右旋喷水
VCgS	电压表切换		把直流电压表连接目标切换到 102 线（列车无线蓄电池回路）	在检测列车无线蓄电池的电压时使用	8 号车有

续上表

标记	名　称	常位	功　能	使用时机	备　注
BNS	解编	断开	指令解编动车组,与试验按钮配合使用可关闭前端罩盖	进行动车组解编操作及强制关闭前端罩盖	1号车司机室左侧面
APCS	空气管关	断开	强制空气管开闭器转换为"关闭"位置	试验或手动操作空气管关时	司机室左侧检修门内
	断开	断开	强制连接切换器断开电气连接	试验或手动操作动车组解编时,强制断开电气连接	司机室左侧检修门内
	试验	断开	模拟动车组5 km/h速度信号输出,关闭头罩	解编操作后需强制关闭前端头罩时	司机室左侧检修门内,1号车,使用后需按压恢复

3. 驾驶室后面板

驾驶室后面板主要设备包括控制电路配电盘(NFB)、转换开关盘及救援转换装置等,如图13-21所示。

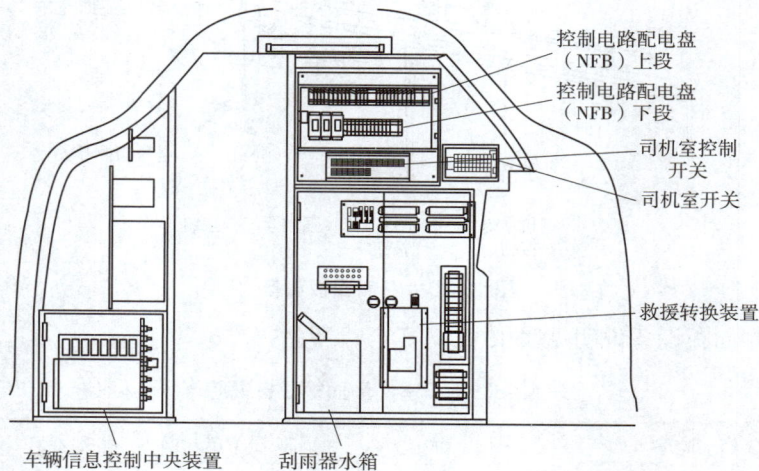

图 13-21　驾驶室后面板设备布置

(1)控制电路配电盘(NFB)上段如图13-22所示。

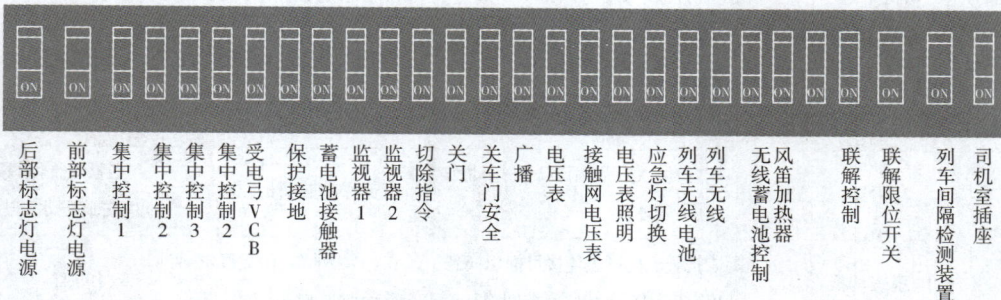

图 13-22　控制电路配电盘(NFB)上段

控制电路配电盘(NFB)上段说明见表 13-6。

表 13-6　控制电路配电盘(NFB)上段说明

名　　称	功　　能	常　　位
后部标志灯电源	后部标示灯用电源开关	ON
前部标志灯电源	前部标示灯用电源开关	ON
集中控制 1	总控制电源用开关 1	ON
集中控制 2	总控制电源用开关 2	ON
集中控制 3	总控制电源用开关 3	ON
受电弓 VCB	受电弓真空断路器(VCB)操作指令用断路器	ON
保护接地	保护接地开关控制用断路器	ON
蓄电池接触器	蓄电池接触器控制用断路器	ON
监视器 1	监视器中央装置电源用断路器 1	ON
监视器 2	监视器中央装置电源用断路器 2	ON
切除指令	切除车上试验及空挡试验指令开关用断路器	ON
显示灯电源	显示灯用断路器 2	ON
关门	关车门指令回路用断路器	ON
关车门安全	关车门安全回路用断路器	ON
广播	广播控制功放用断路器 2	ON
电压表	电压表用断路器 1(直流 100 V)	ON
接触网电压表	电压表用断路器 2(架线电压)	ON
电压表照明	电压表灯用断路器	ON
应急灯切换	预备灯切换选择用断路器(前照灯减光)	ON
列车无线蓄电池	列车无线电系统蓄电池用断路器	ON
列车无线	列车无线电电源用断路器	ON
无线蓄电池控制	列车无线电系统蓄电池控制用断路器	ON
风笛加热器	风笛加热器用断路器	ON
	备用	
联解控制	连挂控制用断路器 1	OFF
联解限位开关	连挂控制用断路器 2	OFF
列车间隔检测装置	距离传感器电源用断路器(8 号车没有)	OFF
司机室插座	驾驶室插座用断路器	ON

注:TWBatN(列车无线蓄电池 NFB)1 号车上未装。

　　SepN(距离传感器 NFB)8 号车上未装。

（2）控制电路配电盘（NFB）（下段）如图 13-23 所示。

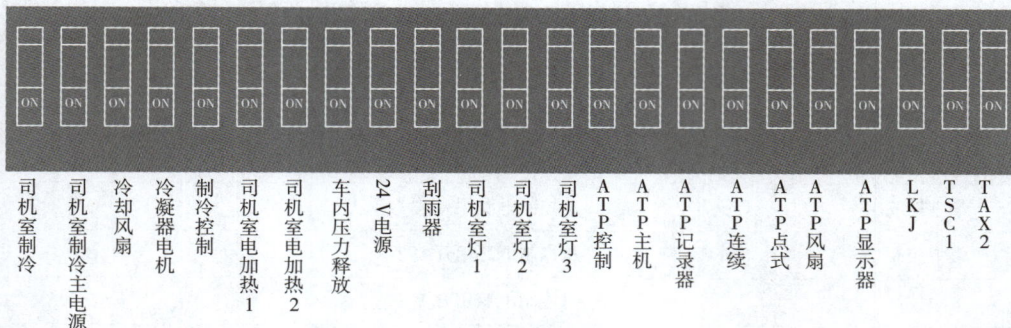

司机室制冷 司机室制冷主电源 冷却风扇 冷凝器电机 制冷控制 司机室电加热1 司机室电加热2 车内压力释放 24 V 电源 刮雨器 司机室灯1 司机室灯2 司机室灯3 ATP控制 ATP主机 ATP记录器 ATP连续 ATP点式 ATP风扇 ATP显示器 LKJ TSC1 TAX2

图 13-23　控制电路配电盘（NFB）下段

控制电路配电盘（NFB）下段说明见表 13-7。

表 13-7　控制电路配电盘（NFB）下段说明

名　称	功　能	常　位
司机室制冷	驾驶室空调　主断路器	ON
司机室制冷主电源	驾驶室空调 电动机电源用断路器	ON
冷却风扇	驾驶室空调风机电动机用断路器	ON
冷凝器电机	驾驶室空调　冷凝器电动机用断路器	ON
制冷控制	驾驶室空调　控制电源用断路器	ON
司机室电加热 1	驾驶室加热器用断路器 1	ON
司机室电加热 2	驾驶室加热器用断路器 2	ON
车内压力释放	车门压紧压力控制用断路器	ON
24 V 电源	24 V 电源装置输入用断路器	ON
刮雨器	刮雨器用断路器	ON
司机室灯 1	驾驶台射灯用断路器 1	ON
司机室灯 2	驾驶台射灯用断路器 2	ON
司机室灯 3	驾驶室灯用断路器	ON
ATP 控制	列控车载设备（ATP）电源总断路器	ON
ATP 主机	列控车载设备（ATP）主机电源用断路器	ON
ATP 记录器	列控车载设备（ATP）DRU 装置电源用断路器	ON
ATP 连续	列控车载设备（ATP）STM 装置电源用断路器	ON
ATP 点式	列控车载设备（ATP）BTM 装置电源用断路器	ON
ATP 风扇	列控车载设备（ATP）风机电源用断路器	ON
ATP 显示器	列控车载设备（ATP）DMI 装置电源用断路器	ON
LKJ	列车运行监控装置（LKJ）电源用断路器	ON
TSC1	TSC1 电源用断路器	ON
TAX2	TAX2 电源用断路器	ON

（3）司机室控制开关盘如图 13-24 所示。

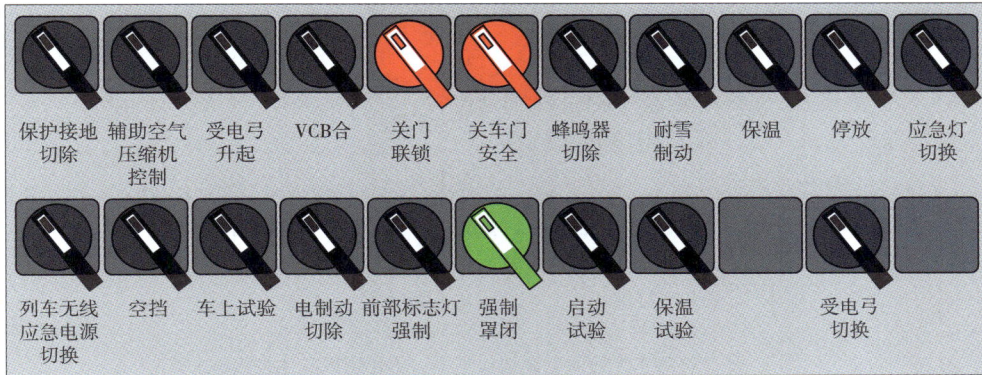

图 13-24　司机室控制开关盘

司机室控制开关盘说明见表 13-8。

表 13-8　司机室控制开关盘说明

标记	名　称	常位	功　能	使用时机	备　注
EGOS1	保护接地切除	左	保护接地开关一起断开复位	切除保护接地时，首先拔出保护接地合 EGSC1，然后扳动此开关，切除保护接地	弹簧复位
ACMS	辅助空气压缩机控制	左	启动辅助空气压缩机	总风（MR）压力低于 640 kPa（显示屏显示"准备未完"）时	弹簧复位
PanUS	受电弓升起	左	升起受电弓	需要升起受电弓时	弹簧复位
VCBCS2	VCB 合	左	闭合真空断路器	需要接通真空断路器（VCB）时	弹簧复位
DIRS	关门联锁	左	使门互锁继电器（DIR）短路、强制动力运行指令恢复工作	确认动车组所有车门已关闭，但无法启动动车组时，强制切除门互锁	
DLS	关车门安全	左	运行速度 30 km/h 以下、强制性压紧门	低速通过清洗线时等	弹簧复位
BzS	蜂鸣器切除	左	停止蜂鸣器声响（Ebz、FrBz）	需要解除蜂鸣器报警时	
SnowBS	耐雪制动	左	动车组运行速度不足 110 km/h 时，可使夹钳与制动盘轻轻压紧，防止雪进入制动盘与夹钳间，影响制动效果	雪天，运行速度 110 km/h 以下，需要启动耐雪制动	
AHeS	保温	左	室外温度 10 ℃ 以下，自动投入保温加热器	需要对水平阀等的保温加热器加热时	常位：断开反位：投入

续上表

标记	名　称	常位	功　能	使用时机	备　注
MLpS	停放	左	库内升弓状态下停放。将空调、换气系统、门、车厢照明、标志灯关闭	防寒期内升弓状态停放动车组时	常位:正常停放动车组 反位:受电弓升起状态,停放
RrLpCgS	应急灯切换	左	将应急灯的电源切换到102线,即使 BatK 断开也保持应急灯供电	受电弓降下,主控钥匙未插入状态,客室、司机室需要照明时	常位:应急灯灭 反位:应急灯点亮
TwEmCgS	列车无线应急电源切换	左	将列车无线的电源切换到102线,即使 BatK 断开也保持列车无线供电	受电弓降下,主控钥匙未插入状态,应急灯点亮,需要使用列车无线时	8 号车
SqS	空挡	左	试验主电路牵引性能,进行空挡试验。主电路得电状态,牵引电机不得电	动车组停留状态,需要试验主电路牵引性能时	常位:断开 反位:投入
车上试验 SW	车上试验	左	与牵引变流器、制动系统、ATC、辅助电源等各设备内置的自我诊断功能协调动作,给车辆信息装置发出指令	牵引变流器、制动系统、ATC、辅助电源等设备故障修复后,试验牵引变流器性能时	MON 检修模式时使用
电气制动断开 SW	电制动切除	左	切除电气制动,仅使用空气制动	需要切除电气制动时	
HMLpS	前部标识灯强制	左	主控钥匙未插入状态,强制性点亮前照灯	需要强制点亮前照灯时	
	强制罩闭	左	强制关闭头罩	自动解编后,8 号车头罩无法关闭时使用	8 号车,弹簧复位
启动试验 SW	启动试验	左	制动手柄处在"B7"或"快速"位,操作主手柄置"P1"位试验主电路得电	需要试验主电路牵引性能时,操作制动手柄、牵引手柄后,扳动此开关	弹簧复位
保温试验 SW	保温试验	左	试验辅助加热器的性能(强制闭合)10 ℃以上,可强制投入保温加热器	与保温开关联合使用,试验辅助加热器的性能。强制加热水平阀等的保温加热器	
PanCgS	受电弓切换	4 或 6	选择升起 4 和 12 号车或 6 和 14 号车受电弓	选择前后受电弓时	受电弓降下状态,操作此开关

（4）司机室开关盘如图 13-25 所示。

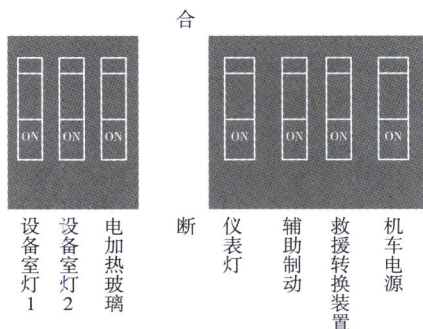

合

ON ON ON ON ON ON ON

断

设备室灯1　设备室灯2　电加热玻璃　仪表灯　辅助制动　救援转换装置　机车电源

图 13-25　司机室开关盘

司机室开关盘说明见表 13-9。

表 13-9　司机室开关盘

标记	名　称	常位	功　能	使用时机	备　注
MaRLpN1	设备室灯1	OFF	设备室内照明灯开关	根据需要使用	
MaRLpN1	设备室灯2	OFF	设备室内照明灯开关	根据需要使用	
CHeN	电加热玻璃	OFF	司机室前挡风玻璃加热	需要加热司机室前挡风玻璃时	
仪表灯 SW	仪表灯	OFF	点亮司机室仪表灯	需要点亮仪表灯时	
SBN1	辅助制动	OFF	供给辅助制动用的交流电源	制动控制装置故障时使用	
HELPS	救援转换装置	OFF	接通制动指令转换器电源，将制动管（BP）压力变化转变为动车组制动信号	动车组无动力回送或使用机车救援时	
LMPN	机车电源	OFF	获得外部 DC 110 V 电源	动车组无动力回送需要机车提供外部电源时	

（二）行车安全备品

司机室内配备了随车行车安全备品，主要有：手提式扩音器、手电筒、灭火器、信号旗（红、绿）和止轮器，放置位置如图 13-26 所示。

（三）CRH2A（统）型动车组司机室

CRH2A（统）型动车组司机室采用了统型设计，将 CRH2A 型动车组司机室操纵台的双人布置改为单人中央操纵台模式，常用的手柄、按钮、显示器等集中布置在操纵台上，不常用的开关、设备等置于司机室两侧的电器边柜内，如图 13-27 所示。

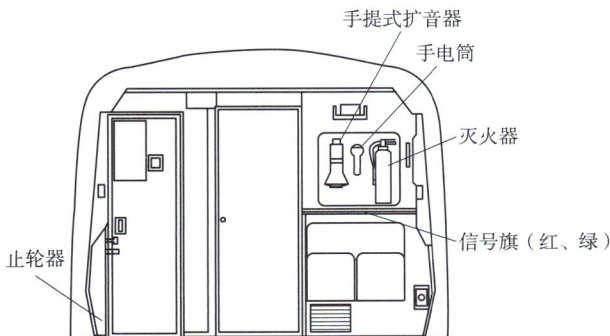

图 13-26　行车安全备品配置位置

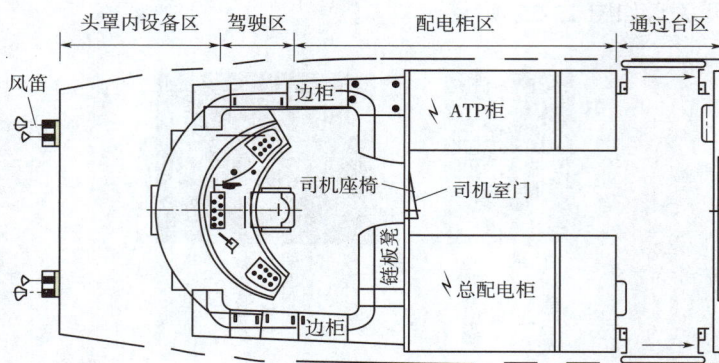

图 13-27   CRH2A(统)型动车组司机室布置

和 CRH2A 型动车组司机室相比,CRH2A(统)型动车组司机室,仅仅是设备位置的改变,其作用、功能和 CRH2A 型动车组基本一致。

三、CRH380BL 型动车组

CRH380BL 型动车组为 16 辆编组。每一辆头车上设司机室。两个司机室相同,因此在此只描述一个司机室。司机室的设计为单人驾驶,司机操纵台在中央。

司机室主要设备如图 13-28 所示。

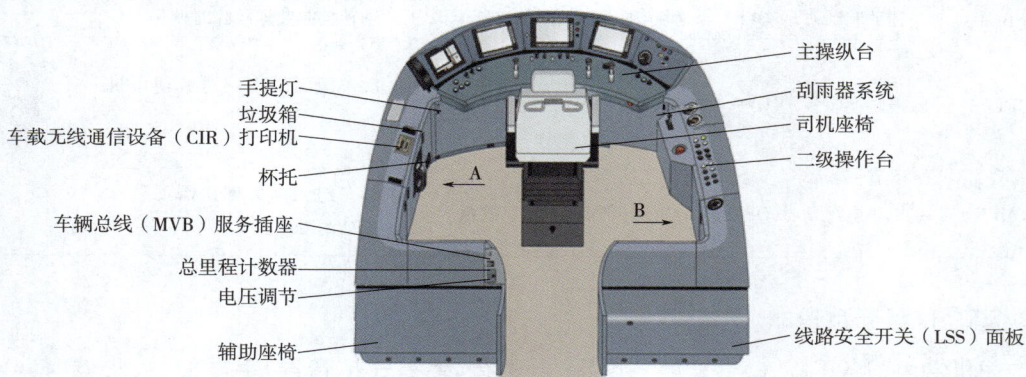

图 13-28   司机室主要设备

司机室的主要部分包括:

1. 操纵台(包括主控区);
2. 司机室右侧柜(包括第二和第三操纵区);
3. 司机室左侧柜(包括灭火器)。

司机室操纵台设置有驾驶列车所需的各种控制和显示设备。驾驶列车所需的电子和电气,空气和机械的设备设于司机室柜中。设备组件按功能分组安装并有纤维增强树脂基复合材料(FRP)遮盖元件。脚部空间单元为左右侧司机柜的连接元件。

(一) 操 纵 台

操纵台在司机前方居中布置,包括经常用到的元件或驾驶列车需要的元件,如图 13-29 所示。

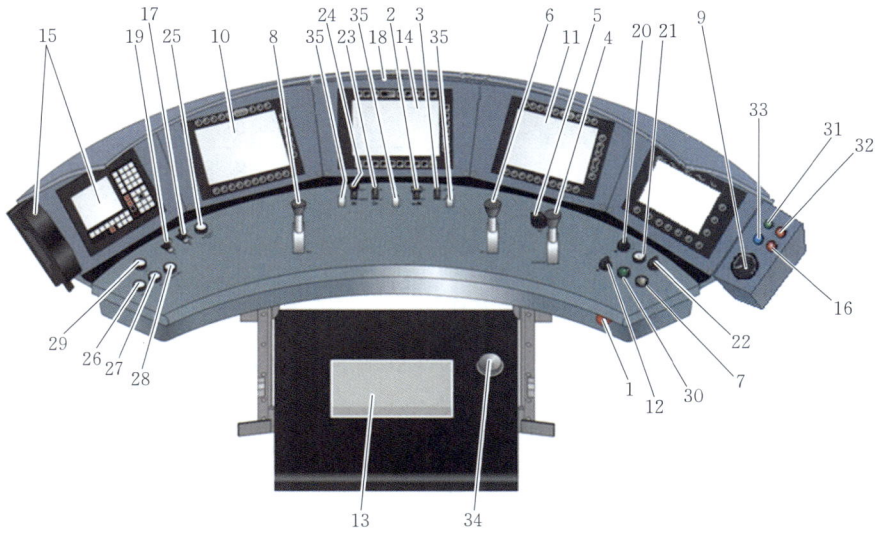

图 13-29　操纵台设备布置

操纵台相关设备及功能见表 13-10。

表 13-10　操纵台设备及其功能

位置编号	名　称	功　能
1	"紧急停车"红色蘑菇形按钮	紧急停车指令,断开主断路器,降弓
2	"受电弓"拨动开关	使列车中 1、3 或 2、4 受电弓升起或降落"降弓和撒砂"
3	"主断路器"拨动开关	操作主断路器
4	恒速设定控制器	在 0 和 v_{max} 之间设定运行速度
5	方向开关	设定运行方向
6	牵引力控制器	使用电位计确定牵引力
7	钥匙开关	激活司机室,只有钥匙开关处于"关闭"位置时,才可取出钥匙
8	司机制动阀	激活制动
9	速度显示器	指示列车运行速度
10	司机 HMI 左侧	用于车辆控制,用于控制和监测车辆,与右侧司机网络信息系统显示器 HMI 互为冗余
11	司机 HMI 右侧	用于车辆控制,用于控制和监测车辆,与左侧司机网络信息系统显示器 HMI 互为冗余
12	"指示灯调节"控制开关	用于调节指示灯的明暗度
13	ASD 踏板	激活司机警惕装置(ASD)
14	ATP 显示屏	列控车载设备通告和操作
15	GSM-R 列车无线设备	地面通信

续上表

位置编号	名　称	功　能
16	"火警"执行机构的照明按钮	红色,指示火警回路已触发
17	"前照灯/信号/远照灯"拨动开关	启动外部照明设备
18	时刻表灯	为司机台上的时刻表照明
19	"司机室照明设备"拨动开关	启动司机室照明设备
20	"挡风玻璃刮雨器"旋转开关	启动挡风玻璃刮雨器
21	"清洗"白色按钮	启动挡风玻璃刮雨器的清洗装置
22	"刮雨器速度"旋转开关	启动挡风玻璃刮雨器的刮水速度(8种速度设置)
23	"喇叭"拨动开关	手动启动喇叭
24	"撒砂"拨动开关	启动撒砂功能
25	门选择开关	选择左侧车门还是右侧车门
26	"左侧门释放"白色按钮	点亮释放列车左侧门
27	"关门"白色按钮	点亮关上列车左右侧门
28	"右侧门释放"白色按钮	点亮释放列车右侧门
29	"开门"按钮	点亮开门
30	GFX-3A 手动过分相	GFX-3A 手动过分相操作
31	GFX-3A 工作指示灯	
32	GFX-3A 故障指示灯	
33	GFX-3A 预告指示灯	
34	风笛脚踏开关	同时脚踏激活两个风笛
35	时刻表框	压紧时刻表

(二)右侧电气边柜

右侧电气边柜布置有在列车驱动中需要监控、操作但不常用的控制元件。各部件平面布置如图 13-30 所示。

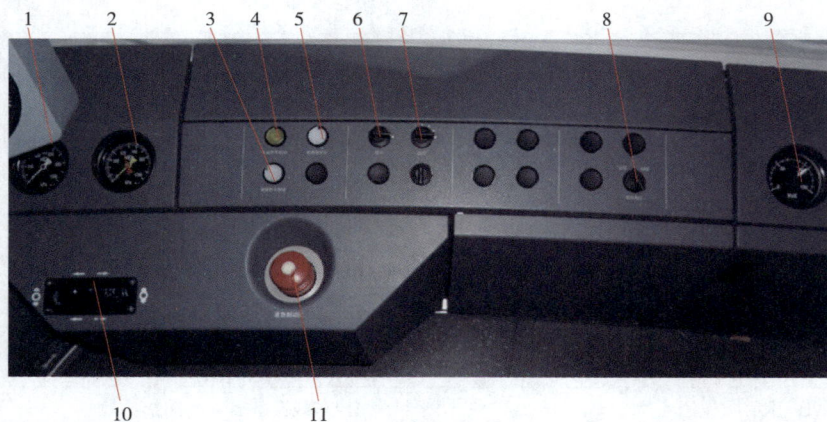

图 13-30　右侧电气边柜

右侧电气边柜设备及功能见表 13-11。

表 13-11　右侧电气边柜设备及功能

位置编号	名　称	功　能
1	备用制动压力表	备用制动时,显示备用制动力
2	制动管/主风缸风压表	显示主风缸和列车制动管风压
3	带背光的"停放制动缓解"按钮	缓解全列车停放制动
4	带背光的"停放制动施加"按钮	施加全列车停放制动
5	"检测指示灯"按钮	用作试验目的,将所有司机室指示灯打开
6	空调温度选择开关	选择空调温度
7	空调风速调节开关	选择空调风速
8	电池电压选择开关	用来选择近端和远端司机室的蓄电池
9	蓄电池电压表	显示蓄电池电压
10	备用制动手柄	备用制动时控制制动力
11	紧急制动按钮	紧急制动按钮按下直接将制动管放风,同时该按钮设有电接触器,通过电接触器打开紧急制动环路

故障开关柜位于右侧电气边柜的右侧,在一衬板背后,包括用于维修和当故障发生时用到的元件,如图 13-31 所示。

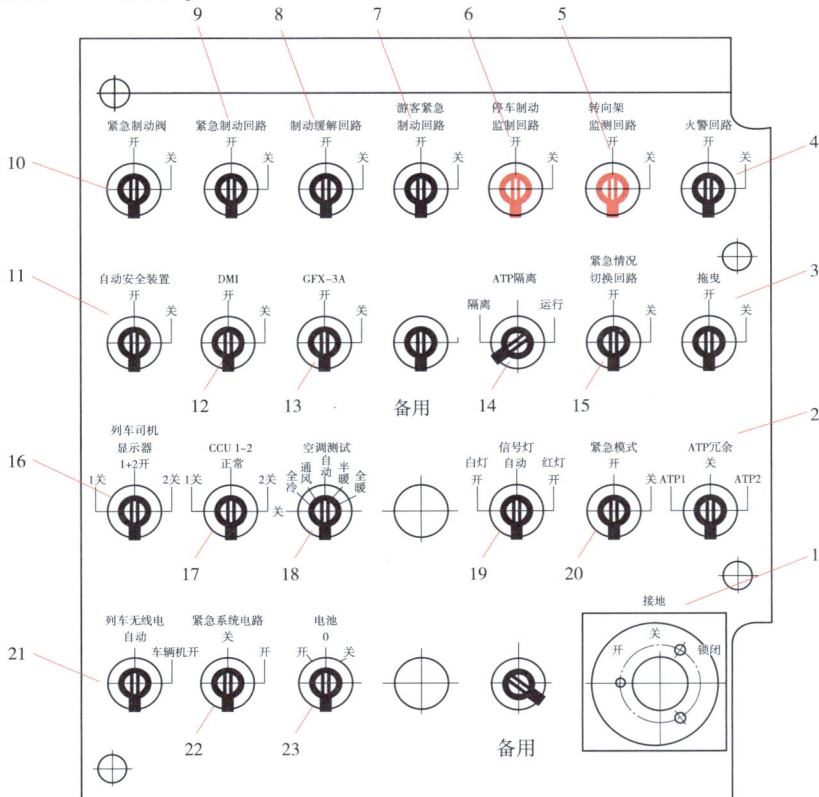

图 13-31　故障开关柜

故障开关柜开关及功能见表 13-12。

表 13-12   故障开关柜开关及功能

位置编号	名　　称	功　　能
1	"车辆 A 钥匙接地"操作开关	位置： "开"：当列车所有 A 钥匙于此位时，列车准备运行。 "关"（至少在一个司机室内）：车辆控制将所有主开关打开并降下所有受电弓。 "锁闭"（至少在一个司机室内）：类似"关"的功能但执行接地程序的钥匙可从此位移出
2	ATP 冗余	—
3	拖曳控制开关	如果主电池接触器被切断，将禁止使用拖曳功能
4	火警监测回路	用于旁通火警监测回路
5	转向架监测回路旁通	用于转向架监测回路旁通，红色选择控制开关
6	"停车制动"故障开关	用于停车制动监控环旁路
7	"旅客紧急制动环"故障开关	用于旅客紧急制动环旁路
8	"制动缓解环"故障开关	用于制动缓解环旁路
9	EBL 控制开关	用于旁通紧急制动回路
10	紧急制动阀控制开关	禁止使用该车的紧急制动
11	ASD 控制开关	释放或禁止使用司机警惕装置（ASD）功能
12	ATP DMI 屏	用于列控车载设备（ATP）显示屏 DMI 的开启和关闭
13	GFX-3A 控制开关	启用或禁用磁钢感应式过分相装置（GFX-3A）功能
14	ATP 隔离开关	用于列控车载设备（ATP）的隔离
15	紧急情况切除回路	用于在紧急情况时，切除旁通回路（牵引装置 1/2 近端）
16	司机 HMI 控制开关	禁用左侧或者右侧司机 HMI/激活左侧和右侧司机 HMI
17	CCU 控制开关	禁用中央控制单元 CCU1 或者 CCU2
18	空调测试开关	—
19	近前端或尾灯控制开关	将头灯从"自动"（即头灯由车辆控制系统控制）模式切换为"白色点亮"或者"红色点亮"
20	紧急驱动模式开关	启动紧急驱动模式
21	列车无线电控制开关	启用无人驾驶司机室内的列车无线电装置
22	使用直连电池紧急系统	当此开关启用后，紧急系统（紧急照明、列车无线电、固定对讲机站）均通过"BD"电池母线供电，即与主电池接触器无关
23	启动电池紧急模式	接通或切断整列车的主电池接触器

通常所有控制开关组的开关扳手垂直布置，这保证操作者可迅速识别故障开关。开关的"开"和"关"位总是相对于系统的功能。

(三)右侧电气边柜

在司机室柜和客室柜里的线路安全开关(LSS)面板上安有故障发生时操作的列车线安全开关,如图 13-32 所示。

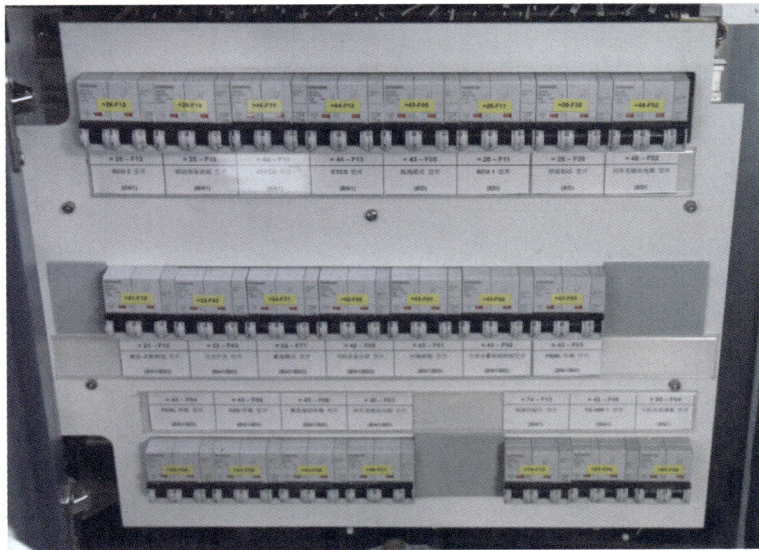

图 13-32　线路安全开关(LSS)柜

右后电气柜主要是列车线开关和中央控制单元(CCU)主机,左后电气柜主要是 SIBASKIP 输入/输出站、辅助接触器、断路器及应急座椅。

司机室窗包括前窗即风挡玻璃窗和侧窗(即旋转打开车窗与一曲面前窗),司机室窗用于司机的瞭望,旋转打开车窗在紧急情况下还可作为司机的逃生出口。

侧窗(旋转打开车窗)设有两个"旋转打开车窗"系统,右侧和左侧各设置一个。

四、CRH5A 型动车组

动车组两端设有供司机操作的司机室。司机室为单司机操作模式,司机台为居中布置,司机室内部如图 13-33 所示。

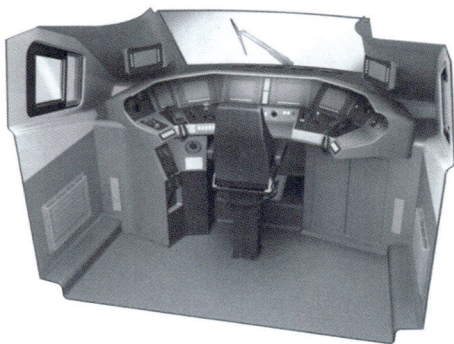

图 13-33　司机室内部

司机室主要设备布置如图 13-34 所示。

(一)驾 驶 台

驾驶台配备以下各个功能区:制动系统设备区、制动系统指令区、操纵台和动车组的启动指令区、牵引指令区、主要动车组设备和警示灯区、ATP 和信号监控区、诊断监控和安全警示板区、左右方辅助指令控制板区、车载通信控制板区、GSM-R 装置区、脚踏板区、空调控制板区、解钩指令控制板区,如图 13-35 所示。

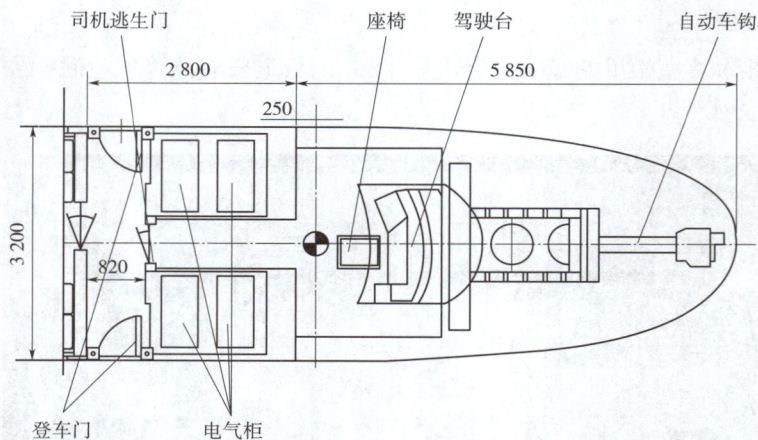

图 13-34　主要设备布置

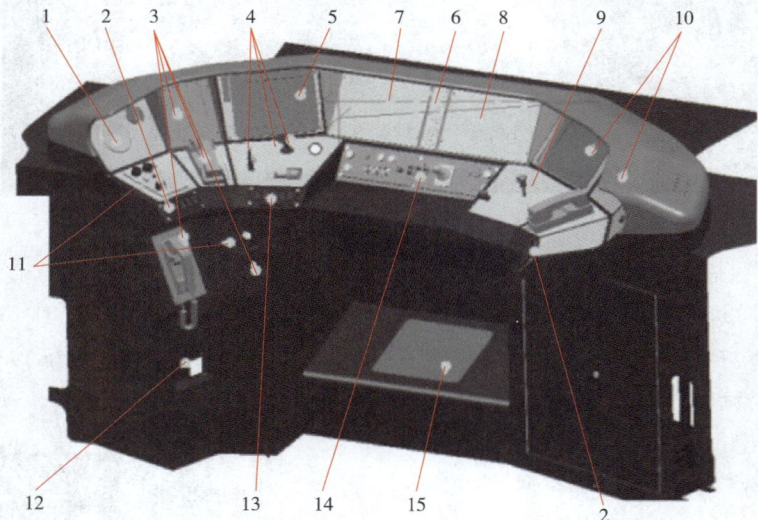

1—压力计面板；2—辅助指令板；3—GSM-R控制板；4—紧急制动控制板；5—诊断监控器；
6—警戒灯；7—LKJ显示器；8—ATP显示器；9—牵引指令控制板；10—声光控制板和自动车钩控制板；
11—空调控制板和PIS话筒；12—备用制动开关；13—制动指令键盘；14—主指令控制板区；15—警惕脚踏板。

图 13-35　操纵台总体布置

各功能区的设备及功能如下：

1. 压力计面板（图 13-36）

（1）配有两个指针的大型压力计（1 个）

第一个指针指示制动管内的压力值；第二个指针指示的是备用操纵器先导储风缸内的压力，该压力值是制动管在压力补偿后获得的目标值。

（2）带有两个指针的小型压力计（1 个）

指示头车的第一个转向架制动缸内的压力（一

图 13-36　压力计面板

个用于非动力轴,一个用于动力轴)。

(3)小型压力计(1)

指示主风管和储风缸内的压力。

所有压力计是可以照明的,以便在夜间观察。

2. 辅助指令板(左侧)

辅助指令板包括左右两个键盘。

左侧键盘(图13-37)功能如下:

(1)头灯主开关,该按钮用于接通头灯。头灯的形貌取决于位于司机室低压电气柜的一个附加选择器的位置。

(2)头灯模式选择器,头灯的指令选择器有三个不同的位置:中间稳定的"0"位,低光强光线;低稳定"1"位,驾驶光线;高位"不稳定"位,闪光驾驶光线。

(3)中央头灯开关,该按钮用于接通中央大功率头灯以加强司机夜间驾驶的可视性。控制板上的指示灯发光以提示司机中央头灯已接通。

(4)聚光灯,该按钮用于接通司机台上的聚光灯,它产生的光束可以集中在司机台板面上。

(5)司机室灯,该按钮用于接通司机室内部灯。

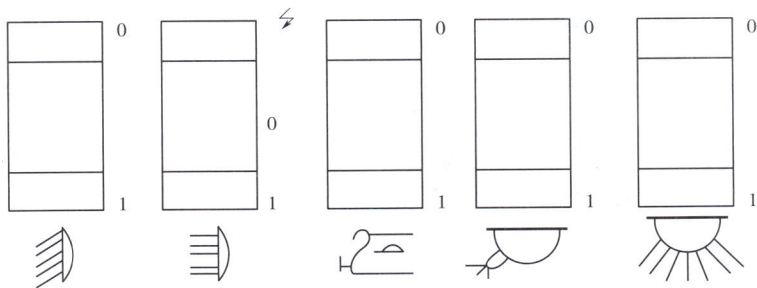

图 13-37　左侧键盘

右侧键盘(图13-38)功能如下:

(1)挡风玻璃清洗,该按钮用于接通挡风玻璃清洗泵,可以在挡风玻璃上喷洒水和肥皂的混合溶液。

(2)风挡刮水器,该按钮用于接通风挡刮水器。

(3)风挡刮水器模式/速度选择器。

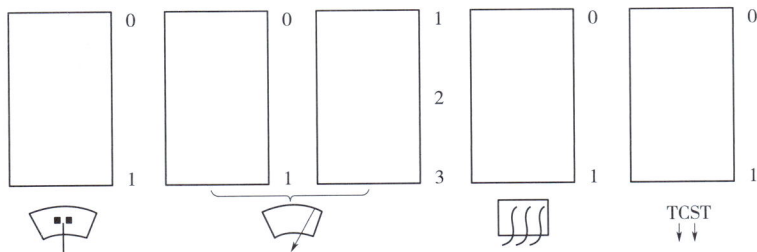

图 13-38　右侧键盘

（4）挡风玻璃加热电阻，该按钮用于接通集成在挡风玻璃内的除雾除霜加热电阻。控制板上的指示灯发光以提示司机除雾除霜加热电阻已被接通。

（5）指示灯测试，该按钮用于检查司机台上所有指示灯的功能。当按下按钮时，所有指示灯接通，和它们相关的状态无关。

3. GSM-R 控制板

该控制板位于司机台左侧，配有 GSM-R 监视器、GSM-R 话机；在司机台同一侧较低位置配有 GSM-R 设备打印机、乘客信息系统（PIS）话筒，如图 13-39 所示。

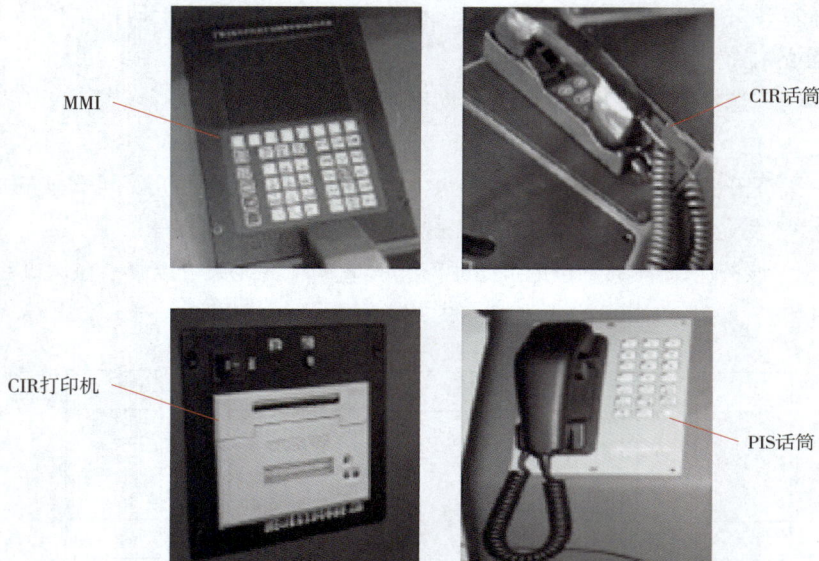

图 13-39　GSM-R 控制板

4. 紧急制动控制板（图 13-40）

（1）后备制动杆：该杆作用在阀上，用于控制制动管的充气和放气。利用安装在司机台下的气动阀可以启动备用制动的使用。

（2）撒砂按钮：用于动力轴撒砂，有五个可以在运行方向上正确撒砂的动力轴，在这五个动力轴上执行该指令，也可对位于动车组第一个车轴前的撒砂箱进行操作。

（3）电制动切除按钮：当按下按钮时，可主导装置 TCU 发出指令以禁止电动制动力。制动力通过气动制动获得。

（4）紧急制动指令按钮：当操作该手动阀时，可直接使制动管通风。在该阀上也配备了一个电气接触元件，可打开紧急制动的安全回路。

1—后备制动杆；2—撒砂按钮；
3—电制动切除按钮；4—紧急制动指令按钮。

图 13-40　制动指令板

5. 诊断监控器

诊断监控器用于向司机指示关于动车组设备运行和失效情况的所有信息。在进一步设计阶段准备给司机提供一个描述所有可用诊断信息的具体文件。

诊断监控器和网络信息系统（TCMS）主监控器互为冗余，在主监控器失效情况下，诊断监控器执行主监控器的全部功能，在诊断监控器失效情况下，由主监控器执行其全部功能，因此可使网络信息系统（TCMS）具有较高的可靠性。诊断监控器如图 13-41 所示。

6. 警示灯

警示灯显示设备工作及故障状态，如图 13-42 所示。

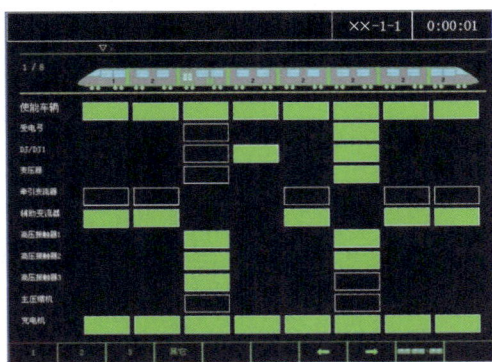

图 13-41　诊断监控器

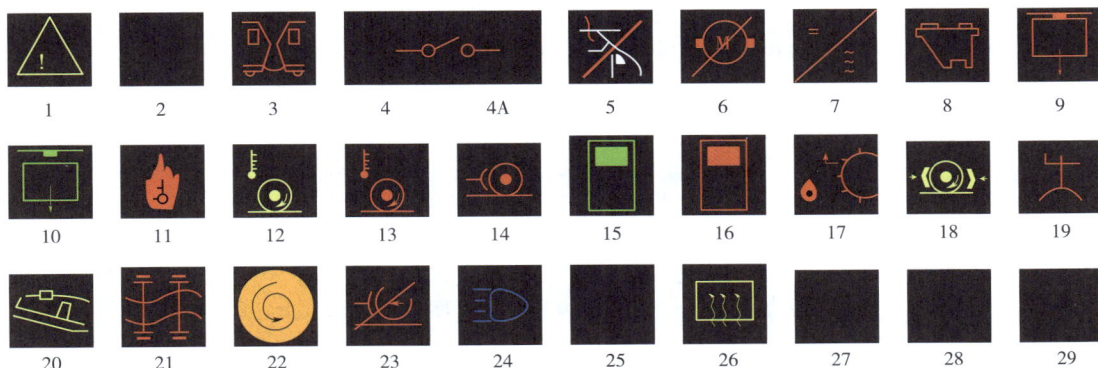

1—系统配置；2、25、27、28、29—备用；3—连挂的 WTB 总线故障；4、4A—主电路断路器断开；5—网压丢失；6—牵引变流器故障；7—辅助变流器故障；8—制动控制单元故障；9—乘客紧急报警；10—乘客紧急报警禁用；11—烟雾检测警报；12—轴箱过热预警；13—轴箱过热报警；14—车轴锁止警报；15—乘室门关闭并锁定；16—乘室门开启；17—轴箱润滑油油位低；18—车轴制动；19—停放制动请求；20—停车制动请求；21—抗蛇行检测警报；22—车轮防滑系统工作；23—车轮防滑系统故障；24—前灯；26—电热前挡风玻璃。

图 13-42　警示灯

（1）系统配置

在启动司机台并且受电弓升起后，指示灯将持续发光直到网络信息系统（TCMS）的配置程序完成。

（2）备　　用

备用指示灯共 5 个，通带为黑色。

（3）连挂的 WTB 总线故障

当网络信息系统（TCMS）检测到 WTB 总线失效时指示灯发光。在连挂情况下，发生该情况时则不能命令和控制动车组及连挂动车组的功能。在 WTB 总线故障情况下，在系统指示的失效水平基础上，由司机和列车工作人员决定动车组的运行条件。

（4）主电路断路器断开

当动车组的主电路断路器断开时，指示灯发光。在连挂情况下，当两个主断路器中至少一个打开时,指示灯发光。

(5)网压丢失

当网络信息系统(TCMS)检测到网压低于使牵引系统正常工作的极限值时,指示灯发光。在该情况下,牵引和辅助系统断电并等待网压恢复正常。

(6)牵引变流器故障

当动车组车辆(单一或重联)的一个牵引变流器失效时,指示灯发光。司机可利用诊断监控器检查动车组的哪节车辆发生故障。如果可能的话,TCMS打开主电路断路器并重新设定牵引系统以切断失效变流器的高压供电。列车可否继续运行受限于牵引变流器失效的数量。

(7)辅助变流器失效

当动车组车辆(单一或重联)有一个辅助变流器失效时,指示灯发光。司机可利用诊断监控器检查动车组的哪节车辆发生故障。由于中压网络结构和中压载荷的分布,列车可在至多两个辅助变流器都失效的情况下继续行驶,不受限于辅助变流器的失效。

(8)制动控制单元(BCU)故障

当制动控制单元(BCU)在制动系统上检测到有一般的失效条件时,指示灯发光。警报后司机可利用诊断监控器仔细检查失效形式。

(9)乘客紧急警报

当在乘客车厢内操作乘客紧急警报(PEA)手柄时,指示灯发光。同时,蜂鸣器也向司机警告乘客紧急警报(PEA)的干涉。在指示灯发光并且蜂鸣器发出响声以后,司机有 3 s 的时间决定是否需立刻停止列车。在最后情况下,司机可按下位于主指令板上的按钮禁止乘客紧急警报(PEA)。乘客紧急警报(PEA)禁止后,另一个指示灯发光并且由司机决定何时何地停车。

(10)乘客紧急警报禁用

司机禁止乘客紧急警报(PEA)之后指示灯发光。指示灯持续发光直到列车工作人员将已拉出的乘客紧急警报(PEA)手柄复位。

(11)烟雾检测警报

烟雾检测警报指示灯发光以提示检测到在车厢内、卫生间内和高压/低压电气柜内有烟雾。指示灯和蜂鸣器共同向司机发出警报。可按下隔离控制板上的按钮禁止蜂鸣器发声。司机可利用诊断监视器检查警报是来自动车组哪个位置的烟雾监测器。当烟雾监测器恢复正常情况时指示灯关闭。

(12)轴箱过热预警报

指示灯发光以提示检测到轴箱轴承有过热预警报情况($T>90$ ℃)。指示灯和蜂鸣器共同向司机发出警报。可按下隔离控制板上的按钮禁止蜂鸣器发声。司机可利用诊断监控器检测是哪个轴箱产生的警报。当轴箱的温度下降到预警报门槛值以下时指示灯关闭。

(13)轴箱过热警报

指示灯发光以提示检测到轴箱轴承有过热警报情况($T>110$ ℃)。指示灯和蜂鸣器共同向司机发出警报。可按下隔离控制板上的按钮禁止蜂鸣器发声。司机可利用诊断监控器检测是哪个轴箱产生的警报。当轴箱的温度下降到警报门槛值以下时指示灯关闭。

（14）车轴锁止警报

当检测到车轴停止转动时指示灯发光，说明动车组的一个车轴被锁住了，可能是由于轴承将车轴卡死。同时蜂鸣器被激活，可按下位于一个隔离板上的按钮禁止蜂鸣器工作。警报以后，司机可以利用诊断监控器检查是哪个轴箱发出的警报。

（15）乘客门关闭并锁定

当乘客门关闭并锁定时指示灯发光，这样司机知道列车可以在乘客没有危险的情况下离开车站。

（16）乘客门开启

当乘客门至少有一个打开时，指示灯发光，这样司机知道列车是不能离开车站的。只要乘客门是打开的，牵引控制系统利用列车有线电路可阻止司机的任何牵引指令。

（17）轴箱润滑油油位低

当安装在轴箱的油位传感器指示油位较低时，指示灯发光。在该情况下，由于油量还有剩余，动车组可以在不受速度限定情况下完成运行。应在段内的第一次停车时将油充满。可利用诊断监视器检查是动车组的哪个轴箱产生的警报。

（18）车轴制动

当车轮缓解阶段，车轴保持制动状态。

（19）停放制动请求

当有停车制动请求时，指示灯发光并且牵引系统指令被禁止。如果 TCMS 在列车运行时检测到停车制动请求（例如：由于提供压缩空气以使停车制动钳处于释放状态的软管失效），则随后自动进行紧急制动。司机可利用诊断监控器检测动车组车辆（重联）中所有停车制动钳的状态。

（20）停车制动请求

指示灯发光用于指示持续制动请求。

（21）抗蛇行检测警报

指示灯发光以指示检测到转向架有抗蛇行现象。在 3~10 Hz 频率范围内，用转向架超过 16 m/s² 峰值的横向加速度的六个连续正弦波定义抗蛇行失稳标准。指示灯和蜂鸣器共同向司机发出警报。可按下隔离控制板上的按钮禁止蜂鸣器发声。司机可利用诊断监控器检测是哪个转向架产生的警报。当转向架恢复稳定时指示灯关闭。

（22）车轮防滑系统工作

当制动控制单元的车轮防滑系统工作时，指示灯发光，可以向司机指示当前较低的轮轨黏着力。在气动制动过程中指示灯可以指示车轮防滑的介入情况。

（23）车轮防滑系统失效

当制动控制单元的车轮防滑功能失效时指示灯发光，意味着司机需特别注意较低的黏着力。在该情况下，司机可使用位于制动指令控制板上的手动撒砂指令。

（24）前　　灯

当高压前灯通电时，指示灯发光。

（25）电热前挡风玻璃

当集成在前挡风玻璃内的除雾和除霜系统通电时，指示灯发光。

7. LKJ 显示器

主要显示 LKJ 控车状态下的信号、速度等信息，如图 13-43 所示。

8. ATP 显示器

主要显示 ATP 控车状态下的信号、速度等信息，如图 13-44 所示。

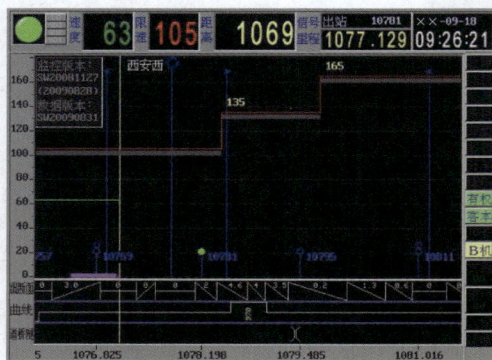

图 13-43　LKJ 显示器

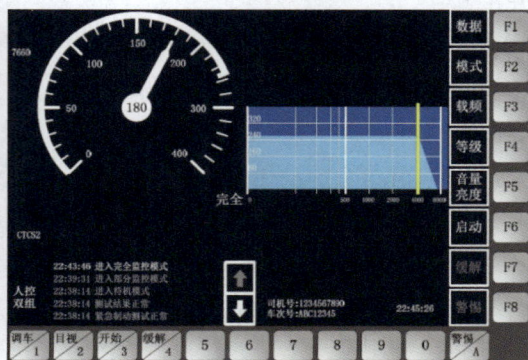

图 13-44　ATP 显示器

9. 牵引指令控制板

牵引指令控制板如图 13-45 所示。

（1）牵引和制动指令控制杆

该杆用于向牵引和制动系统发出指令以产生司机所要求的牵引力和制动力。该控制杆有了一个中央中和位置，在该位置上有一个用于定位的凹口和与中和位置毗邻的两个工作区。

图 13-45　牵引指令控制板

①牵引区

通过将控制杆向前转动 10°，可获得最小的牵引力。继续将控制杆向前转动，牵引力会增加，并且是和控制杆转动角度成比例增加的，直到获得最大有效牵引力（取决于动车组的速度）。

②制动区

将控制杆从中和位置向后转动可获得制动力。制动区分为两个扇形区和一个紧急制动位置。

第一个扇形区：在该区内，只有电动制动力施加在动力轴上。第一个扇形区的角度范围为 25°。在第一个扇形区的最末端可获得最大有效电动制动力。在第一个和第二个扇形区之间有一个凹口。

第二个扇形区：在该区内，当动力轴上仍有电动制动力时，可以在非动力轴上施加气动制动力。第二个扇形区的角度范围也为25°。在第二个扇形区的末端有一个凹口。

紧急制动：紧急制动位置是最靠后的位置并可利用凹口使控制杆固定在该位置。在这个位置上，电动制动力被禁止并且紧急制动安全回路打开，因此，随后使制动管放风并进行紧急制动。

（2）自动速度控制杆

该杆用于给牵引控制单元的自动速度控制设置目标速度。无论任何线路条件（坡道或有风情况），该系统通过施加或释放牵引力和电动制动力可使动车组维持在一个设定的速度上。该控制杆有两个不稳定位置，向前可以增加目标速度，向后可以减小速度。必须垂向推动控制杆以确保目标速度值。在配有数字显示的主监控器上可以显示目标速度值。在任何情况下，牵引控制杆优先确定最大牵引力。事实上当由于自动速度控制产生牵引力时，该牵引力受限于牵引/制动控制杆确定的值。当由于自动速度控制产生制动力时，该制动力受限于最大电动制动力。

（3）运行方向控制杆

运行方向控制杆具备选择动车组运行方向的功能。运行方向控制杆有三个固定位置："中立"位，"前"位和"后"位。只有当列车停止时，方向改变指令可从网络信息系统（TCMS）获得。

10. 声光控制板和自动车钩控制板

声光控制板包括调光旋钮和警报蜂鸣器。用于工作台设备的调光指令，可利用电位计获得该功能，司机可以改变司机台上所有设备和指示灯的光强，如图13-46所示。

警报蜂鸣器用于以下报警：检测系统、热轴箱预警和警报检测系统、抗蛇行检测系统、乘客紧急警报、非转动车轴检测。按下同一块控制板上的按钮停止蜂鸣器发声。

自动车钩控制板包括车钩端盖机构指令和控制指示灯，如图13-47所示。

图 13-46　声光控制板

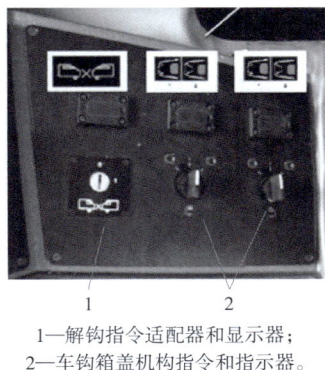

1—解钩指令适配器和显示器；
2—车钩箱盖机构指令和指示器。

图 13-47　自动车钩控制板

（1）车钩端盖机构的指令和指示器

该指令由回转开关控制，有以下三个位置：

①中央稳定位：没有任何作用；

②控制前端盖打开的右侧不稳定位：一旦发出指令，相关指示灯闪光直到机构将端盖完

全打开。当端盖打开时,相关指示灯持续发光。

③控制前端盖关闭的左侧不稳定位:一旦发出指令,相关指示灯闪光直到机构将端盖完全关闭。当端盖关闭时,相关指示灯持续发光。

(2)解钩指令换向器和指示器

该指令由回转开关控制,有以下两个位置:

①中央稳定位:没有任何作用;

②可产生解钩指令的不稳定位:只有在以下情况下,发出指令后才可执行解钩工序。

当机械解钩工序完成后,指示器发光。前端盖打开关闭的控制板指示灯布局和机械解钩工序完成的指示灯布局如图 13-48 所示。

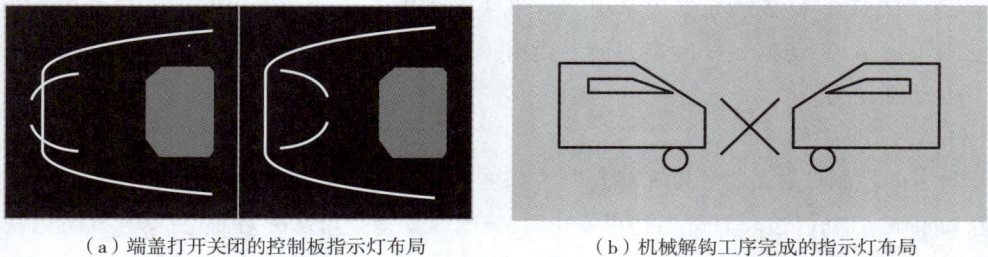

（a）端盖打开关闭的控制板指示灯布局　　　　　（b）机械解钩工序完成的指示灯布局

图 13-48　端盖和解构状态显示

11. 空调控制板和 PIS 话筒

空调控制板位于司机台的左侧并配备车厢和司机室高压交流系统的指令,如图 13-49 所示。

在调节温度的情况下完成司机室高压交流系统的指令。特殊情况下的指令和控制:温度在 18~30 ℃之间调节(取决于外部环境温度)。

具有只有通风的情况、冬天(加热)、春秋两季、夏季(冷却)四种模式的选择器。

具有断电、50% 功率、100% 功率 3 种模式的选择器。

两个控制灯,可作如下指示:绿灯,系统工作正常;红灯,系统失效。

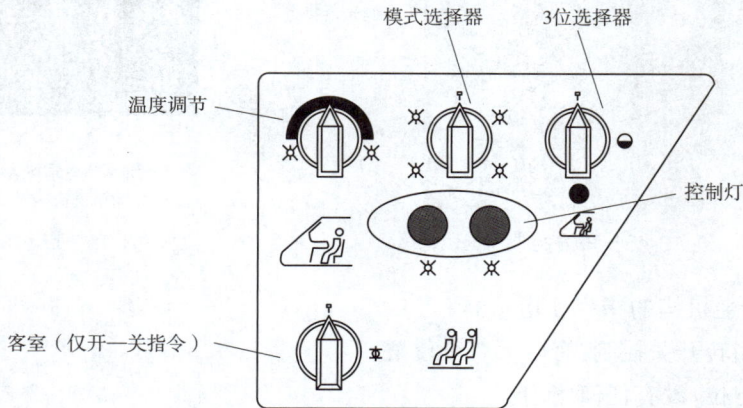

图 13-49　空调控制板

旅客信息系统(PIS)话筒用于和旅客信息系统(PIS)系统各终端之间的联系,如图 13-50 所示。

12. 备用制动开关

用于启用备用制动,如图 13-51 所示。

图 13-50 旅客信息系统(PIS)话筒

图 13-51 备用制动开关

13. 制动指令键盘

安装有停放制动施加开关和缓解开关、制动测试开关、停车制动施加开关,如图 13-52 所示。

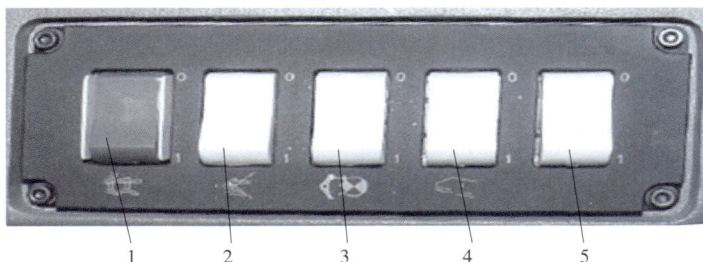

1—停放制动施加开关;2—停放制动缓解开关;3—制动测试开关;4—停车制动施加开关;5—备用。

图 13-52 制动指令

(1)停放制动施加开关:在重联组合的情况下,该指令将停车制动应用到动车组。

(2)停放制动缓解开关:在连挂的情况下,该指令可缓解动车组和联结动车组的停车制动。

(3)制动测试开关:该指令可启动制动测试,使用该测试可检测所有制动系统的功能。该测试可以检验气动设备和电力设备。

(4)停车制动施加开关:该指令的目的是使动车组可在爬坡上启动。按下该按钮时,制动系统产生的气动制动力足以使列车停在最大可预见(30‰)的爬坡上。当司机移动牵引杆起动列车时,恒速制动力在适当的延迟时间后(约 1 s)自动释放,以使动车组爬坡并且不会向反向移动。

14. 主指令控制板区

该区是集合操纵台和动车组启动指令的主控制板,如图 13-53 所示。

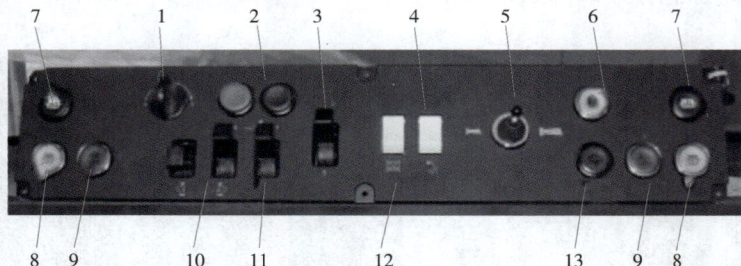

1—主控钥匙;2—主断路器开关;3—主指令开关;4—车门半自动脚踏板开关;5—风笛开关;
6—换端按钮;7—关门按钮;8—车门激活指令按钮;9—开门按钮;10—受电弓选择开关;
11—强泵风;12—后视摄像系统控制按钮;13—乘客紧急报警指示器和按钮。

图 13-53　主指令控制板

(1)主控钥匙

主控钥匙可以启动司机台大部分指令的操作。由于动车组只配备一把钥匙,因此只可启动一个操纵台。

(2)主断路器开关

有两个按钮用于关闭和打开主断路器。

(3)主指令开关

可操作动车组电路的所有主指令,并可升起受电弓。在紧急情况下,利用硬件指令可打开主电路断路器并放下受电弓。

(4)车门半自动脚踏板开关

当列车进入一个有较高站台的车站时(高于轨面 1.2 m),司机可操作该控制杆以选择适合站台的高度。在该情况下,车门只有在半自动脚踏板位置调整适当后才能打开。

(5)风笛开关

可进行 300 Hz 或 600 Hz 的音量选择。

(6)换端按钮

当司机在终点站需改变运行方向(和司机室)时,移动升降杆以放下受电弓并且将钥匙从工作台取出时,可通过维持按钮压下的状态命令该功能。在整个过程中按钮是闪光的,当动车组正常地进入停车工况时,指示灯持续发光。通过再次升起受电弓并在两个动车组司机台中的一个旋转钥匙可使停车工况复位。

(7)关门按钮

关闭车门。

(8)车门激活指令按钮

车门送电但不能自动打开,可手动打开。

（9）开门按钮

开启车门。

（10）受电弓选择开关

选择前弓或后弓。

（11）强 泵 风

自动空气压缩机不工作时,强制手动打风。

（12）后视摄像系统控制按钮

该按钮可打开后视系统。当后视系统打开时,有两个监视器可以显示动车组右边和左边的情况。当动车组开始或达到一个门槛速度(假定为 45 km/h)时,后视系统自动关闭。当速度减速至门槛速度以下时,如果按钮处于打开的位置,后视系统自动打开。

（13）乘客紧急警报指示器和按钮

当司机台的警示控制板上相应的指示灯发亮时,使用红色按钮可以禁止乘客紧急警报(PEA)。蜂鸣器也可向司机提出警示。司机有 3 s 的时间决定是否禁止乘客紧急警报(PEA)以避免列车在危险位置上(隧道、桥)停车。如要禁止乘客紧急警报(PEA),则司机必须按下按钮。在乘客紧急警报(PEA)禁止并且在司机台警示控制板上的相应指示灯发亮后,可调节已拉出的乘客紧急警报(PEA)手柄以使 PEA 完全复位。只有列车工作人员使用钥匙才可执行本操作。

（二）电 气 柜

动车组两端的司机室均配有不同类型的机柜,包括司机室电子设备控制柜(QCA 柜),电气柜(QEL 柜),电子设备机架柜(QRK 柜),通信柜(QRR 柜)和报警与信号设备柜(QRS柜)。内设各种与车辆负载相关的控制器。开关和接触器用于控制必要的设备,包括用于指示操作开/关状态的指示灯。配供适当的接口连接器,以便拆除机柜至场间的连接电缆,各柜位置如图 13-54 所示。

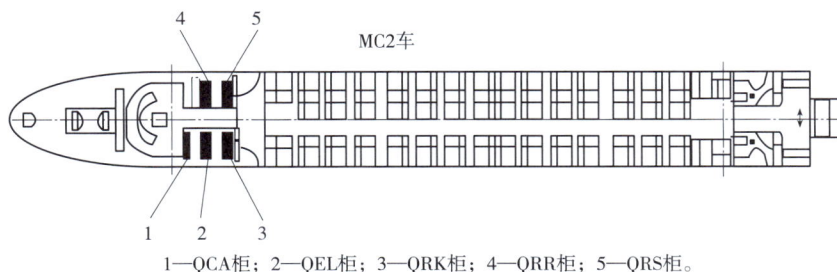

1—QCA柜；2—QEL柜；3—QRK柜；4—QRR柜；5—QRS柜。

图 13-54　司机室内各柜位置

1. 司机室电子设备控制柜(QCA 柜):QCA 柜与 QEL 柜接口,该柜的上部由所有断路器、信号设备和控制设备组成,包括选择器开关和各种仪表,下部由控制电路空开组成,如图 13-55所示。

2. 电气柜(QEL 柜):该柜分为两个独立部分,一部分包括用于保护和控制辅助中压电路设备的中压区(AC 380 V/50 Hz);另一个部分为低压部分,包括 24 V 直流断路器、控制设备以及输入/输出远程模块,如图 13-56 所示。

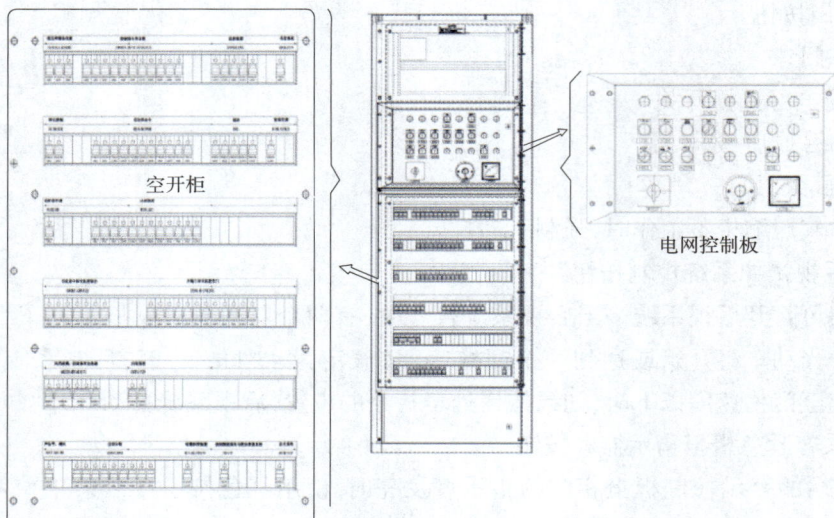

空开柜

电网控制板

图 13-55　QCA 柜

3. 电子设备机架柜(QRK 柜):QRK 柜由所有的电子设备和子机架组成,便于司机操作。该柜上部分由乘客信息系统设备组成,包括用于广播和对讲的听筒。该柜位于每辆车通过台旁的专用密闭区内,如图 13-57 所示。

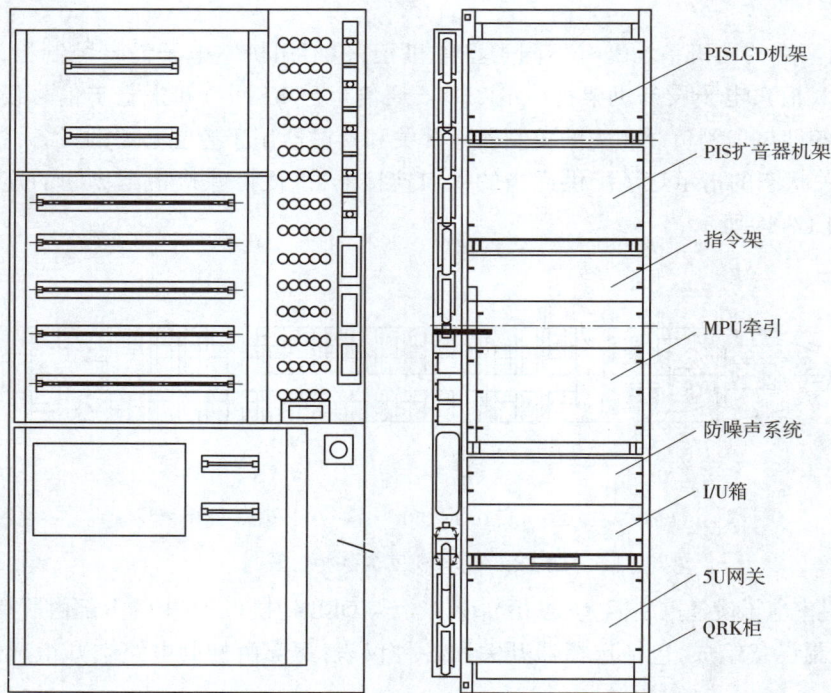

图 13-56　QEL 柜

PISLCD机架

PIS扩音器机架

指令架

MPU牵引

防噪声系统

I/U箱

5U网关

QRK柜

图 13-57　QRK 柜

4. 通信柜(QRR 柜):主要包括 GSM-R 主机、DIMS 检测、GFX-3、TAX2 等设备,如图 13-58 所示。

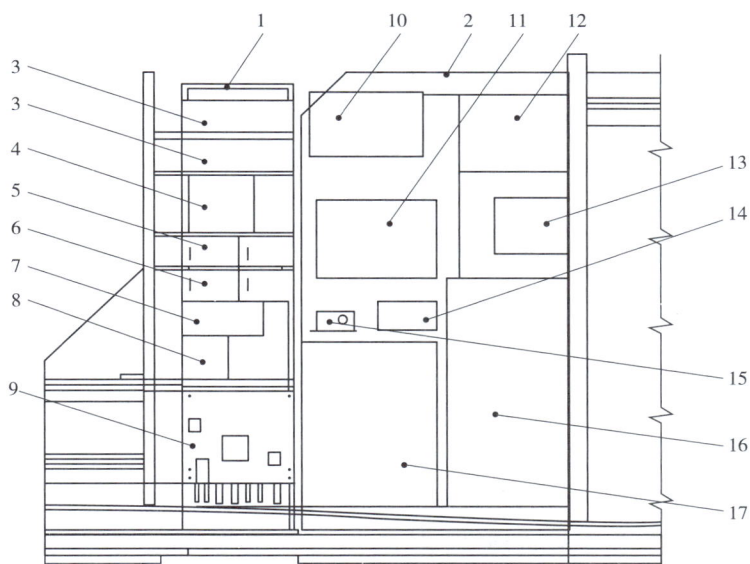

1—QRR柜；2—QRS柜；3—DC/DC变流器；4—网关；5—MPU牵引；6—MPU辅助；7—JT1接线盒；
8—JT1主板；9—气动面板；10—TAX2；11—LKJ；12—GSMR（CTCS）；13—BTM；14—车载主机；
15—GFX3设备；16—CTCS柜；17—GSMR（CIR）。

图 13-58　QRR 柜

五、CR400AF 型动车组

动车组两端各设置一个司机室,两个司机室具有相同的结构与功能,列车运行控制由激活端司机室实施。只有在另一端司机室未激活时,才能通过主控钥匙激活司机室。动车组前窗设电动遮阳帘及刮雨器,头部设置前照灯及标志灯、风笛等设施。司机室内部布置操纵台、电气边柜、设备舱。司机室端墙设司机室门供司机出入。

司机室设备布局如图 13-59 所示。

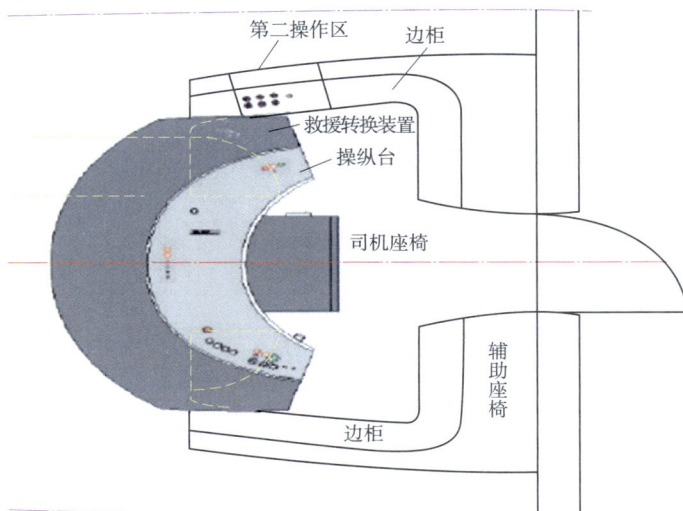

图 13-59　司机室设备布局

(一) 操纵台和控制面板

司机室采用单司机操作模式,司机座椅居中设置,左右对称布置矮边柜,在右柜司机方便操作部位设置第二操作区。司机室内行车过程中需要操作的设备全部布置在操纵台区域,非行车时司机操作的设备布置在第二操作区。

操纵台功能区主要由仪表盘区、台面区及搁脚台区构成,仪表盘功能区主要布置各系统显示设备等;台面功能区主要布置司机控制器主操纵手柄、行车过程中重要的操作开关等;搁脚台区主要布置司机警惕脚踏开关和风笛开关。

操纵台上开门、门释放按钮加防误操作透明保护罩,防止误操作、误碰;紧急制动按钮、主控钥匙、方向开关等布置在操纵台立面区,防止误操作。

左右侧外门开闭控制开关分别布置在操纵台上对应的左右两侧。

开关按钮等通过颜色、文字标识或通用图示区分。

操纵台表面铺设透明防护层,防止操纵台表面被划伤。

司机右手常握主操纵手柄,以便紧急情况下,可以快速反应,实施列车制动。因此,在列车运行过程中需要操作的器件布置在左手能够操作的区域。

操纵台设备布局方案如图 13-60 所示。

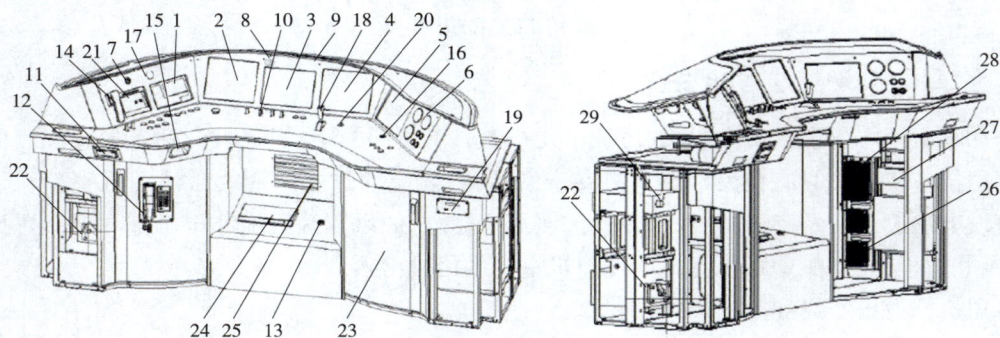

图 13-60　操纵台设备布局

操纵台各设备见表 13-13。

表 13-13　操纵台各设备

序号	名　称	序号	名　称	序号	名　称
1	MMI	11	CIR 打印机	21	接近预警显示器
2	HMI2	12	PIS 话筒	22	空气管开闭器
3	DMI1	13	风笛开关	23	检修门
4	HMI1	14	CIR 话筒	24	DSD 脚踏板
5	DMI2	15	紧急断电开关	25	电暖气格栅
6	仪表区	16	台面旋转锁	26	前组合灯电源
7	EOAS 拾音器	17	烟火报警器	27	24 V 电源(30 W)
8	紧急制动开关	18	主操纵手柄	28	24 V 电源(360 W)
9	阅读灯	19	EOAS 数据转储装置	29	刮雨器控制装置
10	台面功能区	20	操纵模式选择按钮		

仪表盘功能区主要布置司机在行车过程中要操作的显示器、电话、仪表及指示灯等设备。此外,为了防止误操作,将紧急制动开关、主控钥匙和方向选择开关也布置在仪表盘区立面上。

仪表盘区设备从左往右依次布置接近预警(TCAS)显示器、CIR 显示器/话筒、EOAS 拾音器、烟火报警器、TCMS 显示器 2、ATP 显示器 1、紧急制动开关、TCMS 显示器 1、ATP 显示器 2 及仪表区。其中,ATP 显示器 1 作为司机行车过程中最常操作的设备布置在操纵台正前方。仪表区具体设备布局如图 13-61 所示。

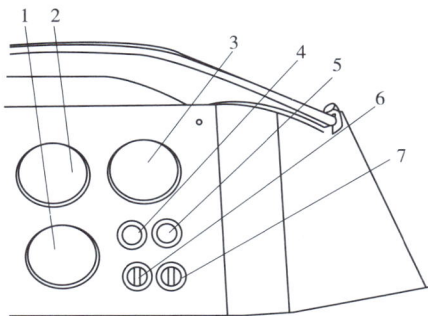

仪表区设备布置见表 13-14。

图 13-61　仪表区设备布置

表 13-14　仪表区设备布置

序号	名　称	序号	名　称	序号	名　称
1	制动管(BP)压力表	4	自动过分相故障指示灯	7	方向开关
2	双针压力表	5	门关闭指示灯		
3	DC 110 V 电压表	6	主控钥匙		

台面功能区主要布置司机控制器、按钮、开关等。司机右手侧布置了司机控制器,台面上布置了开关门、VCB 等按钮开关,台面框架上布置了空调出风口、CIR 打印机、紧急断电开关等。台面设备布置如图 13-62 所示。

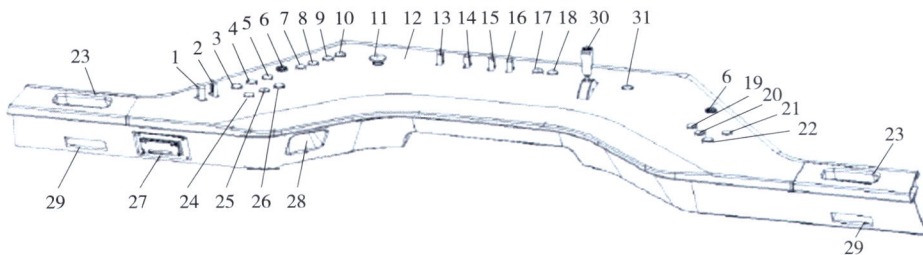

图 13-62　台面设备布置

台面设备布置见表 13-15。

表 13-15　台面设备布置

序号	名　称	序号	名　称	序号	名　称
1	司机室灯开关	6	台面旋转锁(上)	11	司机警惕手动开关
2	前照灯开关	7	停放制动施加开关	12	主台面
3	手动过分相开关	8	停放制动缓解开关	13	VCB 开关
4	遮阳帘开关	9	清洁制动开关	14	受电弓开关
5	刮雨器开关	10	坡道启动开关	15	撒砂开关

序号	名　称	序号	名　称	序号	名　称
16	风笛开关	22	关右门开关	28	紧急断电开关
17	复位开关	23	小台面(带置物盒)	29	空调出风口
18	紧急复位开关	24	开左门开关	30	主操纵手柄
19	开右门开关	25	左门释放开关	31	操纵模式选择开关
20	右门释放开关	26	关左门开关		
21	乘客报警复位开关	27	CIR 打印机		

(二) 电气边柜

司机室操纵台左右两侧设置矮边柜,放置 TCMS 输入/输出模块、司机室配电盘、司机室开关盘、刮雨器水箱等设备。司机室边柜主要分为四个模块:右前边柜、右后边柜、左前边柜、左后边柜,设备布置如图 13-63~图 13-66 所示。

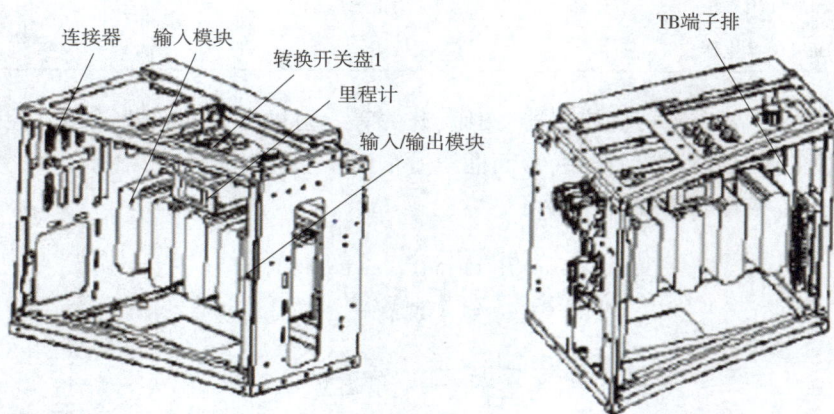

图 13-63　右前边柜设备布置

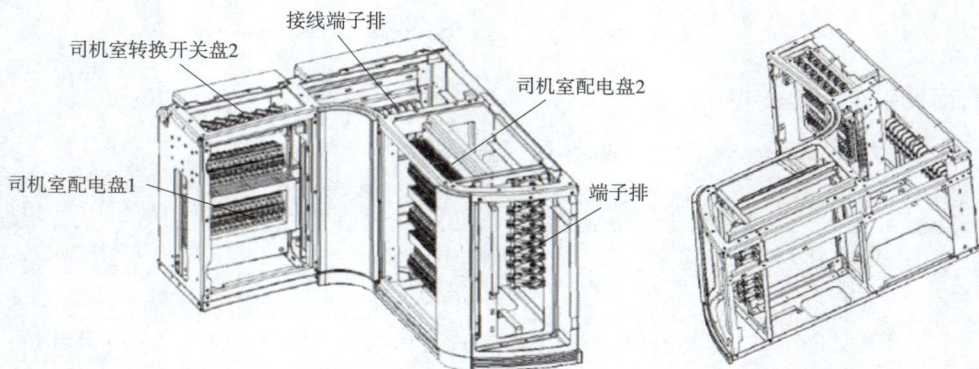

图 13-64　右后边柜设备布置

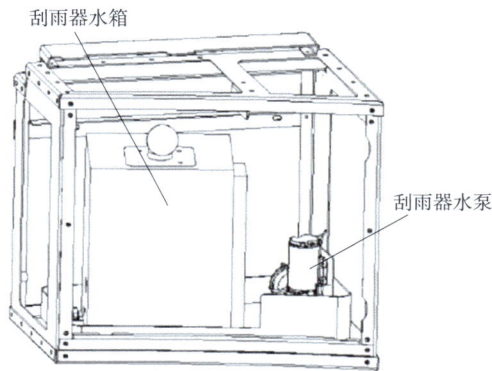

图 13-65　左前边柜设备布置

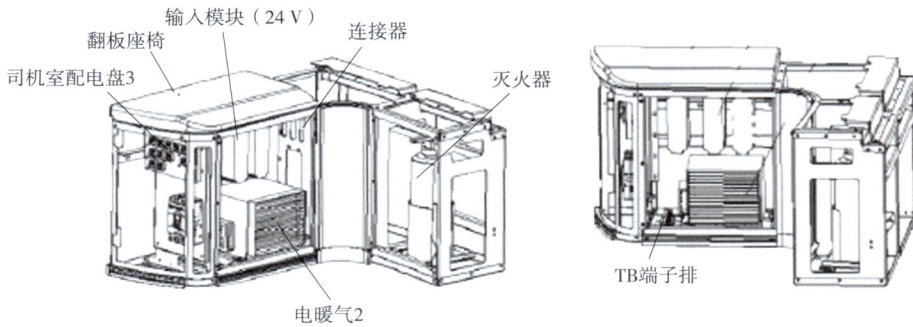

图 13-66　左后边柜设备布置

(三)配电盘

配电盘中各开关名称及功能见表 13-16。

表 13-16　司机室配电盘开关

序号	名　称		功　能
1	司机室 转换开关盘 1	电暖气 1(CabHeS1)	左电暖气控制
		电暖气 2(CabHeS2)	右电暖气控制
		应急灯切换(RrLpCgS)	应急灯控制
		温度调节(TRSW)	司机室空调温度调节
		模式选择(MMSW)	司机室空调制冷模式调节
		蓄电池(BaTS)	全列蓄电池上电、断电控制
		启动试验(STS)	牵引系统启动试验开关
		广播旋钮	调节广播音量
2	司机室 转换开关盘 2	车门安全环路旁路(DIRS)	车门环路旁路
		紧急制动 UB 环路旁路(UBLRS)	UB 环路旁路
		紧急制动 EB 环路旁路(EBLRS)	EB 环路旁路

续上表

序号	名　称		功　能
2	司机室 转换开关盘2	乘客紧急制动环路旁路（PEBLRS）	乘客紧急制动环路旁路
		制动缓解监控环路旁路（BRLRS）	制动缓解监控环路旁路
		转向架运行监控环路旁路（BMLRS）	轴温控车环路旁路
		火灾报警环路旁路（FALRS）	火灾报警环路旁路
		停放制动监控环路旁路（PBMLRS）	停放制动监控环路旁路
3	司机室 配电盘1	24 V 电源装置 1（24VPN1）	司控器编码器 1 供电
		24 V 电源装置 2（24VPN2）	司控器编码器 2 供电
		24 V 电源装置 3（24VPN3）	24 V 电源装置 3 输入用断路器
		按钮指示灯（CabLpN2）	车钩、按钮指示灯、电动遮阳帘电源
		刮雨器控制电源（WPN）	刮雨器控制电源用断路器
		电动遮阳帘控制电源（CabZYN）	遮阳帘控制电源用断路器
		仪表照明（CabLpN1）	双针压力表灯、直流电压表照明
		司机室灯（CabRrLpN）	司机室灯照明用断路器
		机器室灯（MaRLpN1）	前舱、配电柜照明供电
		救援装置（BPRN）	BP 救援装置电源
		保护接地（EGCN）	保护接地开关控制用断路器
		紧急模式控制（ETMN）	紧急牵引模式控制供电
		闭锁解除（ROS1）	头罩锁强制解除开关
		罩开（KHOS1）	头罩强制开关—开
		罩关（KHCS1）	头罩强制开关—关
		空气管开（APOS1）	空气管强制开关—开
		空气管关（APCS1）	空气管强制开关—关
		电连接器连（CoNCS1）	电连接器强制开关—连挂
		电连接器解（CoNOS1）	电连接器强制开关—解连
4	司机室 配电盘2	前照灯标志灯（HMLpN）	前照灯、标志灯电源断路器
		主控制开关 1（MCN1）	主控、非主控信号供电
		主控制开关 2（MCN2）	手柄、前后向、紧急模式继电器供电
		主控制开关 3（MCN3）	贯通线制动指令供电
		主控制开关 4（MCN4）	紧急及紧急复位、JTR 等供电
		制动控制 4（BCUN4）	ATP1、4级、重联信号制动采集供电
		蓄电池接触器（BatKN）	电池接触器控制断路器
		TCMS 显示器 1（HMI1N）	TCMS 显示器 1 用断路器
		TCMS 显示器 2（HMI2N）	TCMS 显示器 2 用断路器

续上表

序号	名　　称		功　　能
4	司机室 配电盘2	TCMS 输入 3（TCMSIN3）	边柜网络模块供电
		联解控制（MXRN）	连挂控制用断路器
		里程记录装置（DRN）	里程记录装置用断路器
		停放制动控制（PBCN）	停放制动控制断路器
		坡道启动控制（RSCN）	坡道启动控制断路器
		紧急断电控制（EMOFFPN）	紧急断电控制断路器
		显示灯电源（PLpN）	强制零速控制、关门灯断路器
		关门（DN）	关门控制断路器
		直流电压表（VN）	直流电压表控制断路器
		风笛（HorN）	风笛电源、控制断路器
		保温控制（AHeCN）	保温控制用断路器
		ATP 系统电源（ATPN）	ATP 系统电源用断路器
		DMI 控制（DMIN）	ATP 显示器用断路器
		JRU 控制（JRUN）	ATP 记录装置用断路器
		列车无线（TWN）	CIR 系统用断路器
5	司机室 配电盘3	警惕报警试验（VTS）	警惕报警试验开关
		前照灯强制（HMLpSW）	前照灯强制开关
		紧急牵引模式（ETS）	紧急牵引模式转换开关
		受电弓切换（PanCGS）	受电弓前后向切换
		保温试验（AHeTS）	试验辅助加热器的性能（强制闭合）10 ℃以上，可强制投入保温加热器
		强制零速（FOSS）	5SR、10SR 强制得电开关
		地震预警隔离（EEWS）	隔离地震预警制动
		救援开关（BPRS）	救援/被救援开关
		保护接地合（EGCS1）	保护接地合开关
		ATP 电源控制开关（ATPS）	ATP 强制断开电源开关
		列车无线控制（CIRS）	CIR 强制上电开关
		ATP 显示器切换（ATPDMIS）	ATP 显示器切换用开关
		电暖气 1（CabHeN1）	左电暖气供电
		电暖气 2（CabHeN2）	右电暖气供电
		前窗玻璃控制（GHeCN）	前窗玻璃加热控制断路器
		前窗玻璃加热（GHeN）	前窗玻璃加热用断路器
		风笛加热器（JaN5）	风笛加热器、空气管开闭用断路器
		机车电源（LMPN）	救援用外接电源断路器（常 OFF）

第二节　动车组司机室检查程序

一、CRH1 系列动车组

(一) 适用范围

用于指导 CRH1A 型、CRH1B 型、CRH1E 型动车组司机作业。

(二) 司机室检查作业程序

1. 非出库端(重联动车组重联端司机室除外)

(1)确认动车组型号正确。

(2)进入非出库端司机室。

(3)检查 K1、K2 柜各开关按钮位置正确("DSD"在"非旁路"位、"CCU/DSD"开关在"非切除"位、"列控车载设备"开关在"非切除"位、"牵引回送"开关在"正常"位),闭合蓄电池。

(4)检查司机室内各仪表、显示器外观良好,各手柄、开关位置正确。

(5)插入主控钥匙激活司机室,输入司机权限 ID 号登录智能显示器 IDU,确认列车编组正确,发现当前故障信息及时通知随车机械师或动车所调度,升起受电弓确认主断路器闭合。

(6)确认车载无线通信设备(CIR)、列车运行监控装置(LKJ)、列控车载设备(ATP)启动正常,列车运行监控装置(LKJ)显示屏、列控车载设备的显示屏 DMI 无"隔离"显示,将列控车载设备置于 C0 级。

(7)进行主控手柄试验(主菜单界面—手柄测试—启动试验,按照提示对手柄进行测试),正常通过会显示手柄测试已完成,如果发现故障(红色)及时通知随车机械师。

(8)进行制动试验。

(9)进行司机安全装置(DSD)脚踏、指示灯和蜂鸣器试验。

(10)将主控钥匙置于"0"位后拔出,退出司机室占用,确认操纵台各开关、手柄位置正确。

(11)离开司机室时确认侧窗、司机室门锁闭。

2. 出库端

(1)进入司机室,检查程序及作业参照非出库端。

(2)输入车载无线通信设备(CIR)、列控车载设备(ATP)、列车运行监控装置(LKJ)有关参数,并将 IC 卡数据载入列车运行监控装置(LKJ)。

二、CRH2 系列动车组

(一) 适用范围

用于指导 CRH2A 型、CRH2B 型、CRH2E 型、CRH2A 统型动车组司机作业。

(二) 司机室检查作业程序

1. 非出库端(重联动车组重联端司机室除外)

(1)确认动车组型号正确。

（2）确认本端止轮器设置状态。

（3）进入司机室,确认司机室配电盘("保护接地""救援转换装置""机车电源""辅助制动""联解控制"开关在"断开"位,CRH2A 统型动车组"救援指令器"开关在"断开"位)、司机控制开关盘、操纵台各开关、手柄位置正确;闭合"列车无线"开关。

（4）插入主控钥匙解锁制动控制器,激活司机室。

（5）确认操纵台各指示灯显示正常("VCB""电气设备""紧急制动""单元"灯亮,其余均应熄灭;风压不足时"准备未完"灯亮,如"准备未完"灯点亮操作"辅助压缩机控制"旋钮并保持 3 s)。

（6）通过监控显示器 MON 确认保护接地开关(EGS)断开,确认列车编组正确,发现当前故障信息及时通知随车机械师或动车所调度。

（7）根据随车机械师的要求选择相应的受电弓,升起受电弓后闭合主断路器,在进行升弓闭合主断路器操作前,应确认"准备未完"灯熄灭。

（8）确认网压在正常范围内,总风压力大于 780 kPa,复位紧急制动。

（9）确认车载无线通信设备(CIR)、列车运行监控装置(LKJ)、列控车载设备(ATP)启动正常,列车运行监控装置(LKJ)显示屏、列控车载设备(AIP)的显示屏 DMI 无"隔离"字样显示,将列控车载设备置于 C0 级。

（10）进行制动试验。

（11）若设置,则撤除本端止轮器(装备有停放制动型动车组,将"停放制动"开关置于"释放"位)。

（12）断开"列车无线"开关,将制动手柄置于"拔取"位,拔出主控钥匙,退出司机室占用,确认操纵台各开关、手柄位置正确。

（13）离开司机室时确认司机室门窗锁闭。

2. 出库端

（1）进入司机室,检查程序及作业参照非出库端。

（2）输入车载无线通信设备(CIR)、列控车载设备(ATP)、列车运行监控装置(LKJ)有关参数,并将 IC 卡数据载入列车运行监控装置(LKJ)。

（3）若设置,则撤除本端止轮器(装备有停放制动型动车组,将"停放制动"开关置于"释放"位)。

三、CRH380A(L)型、CRH2C 型动车组

(一)适用范围

用于指导 CRH2C 型、CRH380A(L)型、CRH380A 统型、CRH380AJ 型动车组司机作业。

(二)司机室检查作业程序

1. 非出库端(重联动车组重联端司机室除外)

（1）确认动车组型号正确。

（2）确认本端止轮器设置状态。

（3）进入司机室,确认司机室配电盘("保护接地""救援转换装置""机车电源""辅助制动""联解控制"开关在"断开"位,CRH380A统型动车组"救援指令器"开关在"断开"位)、司机控制开关盘、操纵台各开关、手柄位置正确;闭合"列车无线"开关。

（4）投入主控钥匙解锁制动控制器,激活司机室。

（5）确认操纵台各指示灯显示正常("VCB""电气设备""紧急制动""单元"灯亮,其余均应熄灭;风压不足时"准备未完"灯亮,如"准备未完"灯点亮操作"辅助压缩机控制"旋钮并保持3 s)。

（6）通过监控显示器MON确认保护接地开关(EGS)断开,确认列车编组正确,发现当前故障信息及时通知随车机械师或动车所调度。

（7）根据随车机械师的要求选择相应的受电弓,升起受电弓后闭合主断路器,在进行升弓闭合主断路器操作前,应确认"准备未完"灯熄灭。

（8）确认网压在正常范围内。

（9）闭合"列控车载设备系统电源"开关,确认列控车载设备上电,总风压力大于780 kPa,复位紧急制动。

（10）车辆制动试验的时机(各铁路局集团公司自定)。

（11）进行制动试验。

（12）若设置,则撤除本端止轮器(装备有停放制动型动车组,将"停放制动"开关置于"释放"位)。

（13）断开车载无线通信设备(CIR)及"列控车载设备系统电源"开关,将制动手柄置于"拔取"位,拔出主控钥匙,退出司机室占用,确认操纵台各开关、手柄位置正确。

（14）离开司机室时确认司机室门窗锁闭。

2. 出库端

（1）进入操纵端司机室,检查及作业程序参照非操纵端。

（2）制动手柄置于"B6"及以下级位,输入列控车载设备、CIR有关数据。

（3）若设置,则撤除本端止轮器(装备有停放制动型动车组,将"停放制动"开关置于"释放"位)。

四、CRH3C型、CRH380B(L)型、CRH380BG型、CRH380BJ型动车组

(一)适用范围

用于指导CRH3C型、CRH380B(L)型、CRH380BG型、CRH380BJ型动车组司机作业。

(二)司机室检查作业程序

1. 非出库端(重联动车组重联端司机室除外)

（1）确认动车组型号正确。

（2）进入非出库端司机室。

（3）检查左侧安全保护开关柜内各开关均在"闭合"位(闭合"列控车载设备系统电源"

开关),司机室操纵手柄及开关位置正确,检查故障开关柜内各开关位置正确(列控车载设备隔离开关在"运行"位、列控车载设备冗余开关在"1"系或"2"系、接地钥匙在"开"位)。

(4)开启蓄电池后,占用司机室,通过智能显示器 HMI 显示确认配置正确,发现当前故障信息及时通知随车机械师或动车所调度。

(5)根据随车机械师的要求选择相应的受电弓,升起受电弓后闭合主断路器。

(6)根据需要选择"网侧电流限制"。

(7)确认列控车载设备(ATP)、车载无线通信设备(CIR)启动正常。

(8)进行制动试验。

(9)确认停放制动施加,断开"列控车载设备系统电源"开关,方向开关、牵引手柄置"0"位,确认智能显示器 HMI 屏换端标识后拔出主控钥匙,退出司机室占用。

(10)离开司机室时确认司机室门窗锁闭。

2. 出库端

(1)进入司机室,检查及作业程序参照非出库端。

(2)输入列控车载设备(ATP)、车载无线通信设备(CIR)有关数据。

五、CRH380CL 型动车组

(一)适用范围

用于指导 CRH380CL 型动车组司机作业。

(二)司机室检查作业程序

1. 非出库端(重联动车组重联端司机室除外)

(1)确认动车组型号正确。

(2)进入非出库端司机室。

(3)检查左侧安全保护开关柜内各开关均在"闭合"位(闭合"列控车载设备系统电源"开关),司机室操纵手柄及开关位置正确,检查故障开关柜内各开关位置正确(列控车载设备隔离开关在"运行"位、列控车载设备冗余开关在"1"系或"2"系、接地钥匙在"开"位)。

(4)投入司机室主控钥匙,开启蓄电池开关。

(5)激活司机室,通过智能显示器 HMI 显示确认配置正确,发现当前故障信息及时通知随车机械师或动车所调度。

(6)根据随车机械师的要求选择相应的受电弓,升起受电弓后闭合主断路器。

(7)确认列控车载设备(ATP)、车载无线通信设备(CIR)正常启动。

(8)车辆制动试验的时机。

(9)进行制动试验。

(10)确认停放制动施加,断开"列控车载设备系统电源"开关,方向开关置"0"位,确认换端标志出现,退出司机室占用。

(11)离开司机室时确认司机室门窗锁闭。

2. 出库端

(1)进入操纵端司机室,检查程序及作业参照非操纵端。

(2)输入列控车载设备(ATP)、车载无线通信设备(CIR)有关数据。

六、CRH5 系列动车组

(一)适用范围

用于指导 CRH5A 型、CRH5G 型、CRH5J 型动车组司机作业。

(二)检查作业程序

1. 非出库端(重联动车组重联端司机室除外)

(1)确认动车组型号正确。

(2)进入非出库端司机室。

(3)确认司机室 QCA 柜各脱扣开关、旋钮开关位置正确。

(4)确认操纵台各开关位于"定"位,主手柄和方向手柄均在"0"位,恒速手柄在"="位,备用制动手柄在"缓解"位,备用制动开关阀在"关闭"位(操纵台左下部红色阀门在"水平"位)。列车运行监控装置(LKJ)、列控车载设备(ATP)、车载无线通信设备(CIR)、显示器 TD、显示器 TS、显示器 BPS 外观良好。

(5)闭合动车组蓄电池、车载无线通信设备(CIR)、列车运行监控装置(LKJ)电源,确认停放制动施加。

(6)投入主控钥匙、闭合主指令开关激活司机室,确认列车信息系统启动正常,列车编组正确,发现当前故障信息及时通知随车机械师或动车所调度。

(7)根据随车机械师的要求选择相应的受电弓,升起受电弓后闭合主断路器,在进行升弓合主断操作前应确认列控车载设备(ATP)自检完成,动车组保持安全环路闭合。

(8)通过显示器 TD 屏确认辅助变流器工作正常、充电机工作正常。

(9)确认车载无线通信设备(CIR)、列车运行监控装置(LKJ)、列控车载设备(ATP)启动正常,列车运行监控装置(LKJ)显示屏、列控车载设备(ATP)的显示屏 DMI 无"隔离"字样显示。

(10)确认总风压力达到 850 kPa 后,进行制动系统简略试验。

(11)闭合"灯测试"扳键开关,确认各显示灯显示正常、蜂鸣器报警正常。

(12)进入换端保持模式后,拔取主控钥匙,断开列车运行监控装置(LKJ)、车载无线通信设备(CIR)电源。

(13)离开司机室时确认侧窗、司机室门锁闭。

2. 出库端

(1)进入操纵端司机室,检查程序及作业参照非操纵端。

(2)输入车载无线通信设备(CIR)、列控车载设备(ATP)、列车运行监控装置(LKJ)有关数据,并将 IC 卡内揭示载入列车运行监控装置(LKJ)。

第十四章　动车组通信系统

第一节　GSM-R 系统组成及功能

一、GSM-R 系统结构

1. 蜂窝系统

当今的无线通信系统是有线网络和无线网络的结合体。在整个通信体系中,移动蜂窝网络既是一个独立的通信系统,也可以看作是公共电话网络(PSTN)或综合业务数字网(ISDN)的扩展部分。在蜂窝移动网络中,基站与移动台之间是无线连接,基站与交换机之间、交换机之间,都是有线连接。一个移动用户要想与另一个移动/固定用户进行通信,必须经过无线和有线两种传输过程。移动网络与固定网络之间的互联实现了用户在任何时间、任何地点与任何人进行通信的目标。蜂窝系统的组成如图 14-1 所示。

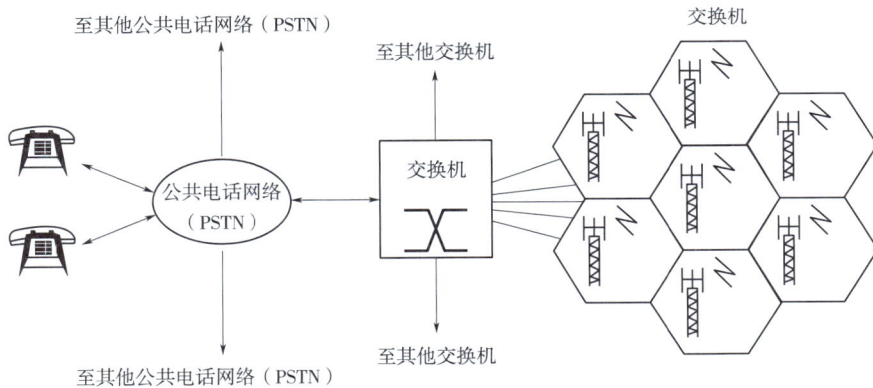

图 14-1　蜂窝系统组成

2. GSM-R 陆地移动系统

GSM-R 陆地移动系统是由一个管理者或专门的机构组织建立并执行操作的,它的目的是为铁路提供陆地移动通信的各种业务。GSM-R 陆地网络可以看作是某个固定网络的扩展,如综合业务数字网(ISDN);或者是一个采用统一编号方案的移动交换机(MSC)的集合。移动交换机(MSC)作为陆地移动网络和固定网络的接入单元。作为铁路专用的网络,GSM-R 可以有限地、有条件地与地面的公众或专用网络进行互连。

　　一个 GSM-R 陆地移动系统由若干个功能实体组成,这些功能实体所实现的功能的集合就是网络能够提供给用户的所有基本业务和补充业务,以及对于用户数据和移动性的操作和管理。GSM-R 陆地移动网络由三个子系统组成,其基本结构如图 14-2 所示。

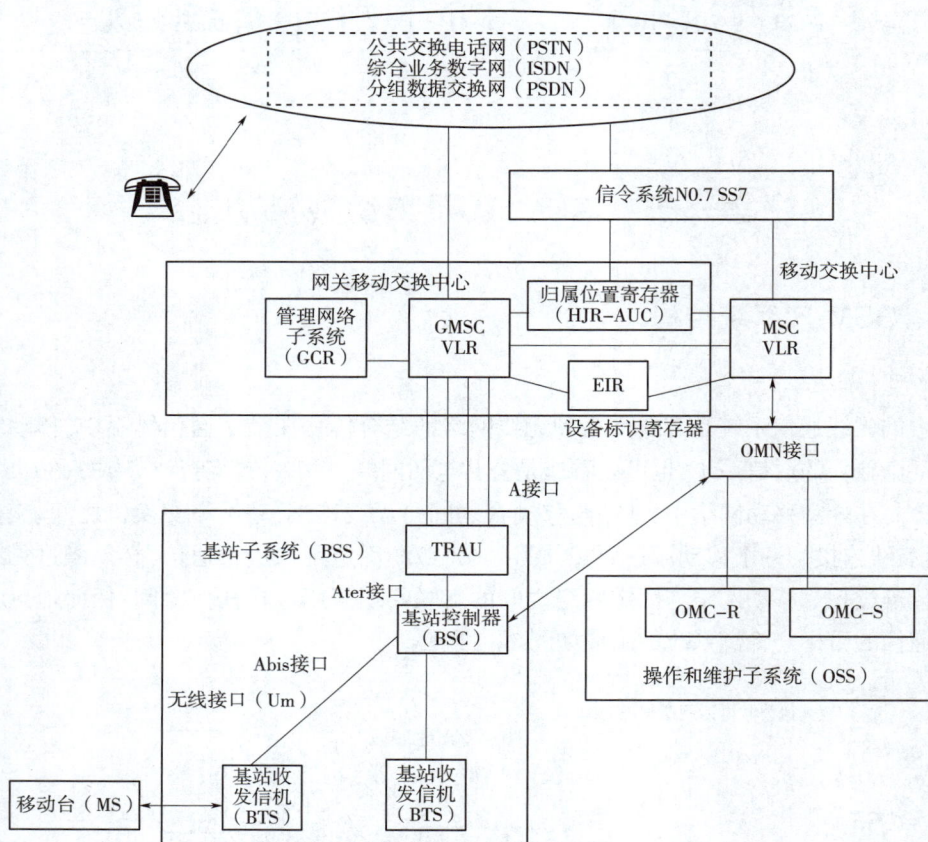

图 14-2　GSM-R 陆地移动网络基本结构

3. 各子系统功能

　　移动台是接入 GSM-R 网络的用户设备,包括移动终端(ME)和终端设备(TE),或通过终端适配器与移动终端(ME)连接的终端设备(TE)。移动台除了具有通过无线接口(Um)接入到 GSM-R 系统的一般处理功能外,还为移动用户提供了人机接口。

　　基站子系统(BSS)由一个基站控制器(BSC)和若干个基站收发信机(BTS)组成,基站收发信机(BTS)主要负责与一定覆盖区域内的移动台(MS)进行通信,并对空中接口进行管理。基站控制器(BSC)用来管理基站收发信机(BTS)与移动交换中心(MSC)之间的信息流。基站收发信机(BTS)与基站控制器(BSC)之间通过 Abis 接口通信。基站子系统(BSS)中还可能存在编码速率适配单元(TRAU),它实现了 GSM-R 编码速率向标准的公共交换电话网(PSTN)或综合业务数字网(ISDN)速率的转换。编码速率适配单元(TRAU)与基站控制器(BSC)通过 Ater 接口连接。

网络子系统(NSS)建立在移动交换中心(MSC)上,负责端到端的呼叫、用户数据管理、移动性管理和与固定网络的连接。网络子系统(NSS)通过 A 接口连接基站子系统(BSS),与固定网络的接口决定于互联网络的类型。

操作和维护子系统(OSS)是相对独立的子系统,为 GSM-R 网络提供管理和维护功能。它的具体功能由操作维护中心(OMC)来完成,其中无线子系统的操作维护中心(OMC-R)负责管理基站子系统(BSS),交换子系统的操作维护中心(OMC-S)负责管理网络子系统(NSS)。操作和维护子系统(OSS)主要提供移动用户管理、移动设备管理、网络操作和控制三类功能。

任何 GSM-R 陆地移动通信网络都必须与固定网络连接,一同完成移动用户与移动用户之间、移动用户与固定用户之间的通信。

组成 GSM-R 网络的各个子系统之间、基站子系统(BSS)与移动台之间、与固定网络之间的互联都提供了标准的接口。网络中的不同设备可以通过标准的接口来实现移动业务的本地和国际互连。

GSM-R 网络为支持基本业务提供以下功能:呼叫处理、用户身份的鉴权、紧急呼叫、语音组呼和语音广播、短消息业务、信令信息的加密。

除此之外,GSM-R 网络还为支持各种补充业务提供了相应的功能。

为支持蜂窝系统的操作提供以下功能:位置登记、切换、呼叫重新建立。

GSM-R 网络还具有网络管理功能和一些附加功能,如呼叫处理的排队、安全功能、不连续发送和接收(DTX/DTR)等。

与 GSM 网追求大用户系统容量不同,GSM-R 系统更侧重于系统的有效性,这是铁路特殊的需求,因此 GSM-R 在网络覆盖上有更多的重叠,网络设施也采用冗余备份。可选择将 GSM 系统的移动交换中心(MSC)、动态数据库(VLR)、设备标识寄存器(EIR)、管理网络子系统(GCR)、信令交换点(SSP)、归属位置寄存器(HLR)、鉴权中心(AUC)置于一个网元中,且随着网络的增长而分散到多个网元中,这样可以形成一个经济、便于维护的网络结构。

典型的基于 GSM/GSM-R 的铁路通信网与普通的 GSM PLMN 并没有大的区别,在其网络的网元、标准接口和连接的扩展上也没有大的区别。在公网的基础上引入一系列的新技术,即可用于铁路部门。铁路网与公网的主要区别在于由铁路网特殊需求引起的网络结构和规划上的区别。

二、GSM-R 主要功能

根据铁路沿线的情况,GSM-R 系统可以在沿铁路线采用链状覆盖,在车站及枢纽地区采用面状覆盖。为了满足铁路对传输的高可靠性需求,链状覆盖一般采用双重冗余的重叠小区结构,每两个基站(BTS)重叠覆盖一个小区(cell);面状覆盖采用多小区(或多扇区)蜂窝结构,每个基站(BTS)覆盖一个小区(cell),也可以采用重叠覆盖小区结构。

为实现相应的铁路通信的功能,GSM-R 通信协议在 GSM 协议的基础上,增加了语音组呼业务(VGCS)、语音广播呼叫业务(VBS)、增强多优先级与强拆(EMLPP)业务等铁路调度功能业务以及功能寻址、基于位置的寻址等服务,不仅可以实现 GSM 语音呼叫、短消息等功能,还能够实现铁路紧急呼叫、广播呼叫、组呼叫、多方通话、铁路功能号等铁路调度专用的铁路无线通信以及列车控制和调度命令的数据传输功能。

1. 语音组呼业务(VGCS)

语音组呼业务,即 VGCS(Voice Group Call Service),它是由多方参加,其中一部分人可以讲话,多方聆听的点对多点的语音通信方式,具有如下特点:

(1)组呼中,具有调度员身份的成员拥有一对上下行信道,可以随时讲话;

(2)不是调度员身份的成员共用一个上行信道,通过按下【PTT(Push-To-Talk)】键来争抢上行信道,抢占成功后方可讲话;

(3)组呼发起者或有调度员身份的成员可以拆除组呼,其余成员可以退出组呼,但是不可拆除该组呼;

(4)若组呼的发起者是移动台,该移动台拆除组呼时,必须是上行信道未被占用;

(5)组呼中若长时间无人讲话(没有争抢信道),则在一段时间后网络自动将该组呼拆掉;

(6)若组呼成员在通话过程中越出组呼区域,则自动退出组呼;若有移动用户进入组呼区域,则加入该组呼。

2. 语音广播业务(VBS)

(1)语音广播有自己的控制放大器(GCA)和组标识(GID);

(2)在控制放大器(GCA)内的该组成员都可以接听;

(3)发起者可以讲话,其余用户只能接听,不能讲话;

(4)组成员越出控制放大器(GCA)后自动退出该广播;

(5)组成员进入控制放大器(GCA)后可加入该广播;

(6)只有广播发起者可拆除广播,其余成员可退出广播。

3. 增强多优先级与强拆业务(EMLPP)

(1)网络给每一个呼叫分配固定的优先级,以参与网络资源的竞争与调配;

(2)资源抢占是指当网络没有空闲资源可用时,高优先级的呼叫将抢占低优先级所占用的资源;

(3)紧急组呼不可被强拆;

(4)根据呼叫的优先级可以设置呼叫自动应答。

4. 紧急组呼

(1)为保证铁路安全运行,设定紧急组呼以处理特殊情况;

(2)紧急组呼优先级为 0 级,不需要进行鉴权和加密;

(3)紧急组呼中,成员不能强行退出,且紧急组呼自动接听;

(4)通话完毕后,自动向网络发起 AC 确认,以记录该呼叫信息。

5. 功能寻址

功能寻址是指用户可以由他们当时所担当的功能角色,而不是他们所使用的号码来进

行寻址,具有如下特点:

(1)在网络中,要使用功能寻址需先开通 FollowMe 业务(把用户的功能和激活该功能的终端号码关联起来)和无条件呼叫前转业务;

(2)用户使用功能号码进行呼叫时,网络通过查询数据库找到功能号码对应的 MSISDN/ISDN 号码,以后的呼叫流程处理同 GSM 网。

6. 基于位置的寻址

基于位置的寻址是指由移动用户发起的用于特定功能的呼叫,路由到一个与该用户当前所处位置相关的目的地址。基于位置的寻址主要用于移动用户呼叫固定用户。例如:T59 司机在行车过程中呼叫调度员时,并不需要知道当前所在调度区段的调度员号码,只需按【调度】键,由设备发起 1200 短号码呼叫,网络将该呼叫路由到当前所在区段的调度员,接通呼叫。

第二节 机车综合无线通信设备功能

机车综合无线通信设备(以下简称 CIR),是新一代的无线通信车载电台,属于铁路 GSM-R 和 450 MHz 无线通信终端设备,是车—地之间语音和数据的传输通道。

CIR 由主机、操作显示终端(以下简称 MMI)、送受话器、扬声器、打印终端、天线及连接电缆等组成,如图 14-3 所示。

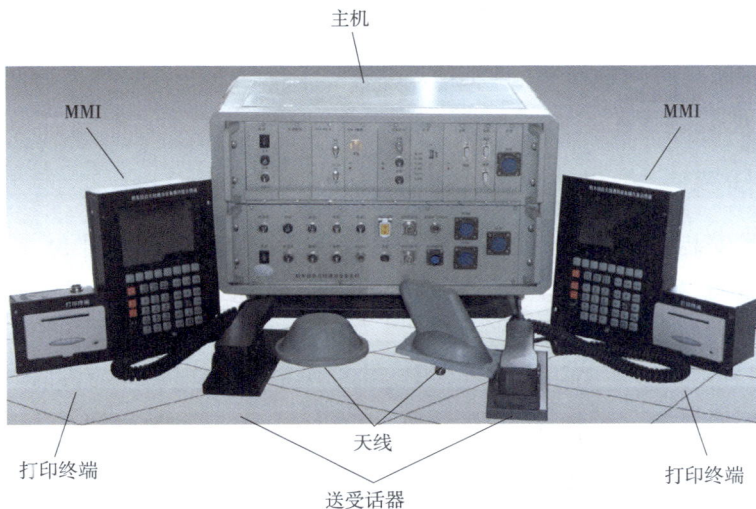

图 14-3 CIR 设备组成

一、MMI

MMI 由外壳、液晶显示屏、控制板和按键等组成,根据不同的安装需求,MMI 分为横向式和竖立式两种外形结构,如图 14-4 所示。功能及操作方法完全一样。

MMI 的按键分为可配置式按键、数字字母输入按键、功能按键和列尾按键,如图 14-5 所示。

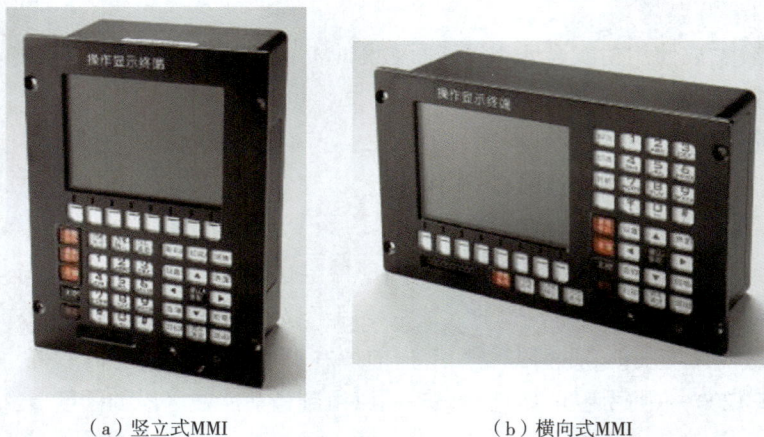

（a）竖立式MMI　　　　（b）横向式MMI

图 14-4　MMI 外形

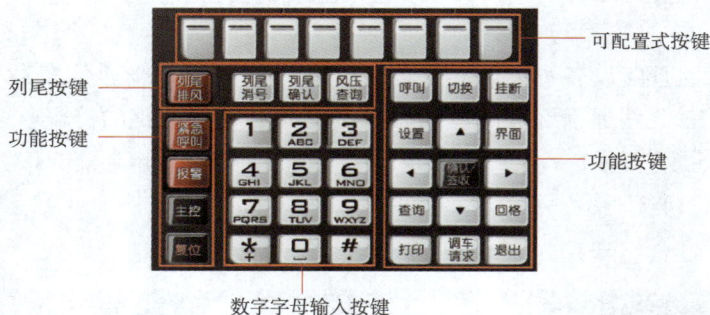

可配置式按键

列尾按键

功能按键

功能按键

数字字母输入按键

图 14-5　CIR 按键

二、送受话器

根据不同的安装需求,送受话器分为通用式和紧凑式两种型号(图 14-6)。送受话器配置有两个呼叫按键和一个 PTT 按键:当 CIR 工作在 450 MHz 模式下时,按键【Ⅰ】和按键【Ⅱ】分别用于呼叫"隧道车站"和"平原车站";工作在 GSM-R 模式下按键【Ⅰ】和按键【Ⅱ】分别用于呼叫"调度"和"车站";通话过程中,司机须按下【PTT】键才能讲话。

（a）通用式　　　　　　（b）紧凑式

图 14-6　CIR 送受话器

三、主　　机

主机由 A、B 两个子架组成。上部为 A 子架,包括主控单元、电源单元、GSM-R 话音单元、

GSM-R 数据单元、高速数据单元、GPS 单元、记录单元、电池单元等。下部为 B 子架,包括接口单元、450 MHz 机车电台单元、800 MHz 列尾和列车安全预警车载电台(以下简称 800 MHz 车载电台)单元等,如图 14-7 所示。

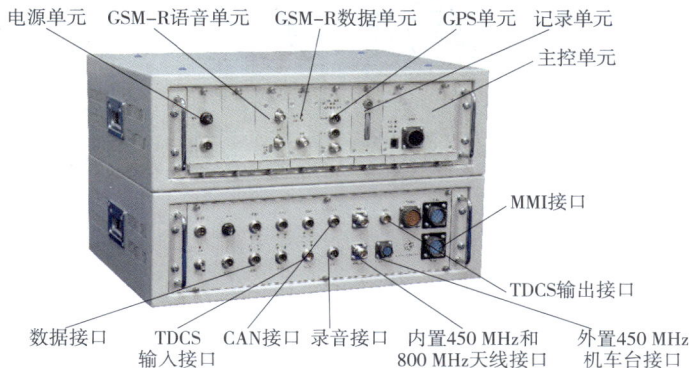

图 14-7　CIR 主机

各功能单元采用模块化设计,功能如下:

(1)主控单元完成对各功能模块单元的控制,实现设备的各项功能。

(2)电源单元为设备提供供电电源。

(3)GSM-R 话音单元在主控单元的控制下实现 GSM-R 调度通信功能。

(4)GSM-R 数据单元在主控单元的控制下实现 GSM-R 通用数据传输功能。

(5)高速数据单元可支持 IEEE-802.11b 标准中规定的通用数据传输功能。

(6)GPS 单元输出运行线路、工作模式等公用位置信息,并可输出 GPS 原始信息。

(7)记录单元对设备话音通信和数据通信的内容和过程进行记录和回放。

(8)电池单元在外部供电切断的情况下给设备供电,完成设备的关机功能。

(9)接口单元为数据、话音应用业务提供输入/输出接口。

(10)450 MHz 机车电台单元在主控单元的控制下完成 450 MHz 调度通信系统中机车电台功能。

(11)800 MHz 车载电台单元支持车载电台功能。

第三节　机车综合无线通信设备操作

一、开　机

动车组上电后,机车综合无线通信设备(CIR)应自动开机(如不能自动开机,应检查主机 A 子架和 B 子架面板上的电源开关是否开启)。大约 15 s 后,MMI 根据上次关机时的状态,自动进入 450 MHz 模式或 GSM-R 模式界面,如图 14-8 所示。

机车配置一套主机和两个 MMI,开机后,机车的两个 MMI 均处于副控状态,此时显示屏

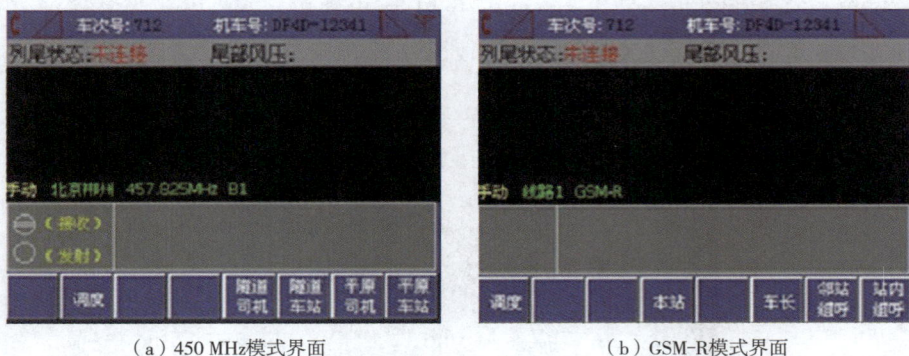

（a）450 MHz模式界面　　　　　　　（b）GSM-R模式界面

图 14-8　MMI 开机界面

下方可配置的 8 个按键上无文字显示或显示屏为灰色。按住任意一端 MMI 的【主控】按键 3 s，则此端 MMI 成为主操作端，可进行操作；另一端 MMI 可同步显示，只有【复位】【主控】【呼叫】等按键可以操作。若主机只接单个 MMI 时，开机后该 MMI 可自动进入主控状态。若不能自动进入主控状态，需进行司机按【主控】键 3 s 切换到主控状态。

　　动车组配置两台主机，每台主机只配套一个 MMI，所以在动车组某一端上电时，只有该端主机及 MMI 得电工作，不存在主控副控的问题，但部分动车组如 CRH5 型动车组在主机处设有 CIR 应急 MMI，该应急 MMI 会和司机操纵台上 MMI 同时得电开机，如操纵台 MMI 不能注册车次号、机车号等，应检查该 MMI 是否处于副控状态，如处于副控状态，按上述方法进行主副控切换。

二、MMI 界面及按键功能

（一）基本界面显示

　　MMI 主界面分基本信息显示区、列尾状态显示区、安全预警显示区、工作模式及运行线路显示区、调度通信状态显示区、功能按键显示区。MMI 界面显示区位置分布如图 14-9 所示。

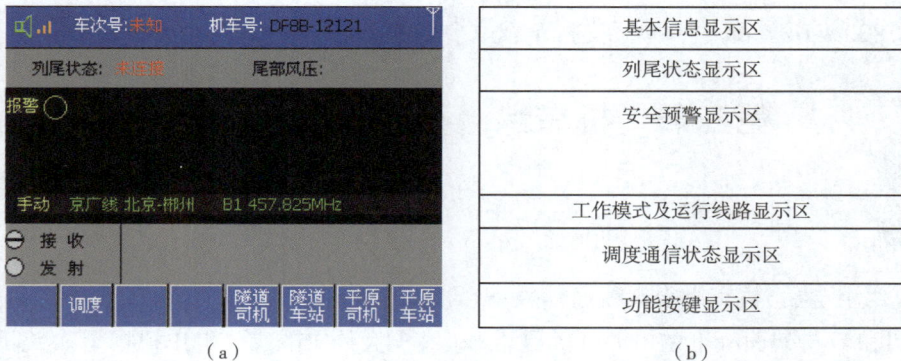

（a）　　　　　　　　　　　（b）

图 14-9　MMI 界面显示区

1. 基本信息显示区

基本信息显示区由左至右依次显示音量指示、当前的车次号、机车号、GSM-R 话音单元场强信息。

音量指示(喇叭)图标在挂机状态下显示扬声器音量,在摘机状态下显示听筒音量;车次号和机车号内容显示为白色时,表示功能号已注册,黑色时表示功能号未注册;右侧的 GSM-R 话音单元场强信息图标显示 GSM-R 话音单元接收到的网络信号强度。

车次号获取方式设定为"自动"时,"车次号:"字符为白色字体;车次号获取方式设定为"手动"时,"车次号:"字符为黑色字体。如果 GSM-R 数据单元已获取 IP 地址,右上角显示白色"G";GSM-R 数据单元处于重启、无接收信号、GPRS 网络附着、PDP 激活等过程时,符号"G"不显示,表示 GSM-R 数据单元不能正常进行 GPRS 数据传送。

2. 列尾状态显示区

显示与列尾相关的各种信息。主要信息包括列尾的连接状态、风压数值等。与不同制式列尾配合使用时,显示内容不同。动车组 CIR 设备该区无显示。

3. 安全预警显示区

显示列车安全预警信息。在机车综合无线通信设备(CIR)装备有列车防护报警设备(LBJ)时,此区域显示列车防护报警的各种状态提示信息。右上角显示卫星定位状态和当前时间(24 h 制),卫星定位信息有效时,当前时间显示为黄色;卫星定位信息无效时,当前时间显示为红色,如图 14-10 所示。

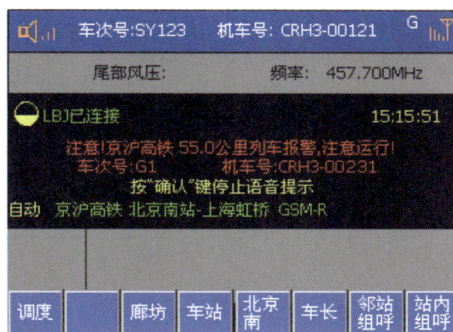

图 14-10　安全预警显示区

4. 工作模式及运行线路显示区

显示工作方式、线路名称、运行区段、工作模式等信息。

5. 调度通信状态显示区

显示调度通信的呼出、呼入、通话等状态信息,在 450 MHz 工作模式下,还显示 450 MHz 机车电台的收发状态,红色图标亮表示发射机发射,绿色图标上半圆亮表示接收到异频信号,下半圆亮表示接收到同频信号。

6. 功能键区

显示司机可单键发起呼叫的按键名称,在 450 MHz 模式下显示"调度""隧道司机""隧道车站""平原司机""平原车站",在 GSM-R 模式下显示"调度""车长""邻站组呼""站内组呼"以及根据列车运行位置显示的车站名称,如图 14-11 所示。

图 14-11　功能键区显示

（二）按　　键

MMI 下方是 23 个按键、10 个数字字母输入键及 2 个符号键组成的按键区，如图 14-12 所示。

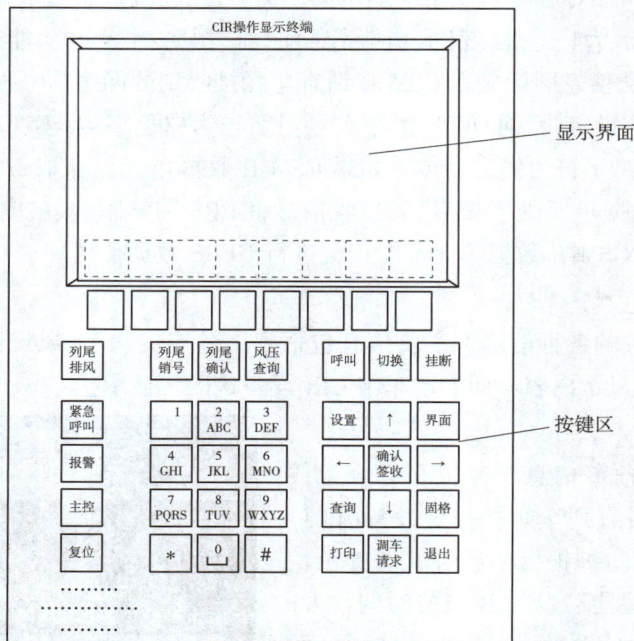

图 14-12　CIR 按键

各按键作用如下：

（1）【报警】：发送二次防护报警信息。

（2）【紧急呼叫】：发起紧急呼叫。

（3）【复位】：按下 3 s 以上对 CIR 进行重启。

（4）【主控】：实现副控到主控的切换。

（5）【呼叫】：拨号后按该键进行呼叫。

（6）【切换】：通话中与等待中的电话之间切换。

（7）【挂断】：挂断通话，灰底黑字。

（8）【数字及字母】按键：拨号、输入车次号、机车号等。

（9）【设置】：进入设置界面。

（10）【界面】：界面之间的切换。

（11）【查询】：查询调度命令等。

（12）【回格】：删除已输入的字符。

（13）【打印】：打印调度命令等。

（14）【调车请求】：发送调车请求。

（15）【退出】：返回上级界面。

（16）【←】【↑】【→】【↓】：移动光标调节音量，翻页等。

（17）【确认/签收】：确定选择信息、调度命令签收等。

（18）【列尾排风】【列尾销号】【列尾确认】【风压查询】：完成列尾功能。其中，【列尾排风】按键颜色为红底白字；【列尾销号】【列尾确认】【风压查询】按键颜色为灰底黑字（注：动车组不用）。

三、工作模式选择

（一）自动选择线路

在 MMI 主界面下按【设置】键，进入设置界面，如图 14-13 所示。

根据屏幕提示按方向键将光标移动到"2、运行区段"，也可以按数字键【2】快速定位至选项，按【确认/签收】键进入"线路选择"界面（图 14-14）。移动光标到"1、自动"，再次按【确认/签收】键，此时 CIR 设置为线路自动切换模式。

CIR 将根据位置信息自动在 450 MHz 和 GSM-R 两种工作模式间切换，在 450 MHz 模式下可自动转换工作制式和频点；在 GSM-R 模式下可自动变换功能按键显示区的车站名称。在自动模式下如果卫星定位信息失效，主界面工作模式及运行线路显示区"自动"两字红色闪烁。

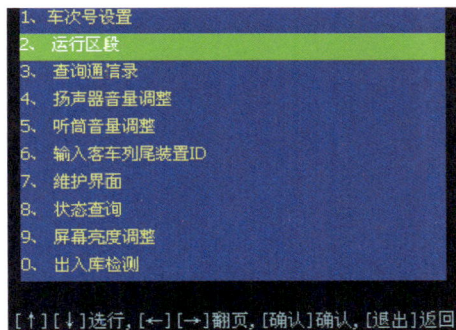

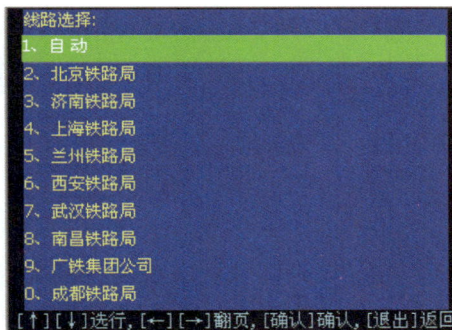

图 14-13　设置界面　　　　图 14-14　线路选择界面—自动方式

（二）手动选择线路

在 MMI 主界面下按【设置】键，进入设置界面，选择"2、运行区段"，按【确认/签收】键进入"线路选择"界面，此时屏幕上会列出所有的路局。选择路局后按【确认/签收】键，此时屏幕上列出该路局全部运行线路（图 14-15）。选中线路后，再次按下【确认/签收】键，即可转到相应运行线路的工作模式。手动选择线路后，工作模式不随位置信息自动变化；在 GSM-R 工作模式下，如果选择线路与 GPS 输出线路一致，车站名称根据位置信息变化；如果选择线路与 GPS 输出线路不一致，则不显示车站名称，同时主界面工作模式及运行线路显示区"手动"两字黄色闪烁。

（三）运行线路选择

除以上所述自动、手动选择线路的方式外，还有在自动工作方式下人工选择运行线路及模式的方式,即:当 MMI 发出语音提示"通信转换,请选择线路"时,司机可按【切换】键调出线路选择界面,选择运行线路,如图 14-16 所示。

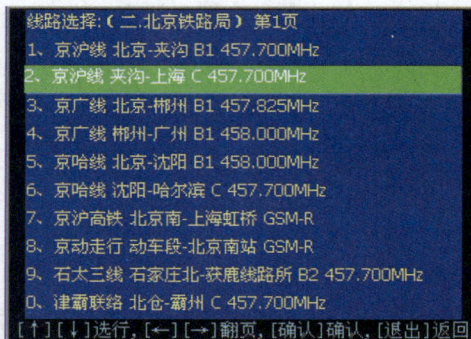

图 14-15　线路选择界面(手动方式)

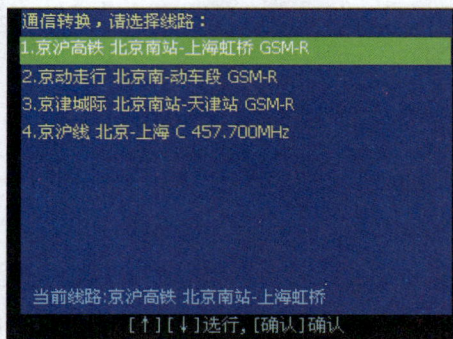

图 14-16　运行线路选择界面

四、车次号注册和确认

CIR 在 GSM-R 模式下必须进行车次号注册,在 450 MHz 模式下必须进行车次号设置。

(一)车次号注册

1. GSM-R 模式下,在主界面下按【设置】键,进入设置界面。将光标移动至"1、车次功能号注册"并按【确认/签收】键(图 14-17)。根据 MMI 屏幕下方的提示,手动输入车次号后按【确认/签收】键,从随后弹出的选择机车牵引任务状态界面上选择"本务机"或"补机"(图 14-18)。再次按下【确认/签收】键后 CIR 即向 GSM-R 网络注册车次功能号,如图 14-19 所示。

2. 450 MHz 模式下,设置车次号的操作过程与 GSM-R 模式下的注册过程一样,但【确认/签收】后不进行功能号注册,如图 14-20 所示。

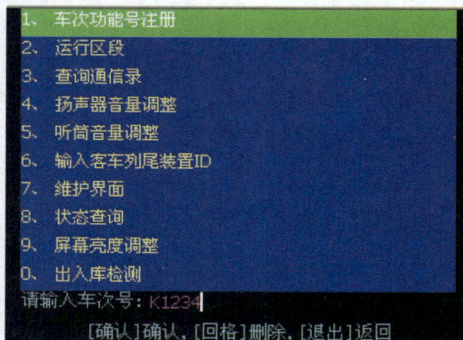

图 14-17　输入车次号

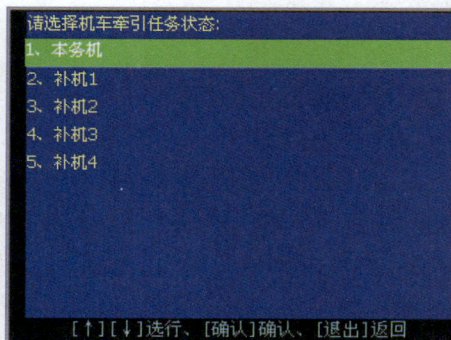

图 14-18　选择机车牵引任务状态

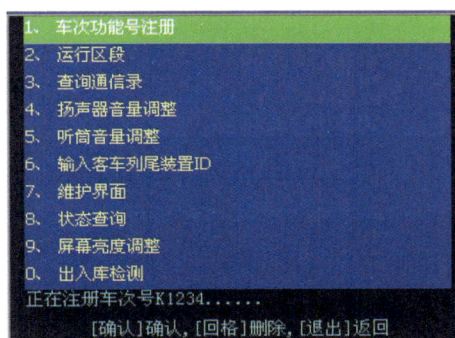

图 14-19　注册车次号

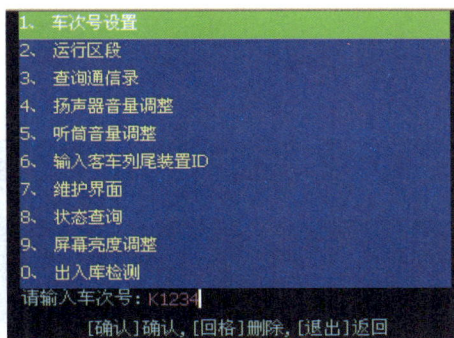

图 14-20　设置车次号

（二）车次号确认

1. 车次号获取方式设定为自动时（在 CIR 设备的维护界面，增加了车次号获取方式的"手动""自动"功能选项，由铁路局集团公司管理部门确定"手动""自动"方式），当出现下列情况时，CIR 设备在车次号注册界面（GSM-R 工作模式）或车次号设置界面（450 MHz 工作模式）分别给出界面显示和语音提示（图 14-7、图 14-20），语音提示为"请确认车次号"。

（1）LKJ 装置由非通常工作状态（原称"非监控状态"）转入通常工作状态（原称"监控状态"）时，CIR 未设定车次号或 LKJ 输出的车次号与 CIR 当前设定的车次号不一致；

（2）LKJ 处于通常工作状态，列车折角运行时，LKJ 输出的车次号发生变化且与 CIR 当前的车次号不一致；

（3）LKJ 处于通常工作状态，CIR 复位重启后 LKJ 输出的车次号与 CIR 保持的当前车次号不一致。

在车次号注册或设置界面（图 14-17、图 14-20），司机应确认界面上的车次号是否与图定车次号一致。若一致直接按【确认/签收】键确认，不一致时可通过按【回格】和【数字/字母】键等进行修改，再按【确认/签收】键确认，后续操作不变。

2. 车次号获取方式设定为手动时，LKJ 状态转换或列车折角运行车次号变化，CIR 均不会自动给出车次号注册界面或车次号设置界面显示和语音提示。车次号须由司机在指定的地点手动输入图定的车次号，操作过程与车次号的注册、设置方法相同。

五、通　话

（一）GSM-R 通话

GSM-R 通话分为 CIR 与调度员通话，与车站值班员通话，与列车长或车辆乘务员、随车机械师通话，邻站组呼，站内组呼，紧急呼叫和广播。

1. 与调度员通话

在主界面下按【调度】键呼叫该区段列车调度员，通话过程中需要按下【PTT】键讲话，如图 14-21 所示。

有调度员呼入时,在 MMI 上显示呼叫方信息并伴有振铃提示(振铃声),此时司机摘机即可进行通话,如图 14-22 所示。

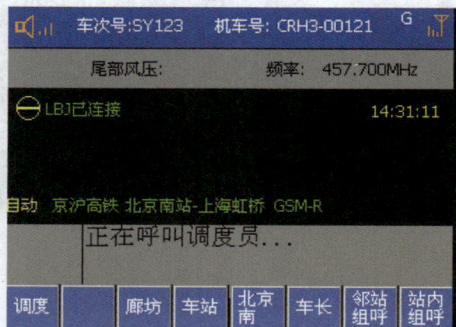

图 14-21　与调度员通话

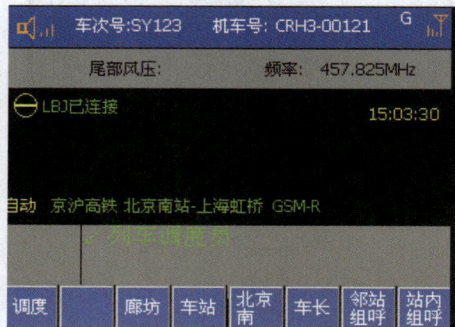

图 14-22　与调度员通话

2. 与车站值班员通话

司机根据功能按键显示区显示的站名按下相应的按键,可以呼叫车站值班员(图 14-23),通话过程中需要按下【PTT】键讲话。

有车站值班员呼入时,在 MMI 上显示呼叫方信息并伴有振铃提示(振铃声)。

3. 邻站组呼

在主界面下按【邻站组呼】键可以发起邻站组呼,呼叫列车所在位置的相邻三个车站及站间区间的相关用户。

在通话过程中,需要讲话时按下【PTT】键,当看到屏幕显示送受话器图标时即可讲话,送受话器图标显示不可用时不能讲话,如图 14-24 所示。

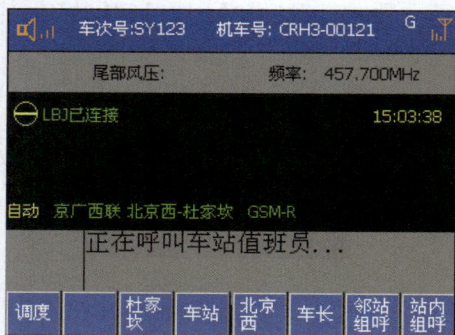

图 14-23　CIR 呼叫车站值班员

(a)可以讲话

(b)不能讲话

图 14-24　组呼中按下【PPT】键时是否可以讲话状态显示

有邻站组呼呼入时,CIR 自动加入通话,此时屏幕显示组呼呼入信息,扬声器播放话音。结束邻站组呼时,发起方司机按下【挂断】键或直接挂机。

4. 站内组呼

主界面下按【站内组呼】键,发起站内组呼,呼叫列车所在的车站基站区内相关用户

（图 14-25）。通话过程与邻站组呼一样。

有站内组呼呼入时，CIR 自动加入通话，此时屏幕显示组呼呼入信息，扬声器播放话音。

在通话过程中，需要讲话时按下【PTT】键，当看到屏幕显示送受话器图标时即可讲话，送受话器图标显示不可用时不能讲话（图 14-24）。站内组呼通话过程中，司机按下【挂断】键或直接挂机，CIR 可以主动退出站内组呼。

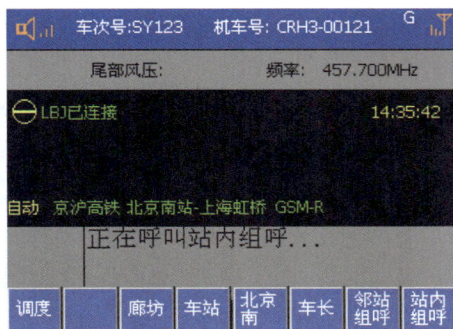

图 14-25　CIR 发起站内组呼

5. 铁路紧急呼叫

司机按下【紧急呼叫】键，发起铁路紧急呼叫。此时 CIR 若处于其他通话状态，退出正在进行的通话并优先发起铁路紧急呼叫。

有紧急呼叫进入时，CIR 自动加入通话，此时屏幕显示呼入信息，扬声器播放话音。在通话过程中的操作与组呼相同。

结束紧急呼叫时，发起方司机按下【挂断】键或直接挂机。

铁路紧急呼叫为最高优先级的组呼，接收方不能自己退出，除非呼叫发起方主动结束呼叫或由调度员人工拆除。

注意：司机必须慎用铁路紧急呼叫功能。

6. 接收广播呼叫

有广播呼入时，CIR 自动接听，此时屏幕显示广播呼入信息，扬声器播放话音。广播过程中，只能收听不能讲话。

7. 拨号呼叫

除以上单键发起呼叫外，司机还可以直接输入被叫方的功能号或电话号码，按【呼叫】键发起呼叫，如图 14-26 所示。

8. 重　拨

主界面下按【呼叫】键，屏幕上显示司机上一次拨打过的号码，按【回格】键可修改或重新输入号码，再次按【呼叫】键能够方便地进行重拨。

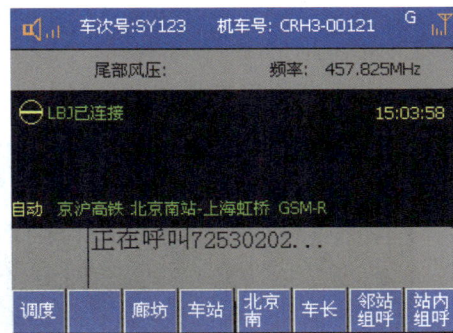

图 14-26　拨号呼叫

9. 通讯录呼叫

在 MMI 主界面下按【设置】键，进入设置界面，选择"3、查询通讯录"，按【确认/签收】键进入"通讯录"界面，此时屏幕上会列出所有的铁路局集团公司。选择路局后按【确认/签收】键，此时屏幕上列出该铁路局集团公司全部运行线路。选中线路后，再次按下【确认/签收】键，即会显示该条线路（区段）的调度员、车站值班员的电话号码（图 14-27）。移动光标选中需要呼叫的调度员或车站值班员，按【确认/签收】键发起呼叫，如图 14-28 所示。

进行通讯录查询时，在通讯录最后一页倒数第一行显示本线路（区段）车站值班员的短号码,倒数第二行显示本线路(区段)调度员的短号码(图 14-29)。选择相应的短号码按【确认/签收】键发起呼叫。

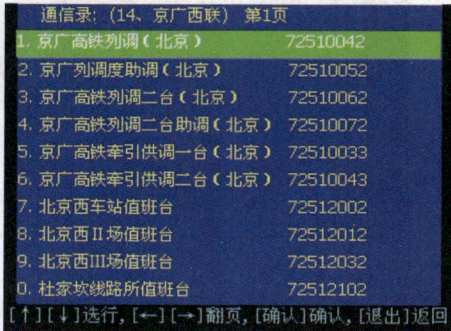

图 14-27　通讯录界面

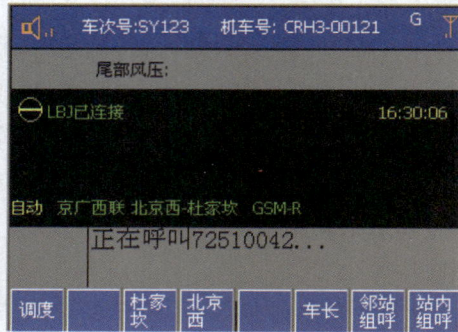

图 14-28　从通讯录发起呼叫

(二)450 MHz 通话

1. 450 MHz 主呼

在守候状态下摘机,根据需要呼叫的对象按下屏幕下方相应的按键即可以发起呼叫。通话过程中需要按下【PTT】键讲话,如图 14-30 所示。

2. 450 MHz 被呼

450 MHz 状态下被呼时,通过扬声器可听到对方的话音,此时摘机即可与对方通话,若未摘机,则通话将在 10 s 钟左右后自动挂断。通话过程中需要按下【PTT】键讲话,如图 14-31 所示。

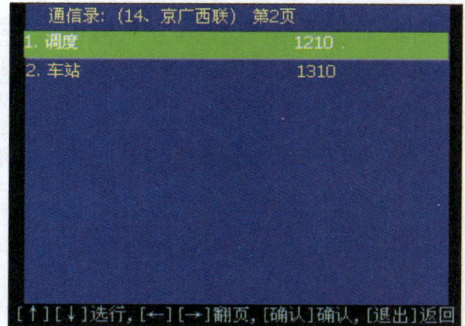

图 14-29　通讯录界面

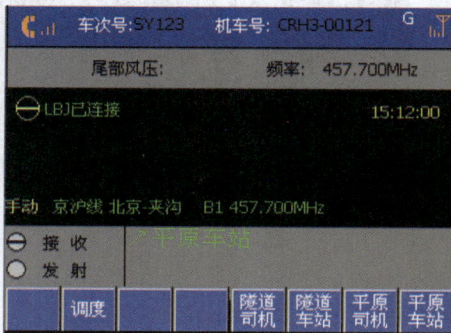

图 14-30　主呼(与平原车站通话中)

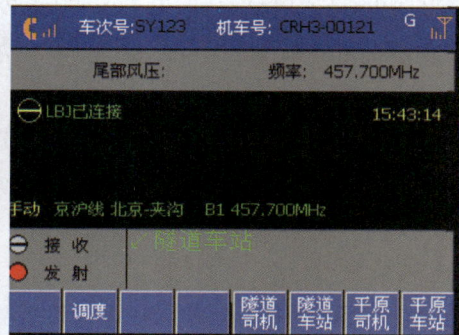

图 14-31　被呼(与隧道车站通话中)

六、线路转换

CIR 的工作方式为自动时,由卫星定位单元根据当前运行位置来确定 CIR 的工作模式。当列车运行过程中 CIR 无法区分两条及以上的运行线路,需要进行线路选择时,MMI 发出语音提示"通信转换,请选择线路",司机按【切换】键调出线路选择界面(图 14-32),选择运行线路。

在运行过程中,如果 CIR 判断列车的实际运行线路与司机选择的运行线路不符,MMI 自动弹出运行线路确认界面并提示"请确认线路",司机重新选择运行线路。

在线路选择界面选择某条运行线路后,长按【确认/签收】键 3 s 可以锁定该条线路,MMI 主界面当前运行线路及工作模式的后方显示黄色

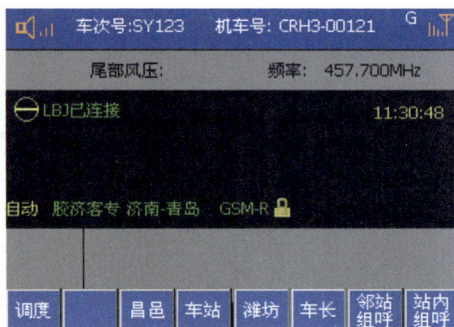

图 14-32 锁定选择线路状态显示界面

"🔒"标志。锁定线路后,经过后续的线路选择区域时,若可选择的线路中包含司机已锁定的线路则 MMI 将不再发出"通信转换,请选择线路"的语音提示。

司机锁定选择了某条运行线路后,在出现以下条件之一时,CIR 退出线路锁定状态,清除"🔒"标志:

(1)按【切换】键调出线路选择界面,按【确认/签收】键重新正常选择运行线路;

(2)列车驶离司机锁定的线路,卫星定位单元已重新定位到新的运行线路时。

七、调度命令信息

调度命令信息包含调度命令、行车凭证、列车进路预告等信息。其中,列车进路预告是应用最多的一种调度命令信息,该信息由 CTC 设备自动向辖区内的运行列车发送。

(一)调度命令显示界面介绍

MMI 调度命令显示界面分为调度命令信息显示区和调度命令正文内容显示区,如图 14-33 所示。

调度命令信息显示区:此区域显示凭证名称、调度命令编号、发令处所、调度命令发布时间、车次号和机车号、调度命令签收状态等信息。

调度命令正文内容显示区:此区域显示调度命令正文内容、接收时间、接收地点、签收时间、签收地点等信息。CIR 连续 10 s 未能获取 TAX 装置(或 DMS 设备)的公里标信息时,接收地点或签收地点信息显示"----"。

(二)阅读和签收

CIR 接收到调度命令信息后,MMI 显示接收到的调度命令信息,MMI 发出提示语音,如"调度命令,请签收"。司机阅读完调度命令信息后按【确认/签收】键签收。较长的调度命令会分页显示,司机应阅读完后再签收。如果未阅读至最后一页按【确认/签收】键,MMI 会提示"请阅读完再签收"。调度命令信息显示(最后一页),如图 14-34 所示。

调度命令优先显示功能"关闭"时,在调度命令信息签收 10 s 后显示界面将自动退回到主界面;调度命令优先显示功能"开启"时,在调度命令信息签收完之后保持在调度命令信息界面,可以按【退出】或【界面】键返回主界面。

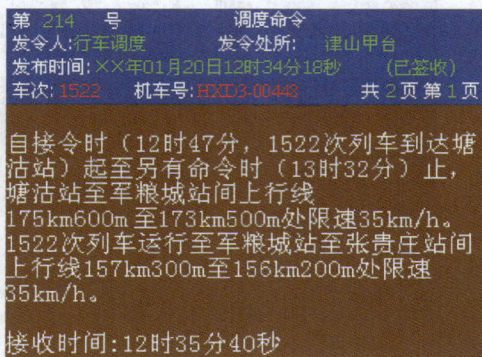

图 14-33　调度命令显示界面示例

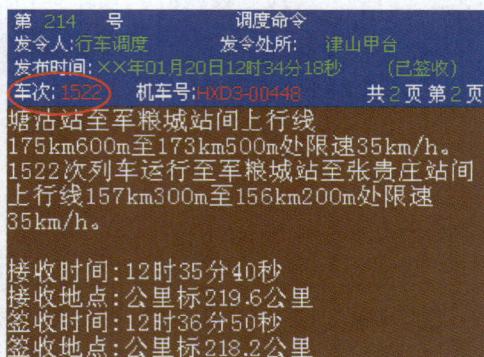

图 14-34　多页调度命令(最后一页)

未签收的调度命令信息每间隔 15 s 重复显示,提醒司机签收。

如果调度命令信息已签收,按上、下方向键可实现本条调度命令信息翻页,当本条调度命令信息显示至第一页时,按向上方向键将显示前一条调度命令(图 14-35)。当本条调度命令信息显示至最后一页时,按向下方向键将显示后一条调度命令信息,如图 14-36 所示。

(三)打　印

在调度命令界面下,按【打印】键,打印终端即打印当前显示的调度命令信息。

(四)查　询

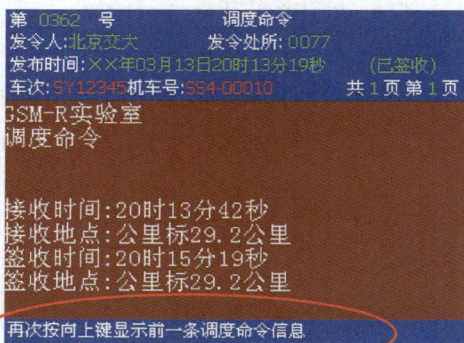

图 14-35　提示按向上方向键将显示前一条调度命令界面

在主界面下按【查询】键,进入查询界面。移动光标选择要查询的调度命令信息类型,然后按【确认/签收】键,屏幕上即显示查询到的调度命令信息索引列表,将光标移动到要查看的条目上按【确认/签收】键,即可查看该条调度命令信息的全部内容,如图 14-37 所示。

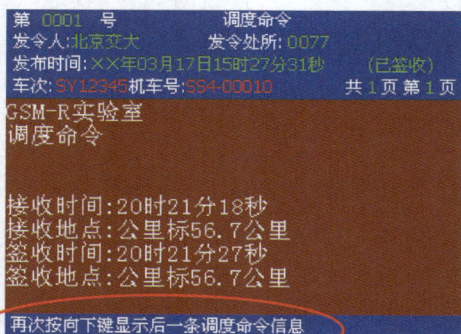

图 14-36　提示按向下方向键将显示后一条调度命令信息

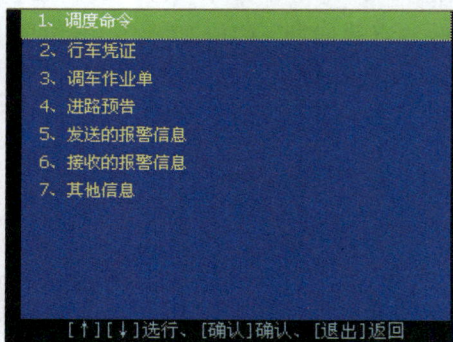

图 14-37　调度命令查询界面

在主界面下按【界面】键,可切换显示 CIR 最新接收到的调度命令信息。

八、列车防护报警设备(LBJ)

(一) LBJ 常态显示

CIR 可以通过 LBJ 发送和接收列车防护报警信息和列车防护报警解除信息,还可以接收施工防护报警信息、道口报警信息等其他报警信息。

CIR 开机加电后,在 MMI 主界面安全预警显示区文字提示"LBJ 已连接",如图 14-38 所示。

报警主界面里的圆形区域为工作状态指示灯,上半圆标识发送报警状态、下半圆标识接收报警状态,具体情况如图 14-39 所示。

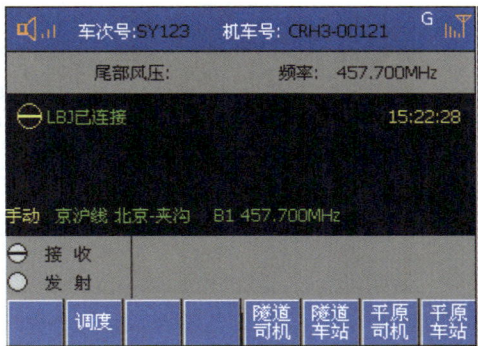

图 14-38　报警主界面　　　图 14-39　报警主界面工作指示灯

①两个黄色的半空心圆表示 LBJ 未发送过列车防护报警信息,也未接收过报警信息;

②一个黄色的上半实心圆和一个黄色的下空心圆表示 LBJ 已发送过列车防护报警信息,未接收过报警信息;

③一个黄色的上半空心圆和一个黄色的下实心圆表示 LBJ 未发送过列车防护报警信息,但已接收过报警信息;

④一个黄色的上半实心圆和一个黄色的下实心圆表示 LBJ 已发送过列车防护报警信息,也接收过报警信息。

以上②、③、④情况,需要维护人员读取 LBJ 数据后,才能变回黄色圆环。

如果 CIR 未连接 LBJ,MMI 报警主界面提示"LBJ 未连接",如图 14-40 所示。

如果 LBJ 列车防护报警功能关闭,MMI 报警主界面提示"报警功能已关闭"(图 14-41),报警功能关闭后 LBJ 不再接收防护报警信息,也不能发送列车防护报警信息。

(二) 发送列车防护报警信息

注意:列车防护报警信息只能在停车状态发送!

1. 通过 MMI 启动发送列车防护报警信息

当 MMI 处于主界面或调度命令信息显示界面时,持续按下 MMI 的【报警】按键 3 s

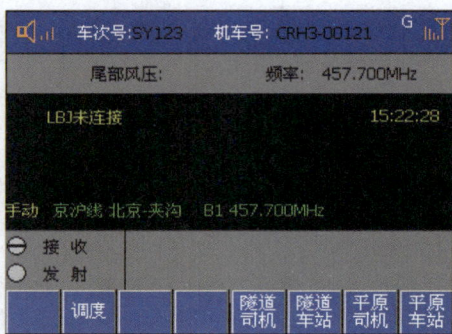

图 14-40　LBJ 未连接界面

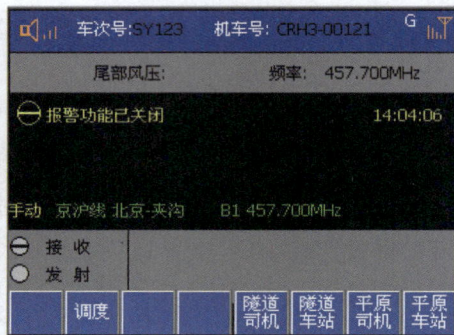

图 14-41　LBJ 报警功能已关闭界面

以上,MMI 发出语音提示:"按确认键发送报警信息",同时 MMI 主界面安全预警显示区出现提示信息:"按'确认/签收'键发送报警信息,按'退出'键返回",并显示 8 s 倒计时,如图 14-42 所示。

在随后的 8 s 内:

(1)按【确认/签收】按键,满足条件时,LBJ 开始发送列车防护报警信息。

(2)按【退出】按键,清除提示信息。

(3)没有任何操作,8 s 计时到,清除提示信息。

按【确认/签收】键后,如果 LBJ 能通过 TAX

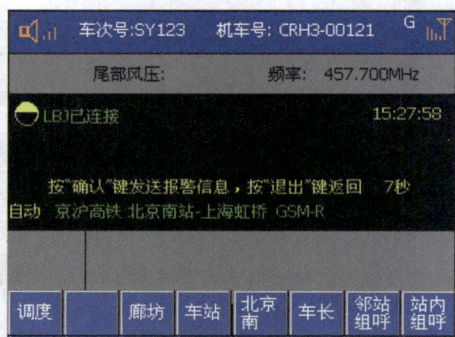

图 14-42　持续按【报警】键 3 s 状态显示界面

装置或 DMS 设备获取到有效的速度信息,判断列车当前速度为 0 时(列车处于停车状态),LBJ 启动发送列车防护报警信息,LBJ 随机间隔 5~10 s 以无线方式发送列车防护报警信息,MMI 发出间歇的蜂鸣音,同时主界面"安全预警显示区"的工作状态指示灯(采用红色实心圆)每 1 s 闪烁一次,并用红色文字显示"本车正在发送报警信息!",黄色文字显示"再次按下'报警'按键 3 s 后解除报警"(图 14-43);LBJ 判断列车当前速度不为 0 时(列车处于运行状态),LBJ 应向 MMI 回送无法启动防护报警的反馈信息,MMI 主界面显示"非停车状态下禁止发送防护报警信息!"(图 14-44),显示 5 s 后自动清除。

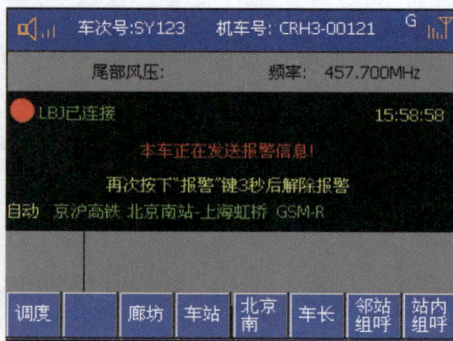

图 14-43　在发送报警信息界面

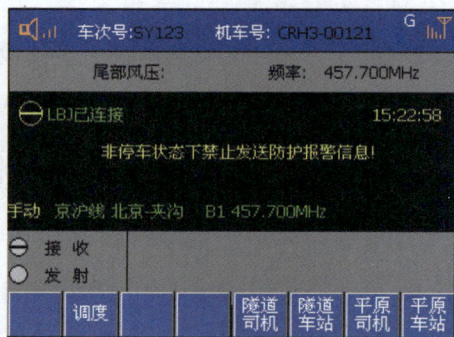

图 14-44　非停车状态下禁止发送防护报警信息界面

2. 通过 CIR 主机启动发送列车防护报警信息

紧急情况下,可通过 CIR 主机面板的【报警】按键启动发送报警信息。持续按下主机面板【报警】按键 3 s 后,【报警】按键指示灯变为长亮,松开【报警】按键,如果列车处于停车状态 LBJ 将启动发送列车防护报警信息,主机面板【报警】按键指示灯每 1 s 闪亮一次,MMI 发出间歇的蜂鸣音,主界面"安全预警显示区"的工作状态指示灯(采用红色实心圆)每 1 s 闪烁一次,并用红色文字显示"本车正在发送报警信息!",黄色文字显示"再次按下主机'报警'键 3 s 后解除报警",如图 14-45 所示。

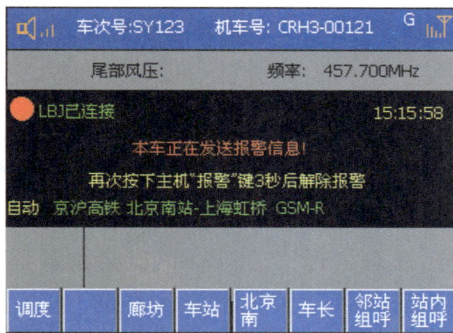

图 14-45　发送防护报警信息时
状态显示界面

(三)解除列车防护报警信息

1. 通过报警按键解除

由 CIR 主机面板【报警】按键触发的报警,只能通过 CIR 主机面板的【报警】按键解除;由 MMI【报警】键触发的报警,可通过处于主控状态 MMI 的【报警】键解除报警,也可通过 CIR 主机面板的【报警】按键解除报警;手动解除报警时,LBJ 以无线方式发送列车防护报警解除信息。

发送列车防护报警信息后,当再次按下主控 MMI 的【报警】键 3 s 后,LBJ 以无线方式发送列车防护报警解除信息,MMI 发出 5 s 连续蜂鸣提示音,主界面安全预警显示区用红色字体显示"列车防护报警已解除!",同时状态指示灯(红色实心圆)继续闪烁 5 s(图 14-46)。5 s 后 MMI 自动停止蜂鸣提示音,清除文字显示,状态指示灯黄色长亮(黄色上半实心圆)。

使用主机面板【报警】按键解除报警时,持续按下【报警】键 3 s 后,【报警】按键指示灯由闪亮

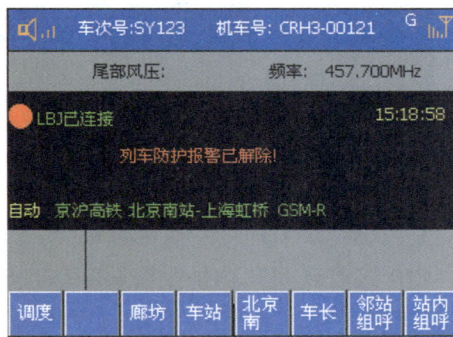

图 14-46　列车防护报警解除界面

变为长亮,松开【报警】按键后,LBJ 以无线方式发送列车防护报警解除信息,【报警】按键指示灯熄灭,MMI 发出 5 s 连续蜂鸣提示音,主界面安全预警显示区用红色字体显示"列车防护报警已解除!",同时状态指示灯(红色实心圆)继续闪烁 5 s。5 s 后 MMI 自动停止蜂鸣提示音,清除文字显示,状态指示灯黄色长亮(黄色上半实心圆)。

2. 列车移动自动解除列车防护报警

发送列车防护报警信息时,如果 LBJ 可通过 TAX 装置(或 DMS 设备)获取到有效的速度信息,对速度值进行判断,当速度值大于 5 km/h、连续运行时间大于 30 s 时,LBJ 自动停发

防护报警信息（不发送列车防护报警解除信息），MMI 停止蜂鸣音提示，MMI 界面显示并语音提示"注意！列车移动，报警自动解除！"，如图 14-47 所示。

（四）接收列车防护报警信息

CIR 接收到列车防护报警信息时，MMI 每间隔 5 s 发出一次语音提示"注意！收到列车报警信息，注意运行！"，主界面"安全预警显示区"工作状态指示灯（黄色下半实心圆）每 1 s 闪烁一次，报警内容用红色字体显示，如图 14-48 所示。

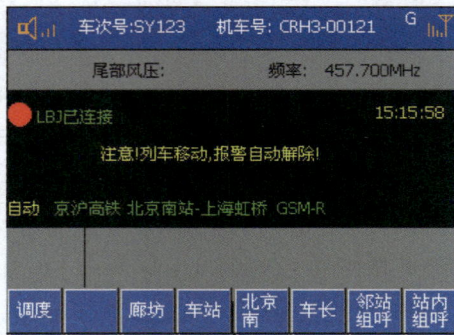

图 14-47　列车移动报警自动解除状态显示界面

司机可以按下【确认/签收】键确认，确认后不再进行语音提示，主界面报警信息内容改为黄色字体显示，并添加"已确认"文字显示，状态指示灯变为长亮（采用黄色的下半实心圆），如图 14-49 所示。

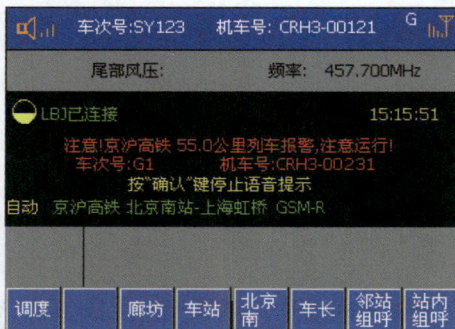

图 14-48　收到列车防护报警信息后 MMI 显示界面

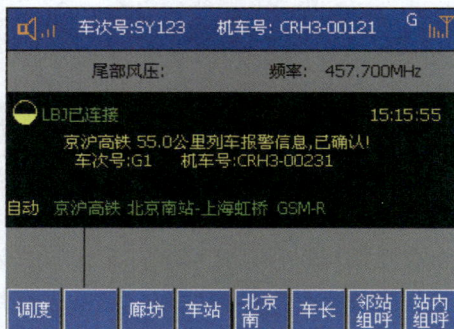

图 14-49　报警信息已确认后 MMI 显示界面

（五）接收列车防护报警解除信息

CIR 接收到列车防护报警解除信息后向 MMI 转发，MMI 发出两次语音提示："注意！列车报警解除，注意运行！"，MMI 主界面安全预警显示区用红色字体显示报警解除信息内容（图 14-50）。两次语音提示结束后自动清除报警解除信息显示，工作状态指示灯变为长亮（采用黄色下半实心圆）。

注：CIR 接收到施工防护报警信息、道口报警信息等其他报警信息的处理方法与列车防护报警相同。

（六）查询列车防护报警信息

在主界面下按【查询】键，进入查询界面。移动光标选择查询发送或接收的报警信息（图 14-51）。然后按【确认/签收】键，屏幕上即显示接收或发送的报警信息列表（图 14-52）。将光标移动到要查看的条目上按【确认/签收】键可查看报警信息具体内容，如图 14-53 所示。

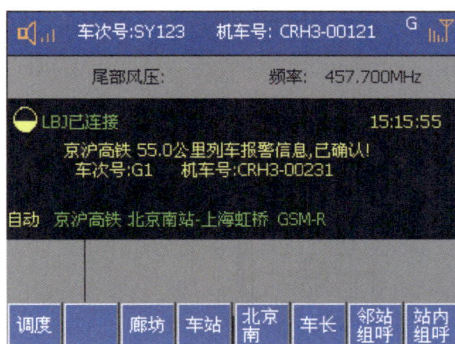

图 14-50　收到防护报警解除信息
后 MMI 显示界面

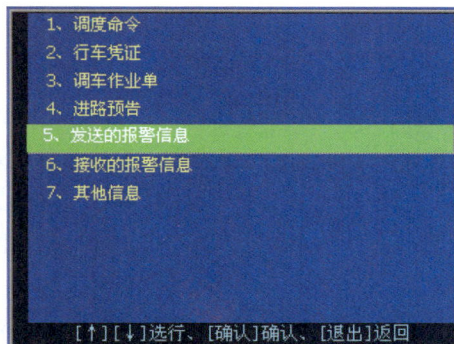

图 14-51　信息查询界面

图 14-52　已发送的报警信息显示界面

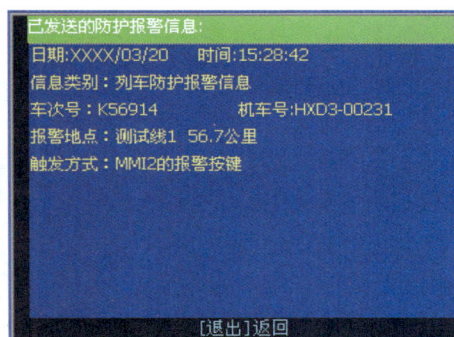

图 14-53　已发送的报警信息内容显示界面

九、注意事项

1. 司机离车前一定要将送受话器挂好。

2. 离车前,或动车组换端时,司机需手动注销车次功能号。注销过程如下:在设置界面下选择"1、车次功能号注销",按【确认/签收】键后 MMI 屏幕下方显示是否确认注销的提示,按【确认/签收】键,CIR 即向网络注销车次功能号。车次功能号注销后,关闭机车电源。机车电源关闭后 MMI 会语音提示"注意,LBJ 3 min 后关机",5 min 内 CIR 自动断电。

3. 未安装 LKJ 设备的 CRH380 系列动车组及其他型号动车组 ATP 在非监控模式运行时,CIR 设备能正常发起列车防护报警。

4. 启用列车防护报警功能后,司机在开车前应正确选择线路。

5. 误按 MMI【报警】键,在 8 s 内 MMI 接收并显示进路预告、调度命令等信息时严禁按【确认/签收】键,待过 8 s 后再按键确认。

第四节　GSM-R 手持终端操作

GSM-R 手持终端按键如图 14-54。

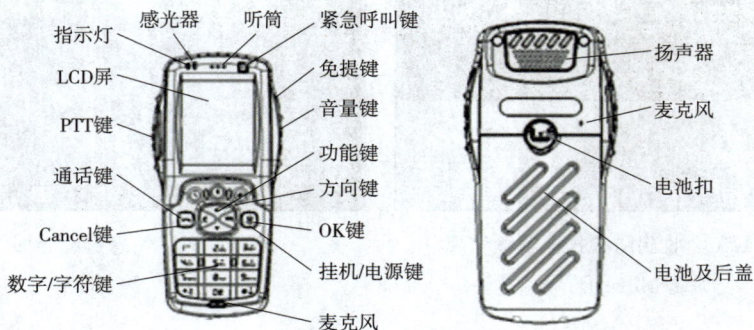

图中标注（左侧自上而下）：指示灯、感光器、听筒、紧急呼叫键、免提键、音量键、功能键、方向键、OK键、挂机/电源键、麦克风；LCD屏、PTT键、通话键、Cancel键、数字/字符键；（右侧）扬声器、麦克风、电池扣、电池及后盖

图 14-54　GSM-R 手持终端按键

一、关键按键介绍

1.【C】键：删除或者退出：当输入字符错误时，可以按【C】键删除字符；当要退出某一菜单时，可以按【C】键退出。

2.【OK】键：确认或者进入下一步操作，屏幕处于主页面状态时，直接按【OK】键可以进入主菜单操作。

3. 上下方向键：可以实现上下移动或者是左右移动。

4. 三个圆形的功能键：在电话呼叫中分别对应屏幕上方的组呼、广播和点对点的呼叫，在进行某些菜单操作（例如功能号注册）时，按功能键【Ⅰ】可以实现调出选项菜单的功能。

5.【PTT】键：在组呼呼叫中使用，长按【PTT】键可以抢占话语权，或者在占据话语权后进行持续的说话。

6.【紧急呼叫】键：为一个红色的内陷按钮，长按紧急呼叫键可发起紧急呼叫，切断组呼区域内的所有正在进行的通话，所以没有必要发起紧急呼叫时，切勿随意触碰该按钮。

二、功　能　号

（一）功能号注册

根据铁路工作者担当的职能角色和功能定义相应的功能号，通过呼叫功能号能够快速与手持终端用户取得联系，无须记忆手持终端号码。

功能号注册方法如图 14-55、图 14-56 所示。

1. 开机后，点击【OK】键，选择"GSM-R 功能"选项；

2. 点击【OK】键，选择"功能号管理"选项；

3. 点击【OK】键，选择"注册"选项；

图 14-55　功能号注册

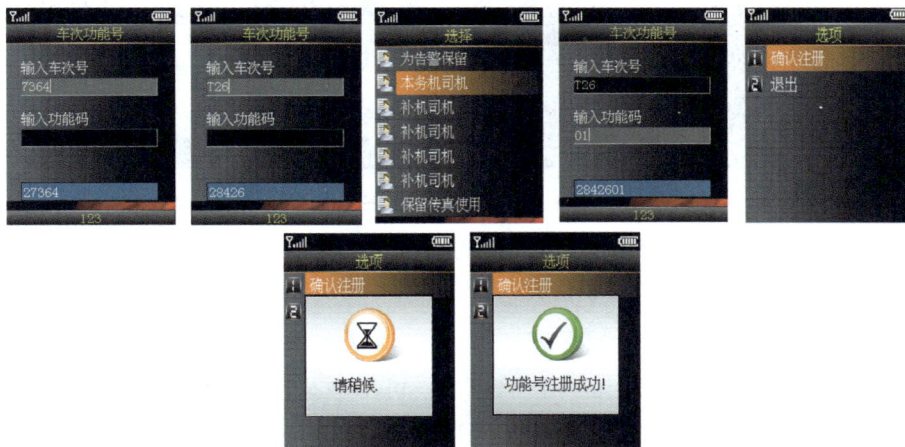

图 14-56　功能号注册

4. 点击【OK】键,选择"功能号注册向导"选项;

5. 点击【OK】键,选择"车次功能号"选项;

6. 点击【OK】键,输入"车次功能号",若输入的"车次功能号"为纯数字,则直接按键输入(界面显示为"123"数字输入);

若输入的"车次功能号"开头为大写字母,则按右下角【#】键,切换输入法至"Abc"大写英文字母输入法,输入英文字母后,再按【#】键,切换回"123"数字输入,输入数字;

7. 整个"车次功能号"输入完毕后按向下方向键【▼】,进入"输入功能码"输入框,按功能键【Ⅰ】,选择具体职能,按【OK】键,则"输入功能码"框出现具体的功能码,再次按【OK】键,选择"确认注册",按【OK】键注册成功后结束。

(二)功能号的注销

注册了功能号的手持台在某些情况下需要用户注销其功能号,例如:

1. 同一用户的角色发生了改变,使用的还是同一部手持台,例如用户原本为 T26 次列车的本务机司机,现在变为 7364 次列车的本务机司机,这时需要注销掉手持台原来的 T26 次列车本务机司机的功能号,重新注册 7364 次列车的本务机司机的功能号,如不注销,新的 T26 次列车本务机司机将无法注册车次功能号。

2. 同一部手持台,用户更换了,新用户的职能、角色都与先前用户不同,例如 T26 次列车的本务机司机将手持台交给车站值班员使用。

3. 手持台关机时将自动注销功能号。

手动注销功能号的过程如图 14-57 所示。

按【OK】键→选择"GSM-R 功能"→按【OK】键进入→选择"功能号管理"→按【OK】键进入→选择"注销"→按【OK】键进入→选择要注销的功能号→按【OK】键→再次按【OK】键确认。

图 14-57　功能号注销

机车功能号、车号功能号、维修及调度组功能号与调度功能号的注册与注销过程与车次功能号相同,用户根据自己担当的职责自行选择。

(三) 常用号码维护

在此菜单中,用户可以对常用的车次号、车号、机车号、功能号进行添加、修改、删除等操作,在这里所输入的车次号等会在其他相关菜单操作时作为选择列表。

首次使用常用号码维护功能,以维护常用车次号为例:

点击【OK】键→选择"GSM-R 功能"→点击【OK】键→选择"常用号码维护"→选择"维护常用车次号"→点击【OK】键→点击【OK】键确认添加→输入车次号及存储位置(存储位置也可以不输入采用默认位置)→点击【OK】键→选择"保存并退出"→点击【OK】键,如图 14-58所示。

图 14-58　常用车次号维护

注意:如果列表中已经有添加的号码,可以在任意号码上点击【OK】键打开操作菜单,然后进行号码的添加或对此号码进行修改、删除等操作。常用功能号不用于呼叫,仅用于功能号注册时使用。

三、电话呼叫

(一) 点对点呼叫

点对点呼叫即为直接拨打对方的手机号码,两个人之间进行的通话,该种通话与普通民用手机通话相似,是目前铁路上用得最多的通话方式。

点对点呼叫方式,如图 14-59 所示。

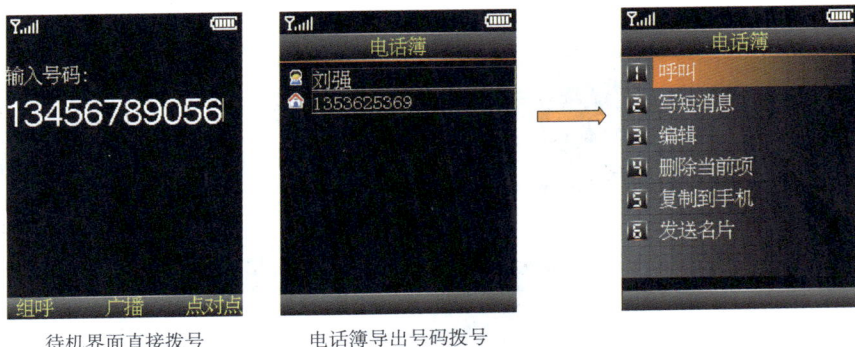

待机界面直接拨号　　　电话簿导出号码拨号

图 14-59　点对点呼叫

1. 可直接按数字键盘输入电话号码,或者从电话簿中导出电话号码;

2. 直接按通话键,或者按屏幕右下角显示的"点对点"下方正对的功能键Ⅲ。

(二)铁路通讯拨号

在此项菜单中进行六种铁路专用号码呼叫,能提供一定的向导和列表查找功能,降低用户记忆号码的难度。

点击【OK】键进入【主菜单】→【GSM-R 功能】→【铁路通讯拨号】,如图 14-60 所示。

图 14-60　铁路通讯拨号

(三)快速拨号

此菜单提供了一个短号码的拨号界面,并且为输入的短号码提供了识别功能,当在输入框中输入了正确的短号码后系统会在屏幕下方提示该号码对应文字说明,便于正确地呼叫。也可以按功能键【Ⅰ】在 SIM 卡短号码列表中进行选择,选定后按【OK】键或通话键均可进行呼出操作,如图 14-61 所示。

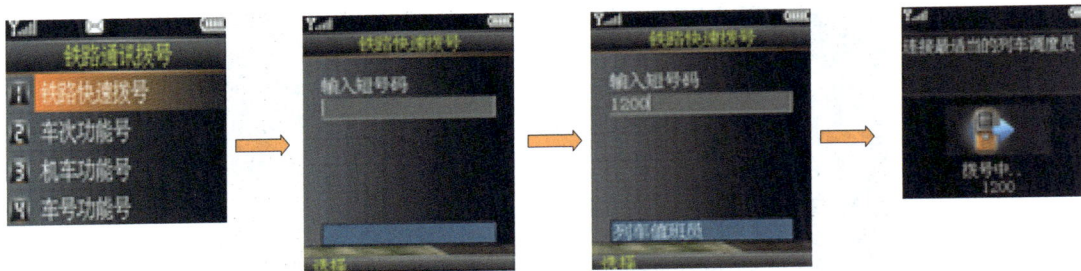

图 14-61　快速拨号

(四)车次功能号的呼叫

如果需要呼叫某车次上的工作人员,则选择此项菜单。可在"输入车次号"下面的窗口中输入车次号,在"输入功能码"下面的窗口中输入代表职位的功能码,或按功能键【Ⅰ】选择功能码。最终呼出的号码将会在屏幕下端进行提示,按【OK】键或【呼出】键进行呼出操作,如图 14-62 所示。

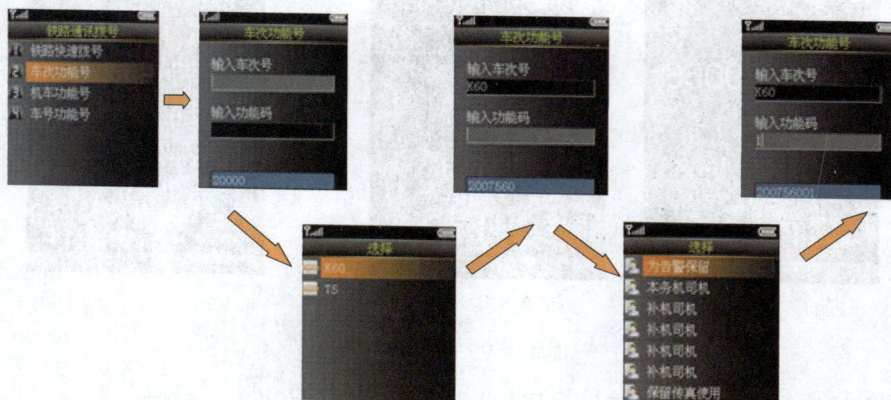

图 14-62 车次功能号呼叫

注意:车次功能号可由用户维护,如果已经有维护的车次号列表,在这里则可以按功能键【Ⅰ】打开列表进行选择。车次号的输入维护可以参考"常用号码维护"项。机车功能号、车号功能号的维护同车次功能号。

四、组呼呼叫

(一)语音组呼 VGCS

一种由多方参加,其中一部分可以讲话,多方聆听的点对多点语音通信方式,能够快速建立呼叫。

1. 组呼呼叫方式

(1)在待机状态下,直接输入组呼号码,根据屏幕下方的提示,按功能键【Ⅰ】发起组呼,如图 14-63 所示。

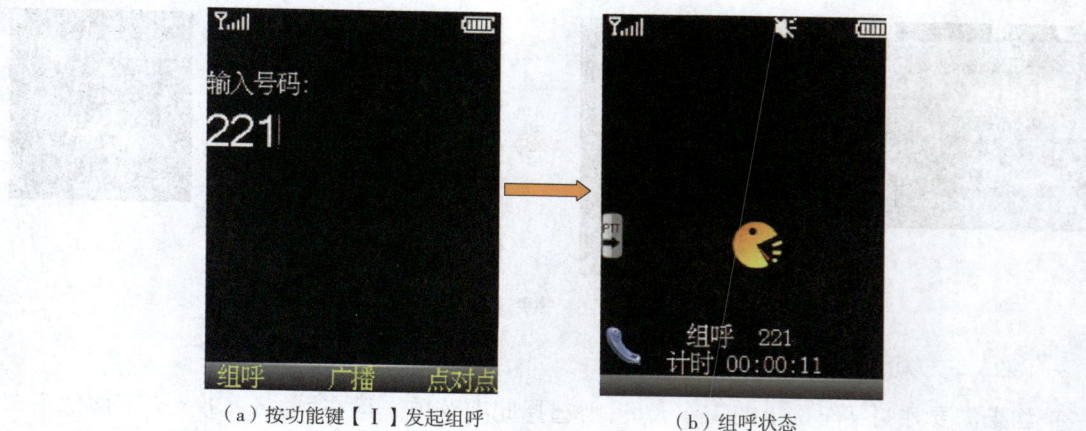

(a)按功能键【Ⅰ】发起组呼   (b)组呼状态

图 14-63 组呼呼叫

（2）通过菜单发起组呼

点击【OK】键进入【主菜单】→【GSM-R功能】→【组呼/广播】→【发起组呼】进行操作，如图14-64所示。

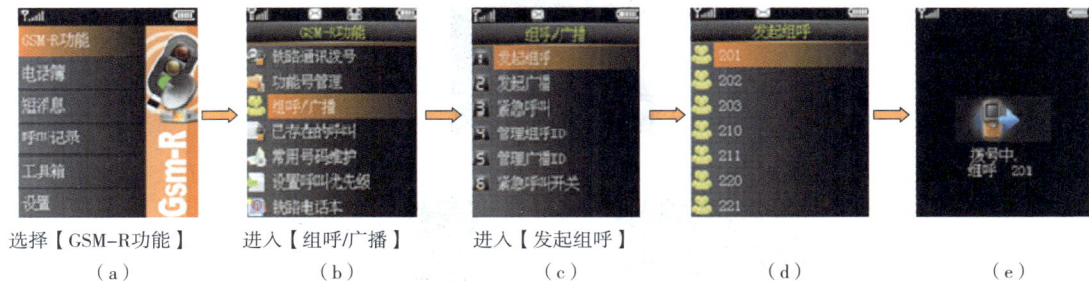

选择【GSM-R功能】　进入【组呼/广播】　进入【发起组呼】
（a）　　　（b）　　　（c）　　　（d）　　　（e）

图14-64　通过菜单发起组呼

（3）点击【OK】键进入【主菜单】→【GSM-R功能】→【组呼/广播】→【已存在的呼叫】菜单，或者在待机界面直接按功能键【Ⅱ】进入【已存在的呼叫】菜单，选择希望加入的组呼，按【OK】键或通话键加入，如图14-65所示。

图14-65　已存在的组呼

2. 组呼过程中抢占"讲话权"

组呼进行时，同一时间只有一个用户可以讲话（调度员除外），其他用户则为接听，组呼中须持续按住【PTT】键占用"讲话权"。

图16-66（a）：该状态【PTT】键为橙黄色，表明"讲话权"空闲，无人讲话。此时用户可按【PTT】键抢占"讲话权"，抢占成功即刻转入图14-66（b）讲话状态，其他用户转入图14-66（c）听话状态。

图16-66（b）：该状态【PTT】键为暗灰色，屏幕中央出现"卡通嘴巴"图样，表明自己已抢到"讲话权"，可以讲话。此时其他用户处于图14-66（c）接听状态。

图16-66（c）：该状态【PTT】键为暗灰色，屏幕中央出现"卡通耳朵"图样，表明组内其他成员已抢到"讲话权"，表明自己处于聆听状态。讲话方处于如图14-66（b）所示的讲话状态。

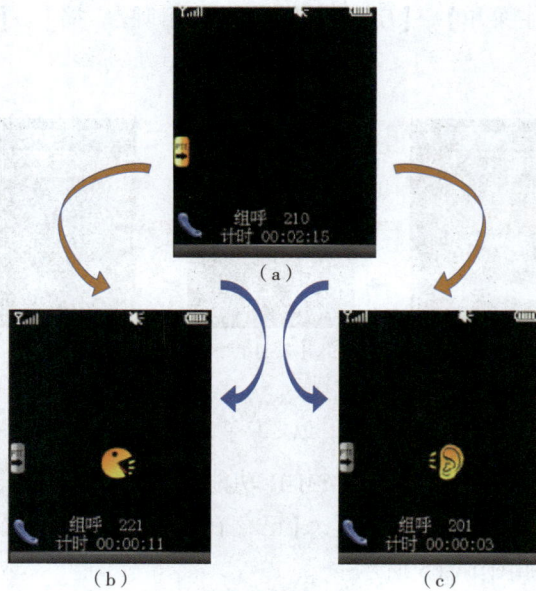

图 14-66　抢占"讲话权"

(二)退出组呼

1. 组呼发起者可以退出组呼,操作过程如图 14-67 所示。

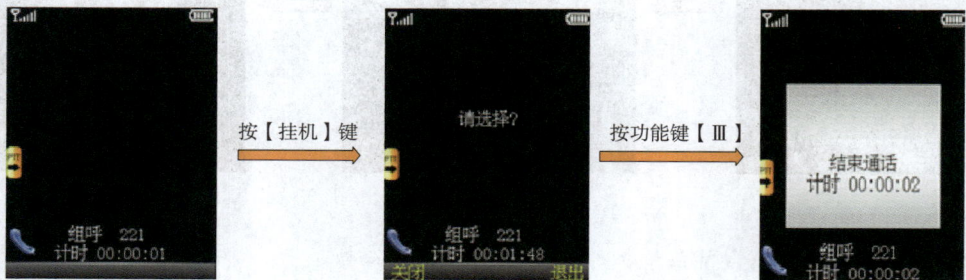

图 14-67　退出组呼

在组呼进行中按【挂机】键,屏幕提示功能键【Ⅰ】为"关闭",功能键【Ⅲ】为"退出",按功能键【Ⅲ】可以退出组呼。

2. 非组呼发起者可以直接按【挂机】键退出组呼,如图 14-68 所示。

注意:对于一些高优先级的组呼,如紧急呼叫,不允许用户退出组呼。

(三)结束组呼

组呼发起者可以结束组呼,操作过程如下:在组呼进行中按【挂机】键,屏幕提示功能键【Ⅰ】为"关闭",功能键【Ⅲ】为"退出",按功能键【Ⅰ】可以关闭组呼,结束本次组呼。

注意:调度员亦可结束组呼,其他非组呼发起者无法结束组呼,只能退出组呼。

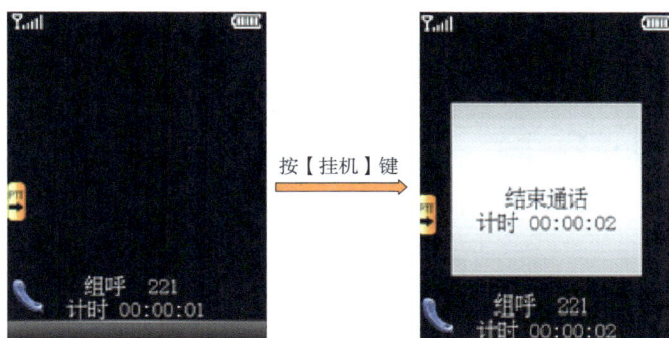
图 14-68　退出组呼

(四) 发起广播

在待机状态下,输入广播号码,根据屏幕下方的软键提示按功能键【Ⅱ】发起广播,如图 14-69 所示。

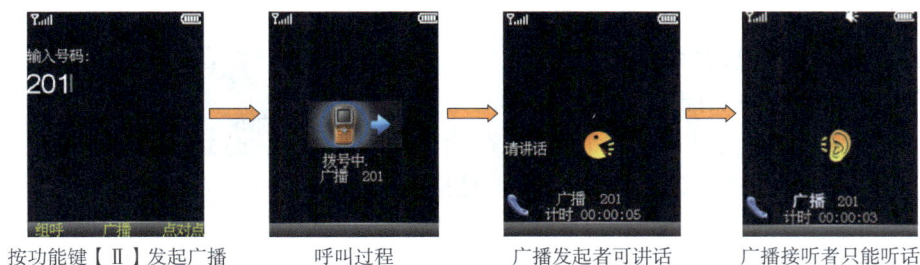

按功能键【Ⅱ】发起广播　　呼叫过程　　广播发起者可讲话　　广播接听者只能听话
图 14-69　发起广播

注意:在待机界面输入不正确或者未激活的组呼/广播号码时,屏幕下方将不提示组呼或广播发起的软键,将无法发起该组呼或广播。

(五) 加入广播

可以通过以下途径加入广播:

1. 在收到广播振铃时选择加入广播;

2. 得知广播正在进行,在待机界面输入该广播号码按【通话】键或功能键【Ⅱ】,手机会自动加入此广播;

3. 进入【主菜单】→【GSM-R 功能】→【组呼/广播】→【已存在的呼叫】菜单,选择希望加入的广播,按【OK】键或通话键加入。

(六) 退出广播

广播的接听者可以按【挂机】键直接退出广播。

(七) 结束广播

广播的发起者可以按【挂机】键直接结束广播。

第十五章 列车运行控制系统

第一节 CTCS 系统组成与分级

CTCS 是为了保证列车安全运行,并以分级形式满足不同线路运输需求的列车运行控制系统。

一、CTCS 系统体系结构及组成

CTCS 的体系结构按铁路运输管理层、网络传输层、地面设备层和车载设备层配置,如图 15-1 所示。

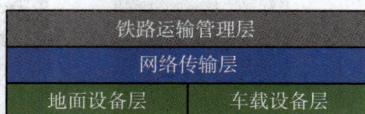

铁路运输管理层	
网络传输层	
地面设备层	车载设备层

图 15-1 CTCS 体系结构

1. 铁路运输管理层:铁路运输管理系统是行车指挥中心,以 CTCS 为行车安全保障基础,通过通信网络实现对列车运行的控制和管理。

2. 网络传输层:CTCS 网络分布在系统的各个层面,通过有线和无线通信方式实现数据传输。

3. 地面设备层:地面设备层主要包括列控中心、轨道电路和点式设备、接口单元、无线通信模块等。列控中心是地面设备的核心,根据行车命令、列车进路、列车运行状况和设备状态,通过安全逻辑运算,产生控车命令,实现对运行列车的控制。

4. 车载设备层:车载设备层是对列车进行操纵和控制的主体,具有多种控制模式,并能够适应轨道电路、点式传输和无线传输方式。车载设备层主要包括车载安全计算机、连续信息接收模块、点式信息接收模块、无线通信模块、测速模块、人机界面和记录单元等。

二、CTCS 系统分级

列车运行控制系统包括地面设备和车载设备,根据系统配置按功能划分为五级。

1. CTCS-0 级

CTCS-0 级为既有线的现状,由通用机车信号和运行监控记录装置构成。

2. CTCS-1 级

由主体机车信号和安全型运行监控记录装置组成。面向 160 km/h 以下的区段,在既有设备基础上强化改造,达到机车信号主体化要求,增加点式设备,实现列车运行安全监控功能。

3. CTCS-2 级

CTCS-2 级是基于轨道传输信息的列车运行控制系统;CTCS-2 级面向提速干线和高速新线,采用车—地一体化设计;CTCS-2 级适用于各种限速区段,地面可不设通过信号机,机车乘务员凭车载信号行车。

4. CTCS-3 级

CTCS-3 级是基于无线传输信息并采用轨道电路等方式检查列车占用的列车运行控制系统;CTCS-3 级面向提速干线、高速新线或特殊线路,基于无线通信的固定闭塞或虚拟自动闭塞;CTCS-3 级适用于各种限速区段,地面可不设通过信号机,机车乘务员凭车载信号行车。

5. CTCS-4 级

CTCS-4 级是基于无线传输信息的列车运行控制系统;CTCS-4 级面向高速新线或特殊线路,基于无线通信传输平台,可实现虚拟闭塞或移动闭塞;CTCS-4 级由无线闭塞中心(RBC)和车载验证系统共同完成列车定位和列车完整性检查;CTCS-4 级地面不设通过信号机,机车乘务员凭车载信号行车。

CTCS 各等级比较见表 15-1。

表 15-1　CTCS 各等级比较

应用等级	CTCS-0 级	CTCS-1 级	CTCS-2 级	CTCS-3 级	CTCS-4 级
适用速度	120 km/h 以下	160 km/h 以下	200 km/h 以上	200 km/h 以上	200 km/h 以上
控制模式	目标距离	目标距离	目标距离	目标距离	目标距离
闭塞方式	固定闭塞	固定闭塞	固定闭塞	固定闭塞	移动闭塞或虚拟闭塞
地车信息传输	轨道电路	多信息轨道电路+点式设备	多信息轨道电路+点式设备	无线通信双向信息传输+点式设备	无线通信双向信息传输+点式设备
轨道占用检查	轨道电路	轨道电路	轨道电路	轨道电路、计轴设备等	车载定位、应答器校正
地面信号机	有	有	可取消	无	无
线路数据来源	车载数据库	车载数据库	应答器	应答器	应答器
对应 ETCS 等级	—	—	ETCS-1 级	ETCS-2 级	ETCS-3 级

第二节　列车运行控制系统(车载和地面设备)组成及功能

CTCS 各级均由车载及地面设备组成,各设备组成及功能如下:

CTCS-0 级见第十六章。

一、CTCS-1 级

（一）地面子系统组成及功能

轨道电路：完成列车占用检测及列车完整性检查，连续向列车传送控制信息；车站正线采用与区间同制式的轨道电路，侧线采用与区间同制式的叠加电码化设备。

点式信息设备：宜设置在车站附近，主要用于向车载设备传输定位信息。

（二）车载子系统组成及功能

主体机车信号：完成轨道电路信息的接收与处理。

点式信息接收模块：完成点式信息的接收与处理。

安全型运行监控记录装置：实时检测列车运行速度，对列车运行控制信息进行综合处理，控制列车按命令运行。

二、CTCS-2 级

CTCS-2 级组成如图 15-2 所示。

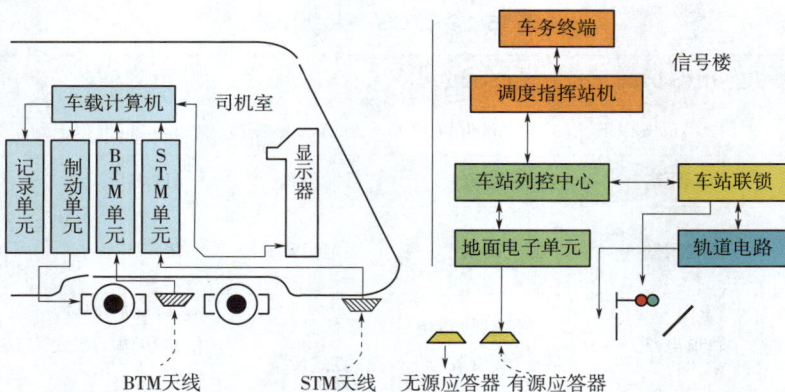

图 15-2　CTCS-2 级列控系统组成

（一）地面子系统组成及功能

列控中心：根据列车占用情况及进路状态计算行车许可及静态列车速度曲线并传送给列车。

轨道电路：完成列车占用检测及列车完整性检查，连续向列车传送控制信息。车站与区间采用同制式的轨道电路。

（二）车载子系统组成及功能

连续信息接收模块：完成轨道电路信息的接收与处理。

点式信息接收模块：完成点式信息的接收与处理。

测速模块：实时检测列车运行速度并计算列车走行距离。

设备维护记录单元：对接收信息、系统状态和控制动作进行记录。

车载安全计算机:对列车运行控制信息进行综合处理,生成控制速度与目标距离模式曲线,控制列车按命令运行。

人机界面:车载设备与机车乘务员交互的设备。

运行管理记录单元:规范机车乘务员驾驶,记录与运行管理相关的数据。

预留无线通信接口。

三、CTCS-3 级

CTCS-3 级组成如图 15-3 所示。

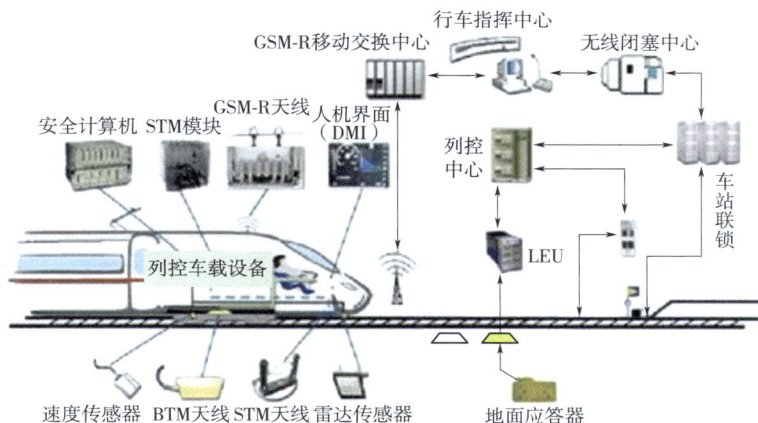

图 15-3　CTCS-3 级列控系统组成

(一)地面子系统组成及功能

无线闭塞中心(RBC):使用无线通信手段的地面列车间隔控制系统。它根据列车占用情况及进路状态向所管辖列车发出行车许可和列车控制信息。所使用的安全数据通道不能用于话音通信。

无线通信(GSM-R)地面设备:作为系统信息传输平台完成地—车间大容量的信息交换。

点式设备:主要提供列车定位信息。

轨道电路:主要用于列车占用检测及列车完整性检查。

(二)车载子系统组成及功能

无线通信(GSM-R)车载设备:作为系统信息传输平台完成车—地间大容量的信息交换。

点式信息接收模块:完成点式信息的接收与处理。

测速模块:实时检测列车运行速度并计算列车走行距离。

设备维护记录单元:对接收信息、系统状态和控制动作进行记录。

车载安全计算机:对列车运行控制信息进行综合处理,生成目标距离模式曲线,控制列车按命令运行。

人机接口:车载设备与机车乘务员交互的接口。

运行管理记录单元:规范机车乘务员驾驶,记录与运行管理相关的数据。

四、CTCS-4 级

（一）地面子系统组成级功能

无线闭塞中心（RBC）：使用无线通信手段的地面列车间隔控制系统。它根据列车占用情况及进路状态向所管辖列车发出行车许可和列车控制信息。所使用的安全数据通道不能用于话音通信。

无线通信（GSM-R）地面设备：作为系统信息传输平台完成地—车间大容量的信息交换。

（二）车载子系统组成及功能

无线通信（GSM-R）车载设备：作为系统信息传输平台完成车—地间大容量的信息交换。

测速模块：需要时，实时检测列车运行速度并计算列车走行距离。

设备维护记录单元：对接收信息、系统状态和控制动作进行记录。

车载安全计算机：对列车运行控制信息进行综合处理，生成目标距离模式曲线，控制列车按命令运行。

人机接口：车载设备与机车乘务员交互的接口。

全球卫星定位或其他设备：提供列车定位及列车速度信息。

列车完整性检查设备。

运行管理记录单元：规范机车乘务员驾驶，记录与运行管理相关的数据。

第三节　轨道电路、应答器功能

轨道电路是以铁路线路的两根钢轨作为导体，用引接线连接电源和接收设备所构成的电气回路，它是监督铁路线路是否空闲，自动并连续地将列车的运行和信号设备联系起来，以保证行车的安全，在线路上安设的电路式的装置。

轨道电路由钢轨、轨道绝缘、轨端接续线、引接线、送电设备及受电设备等主要元件组成。

一、轨道电路工作原理

我国目前常用的轨道电路有 25 Hz 相敏轨道电路、UM71 轨道电路和 ZPW-2000A 无绝缘轨道电路。

（一）25 Hz 相敏轨道电路工作原理

25 Hz 相敏轨道电路是电力牵引区段较为常用的一种轨道电路，它也可用于非电化区段，是应用较为广泛的一种轨道电路制式。由于 25 Hz 相敏轨道电路采用低频传输，终端设备采用相位鉴别方式，且频率限为 25 Hz，因此具有相对传输损耗小、执行设备灵敏度高、抗干扰能力强等优点，缺点是设备故障点多，工作电源需两种（局部 110 V 及轨道 220 V）。

(二) UM71 轨道电路工作原理

UM71 轨道电路是通用调制的电气绝缘的轨道电路,它是由发送器 EM 在编码系统指令控制下,产生低频调制的移频信号,经过电缆通道、匹配单元 TDA 及调谐单元 BA,送至轨道,从送电端传输到受电端调谐单元 BA 再经接收端的匹配单元、电缆通道,将信号送到接收器 RE 中,接收器将调制信号进行解调放大后,动作轨道继电器,用以反映列车是否占用轨道电路。钢轨上传输的低频信息,经机车接收线圈接收送给 TVM-300 系统,供机车信号、速度监控使用。

(三) ZPW-2000A 无绝缘轨道电路工作原理

ZPW-2000A 无绝缘轨道电路同 UM71 轨道电路基本相同,只是在调谐区内增加了小轨道电路,用来实现无绝缘轨道电路全程断轨检查,避免了 UM71 轨道电路调谐区存在的"死区段"(它的"死区段"只有调谐区内小于 5 m 的一小节)从而大大地提高了轨道电路的安全性、传输性、稳定性。ZPW-2000A 无绝缘轨道电路分为主轨道电路和调谐区小轨道电路两部分,并将小轨道电路看作是列车运行方向主轨道电路的"延续段"。主轨道电路发送器产生的移频信号既向主轨道传送,也向调谐区小轨道电路传送。主轨道信号经过钢轨送到轨道电路受电端,然后经调谐单元、匹配变压器、电缆通道,将信号传到本区段接收器。调谐区小轨道信号由运行前方相邻轨道电路接收器处理,并将处理结果形成的小轨道电路执行条件送到本轨道电路接收器,作为轨道继电器励磁的必要检查条件之一。本区段接收器同时接收到主轨道移频信号及小轨道电路继电器执行条件,判断无误后驱动轨道电路继电器吸起,由此来判断区段的空闲与占用情况。

二、应 答 器

应答器是一种采用电磁感应原理构成的高速点式数据传输设备,用于在特定地点实现地面与机车间的相互通信。安装于两根钢轨中心枕木上的地面应答器不要求外加电源,平时处于休眠状态,仅靠瞬时接收车载天线的功率而工作,并能在接收到车载天线功率的同时向车载天线发送大量的编码信息。安装于机车底部的车载天线不断向地面发送功率并在机车通过地面应答器时接收来自应答器的编码信息。主要用途是向车载 ATP 控制设备提供可靠的地面固定信息和可变信息。应答器如图 15-4 所示。

(a) 安装在区间的应答器　　　(b) 有源(可变)应答器　　　(c) 无源(固定)应答器

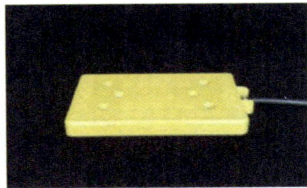

图 15-4　应答器

(一)应答器工作方式

当列车经过无源应答器上方时,无源应答器接收到车载天线发射的电磁能量后,将其转换成电能,使地面应答器中的电子电路工作,把存储在地面应答器中的 1 023 位数据报文循环发送出去,直至电能消失(即车载天线已经离去),如图 15-5 所示。

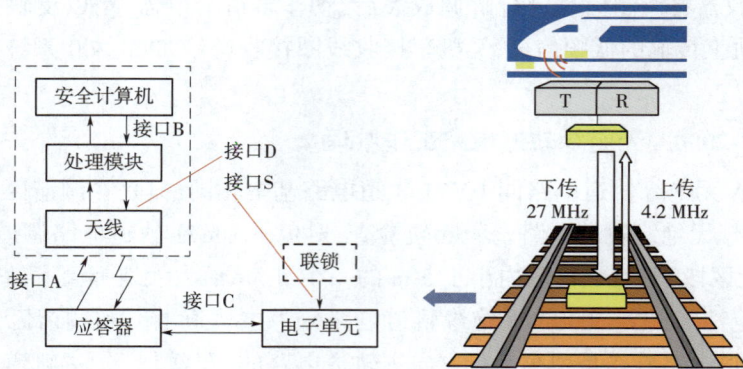

图 15-5　应答器工作方式

通过报文读写工具 BEPT 可以向改写无源应答器的数据报文。通过 BEPT 可以对无源应答器存储的数据报文进行读出、校核。有源应答器通过与 LEU 的连接,可实时改变传送的数据报文。当与 LEU 通信故障时(接口"C"故障),有源应答器可以自动切换到无源应答器工作模式,发送缺省报文。

(二)应答器功能

1. 接收电能信号:探测、解调远程能量信号。
2. 上行链路信号产生,该功能是应答器通过接口 A1 向车传载传送报文。
3. 启动时的方式选择,是发送自身存储的报文还是发送接口 C 来的报文。
4. 串音防护:对上行链路的限制。
5. 操作/编程模式的管理。
6. 接收来自接口 C 的数据。
7. I/O 接口特性的控制。
8. 产生"列车通过"信号。

第四节　CTCS-2/3 级列控系统组成及功能

一、CTCS-2 级列控系统

(一)系统组成

CTCS-2 级列控系统由列控车载设备和地面设备组成。

1. 车载设备

列控车载设备主要由车载安全计算机、轨道电路信息读取器、应答器信息接收单元、列车接口单元、记录单元、人机界面等部件组成,如图 15-6 所示。

2. 地面设备

地面设备由列控中心、临时限速服务器、ZPW-2000 系列轨道电路、应答器等设备组成。

(二) 功 能

1. 车载设备

(1) 车载安全计算机

安全计算机对列车运行控制信息进行综合处理,生成控制速度及目标距离模式曲线,控制列车按命令运行,如图 15-7 所示。

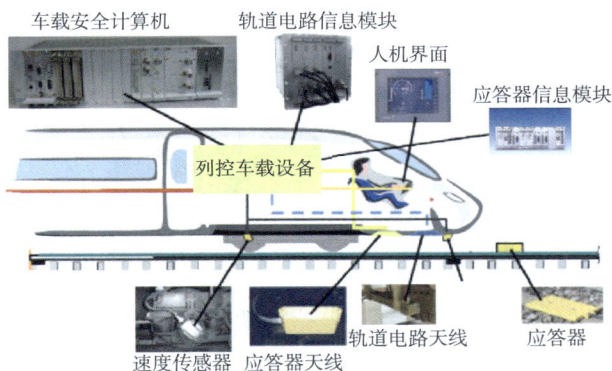

图 15-6 CTCS-2 级列控车载设备组成

图 15-7 安全计算机

(2) 轨道电路信息读取器

轨道线路信息读取器是安全模块,可接收 ZPW-2000 系列轨道电路及 4 信息、8 信息、18 信息等传统移频轨道电路的信息。STM 及时传输地面轨道电路信息给安全计算机(VC),轨道电器信息读取器如图 15-8 所示。

(3) 应答器信息接收单元

应答器信息接收单元通过应答器信息接收天线接收地面应答器的信息,并通过一个专用信息接口和安全计算机同步;同时它还提供通过应答器中点时的确切时间,这一时间足够精确,能够让 ATP 车载设备在几厘米的准确范围内进行列车定位校准。应答器信息接收单元如图 15-9 所示。

(4) 列车接口单元

列车接口单元主要由继电器组成的逻辑单元,实现输入与输出接口功能,如图 15-10 所示。

列车接口单元的作用是核对车载安全计算机各系统输出的制动指令,对两套车载安全计算机输出的制动指令进行"或"操作后,作为系统的最终输出。

双系统中单系统故障时,该系统的常用、紧急输出短路,列车接口单元不再核对双系统的输出。此时,正常系统的制动指令输出将作为系统的最终输出。两系统均故障时,则认为 ATP 系统故障,最终输出紧急制动。

图 15-8　轨道电路信息读取器

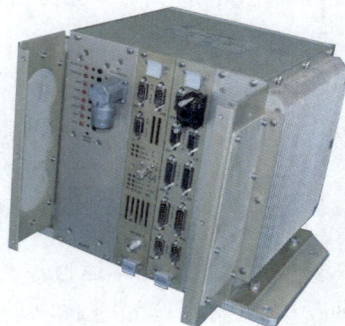

图 15-9　应答器信息接收单元

图 15-10　列车接口单元

（5）记录单元

记录单元记录车载装置的动作、状态、司机的操作等信息,采用 PCMCIA 卡作为存储介质,通过读卡器可将数据下载至地面分析管理微机,进行设备运行状况分析,如图 15-11 所示。

维修人员可通过专用电脑或 IC 卡等进行数据下载。

（6）人机界面

人机界面为司机提供信息显示、数据输入及操作,如图 15-12 所示。

①以字符、数字及图形等方式显示列车运行实际速度、允许速度、目标速度和目标距离。

②实时给出列车超速、制动、允许缓解等表示以及设备故障状态的报警。

③配置有必要的开关、按钮和有关数据输入装置。

④具有标准的列车数据输入界面,可根据列车运营和安全控制要求对输入数据进行有效性检查。

图 15-11　记录单元

图 15-12　人机界面

2. 地面设备

（1）列控中心

车站列控中心设于各车站，原则上区间不设列控中心和有源应答器。当站间距离过大，总出站口设置一个有源应答器不能满足需求时，可增设有源应答器。列控中心如图 15-13 所示。

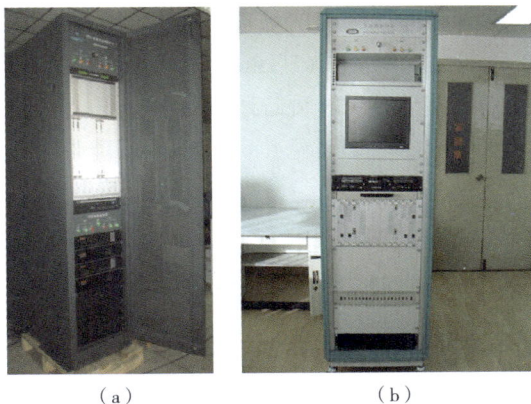

（a）　　　　　　　　　　　　（b）

图 15-13　列控中心

列控中心的功能是与车站计算机联锁或 6502 电气集中、CTC 或 TDCS（原 DMIS）接口，根据调度命令、进路状态、线路参数等产生进路及临时限速等相关控车信息，通过有源应答器及轨道电路传送给列车。

（2）临时限速服务器

临时限速服务器系统是基于信号故障安全计算机的控制系统，如图 15-14 所示。

临时限速服务器的功能是根据调度员的临时限速操作命令，实现对各列控中心、无线闭塞中心分配和集中管理临时限速指令，保证施工限速计划的顺利实施。临时限速服务器系统适用于客运专线 CTCS-2 级和 CTCS-3 级列控系统。

（3）轨道电路

轨道电路用于列车轨道占用检查、列车完整性检查和地—车间连续信息传输媒介，采用

ZPW-2000 系列无绝缘轨道电路,如图 15-15 所示。

（4）应　答　器

车站设有源应答器和无源应答器。

在车站进站信号机处设有源应答器,有源应答器和列控中心的 LEU 配合工作,LEU 接收列控中心的信息,放大后传递给有源应答器,有源应答器向列车提供进路信息和临时限速信息,如图 15-16 所示。

图 15-14　临时限速服务器

图 15-15　轨道电路

图 15-16　有源应答器

无源应答器提供的信息主要包括线路的坡度、闭塞分区或轨道电路长度、载频、线路固定限速等信息。无源应答器在区间间隔 3～5 km（3 个闭塞分区）单独设置,如需要可成对设置以区分正向、反向线路数据及定位;在进站信号机处与有源应答器并列设置一个无源应答器,如图 15-17 所示。

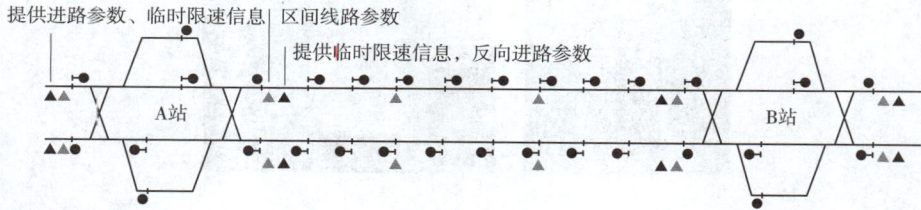

图 15-17　应答器布置

二、CTCS-3 级列控系统

CTCS-3 级列控系统由列控车载设备和地面设备组成。

列控车载设备主要由车载安全计算机、轨道电路信息读取器、应答器信息接收单元、列车接口单元、记录单元、人机界面、GSM-R 无线通信单元等部件组成。

列控地面设备由列控中心、临时限速服务器、ZPW-2000 系列轨道电路、应答器、无线闭塞中心（RBC）、GSM-R 接口设备等组成。

与 CTCS-2 级列控系统相比,CTCS-3 级列控系统车载设备增加了 GSM-R 无线通信单元,地面设备增加了无线闭塞中心和 GSM-R 接口设备。CTCS-3 级列控系统组成如图 15-18 所示。

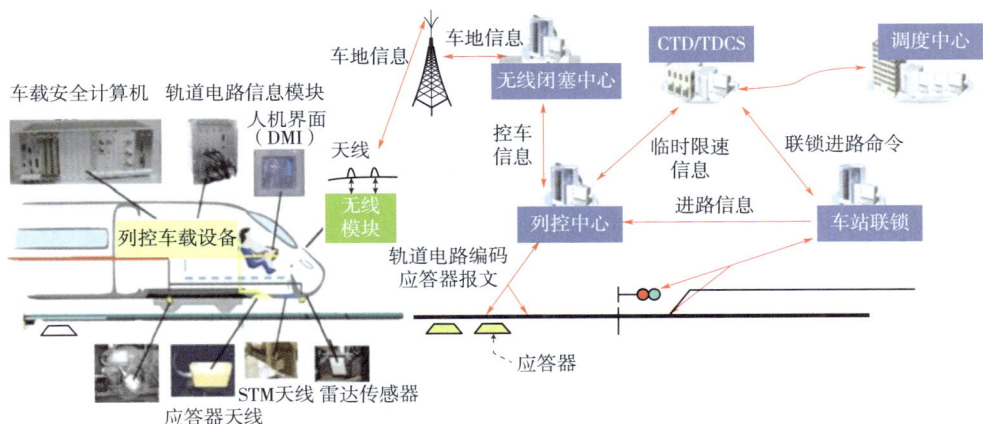

图 15-18　CTCS-3 级列控系统组成

（一）车载设备

CTCS-3 级列控车载设备增加了 GSM-R 无线通信单元，用于 GSM-R 通信的接收和发送，如图 15-19 所示。

（二）地面设备

无线闭塞中心（RBC）是 CTCS-3 级列控系统的核心设备，满足 CTCS-3 级列控系统总体列车控制要求，如图 15-20 所示。无线闭塞中心（RBC）系统根据车载子系统、地面子系统、地面外部系统提供的列车状态、轨道占用、临时限速命令、联锁进路状态、灾害防护等信息，产生针对所控列车的行车许可（MA）及线路描述、临时限速等控制信息，通过 GSM-R 无线通信系统传输给 CTCS-3 级车载子系统。

图 15-19　GSM-R 无线通信单元

图 15-20　无线闭塞中心（RBC）

第五节　列控车载设备显示与操作

一、人机界面显示

(一) CTCS-2 级列控车载设备人机界面显示(以 CTCS2-200H 型列控车载设备为例)

人机界面(DMI)是列控车载设备的显示装置。DMI 设置在驾驶台上,通过声音、图像等信息向司机告知列车各种信息以及列控车载设备的状态,提示驾驶员执行相应的操作。DMI 周围配置了扬声器及键盘,驾驶员能够通过键盘输入,改变列控车载设备的工作模式和工作状态,输入有关的信息。

DMI 主要包括主显示区、辅显示区、显示切换开关、可扩展功能键区和固定功能键区。双显示 DMI 如图 15-21 所示。

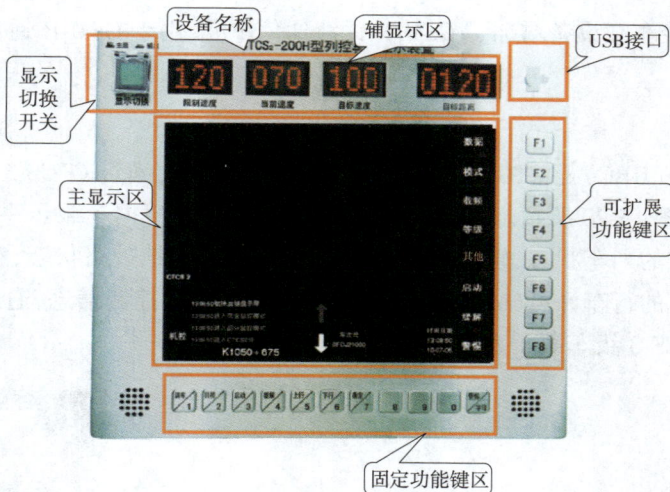

图 15-21　双显示 DMI

1. 辅显示区

辅显示区显示当前速度、限制速度、目标速度、目标距离。CTCS-0 级、CTCS-2 级待机模式及隔离模式时,仅显示当前速度;CTCS-2 级非完全模式时,仅显示当前速度和限制速度;CTCS-2 级完全模式时,辅显示屏显示当前速度、限制速度、目标速度和目标距离。

2. 显示切换开关

用于手工切换至辅显示屏显示。

当按下 DMI 的"显示切换"开关,辅显示屏亮,DMI 主显示屏不显示 A 区报警信息、B 区以及 D 区的 MRSP 信息,DMI 右侧 F 区的按键失去作用,在 E19 位置上显示文本"切换至辅显示屏",同时 DMI 下方的复用键【调车】/1、【目视】/2、【启动】/3、【缓解】/4、【上行】/5、【下行】/6、【确定】/7 以及【警惕】/字母八个按键继续有效,可以执行调车、目视、启动、缓解、上行、下行、确定以及警惕等操作。

3. LED 指示灯

双显示 DMI 面板上共有四个 LED 指示灯,用以指示辅显示屏有效时,分别为上下行选择指示灯及分相有效指示灯(过分相选择指令)和分相执行指示灯(过分相命令指令)。DMI 上电后为常灭状态。上下行指示灯为在辅显的情况下,若选择了上行/下行,相应的指示灯以 1 Hz 的频率闪 10 s,若 10 s 内没有按压【确定】键,则 10 s 后熄灭,若 10 s 内按压了【确定】按键,则常亮 60 s 后熄灭。分相有效指示灯在分相选择指令有效后显示,分相执行指示灯在分相命令指令有效后显示。

4. 可扩展功能按键区按键的作用

【数据】:按压该键后,可以使 DMI 进入基础数据输入界面,在此界面下,可以输入司机号、车次号、列车数据等数据。

【司机号】:用于输入司机号。

【车次号】:用于输入车次号。

【列车数据】:用于输入列车长度(选择 8 辆和 16 辆)。

【向上】:用于向上查看 E 区所显示的文本信息。

【向下】:用于向下查看 E 区所显示的文本信息。

【日期时间】:ATP 使用 LKJ 传送的时间,ATP 不使用该按键设置的时间。

【模式】:允许司机手动选择列控车载设备的控制模式,包括目视模式和调车模式。

【调车】:在停车状态下,司机按下【调车】键,列控车载设备进入或退出调车模式。

【目视】:当地面轨道电路为红灯,列车处在停车状态,司机按压【目视】键后,列控车载设备进入目视模式。

【载频】:允许司机输入上下行。

【上行】:按压该键后,输入上行载频。

【下行】:按压该键后,输入下行载频。

【等级】:允许司机输入等级(CTCS-0 级、CTCS-2 级)。

【CTCS-0】:按压该键后,进入 CTCS-0 级运行(LKJ 控车)。

【CTCS-2】:按压该键后,进入 CTCS-2 级运行。

【其他】:用于选择调节 DMI 音量大小、屏幕亮度或者查询软件版本。

【音量】:用于选择调节 DMI 音量大小。

【亮度】:用于选择调节 DMI 屏幕亮度。

【大】:音量增大。

【小】:音量减小。

【亮】:亮度增加。

【暗】:亮度减少。

【软件版本】:查询主机及 DMI 软件版本。

【启动】:按压【启动】键,当列控车载设备处于待机模式时,列控车载设备设置将从待机模式转入部分监控模式。

【缓解】：用于缓解列控车载设备的制动。只有当列控车载设备给出缓解提示后，才可以通过此按键缓解制动。

【警惕】：如果列控车载设备处于目视行车模式或引导行车模式下，司机需每隔一定时间或距离（60 s 或者 300 m 以内）按压【警惕】键，否则列控车载设备将输出紧急制动。

【确定】：退出数据输入或功能设定状态并接受刚输入的所有参数。

【取消】：退出数据输入或功能设定状态但放弃刚输入的所有参数。

【删除】：数据输入状态时，用于删除当前输入的一个字符。

【返回】：返回上级界面。

5. 固定功能按键区按键功能

当显示切换到辅显示后，DMI 只采集固定功能键中的八个按键，即仅对功能按键中的【调车】/1、【目视】/2、【启动】/3、【缓解】/4、【上行】/5、【下行】/6、【确定】/7、【警惕】/字母进行采集。

【调车】：在停车状态下，司机按下【调车】键，列控车载设备进入或退出调车模式。

【目视】：当地面轨道电路为红灯，列车处在停车状态，司机按压【目视】键后，列控车载设备进入目视模式。

【上行】：按压该键后，将选择轨道电路载频为上行载频。

【下行】：按压该键后，将选择轨道电路载频为下行载频。

【启动】：按压【启动】键，当列控车载设备处于待机模式时，将转入部分监控模式。

【缓解】：用于缓解列控车载设备的制动。只有当列控车载设备给出缓解提示后，才可以通过此按键缓解制动。

【警惕】：如果列控车载设备处于目视行车模式或引导行车模式下，司机需每隔一定时间或距离（如 60 s 或者 300 m 以内）按压【警惕】键，否则列控车载设备将输出紧急制动。

【确定】：退出数据输入或功能设定状态并接受刚输入的所有参数。

【0】~【9】数字键：数字键包括【0】~【9】共十个数字键，用于输入数字。

【字母】：数据输入时用于输入英文字母。按压此键后，按键【2】~【9】分别具有字母输入功能。按键与字母输入对应关系见表 15-2。

表 15-2　按键与字母输入对应关系

序　　号	键　　盘	对应输入的字母
1	【2】	A、B、C
2	【3】	D、E、F
3	【4】	G、H、I
4	【5】	J、K、L
5	【6】	M、N、O
6	【7】	P、Q、R、S

续上表

序　号	键　盘	对应输入的字母
7	【8】	T、U、V
8	【9】	W、X、Y、Z

按下一次【字母】键,按键【2】~【9】切换到字母输入,输入的字母内容中表 15-2 规定的按键与字母输入的对应关系依次循环。再次按下【字母】键,按键【2】~【9】切换到数字输入。同一按键 0.5 s 外再次按压,为符号叠加;0.5 s 钟内再次按压为符号替代。

6. USB 接口

为了方便软件升级,双显 DMI 具有利用 USB 存储设备对电子盘程序进行升级的功能。

7. 主显示基本功能

DMI 的主界面使用图形化的方式显示由车载设备主机发送来的数据。显示界面被划分为以下六个区域,A 区显示距离监控信息,B 区显示速度信息,C 区显示辅助驾驶信息,D 区显示计划信息,E 区显示监控信息,F 区显示功能键信息,显示内容如图 15-22 所示。

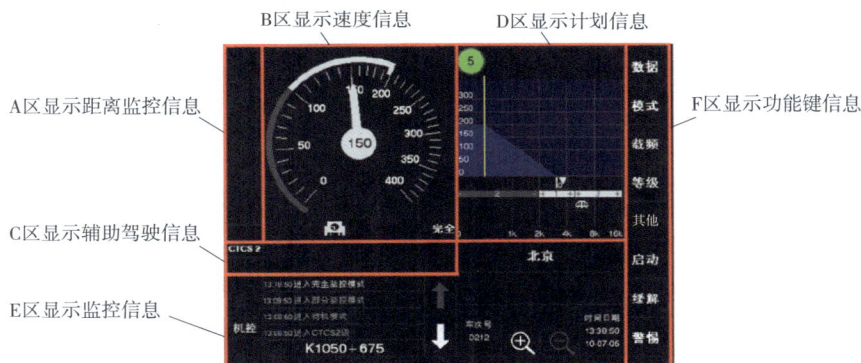

图 15-22　主显示区的分区

详细的显示界面区域划分如图 15-23 所示,用白色线框的区域为保留区域。

各区域显示内容如下:

(1)A 区预警信息

A 区显示的内容主要为距离监控信息,包括三个分区:A1,A2,A3,其中 A3 分区为预留分区。

①A1 区:制动预警时间

制动预警时间在 A1 区中心以正方形图标显示,正方形图标的大小取决于触发制动的预期时间。一旦触发制动的预期时间低于设定时间值(8 s),方块图标开始变大直至最大尺寸。正方形颜色遵循显示、报警和制动的颜色编码规则。

当列车处于顶棚速度监视区(Ceiling Speed Monitor,以下简称 CSM 区)时,如果制动预警时间大于设定时间值,DMI 在 A1 区不显示任何图标;如果制动预警时间小于或等于设定时间值,DMI 在 A1 区按相应比例显示制动预警图标。

制动预警时间
以数字方式显示的列车速度
目标距离
预留
级别信息
ATP制励状态
机控/人控
预留

环形速度光带
实际命令

控制模式   机车信号   速度信息   起模点
坡度信息   MRSP   预告信息   距离标尺

公里标
文本信息   滚动键   车次号   放大   缩小   日期和时间
预留   预留   车站名称

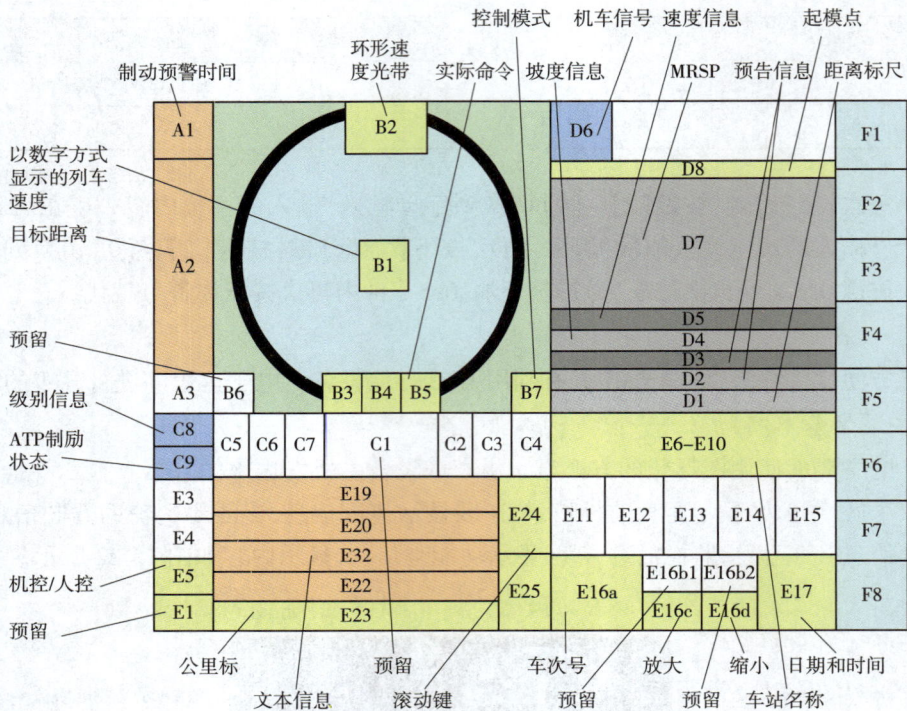

图 15-23   显示区域详细划分

当列车处于目标速度监视区(Target Speed Monitor,以下简称 TSM 区)时,如果制动预警时间大于或等于设定时间值,DMI 在 A1 区显示最小制动预警图标(最大图标的 10%);如果制动预警时间小于设定时间值,DMI 在 A1 区按相应比例显示制动预警图标。

制动预警图标正方形用四个步骤更改其尺寸大小:制动预警时间大于等于 8 s 显示最小图标;制动预警时间大于 4 s 并小于 8 s 时显示 1/2 大图标;制动预警时间小于等于 4 s 并大于 0 时显示 3/4 大图标;制动预警时间等于 0 时显示全尺寸图标。

表 15-3   显示条件与显示颜色对应关系

控制模式		运行状态	$T_{int}<T_{square}$ 时是否显示	颜色
FS	CSM	$v_{train}<v_{perm}$	显示,根据 T_{int} 逐渐变大	灰色
		$v_{perm}<v_{train}<v_{int}$	显示,根据 T_{int} 逐渐变大	橙色
		$v_{train}\geq v_{int}$	显示,全尺寸显示	红色
	TSM	$v_{train}<v_{perm}$	显示,根据 T_{int} 逐渐变大	黄色
		$v_{perm}<v_{train}<v_{int}$	显示,根据 T_{int} 逐渐变大	橙色
		$v_{train}\geq v_{int}$	显示,全尺寸显示	红色
其他模式		所有状态	不显示	未使用

注 1:T_{int}——制动预警时间,T_{square}——设定时间值。

注 2:v_{train}——列车实际速度;v_{perm}——允许速度;v_{int}——干预速度。

②A2 区：目标距离

A2 区使用两种方法表示目标距离：柱状光带表示法和数字表示法。

柱状光带颜色总为白色，光带正上方为数字表示区，单位为米。柱状光带的左侧为坐标系刻度，该坐标系采用对数坐标（0～100 m 采用线性坐标），最大显示范围是 1 000 m。

当目标距离大于 1 000 m 时，光带上方（能显示 5 个数字）用数字显示实际目标距离，柱状光带的高度保持不变，数字显示的精度为 10 m；当目标距离小于 1 000 m 时，柱状光带逐渐缩短，数字显示的精度为 1 m，如图 15-24 所示。

当列车处于目标速度监视区时，A2 区进行显示，当列车处于顶棚速度监视区时 A2 区无显示。

（2）B 区速度信息

B 区显示的主要内容为速度信息。列车速度采用双备份显示，一种方式是速度表，表盘的刻度为 0～400 km/h，速度表盘呈圆形，表盘的数字和速度刻度均为白色，数字显示在刻度线内侧；另一种方式是数字，在速度表的中间区（B1 区）显示列车速度值。B 区包括七个分区：B1 区，数字方式显示的列车速度；B2 区，环形速度光带；B3/B4/B5 区，命令图标；B6 区，预留；B7 区，控制模式。

①B1 区与 B2 区

B1 区与 B2 区是速度显示的主要区域，其图形方式主要表现为速度指针与环形速度光带，数字方式则显示在速度指针中心（B1 区）；环形速度表如图 15-25 所示。

图 15-24 A2 区
目标距离

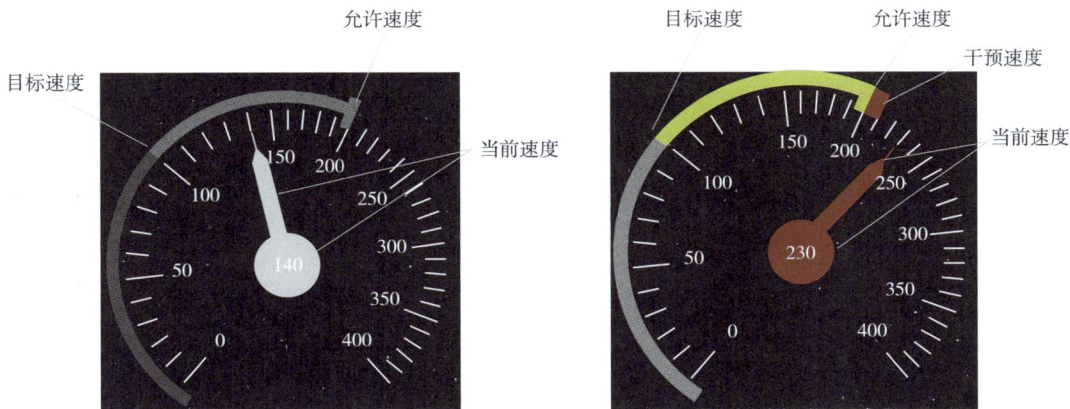

图 15-25 环形速度表

在不同列车运行速度状态下，速度指针和环形速度光带会以不同的颜色显示，它们的关系见表 15-4。

表 15-4　显示条件和列车速度指针的颜色

控制模式		运行状态	颜　色	CSG（环形速度光带）颜色		
				v_{perm}	v_{target}	v_{int}
FS	CSM	$v_{train} \leqslant v_{perm}$	灰色	灰色	暗灰色	不显示
		$v_{perm} < v_{train} < v_{int}$	橙色	黄色	暗灰	色橙色
		$v_{train} > v_{int}$	红色	黄色	暗灰色	红色
	TSM	$v_{train} \leqslant v_{perm}$	黄色	黄色	暗灰色	不显示
		$v_{perm} < v_{train} < v_{int}$	橙色	黄色	暗灰色	橙色
		$v_{train} \geqslant v_{int}$	红色	黄色	暗灰色	红色
其他模式		$v_{train} \leqslant v_{perm}$	灰色	不适用		
		$v_{perm} < v_{train} < v_{int}$	橙色			
		$v_{train} > v_{int}$	红色			

当列控车载设备处于部分监控模式、目视行车模式、调车模式和引导模式时，显示允许速度，允许速度显示在 B2 区，以灰色短线显示（图 15-26）。当速度超过该允许速度后，显示常用制动速度或紧急制动速度，颜色与上表显示要求相同。

②B3/B4/B5 区

命令图标按从左到右的顺序显示在 B3/B4/B5 区域内。当一个区域被占用后，检查下一区域是否也被占用；如果所有区域都已被占用，生成等待列表。命令图标的显示图标见表 15-5。

图 15-26　非完全监控模式下的速度显示

表 15-5　B3/4/5 区域的显示图标

序　号	图　标	颜　色	含　义
1		灰色	临时限速区
2		灰色	分相区
3		灰色	车站
4		灰色	隧道
5		灰色	桥梁

③B7 区

在 B7 区以文字方式显示列车模式信息。图标与列车模式信息的对应关系见表 15-6。显示颜色为白色。

表 15-6　图标与列车模式信息的对应关系

序　号	模　式	图　标
1	完全监控 FS	完全
2	部分监控 PS	部分
3	调车模式 SH	调车
4	目视行车 OS	目视
5	待机模式 SB	待机
6	引导模式 CO	引导
7	LKJ 控车	LKJ
8	隔离模式 IS	隔离

（3）C 区辅助驾驶信息

C 区显示的主要内容为补充驾驶信息,包括九个分区。C8 区:设备运行等级;C9 区:列控车载设备制动状态,其余分区为预留。

①C8 区

在 C8 区以文字的方式显示列控车载设备的运行等级,颜色为白色。

②C9 区

在 C9 区将以图标的方式显示列控车载设备制动状态。DMI 根据列控车载设备的制动状态显示图标。如果列控车载设备处于非制动非允许缓解状态,则该区域不显示任何图标。图标与制动状态对应关系见表 15-7。

表 15-7　图标与制动状态对应关系

序　号	图　标	含　义
1		紧急制动
2		常用制动
3		中等常用制动
4		弱常用制动
5		允许缓解

（4）D 区计划信息

D 区显示的主要内容为运行计划信息,包括八个分区。D1 区:距离标尺;D2/D3 区:预告信息;D4 区:速度变化信息;D5 区:坡度信息;D6 区:机车信号;D7 区:最限制速度曲线;D8 区:起模点信息。D 区的显示如图 15-27 所示。

①D1 区

D1 区用于显示距离坐标。坐标系的原点位于 D1 区的左下角,始终以列车当前所在位置为参考原点,即列车始终位于坐标系的原点。

坐标系的横坐标为距离,单位为 km,采用以 10 为底的对数坐标(0~1 km 为线性坐标,1 km 取在整个横坐标的 1/3 处),标尺上刻度分别为 0,1k,2k,4k,8k,16k;纵坐标为速度坐标,单位为 km/h,坐标刻度为 0,50,100,150,200,250,300。字体颜色为白色。最大距离坐标值能够进行 8 km 和 16 km 两级切换。

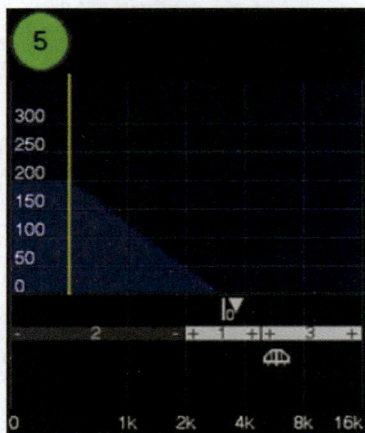

图 15-27　D 区显示

②D2/D3 区

D2/D3 区用于显示预告信息。为了最大限度避免图标重叠,将预告信息分两栏显示,两个时间相邻的图标不能放在同一栏内。预告图标要显示在计划区相对应的位置,当列车通过预告位置后,移除预告图标。

预告图标不能改变颜色,图标的左侧对应该信息的位置,D2/D3 区域显示图标见表 15-8。

表 15-8　D2/D3 区域显示图标

序　号	图　标	颜　色	含　义
1		灰色	临时限速区
2		灰色	分相区
3		灰色	车站
4		灰色	隧道
5		灰色	桥梁

③D4 区

D4 区使用符号显示速度变化信息,符号左侧处在速度发生变化的位置,D4 区域显示图标见表 15-9。

表 15-9　D4 区域显示图标

序　号	图　标	颜　色	含　义
1		灰色	加速
2		灰色	减速
3		灰色	减速（目标为 0）

④D5 区

坡度信息由一系列不同坡度的长方形组成，长方形具有标准高度，其宽度取决于到列车前端的距离和坡度延伸的长度。坡度为下坡道时，长方形显示为暗灰色，数字为灰色；坡度为上坡道时，长方形显示为灰色，数字为暗灰色。

如果长方形的长度大于 30 个像素，将坡度是千分之几标在长方形的中央位置，并在长方形的两端标出坡度的走向，"+"表示上坡，"−"表示下坡。若坡度为 0，只显示"0"，不显示"+""−"符号。

⑤D6 区

当列车运行在 CTCS-2 级和 CTCS-0 级时，D6 区用于显示机车信号。机车信号的显示标准符合相应规定显示方法。机车信号的具体定义和显示图标的对应关系见表 15-10。

表 15-10　机车信号图标

序　号	图　标	含　义	备　注	序　号	图　标	含　义	备　注
1		L5		10		U25	以 1 Hz 的频率闪动
2		L4		11		UU	
3		L3		12		UUS	以 1 Hz 的频率闪动
4		L2		13		HB	以 1 Hz 的频率闪动
5		L		14		HU	
6		LU		15		H	
7		LU2		16		25.7 Hz	中灰色
8		U		17		27.9 Hz	中灰色
9		U2					

⑥D7 区

D7 区显示列车前方最远 16 km 范围内的最限制速度曲线（显示距离能够进行 8 km 和 16 km 两级切换）。最限制速度曲线（MRSP）信息以图表的形式显示，横轴为距离标尺，纵轴为速度标尺。最限制速度曲线（MRSP）的第一个起模点到目标点显示斜线，后面的每个降速区均以台阶方式显示。

⑦D8 区

D8 区显示起模点信息，只显示动态速度递减的起始点，不涉及速度递增的情况。起模点用一个黄色的垂直光标在 D8 和 D7 的中间显示。

（5）E 区

E 区用来显示机控/人控优先、文本信息、车次号、时间等信息。

列控车载设备在运行过程中存在机控/人控优先不同控制状态，这两种优先状态可以通过列控车载设备主机机柜内部的拨码开关来实现初始化设置，也可以由列控车载设备在运行过程中根据具体情况进行实时的切换。

E5 区以图标方式表示机控优先和人控优先。在机控优先情况下，显示图标为"机控"，当列控车载设备提示司机介入时，E5 区的图标更换为"人控"。人控/机控优先图标如图 15-28 所示。

E16a 区显示当前的车次号和司机号。

E17 区显示当前时间。

E19、E20、E21、E22、E23 区用于显示各种文本信息。文本信息采用滚动方式显示，最后收到的信息总是以高亮的方式显示于 E19 区，之前的信息依次下移。司机可以通过功能键中的上、下翻页键查询之前的所有信息，显示示意如图 15-29 所示。

图 15-28　司机介入图标

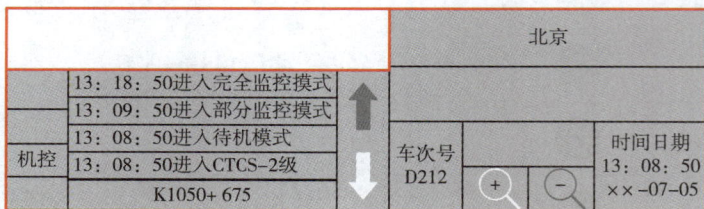

图 15-29　E 区整体显示

文本信息分为两类：功能性文本信息和维护性文本信息。功能性文本信息见表 15-11。

表 15-11　功能性文本信息

序号	显示内容	触发时机
1	进入目视行车模式	进入目视行车模式
2	进入完全监控模式	进入完全监控模式
3	进入调车模式	进入调车模式
4	进入待机模式	进入待机模式

续上表

序号	显示内容	触发时机
5	进入部分监控模式	进入部分监控模式
6	进入引导模式	进入引导模式
7	CTCS-0 级间转换预告	收到 CTCS-0 级间转换预告
8	进入 CTCS0-级	级间切换后进入 CTCS-0 级时
9	CTCS-2 级间转换预告	收到 CTCS-2 级间转换预告
10	进入 CTCS-2 级	级间切换后进入 CTCS-2 级时
11	允许缓解	允许缓解制动时
12	禁止调车	调车模式下接收到［ETCS-132］信息包时
13	冒进信号紧急制动	接收到［CTCS-5］信息包时
14	切换至辅显示屏	当主显示单元与通信 CPU 的通信中断后或手动按下切换开关
15	确认引导模式	当满足进入引导模式的条件时,弹出该文本,确认该文本后,转入引导模式

维护性文本信息见表 15-12。

表 15-12　DMI 显示的维护性文本信息

序号	显示内容	触发时机
1	应答器数据异常	当列控车载设备接收到的应答器信息出现异常
2	BTM 故障	当列控车载设备检测到 BTM 故障时
3	测试结果正常	当列控车载设备上电后自测结果正常时
4	测速系统异常	当系统检测到测速测距模块故障
5	应答器信息缺失	当链接的应答器信息丢失
6	显示器故障	当列控车载设备监测到连续按键 5 s 以上时
7	系统自检请等待	起机后等待与列控车载设备通信时
8	安全计算机双系故障	列控车载设备告知两系 VC 故障时
9	STM 双系故障	列控车载设备告知两系 TCR 故障时
10	其他故障	列控车载设备报走行中接通电源时
11	双系通信故障	与列控车载设备中两系 VC 均通信故障时
12	与安全计算机 1 系通信故障	与列控车载设备中 VC1 系通信故障时
13	与安全计算机 VC2 系通信故障	与列控车载设备中 VC2 系通信故障时
14	安全计算机 1 系故障	列控车载设备告知 VC1 系故障时
15	安全计算机 2 系故障	列控车载设备告知 VC2 系故障时
16	STM1 系故障	轨道电路解码模块 1 系故障时
17	STM2 系故障	轨道电路解码模块 2 系故障时
18	ATP 设备故障	列控车载设备两系有不同故障时
19	与通信 CPU 通信中断	当主显示单元与通信 CPU 的通信中断后

（6）F 区

F 区功能键信息如图 15-30 所示，对应各个功能键的名称。

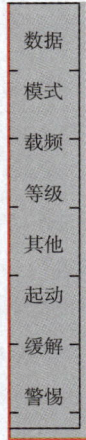

图 15-30　功能键名称

可扩展功能键信息用于指示当前状况下功能键【F1】~【F8】的具体含义，功能键定义拓展见表 15-13。

表 15-13　功能键定义拓展

一级菜单	二级菜单	三级菜单
数据(F1)	司机号(F1)	确定(F6)
		删除(F7)
		取消(F8)
	车次号(F2)	确定(F6)
		删除(F7)
		取消(F8)
	列车数据(F3)	8 辆(F1)
		16 辆(F2)
		确定(F6)
		取消(F8)
	向上(F4)	
	向下(F5)	
	日期时间(F6)	日期(F1)
		时间(F2)
		确定(F6)
		删除(F7)
		取消(F8)
	返回(F8)	

续上表

一级菜单	二级菜单	三级菜单
模式(F2)	调车(F1)	确定(F6)
		取消(F8)
	目视(F2)	确定(F6)
		取消(F8)
	返回(F8)	
载频(F4)	上行(F1)	确定(F6)
		取消(F8)
	下行(F2)	确定(F6)
		取消(F8)
	返回(F8)	
等级(F4)	CTCS-2(F1)	确定(F6)
		取消(F8)
	CTCS-0(F2)	确定(F6)
		取消(F8)
	返回(F8)	
其他(F5)	音量(F1)	大(F1)
		小(F2)
		返回(F8)
	亮度(F2)	亮(F1)
		暗(F2)
		返回(F8)
	软件版本(F3)	返回(F8)
	返回(F8)	
启动(F6)	确定(F6)	
	取消(F8)	
缓解(F7)	确定(F6)	
	取消(F8)	
警惕/文本确认(F8)		

（二）CTCS-3 级列控车载设备人机界面显示（以 CTCS3-300T 型列控车载设备为例）

CTCS-3 级列控车载设备 DMI 所有操作均使用按键完成，共设十九个按键，分两块键盘放置，右侧按键为八个可扩展功能键，按键功能根据操作步骤的不同具有不同的功能；屏幕正下方十一个按键为固定功能键，如图 15-31 所示。

1. DMI 显示区域分布

DMI 显示屏的显示主界面分为六个区域,如图 15-32 所示。

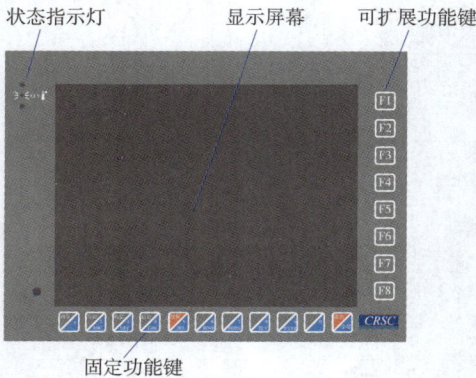

图 15-31　按键布置

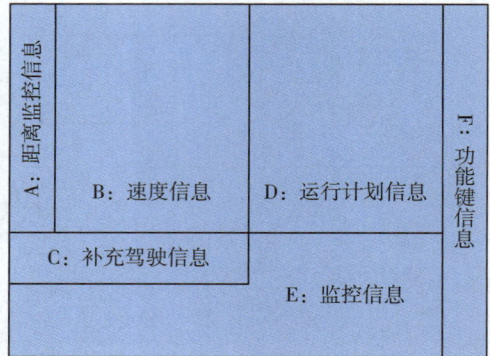

图 15-32　DMI 主界面区域划分

主界面功能细分如图 15-33 所示。

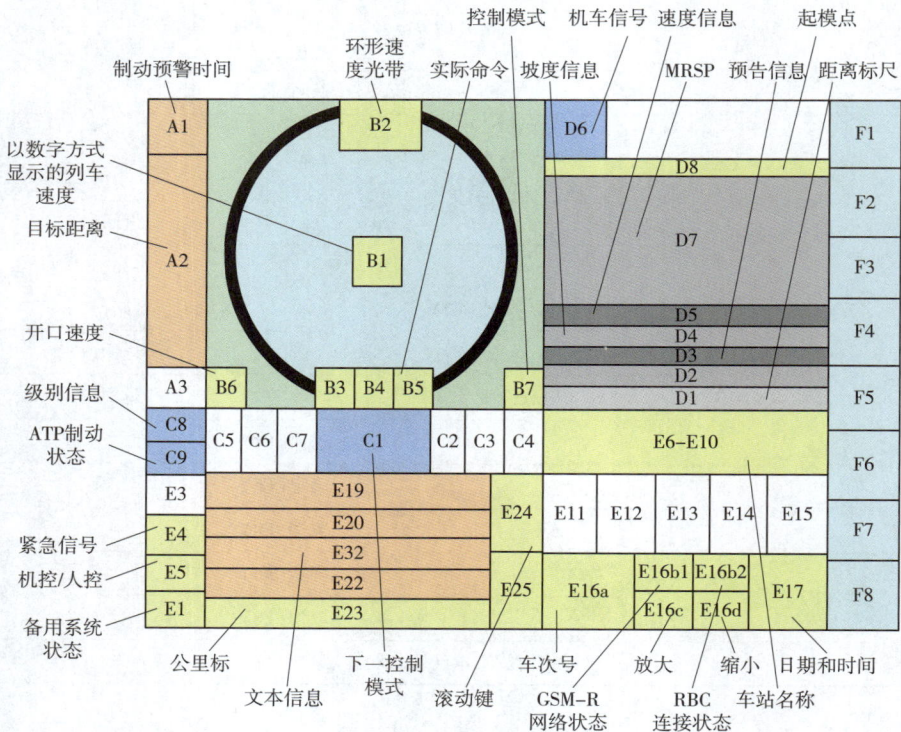

图 15-33　主界面功能细分

(1)制动预警时间

以矩形图标方式显示,矩形图标的大小取决于距离触发制动的预期时间,当制动预警时间小于 8 s 时,矩形图标随着制动预警时间缩短变大,直到变为最大尺寸;当制动预警时间大于 8 s 时,在顶棚速度监视区不显示该图标,在目标速度监视区显示最小图标。

当前速度高于制动速度时,图标显示红色;当前速度在允许速度和制动速度之间时,图标显示橙色;当前速度低于允许速度时,在顶棚速度监视区显示灰色,在目标速度监视区显示黄色。

(2)目标距离

使用两种方法同时表示目标距离:柱状光带表示法以及数字表示法。当目标距离大于1 000 m 时,光带上方(能显示 5 个数字)用数字显示实际目标距离,柱状光带的高度保持不变,数字显示的精确度为 10 m;当目标距离小于 1 000 m 时,柱状光带逐渐缩短,数字显示的精确度为 1 m。

(3)速度表盘 CSG

显示当前列车速度、允许速度、目标速度和制动速度等信息。显示方式和规则见表 15-14。

表 15-14 不同状态下速度表的显示方式

序号	运行情况	速度表显示	说 明
1			运行在 CSM 区,目标速度非 0: A:目标速度; B:允许速度(P); C:SBI 或 EBI,当前情况下不显示
2			运行在 CSM 区,目标速度为 0: A:目标速度为 0; B:允许速度; C:SBI 或 EBI,当前情况下不显示
3			运行在 TSM 区,目标速度非 0: A:目标速度; B:允许速度; C:SBI 或 EBI,当前情况下不显示
4			运行在 TSM 区,目标速度为 0: A:目标速度为 0; B:允许速度; C:SBI 或 EBI,当前情况下不显示

续上表

序号	运行情况	速度表显示	说　明
5			运行在 CSM 区,目标速度非 0,超过允许速度,尚未触发常用制动: A:目标速度; B:允许速度; C:SBI
6			运行在 TSM 区,目标速度为 0,超过允许速度,尚未触发常用制动: A:目标速度为 0 B:允许速度; C:SBI
7			运行在 CSM 区,目标速度非 0,触发常用制动,尚未触发紧急制动: A:目标速度; B:允许速度; C:EBI
8			运行在 TSM 区,目标速度为 0,触发常用制动,尚未触发紧急制动: A:目标速度为 0; B:允许速度; C:EBI
9		或	运行在 CSM 区,目标速度非 0,触发紧急制动: A:目标速度; B:允许速度; C:EBI

续上表

序号	运行情况	速度表显示	说　明
10		 或 	运行在 TSM 区,目标速度为 0,触发紧急制动: A:目标速度为 0; B:允许速度; C:EBI

注 CSM 区—顶棚速度监视区;TSM 区—目标速度监视区;EBI—紧急制动干预曲线;SBI—常用制动干预曲线;P—允许速度。

（4）实际命令区图标含义

实际命令的显示图标见表 15-15。

表 15-15　实际命令显示图标

序　号	图　标	尺寸和颜色	含　义
1		36×36 灰色	桥梁
2		36×36 灰色	车站
3		36×36 灰色	隧道
4		36×36 灰色	临时限速区
5		36×36 灰色	分相区

（5）控制模式

控制模式信息与显示图标见表 15-16。

表 15-16　控制模式信息与显示图标

序　号	模　式	显示文本
1	完全监控模式	完全
2	部分监控模式	部分
3	目视行车模式	目视

续上表

序　号	模　式	显示文本
4	引导模式	引导
5	调车模式	调车
6	待机模式	待机
7	隔离模式	隔离
8	机车信号模式	机信
9	休眠模式	休眠
10	冒进模式	冒进
11	冒后模式	冒后

（6）运行等级

以文字的方式显示列控车载设备当前运行的等级，等级与显示文字对应的关系见表15-17。

表 15-17　等级与显示文字对应关系

序　号	显示文字	等　级
1	CTCS 2	CTCS-2 级
2	CTCS 3	CTCS-3 级

（7）列控车载设备制动等级

DMI 根据列控车载设备的制动状态显示图标。如果列控车载设备处于非制动非允许缓解状态，则该区域不显示任何图标，图标与制动等级对应关系见表15-18。

表 15-18　图标与制动等级对应关系

序　号	图　标	含　义
1	C	C2 一级制动
2	C	C2 四级制动
3	C	C2 最大常用制动
4	C	C2 紧急制动
5	C	C2 允许缓解
6	E	C3 一级制动
7	E	C3 四级制动
8	E	C3 最大常用制动
9	E	C3 紧急制动
10	E	C3 允许缓解

（8）预告信息

在计划区域内显示预告图标时，该图标下部要显示在计划区域内相对应的位置。当列车前部通过预告位置时，预告图标被移除。预告图标不能改变颜色，图标的左侧对应该信息的位置，预告信息的显示图标见表 15-19。

表 15-19　预告信息的显示图标

序　号	图　标	尺寸和颜色	含　义
1		20×20 灰色	桥梁
2		20×20 灰色	车站
3		20×20 灰色	隧道
4		20×20 灰色	临时限速区
5		20×20 灰色	分相区

（9）显示速度信息

用符号显示速度信息，符号左侧应处在速度发生变化的位置上，速度图标见表 15-20。

表 15-20　速度图标

序　号	图　标	尺寸和颜色	含　义
1		20×20 灰色	加速
2		20×20 灰色	减速
3		20×20 灰色	减速（目标速度为 0）

（10）显示坡度曲线信息

坡度曲线由一系列不同坡度的长方形组成，其宽度取决于到列车前端的距离和长方形伸长的长度，将坡度是千分之几标在长方形的中央位置。坡度为下坡道时，长方形显示为黑灰色，字母为灰色；坡度为上坡道时，长方形显示为灰色，字母为黑灰色。另外，在长方形顶部和底部标出坡度的走向："+"表示上坡，"−"表示下坡。

（11）机车信号

机车信号的具体定义和显示图标的对应关系见表 15-21。

表 15-21　机车信号的具体定义和显示图标的对应关系

序　号	图　标	含　义	备　注	序　号	图　标	含　义	备　注
1	5	L5		10	2	U2S	以 1 Hz 的频率闪动
2	4	L4		11		UU	
3	3	L3		12		UUS	以 1 Hz 的频率闪动
4	2	L2		13		HB	以 1 Hz 的频率闪动
5		L		14		HU	
6		LU		15		H	
7		LU2		16	无	未定义的低频信息	
8		U		17		25.7 Hz、27.9 Hz	
9	2	U2					

（12）最限制速度曲线（MRSP）

显示列车前方 8~32 km 范围内的最不利限制曲线。实际 MRSP 信息应显示为一个图表的形式，横轴是距离标尺，纵轴是速度标尺。最限制速度曲线（MRSP）显示如图 15-34 所示。

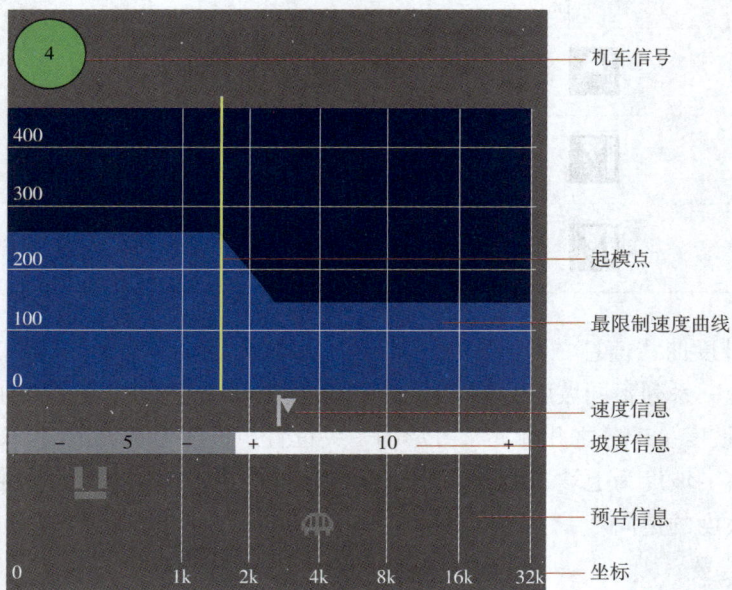

图 15-34　计划区显示

（13）备用系统状态（预留）

当 CTCS-3 级控车时，显示 CTCS-2 级系统的状态；当 CTCS-2 级主控时，显示 CTCS-3 级系统的状态。

（14）显示紧急消息（仅在 CTCS-3 级下使用）

收到紧急消息且接受时，将显示带有闪烁边框的紧急消息符号。紧急消息图标见表 15-22。

表 15-22　紧急消息图标

序　号	图　标	尺　寸	含　义
1		54×30	紧急消息

（15）机控/人控表示

在机控优先的情况下，显示图标"机控"；在人控优先的情况下，显示图标"人控"。机控/人控显示图标见表 15-23。

表 15-23　机控/人控显示图标

序　号	图　标	尺　寸	含　义
1	机控	54×30	机控优先
2	机控	54×30	人控优先

（16）车　站　名

显示下一车站名称，最多显示 6 个汉字。

（17）显示车次号

显示车次号，最多显示 8 位编号，由最多 3 个字母和 5 个数字组成。

（18）显示 GSM-R 的连接状态（预留）。

E16b1 区 GSM-R 连接状态图标见表 15-24。

表 15-24　E16b1 区 GSM-R 连接状态图标

序　号	图　标	尺寸和颜色	含　义
1		32×32 灰色	GSM-R 网络

（19）显示 RBC 连接状态

E16b2 区 RBC 连接状态图标见表 15-25。

表 15-25　E16b2 区 RBC 连接状态图标

序　号	图　标	尺寸和颜色	含　义
1		32×32 灰色	未与 RBC 连接
2		32×32 灰色	正在与 RBC 连接
3		32×32 灰色	已经与 RBC 连接

（20）日期和时间

显示日期和时间。

（21）文本信息

最大四行信息，并可滚动显示信息。需要被确认的信息带闪烁的黄色边框。当信息得到确认后，文本变为灰色，并且边框消失。DMI 将保留最近五十条文本信息。文本信息包括功能性文本信息和维护性文本信息。

（22）显示公里标

公里标显示格式为：K××+××。

2. 可扩展功能键

（1）【数据】键（F1），按该键后，显示数据子菜单，可以修改司机号、车次号、列车数据等信息。

（2）【模式】键（F2），允许司机手动选择列控车载设备的控制模式，可选择模式包括：目视行车模式、调车模式和机车信号模式。

（3）【载频】键（F3），用于选择列车上、下行载频。

（4）【等级】键（F4），用于司机切换列车运行的 CTCS-3、CTCS-2 等级。

（5）【其他】键（F5），用于执行特殊操作的按钮。如制动测试，调节 DMI 屏幕亮度、调节音量等。

（6）【启动】键（F6），用于开车时从待机状态转入到正常运行状态。

（7）【缓解】键（F7），在人控优先的状态下，如果列车触发了常用制动，当列车运行速度低于允许缓解速度后，列控车载设备允许司机缓解制动。当 DMI 上给出允许缓解的提示后，司机按下【缓解】键，列控车载设备结束制动。在机控或人控优先的状态下，如果列车触发了紧急制动，当列车停车后列控车载设备允许司机缓解制动。当 DMI 上给出允许缓解的提示后，司机按下【缓解】键，列控车载设备结束制动。

（8）【警惕】键（F8），当列控车载设备处于目视行车模式、引导模式（CTCS-2 级）或机车信号模式（当收到限制码）时，司机在 60 s 或者 300 m（机车信号模式下为 200 m）内按【警惕】键，否则列控车载设备输出紧急制动使列车停车。此键还用于响应列控车载设备发送给司机的需要确认的消息。当有多个信息需要确认时,将需要确认的信息放入等待确认列表,由司机逐个进行确认。

3. 二级和三级菜单按键

(1)【司机号】键:按【数据】键进入二级菜单,再按【司机号】键进入数据输入界面,输入或修改司机号。

(2)【车次号】键:按【数据】键进入二级菜单,再按【车次号】键进入数据输入界面,输入车次号或修改车次号。

(3)【列车数据】键:按【数据】键进入二级菜单,再按【列车数据】键,进入列车数据修改界面,修改列车长度。

(4)【上、下选择】键:用于查看 E 区所显示的文本信息。

(5)【调车】键:司机在停车状态下,按【模式】键进入二级菜单,再按【调车】键,如果列控车载设备处于非调车模式,并满足转换条件,系统转为调车模式;如果列控车载设备处于调车模式,系统退出调车模式,进入待机模式。

(6)【目视】键:司机在停车状态下,根据行车管理办法,按【模式】键进入二级菜单,再按【目视】键,系统进入目视行车模式。

(7)【机信】键:司机在停车状态下,按【模式】键进入二级菜单,再按【机信】键,如果列控车载设备处于非机车信号模式,并满足转换条件,系统进入机车信号模式;如果列控车载设备处于机车信号模式,系统退出机车信号模式,进入待机模式。

(8)【制动测试】键:按【其他】键后进入二级菜单,按【制动测试】键,系统进行制动测试。

(9)【音量】键:按【其他】键进入二级菜单,再按【音量】键,进入音量调节界面,调节 DMI 的声音及语音的音量。

(10)【亮度】键:按【其他】键进入二级菜单,再按【亮度】键,进入亮度调节界面,调节 DMI 的亮度。

(11)【删除】键:在输入时,用于清除输入内容。修改时,删除信息。

(12)【取消】键:用于输入过程中退出参数或操作命令输入状态,放弃已输入数据或已选择的操作命令。

(13)【确定】键:用于对输入数据信息及提示信息进行确认。

(14)【返回】键:在功能键多级菜单操作时,用于返回上级菜单。

4. 固定功能键

固定功能键在平时执行的是按键左上角标注的功能,在输入状态下,各按键成为数字、字母输入键,每个按键代表的数字、字母为按键右下角标注的字符。在输入状态下,【警惕/字母】键用于切换数字和字母及特殊符号。

5. 文本信息

在 DMI 中,E19 区~E22 区用于显示文本信息。文本信息分为两类:功能性文本信息和维护性文本信息。主要功能性文本信息见表 15-26。

表 15-26　主要功能性文本信息

序号	内　容	触发时机	备　注
1	进入待机模式	进入待机模式时	
2	进入部分监控模式	进入部分监控模式时	
3	进入目视行车模式	进入目视行车模式时	
4	进入调车模式	进入调车模式时	
5	进入引导模式	进入引导模式时	CTCS-3 等级时需司机注意车尾保持
6	进入机车信号模式	进入机车信号模式时	
7	进入完全监控模式	进入完全监控模式时	CTCS-3 等级时需司机注意车尾保持
8	C2 级间转换预告	当车载设备收到转换到 CTCS-2 的级间转换预告信息时	
9	进入 CTCS-2 级	级间切换后进入 CTCS-2 级时	
10	C3 级间转换预告	当车载设备收到转换到 CTCS-3 的级间转换预告信息时	
11	进入 CTCS-3 级	级间切换后进入 CTCS-3 级时	
12	RBC 拒绝调车	当车载设备向 RBC 请求调车被拒绝时	
13	确认越行	需要司机确认越行行车许可终点时	
14	调车请求超时	启动制动测试后显示	
15	正在进行制动测试	启动制动测试后显示	
16	制动测试失败,重新测试	制动测试失败,提示司机是否再次进行测试	
17	制动测试成功	制动测试成功完成后显示	
18	确认前方轨道空闲	RBC 提示司机确认在列车前端与下一个信号机或信号指示牌之间是否空闲	
19	紧急制动缓解	当 ATP 输出的紧急制动允许手动缓解时	
20	常用制动缓解	在人控优先时,当 ATP 输出的常用制动允许手动缓解时	
21	溜逸防护制动	在没有运行许可时,当列车溜逸时,ATP 输出制动	
22	停车防护制动	CTCS-3 级待机模式下移动超过规定距离 ATP 输出制动	
23	发送调车请求	CTCS-3 级下手动选择调车模式,ATP 向 RBC 发送调车请求	
24	执行制动测试	ATP 自检完成后,提示司机进行制动测试	

续上表

序号	内　　容	触发时机	备　　注
25	无法启动制动测试	司机选择制动测试后,ATP 由于其他原因无法进行制动测试	
26	列车数据错误	当手动输入的列车数据超出范围时	
27	制动测试超时	制动测试没有在规定的时间内完成	
28	制动测试中断,重新测试	制动测试由于其他原因中断,需要重新进行制动测试	
29	正在进行 BTM 测试	ATP 对 BTM 进行测试检查	
30	BTM 测试失败	BTM 测试没有通过	
31	BTM 测试超时	BTM 测试没有在规定的时间内完成	
32	准备自动转换到 CTCS-2 等级	CTCS-3 级无线通信故障后,要降级转 CTCS-2 级时	
33	应答器报文错误	车载设备判断地面应答器报文异常	
34	不支持的应答器数据	应答器数据包异常	
35	LEU 故障	收到 ETCS-254 包	
36	警惕确认	在目视模式或引导模式,列车每运行一段距离或时间,提示司机按【警惕】键	
37	无线超时制动	由于无线传输超时引起的 ATP 输出制动	
38	退行防护制动	车载检测到列车向允许运行方向相反的方向移动且超过规定距离,施加制动	
39	正在与 RBC 建立连接	ATP 正在与 RBC 建立连接	
40	无法与 RBC 建立连接	ATP 无法与 RBC 建立连接	
41	已经与 RBC 建立连接	ATP 已经与 RBC 建立连接	
42	禁止调车	ATP 收到禁止调车指令	
43	绝对停车	ATP 从应答器收到绝对停车信息	
44	载频核对不一致	轨道电路实际接收载频与应答器报文描述不一致	
45	休眠信号错误	驾驶台激活状态下收到休眠信号	
46	应答器布置与链接不一致	应答器布置方向与链接方向不一致(应答器组内装反)	
47	列控中心默认报文	收到默认报文且 M_MCOUNT=253	
48	LEU 默认报文	收到默认报文且 M_MCOUNT=0	
49	应答器默认报文	收到默认报文且 M_MCOUNT=252	
50	应答器数据异常	C2 判断应答器报文解析错误	
51	应答器信息缺失	C2 判断应答器丢失	
52	轨道电路信息异常	C2 判断轨道电路绝缘节接收异常	

主要维护性文本信息见表 15-27。

表 15-27　主要维护性文本信息

序号	内　容	触发时机	备　注
1	紧急制动故障	紧急制动反馈不正常	
2	常用制动故障	常用制动反馈不正常	
3	MVB 故障	信号 MVB 总线传输发生故障时	
4	SDU 故障	系统检测到 SDU 故障	
5	VDX 故障	系统检测到 VDX 故障	
6	DX 故障	系统检测到 DX 故障	
7	SDP 故障	系统检测到 SDP 故障	
8	DMI 故障	系统检测到 DMI 故障时	
9	BTM 故障	系统检测到 BTM 状态异常时	
10	车地通信故障	系统检测到车地通信异常	
11	TSG 故障	系统检测到 TSG 故障	
12	Profibus 故障	系统检测到 Profibus 总线故障	
13	JRU 故障	系统检测到记录单元状态出现异常	
14	NVMEM 故障	系统检测到 NVMEM 故障	
15	安全软件故障	系统检测到车载软件出现异常	
16	软件配置故障	软件配置参数错误	
17	ATPCU 故障	ATPCU 软件异常	
18	未知设备	发现未知设备	
19	速度传感器故障	速度传感器信号异常	
20	切除牵引失败	车载设备切除牵引失败时	
21	制动旁路故障	系统检测到制动旁路故障	
22	正在进行司机接口测试	进行接口测试时	
23	方向控制故障	系统检测到方向控制故障	
24	休眠信号错误	系统检测到错误的休眠信号	
25	紧急制动切除故障	系统检测到紧急制动切除故障	
26	测速雷达故障	系统检测到测速雷达故障	
27	CTCS 安全软件故障	系统检测到 CTCS 安全软件出现异常时	
28	主机与 DMI 通信中断	当 DM 与 ATP 之间的通信不能交互后，DMI 显示该信息	
29	轨道电路传输模块故障	轨道电路信息传输模块故障	

二、常用操作

(一) CTCS2-200C 型列控车载设备

1. 基本操作流程

基本操作流程如图 15-35 所示。

2. 操作步骤及注意事项

（1）上　　电

检查确认总风达到规定风压，ATP 电源空气开关处于闭合状态，投入司机主控钥匙。ATP 开始进行制动测试。如测试正常，设备进入待机模式；如进入"紧急制动测试不正常"状态，必须关闭 ATP 电源后重新进行以上的操作。待机模式页面如图 15-36 所示。

（2）数据输入

待机模式下，按压【数据】键，进入数据界面，选择"司机号"，进入司机号输入界面，输入后选择"确定"，进入车次号输入界面。司机号输入页面如图 15-37 所示。

设备需要的任务数据会从 LKJ 直接读取，司机无须单独设置。如遇任务数据无法正常从 LKJ 获取时，需要人工输入。

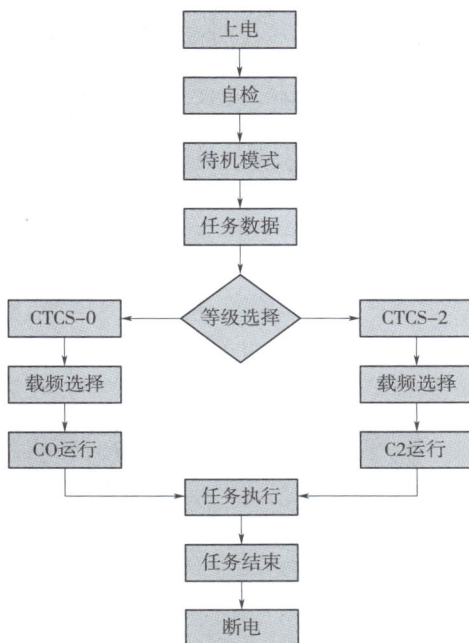

图 15-35　基本操作流程

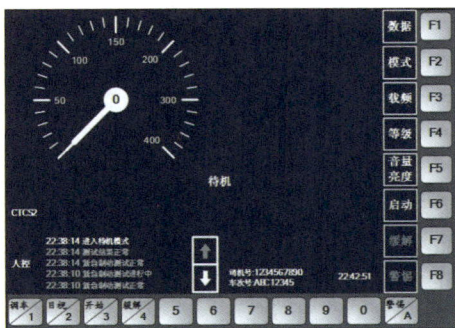

图 15-36　待机模式页面

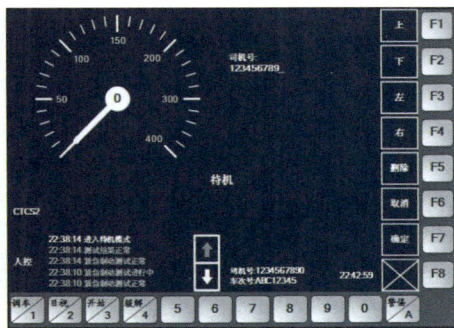

图 15-37　司机号输入页面

（3）待机模式下进 C0 或 C2 操作

选择"数据"，进入数据界面。选择"列车数据"进入车长选择界面。根据担当编组情况（单组或重联）选择"单组"或"双组"，如图 15-38 所示。

根据运行的线路等级，在主界面选择"等级"，进入等级选择界面，选择"CTCS-0"级或

"CTCS-2"级,如图 15-39 所示。

图 15-38　车长选择页面

图 15-39　等级选择页面

根据线路股道载频,在主界面选择"载频",进入载频选择界面,如图 15-40 所示。

按压【启动】键,车载设备开始启动运行。

选择 C0 级,车载设备退出监控并在后台运行,如图 15-41 所示。

图 15-40　载频选择页面

图 15-41　C0 控车时 DMI 的显示

选择 C2 级,车载设备进入部分监控模式,如图 15-42 所示。

在待机状态下,选择【模式】键,进入模式选择界面,按压【调车】键,进入调车模式如图 15-43 所示。

图 15-42　C2 控车,ATP 进入部分监控模式

图 15-43　调车模式页面

在调车模式状态下,选择【模式】键,进入模式选择界面,按压【退出调车】键,可进入待机模式。

(4)C0 和 C2 级间转换

停车后,按压【模式】键,按压【任务结束】键,结束当前任务,选择需要进入的等级,如图 15-44 所示。

(5)载频转换

停车后,按压【模式】键和【任务结束】键,结束当前任务,按压【载频】键,选择上/下行,如图 15-45 所示。

在 C0 等级下,载频转换点,速度大于 0 时,按压【载频】键,选择上/下行。

(6)级间转换操作

当列车越过执行应答器组后,ATP 在进行等级切换的同时,将发出声音报警并在 DMI 上显示"进入 CTCS-0 级"或"进入 CTCS-2 级"文本信息,此时需按压【警惕】键进行确认,否则 DMI 将持续报警。

(7)设备触发常用制动(输出 B7 级制动)

待运行速度降至允许缓解速度以下时,设备输出"允许缓解"语音一次,此时按压【缓解】键,缓解常用制动,如图 15-46 所示。

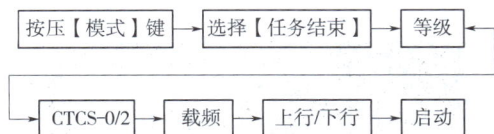

图 15-44　C0 和 C2 级间转换流程

图 15-45　载频转换

(8)设备触发紧急制动

待列车停车后,设备输出"允许缓解"语音一次,此时按压【缓解】键,缓解紧急制动,如图 15-47 所示。

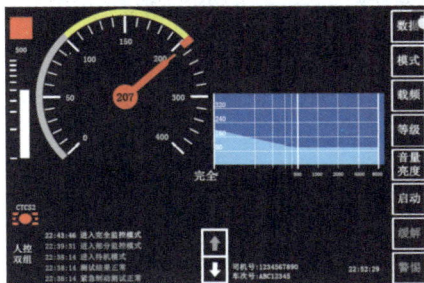

图 15-46　缓解常用制动

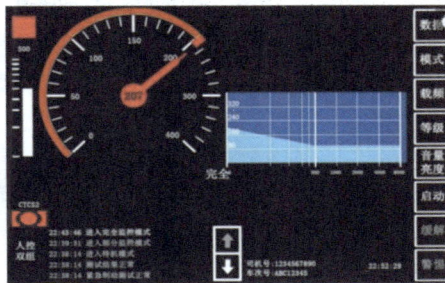

图 15-47　缓解紧急制动

(二) CTCS2-200H 型列控车载设备

1. 基本操作流程

基本操作流程如图 15-48 所示。

2. 操作步骤及注意事项

(1) 设备启动

上电前,注意确认各开关、断路器位置正确。将主控钥匙插入钥匙孔,顺时针方向旋转到"开"位,设备自检无异常后,进入"待机"模式,如图 15-49 所示。

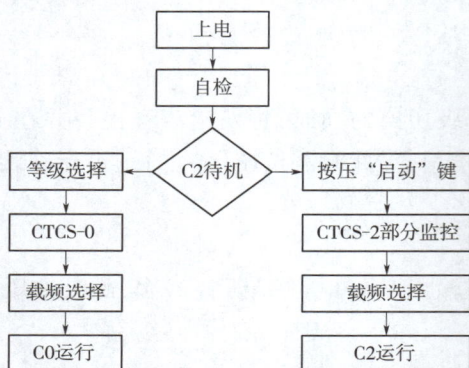

图 15-48　基本操作流程

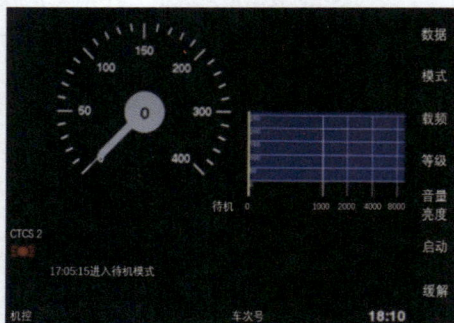

图 15-49　待机模式

(2) 载频切换

根据线路股道发码情况选择载频,主界面下按压【载频】键,选择上、下行载频,按压【确定】键,如图 15-50 所示。

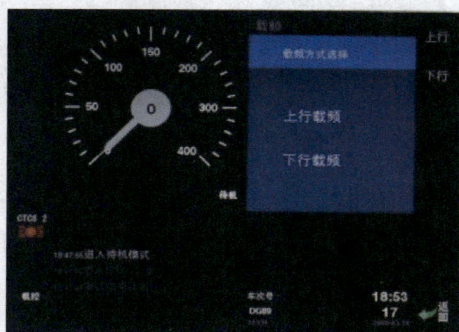

(a)

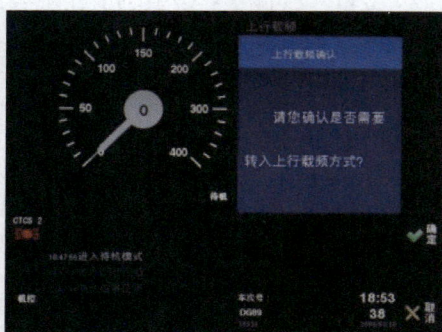

(b)

图 15-50　载频切换页面

(3) 等级切换

主界面下按压【等级】键、【CTCS0】或【CTCS2】键,进入等级切换界面,再按压【确定】键,进入 C0 或 C2 级如图 15-51 所示。

注意:

① 在 C0 级进行车辆制动试验,选择载频后,转入 C2 部分监控模式。

（a）

（b）

（c）

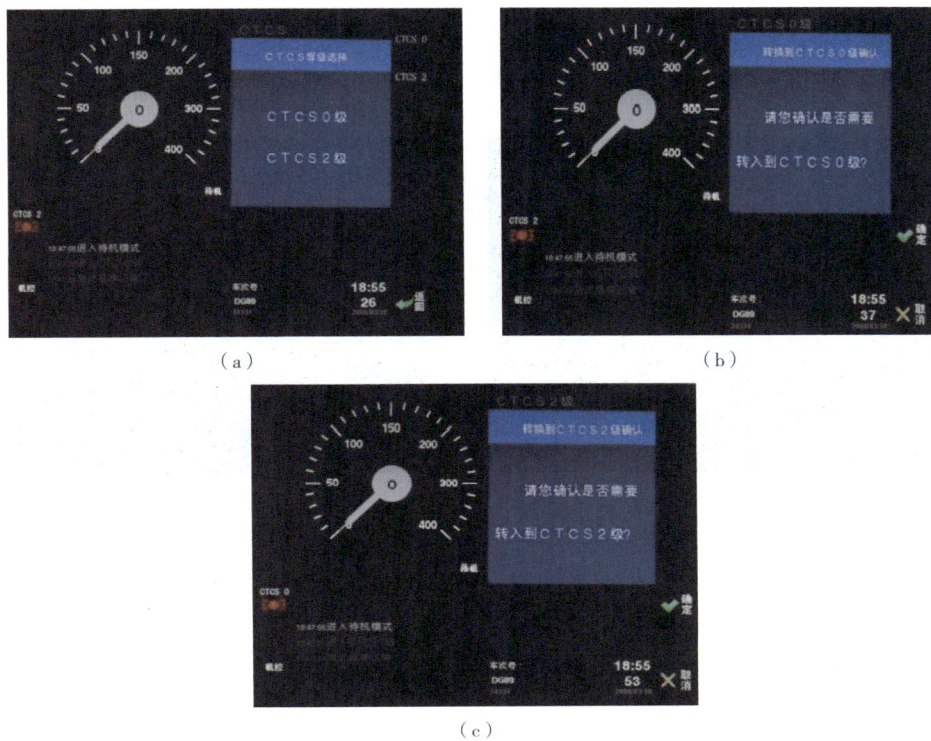

图 15-51　等级切换页面

②CRH2A（统）型动车组，车辆制动试验完毕后，将 ATP 转入调车模式缓解制动，并进行紧急复位；缓解、复位完成后，将 ATP 退出"调车"模式，进入"待机"模式，信号开放后，按压【启动】键转入 C2"部分监控"模式。

③在 C0 级区段，信号开放后再转入 C0 级。

（4）启动设备

主界面下按压【启动】键，进入启动确认界面，再按压【确定】键，进入"部分监控"模式，如图 15-52 所示。

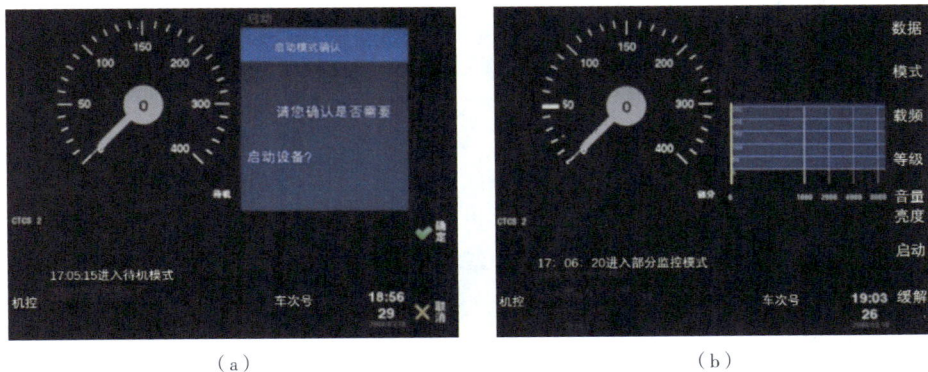

（a）

（b）

图 15-52　启动设备

（5）调车模式切换

在主界面按压【模式】键，进入模式选择界面，按压【调车】键，进入调车模式切换界面，再按压【确定】键，进入"调车"模式，如图 15-53 所示。

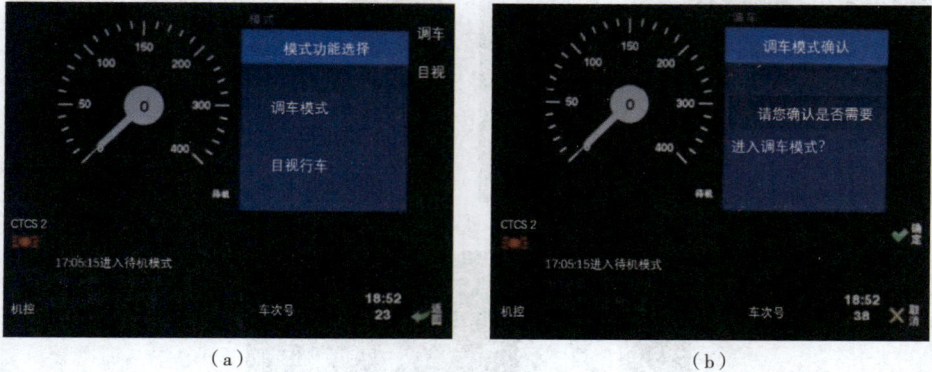

（a）　　　　　　　　　　　　　　　（b）

图 15-53　调车模式切换

（三）CTCS3-300H 型列控车载设备

1. 基本操作流程

基本操作流程如图 15-54 所示。

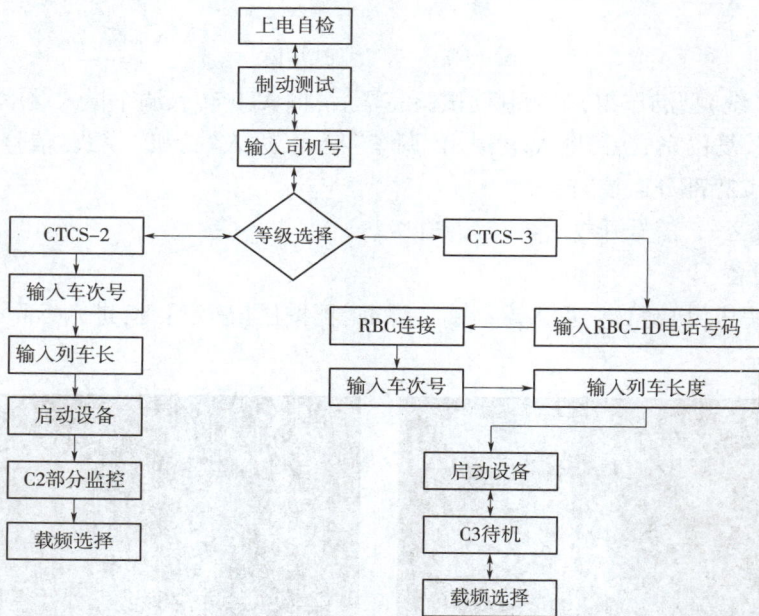

图 15-54　基本操作流程

2. 操作步骤及注意事项（进入 CTCS-2 级）

（1）设备上电

①CRH380CL 型动车组：投入主控钥匙，换向开关置"前进"位，制动手柄置于"REL"位，

停放制动施加;闭合 ATP 电源开关。

②CRH380A/380AL 型动车组:投入主控钥匙,复位紧急制动,制动手柄"B4"级,确认紧急制动缓解;闭合 ATP 电源开关。

确认 ATP 启动正常,如图 15-55 所示。

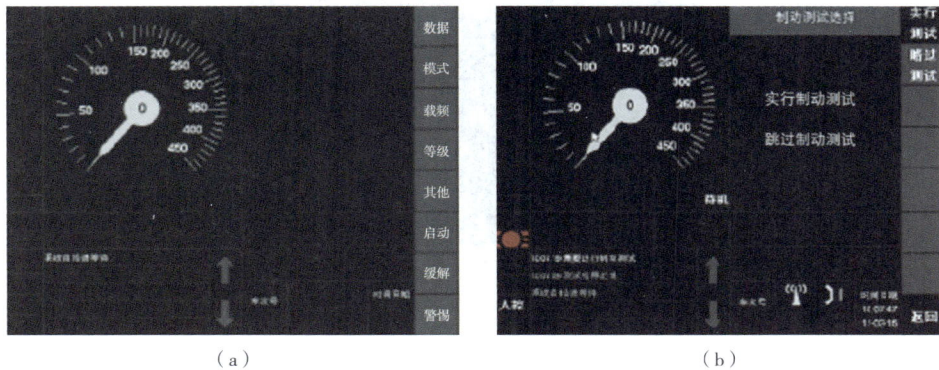

（a）　　　　　　　　　　　　　（b）

图 15-55　启动设备

注意:

①CRH380A/380AL 型动车组闭合 ATP 电源开关时,防止误合救援转换装置开关。

②升弓或换升完毕后进行。

（2）制动测试

①CRH380CL 型动车组:停放制动已施加,制动手柄置"OC"位,向列车管（BP）充风至定压;制动手柄置"REL"位。

②CRH380A/380AL 型动车组:将制动手柄置于"B4"级,确认紧急制动缓解。

选择"实行制动测试",按压【确定】键,进行制动测试,确认制动测试成功,如图 15-56 所示。

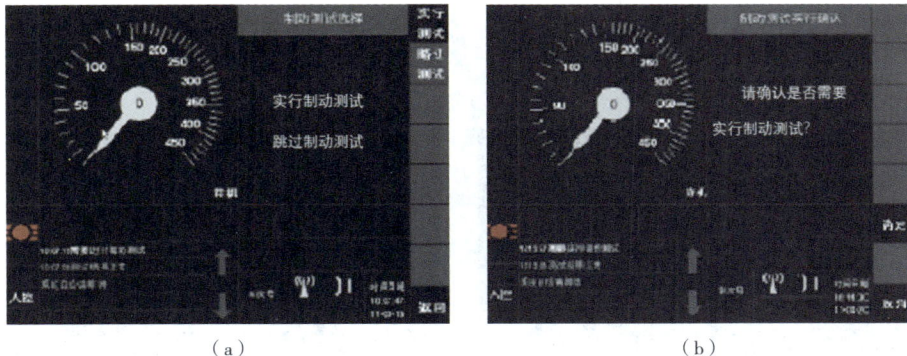

（a）　　　　　　　　　　　　　（b）

图 15-56　制动测试

注意:

紧急制动未缓解或 CRH380CL 型动车组停放制动未施加,ATP 制动测试将无法进行或顺序通过。

（3）输入司机号

弹出"司机号输入"页面，输入司机号，按压【确定】键，如图 15-57 所示。

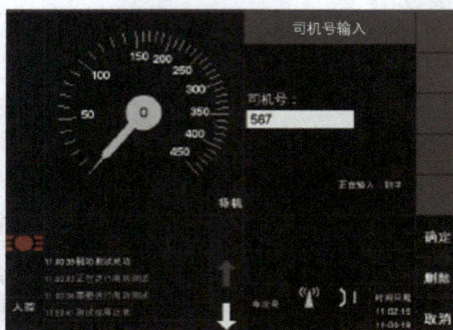

图 15-57　输入司机号

（4）等级选择

弹出"等级选择"页面，选择"C2 等级"，按压【确定】键，如图 15-58 所示。

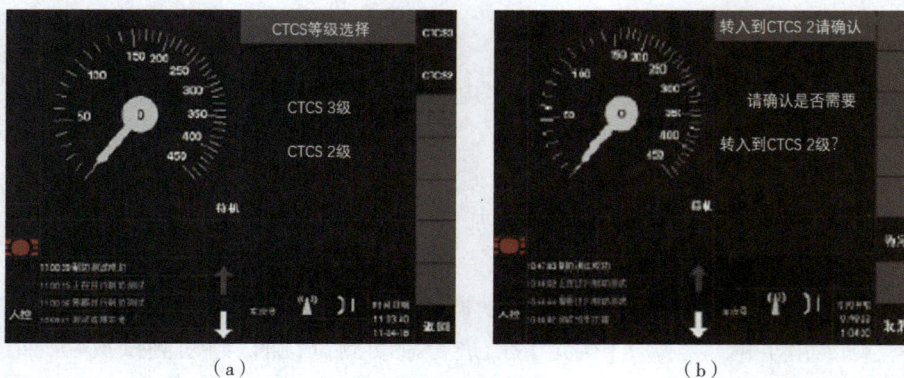

（a）　　　　　　　　　　　　　　　　　（b）

图 15-58　等级选择

（5）车次号输入

文本提示输入车次号后，按压【确定】键；按压【数据】→【车次号】键，输入车次号，按压【确定】键，如图 15-59 所示。

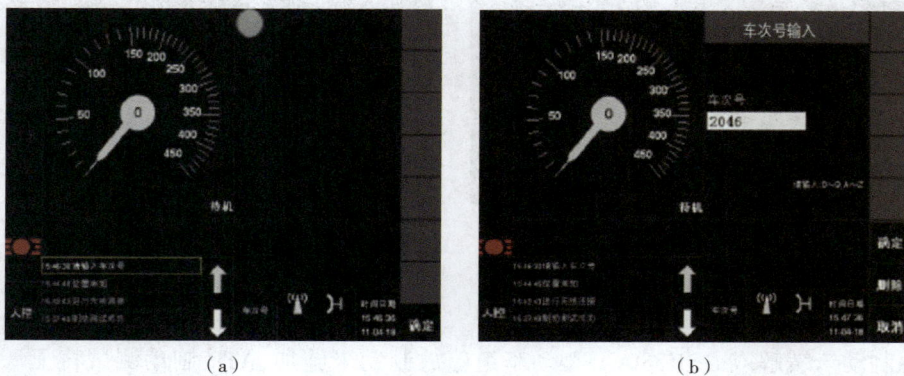

（a）　　　　　　　　　　　　　　　　　（b）

图 15-59　输入车次号

（6）输入编组

文本提示输入列车长度，按压【确定】键；按压【数据】→【列车数据】键，根据编组，选择"420"或"210"，按压【确定】键；确认 1/2 系车长一致，如图 15-60 所示。

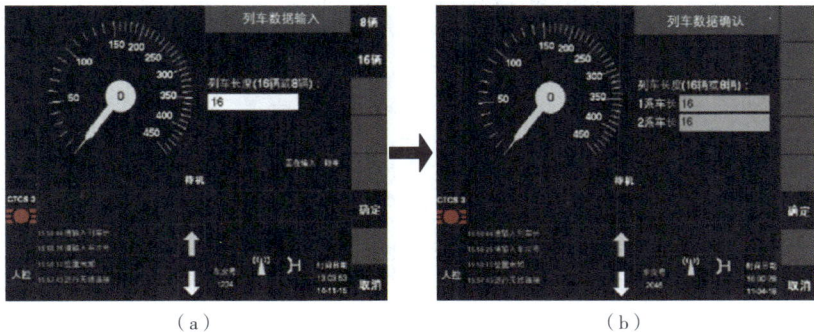

（a）　　　　　　　　　　　　（b）

图 15-60　输入编组

注意：

如 1/2 系车长不一致，须按压【取消】键，重新选择列车长度。

（7）启动设备

文本提示确认启动，按压【确定】键；按压【启动】→【确定】键，进入"C2 部分监控"模式，如图 15-61 所示。

（a）　　　　　　　　　　　　（b）

图 15-61　启动设备

（8）选择载频

确认股道载频发码情况，选择"上行"或"下行"，按压【确定】键，如图 15-62 所示。

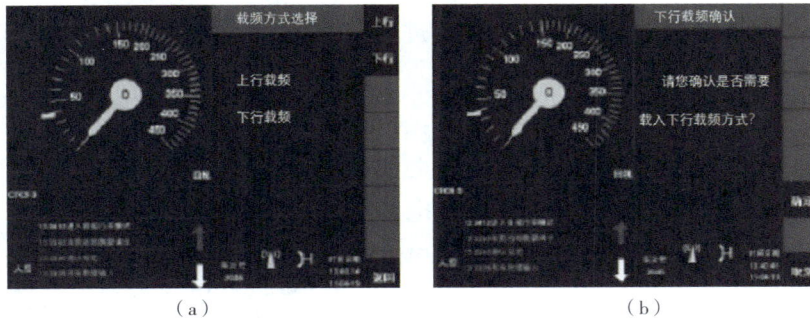

（a）　　　　　　　　　　　　（b）

图 15-62　选择载频

（9）进入调车模式

停车后，按压【模式】→【调车】→【确定】键，如图 15-63 所示。

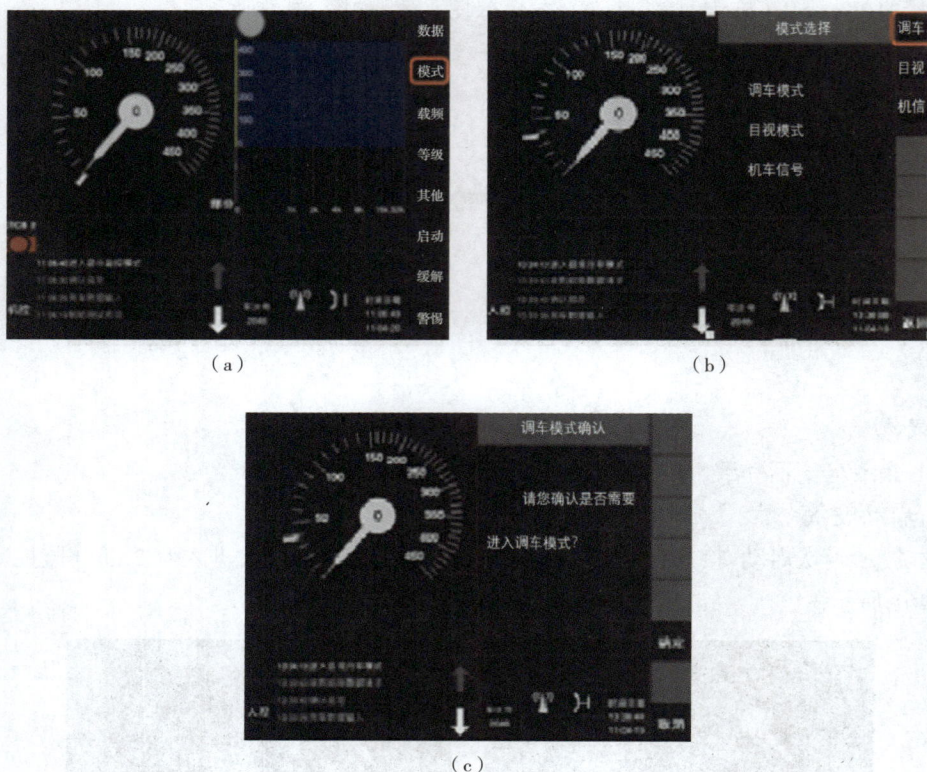

（a）　　　　　　　　（b）

（c）

图 15-63　进入调车模式

注意：

C3 等级下严禁进入调车模式。

（10）车辆制动试验

C2 调车模式状态下，确认制动缓解，按步骤进行制动试验。

（11）退出调车模式

停车后，按压【模式】→【退出调车】→【确定】键，退出调车；根据提示重新输入有关参数并进入"C2 部分监控"模式，如图 15-64 所示。

注意：

需进入 CTCS-3 级启动操作流程时，按上述流程进行等级选择后，先进行 RBC-ID 号及电话号码的输入，再进行车次号输入。RBC-ID 及电话号码输入如下：

弹出 RBC-ID 号和电话号码输入页面，根据

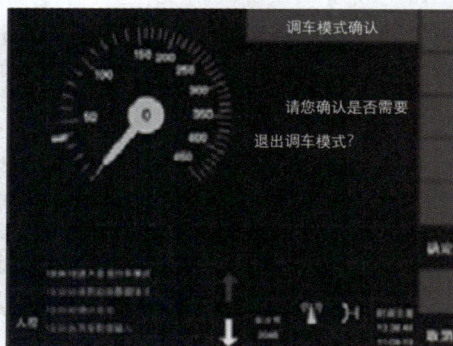

图 15-64　退出调车

列车实际停车位置,查定 RBC 数据,输入 RBC-ID 号和电话号码,如图 15-65 所示。

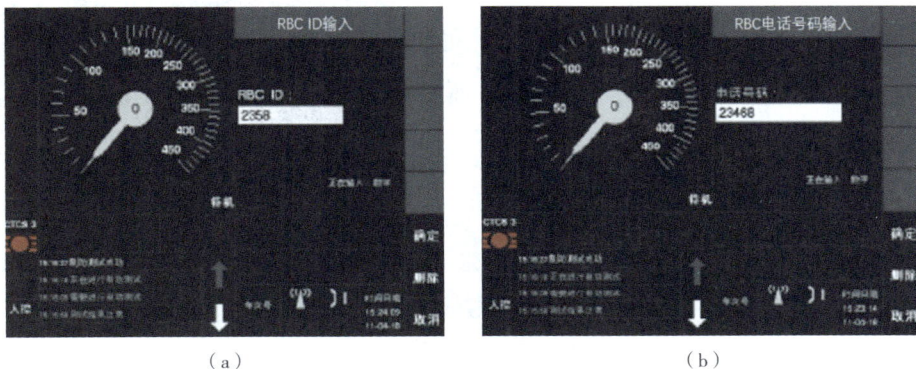

（a）　　　　　　　　　　　　　　　（b）

图 15-65　进入 C3 等级时 RBC-ID 号和电话号码输入

(四) CTCS3-300S 型列控车载设备

1. 基本操作流程

基本操作流程如图 15-66 所示。

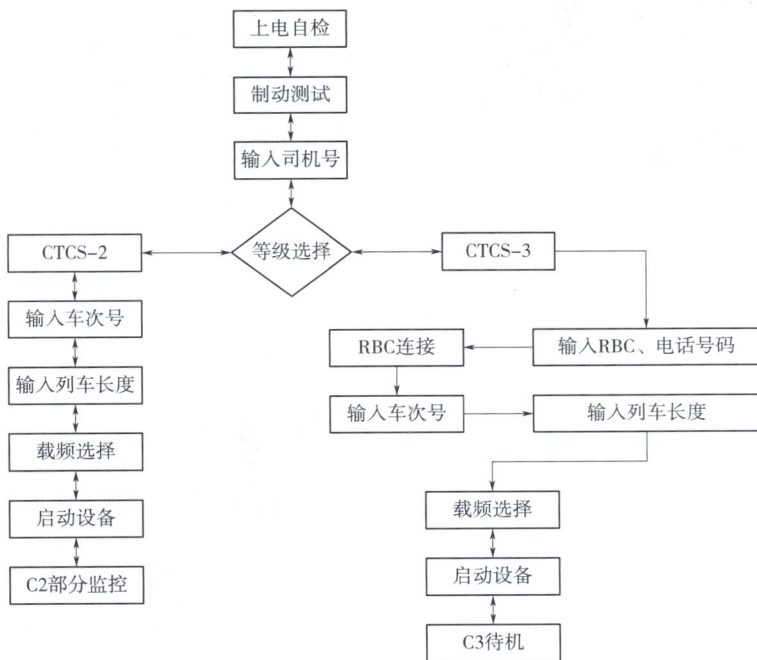

图 15-66　基本操作流程

2. 操作步骤及注意事项

（1）设备上电

确认车载设备不是在"休眠"模式下,隔离开关在司机室的须先确认隔离开关在"运行"位,闭合司机室"ATP 系统电源"开关,如图 15-67 所示。

注意：

ATP 两次上电间隔至少为 30 s。

（2）制动试验

确认 ATP 无其他制动输出，进行制动试验，确认制动试验完成。

（3）ATP 制动测试

确认紧急制动已缓解，将制动手柄置于"B4"级；CTCS3-300S 型设备自检完成后，DMI 提示司机执行制动测试，按压【确定】键，进行制动测试，测试完成后确认"制动测试成功"文本，如图 15-68 所示。

图 15-67　设备上电

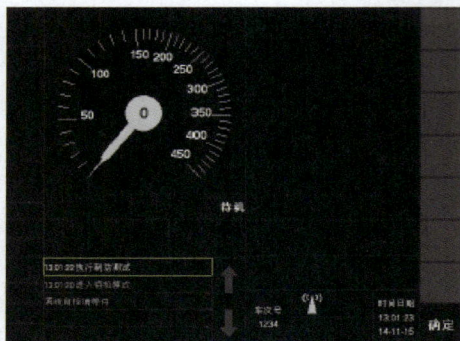

（a）

（b）

图 15-68　ATP 制动测试

（4）输入司机号

制动测试完成后，车载设备自行弹出司机号输入窗口，司机按照 DMI 的提示进行司机号输入，如图 15-69 所示。

（5）等级选择

车载设备自行弹出等级选择窗口；根据提示按下【CTCS3】键→【确定】键；根据列车实际位置，查定 RBC 数据，输入 RBC-ID 号、电话号码，确认 RBC 连接状态正常，如图 15-70 所示。

（6）输入车次号

图 15-69　输入司机号

车载设备自行弹出车次号输入窗口，司机按固定功能键输入车次号，如图 15-71 所示。

（7）输入列车数据

车载设备自行弹出列车数据输入窗口，核对编组，按【420】键或【210】键选择车长（DMI 显示的列车数据默认值为 420），如图 15-72 所示。

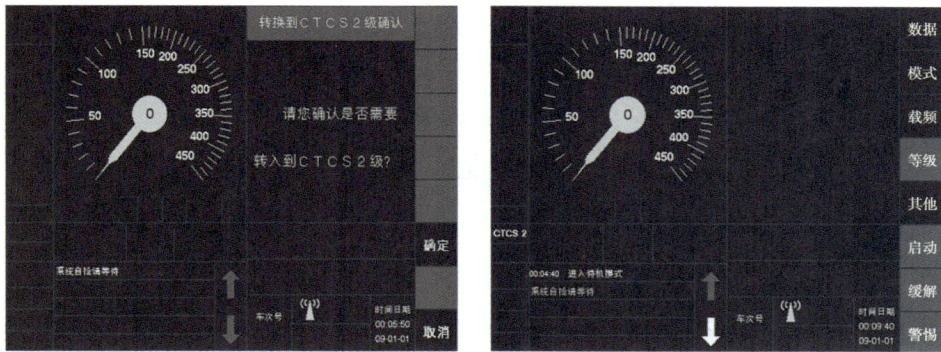

图 15-70　等级选择

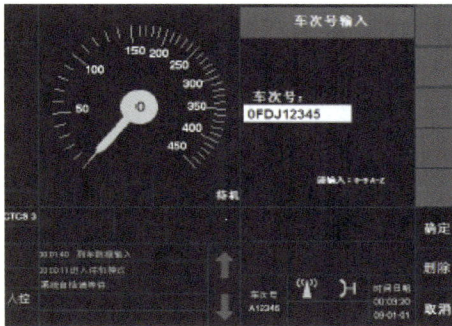

图 15-71　输入车次号

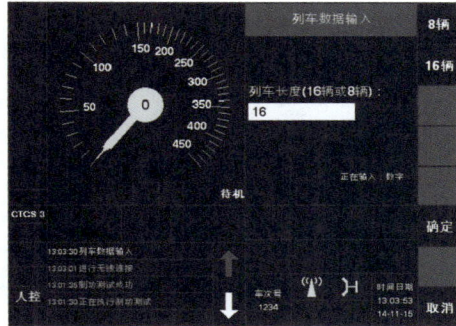

图 15-72　输入列车数据

（8）选择载频

车载设备自行弹出载频输入窗口；确认线路股道载频发码，按【上行】键或【下行】键，进入载频确认界面，再按压【确定】键，如图 15-73 所示。

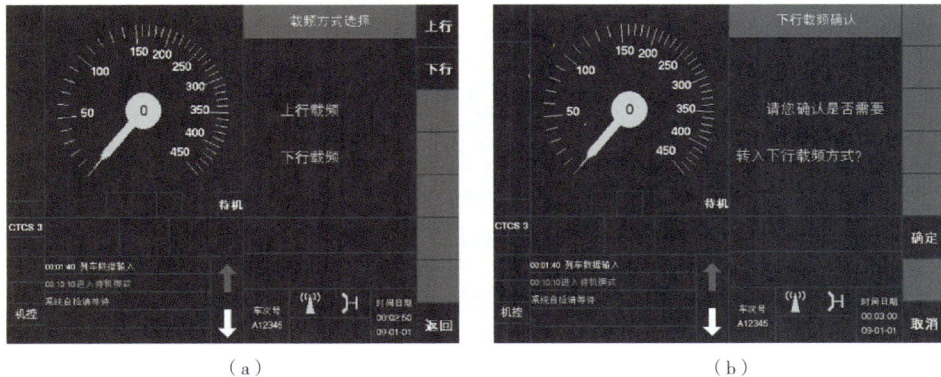

（a）

（b）

图 15-73　选择载频

（9）任务启动

设备自行弹出启动确认窗口，按【确定】键，确认启动设备，如图 15-74 所示。

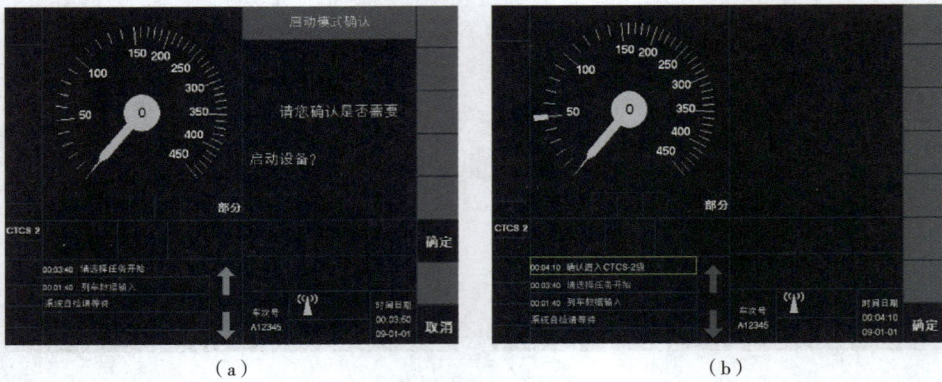

（a）　　　　　　　　　　　　　（b）

图 15-74　启动设备

（五）CTCS3-300T 型列控车载设备

1. 基本操作流程（进入 CTCS-2 级）

（1）上电流程

上电流程如图 15-75 所示。

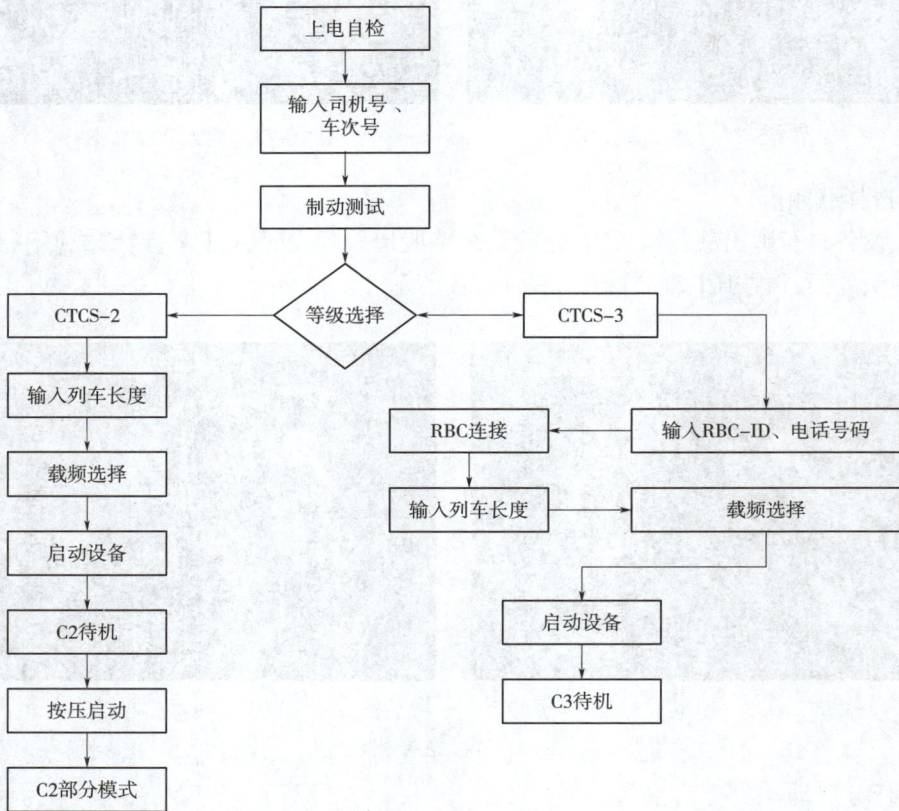

图 15-75　上电流程

（2）断电流程

断电流程如图 15-76 所示。

2. 操作步骤及注意事项

（1）设备上电

CRH2C、CRH380A、CRH380A（统）/380AL 型动车组：闭合"ATP 系统电源"型开关。CRH380B/380B（统）/380BG/380BL、CRH3C 型动车组：闭合"44-F11"自动开关。CRH380D 型动车组：隔离开关置于"0"位。

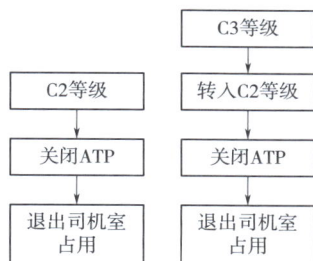

ATP 进行设备自检。确认 ATP 上电完成（约需 100~110 s），处于初始"待机"状态，如图 15-77 所示。

（2）车辆制动测试

CRH2C、CRH380A、CRH380A（统）/380AL 型动车组：确认车辆紧急制动已缓解。CRH380B/380B（统）/380BG/380BL、CRH3C 型动车组：确认停放制动施加，ASC 关闭，全列制动缓解，列车管压力 550 kPa 以上。CRH380D 型动车组：停放制动施加。

按步骤进行制动试验，确认相关参数正常。

（3）ATP 数据输入

将制动手柄置于"B4"级，按照 DMI 提示输入司机号、车次号。"司机号"输入完毕按压"车次号"对应按键，输入"车次号"确认正确后，按压【确定】键，如图 15-78 所示。

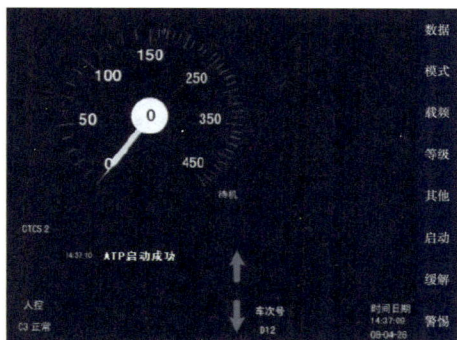

图 15-76 断电流程

图 15-77 设备上电

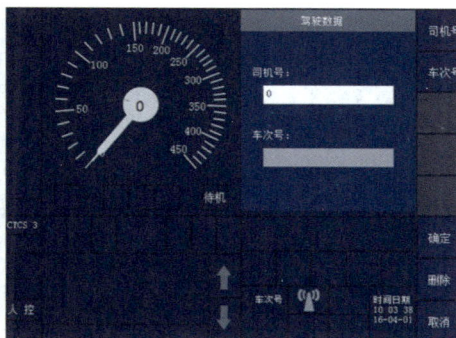

图 15-78 数据输入

（4）ATP 制动测试

CRH380B（统）/380BG/380BL、CRH3C 型动车组确认停放制动施加，ASC 关闭，全列制动缓解，列车管压力 550 kPa 以上；CRH2C、CRH380A（统）/380AL 型动车组确认制动手柄"B4"级，车辆紧急制动复位；CRH380D 型动车组确认停放制动施加，主手柄"0"位。

DMI 显示闪烁"执行制动测试"文本，按压【确定】键执行测试，如图 15-79 所示。

注意：

①ATP 每次上电启动必须进行制动试验，禁止按压【取消】键。

②ATP 制动测试时，不得输入列车数据。

（5）选择等级

DMI 弹出等级选择界面，选择"C2"级，按压【确定】键，如图 15-80 所示。

（6）输入编组

根据列车编组，8 辆编组输入"1"；16 辆编组输入"2"，按【确定】键，如图 15-81 所示。

（7）选择载频

确认股道载频发码情况，选择"上行"或"下

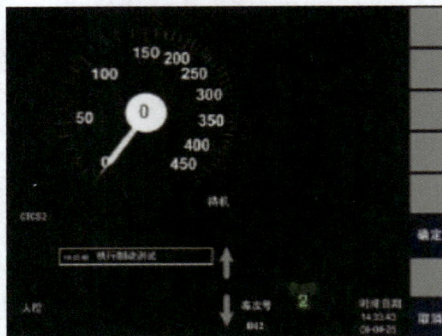

图 15-79　ATP 制动测试

（a）

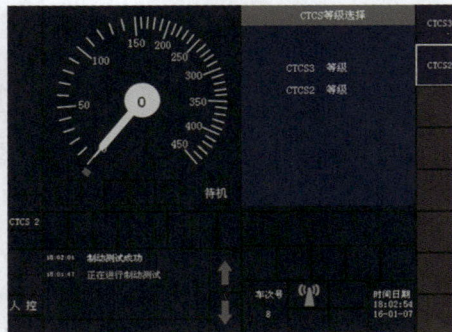

（b）

图 15-80　选择等级

（a）

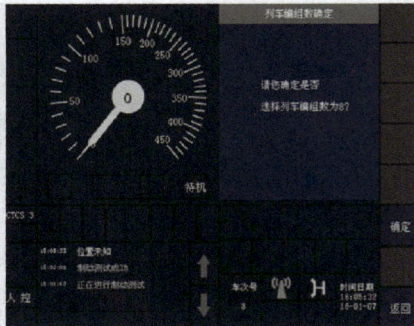

（b）

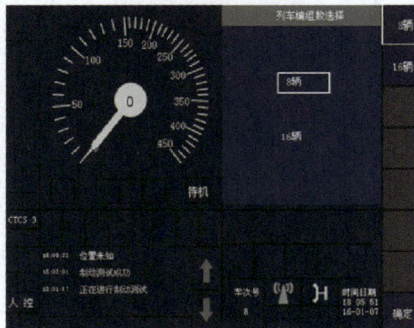

（c）

图 15-81　输入编组

行"载频,根据 DMI 提示按压【确定】键,进行载频确认,如图 15-82 所示。

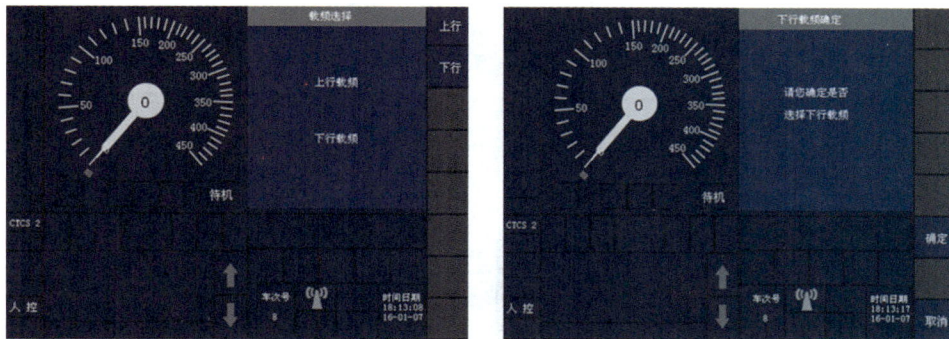

图 15-82 选择载频

（8）启动设备

确认设备处于"C2 待机状态",ATP 启动完成,"确认启动"文本闪烁,按压【确定】键,进入"待机"模式,按压【启动】键,出现"确定是否需要启动设备"对话框,按压【确定】键,进入 C2 级"部分监控"模式,如图 15-83 所示。

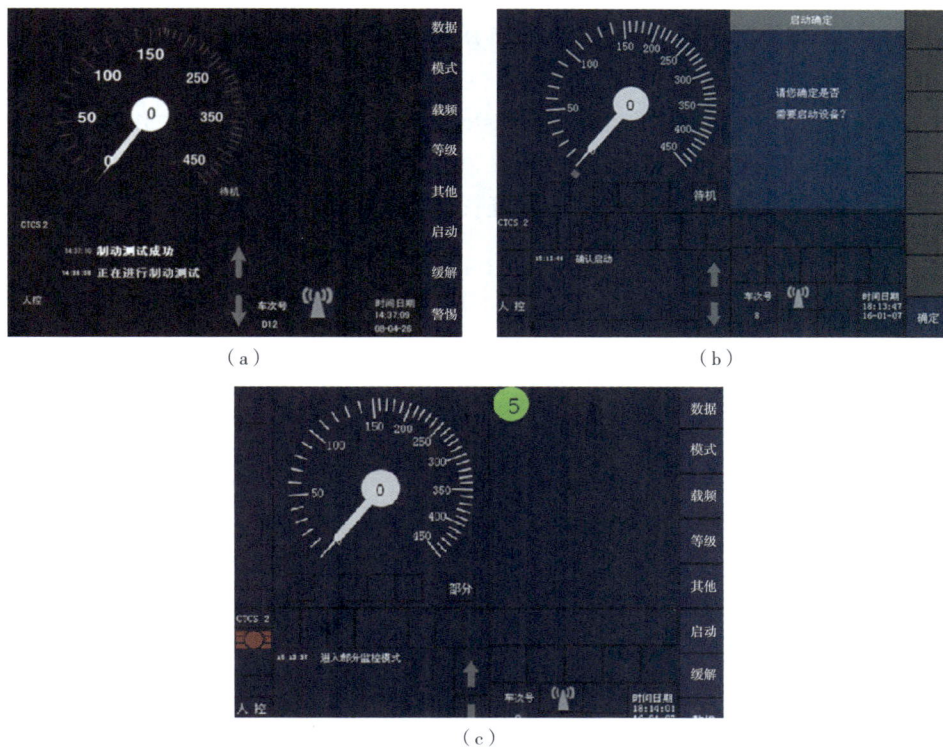

（a）

（b）

（c）

图 15-83 启动设备进入 C2 级

注意:

需进入 CTCS-3 级启动操作流程时,按上述流程进行等级选择后,先进行 RBC-ID 号及电

话号码的输入,再进行编组输入。RBC-ID 及电话号码输入如下:

　　弹出 RBC 数据输入页面,根据列车实际停车位置,查定 RBC 数据,输入 RBC-ID 号和电话号码,确认 RBC 连接正常,如图 15-84 所示。

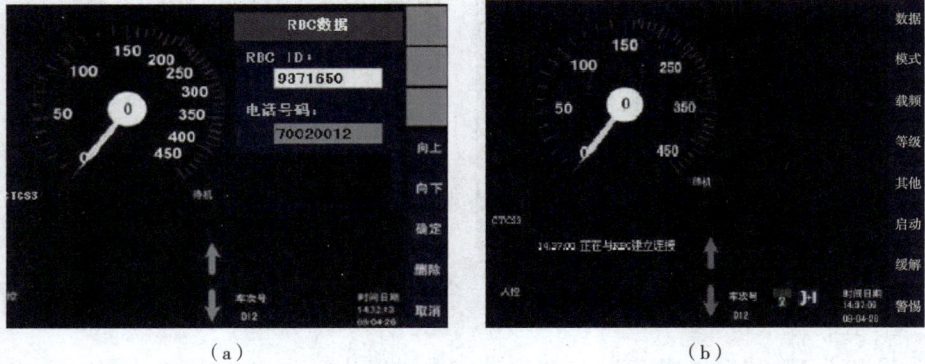

（a）　　　　　　　　　　　　　　　　　　　（b）

图 15-84　连接 RBC

注意:

　　①对于 RBC 间通信的 CTCS-3 级线路,在 RBC 切换点前重启 ATP 时,需要输入移交 RBC(切换点之前的控制 RBC)的电话号码和 RBC-ID;在 RBC 切换点后重启 ATP 时,需要输入接收 RBC(切换点之后的控制 RBC)的电话号码和 RBC-ID。若 DMI 提示"不在 RBC 管辖范围",应停车输入正确的 RBC 电话号码和 RBC-ID,与 RBC 建立连接后,继续行车。

　　②对于无 RBC 间通信的 CTCS-3 级线路,在 RBC 切换重叠区,应输入接收 RBC 的电话号码与 RBC-ID,否则可能会导致 ATP 无法延长行车许可(MA)而停车。

第十六章　列车运行监控装置

列车运行监控装置(以下简称LKJ)是保障列车运行安全的速度控制装置,该装置在实现监控列车安全运行的同时,采集并记录与列车安全运行有关的各种列车运行状态信息,为机车运行管理自动化提供数据支撑。

LKJ2000型列车运行监控装置是在JK-2H、LKJ-93型列车运行监控记录装置成功应用的基础上,采用32位微处理器及数字信号处理等技术来保证列车行车安全的控制。

第一节　列车运行监控装置组成及功能

一、LKJ组成

LKJ主要由监控主机、人机交互单元(又称屏幕显示器)、速度传感器、压力传感器、专用转储设备、专用电缆等组成。LKJ主要组成如图16-1所示。

图 16-1　LKJ 主要组成

(一)监控主机

监控主机是LKJ的核心部件,实现机车运行监控和记录功能,如图16-2所示。

监控主机为系统控制中心,其内部由A、B两组完全相同的控制单元组成(左边为A组,右边为B组),每组有八个插件位置,各插件位置以机箱中心线为基准对称排列,从中心线开始往左、右,各插件排列顺序依次为:监控记录、地面信息、通信、模拟量输入输出、备用、数字量输入、数字量输入输出、电源。监控主机插件排列如图16-3所示。

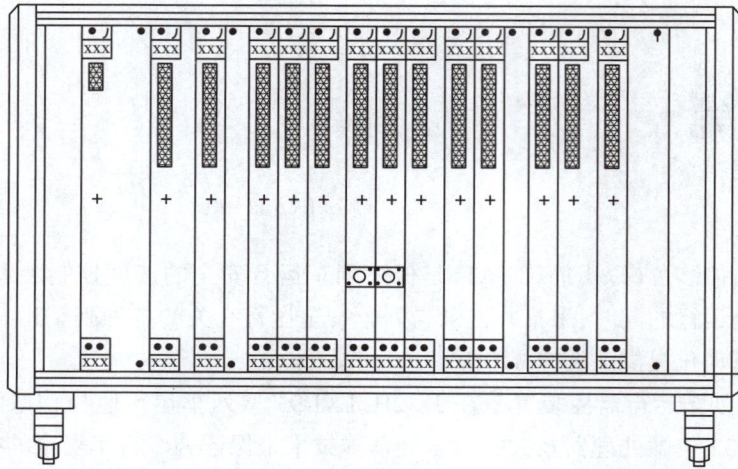

图 16-2　LKJ 主机

电源插件	数字量输入输出插件	数字量输入插件	备用	模拟量输入输出插件	通信插件	地面信件处理插件	监控记录处理插件	监控记录处理插件	地面信件处理插件	通信插件	模拟量输入输出插件	备用	数字量输入输出插件	数字量输入插件	电源插件
A	A	A	A	A	A	A	A	B	B	B	B	B	B	B	B

图 16-3　主机插件排列

（二）屏幕显示器

屏幕显示器采用 10 英寸（254 mm）TFT 高亮度彩色液晶显示屏。显示器以滚动方式显示实际运行速度轨迹曲线及模式限制速度（或线路允许速度）曲线，以图形、符号、汉字来显示地面信号机的位置、种类以及运行线路的曲线、坡道、桥梁、隧道及道口等信息，提示或引导司机操作，具备语音提示功能，如图 16-4 所示。

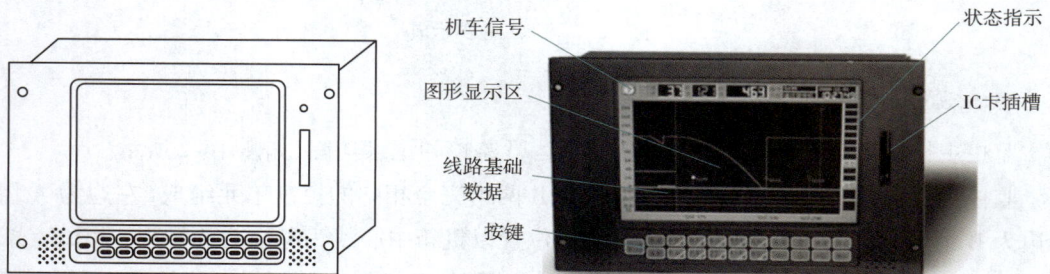

图 16-4　显示器外观

(三) 速度传感器

速度传感器安装于机车轮轴上,为 LKJ 提供列车运行速度信息。LKJ 适配光电式速度传感器或其他脉冲式速度传感器。

(四) 压力传感器

压力传感器为 LKJ 提供列车管压力、均衡风缸压力及机车制动缸压力信号。

安装在机车上的 LKJ,每台机车有一台主机、两台显示器;安装在动车组上的 LKJ,每编组有两台主机、两台显示器,每个司机室均安装一台主机和一台显示器,非操纵端的主机和显示器处于关闭状态,无须进行主/副控切换。

二、主要功能

LKJ2000 型列车运行监控装置具备监控功能、记录功能、显示和语音提示等四方面的功能;另外,使用 H 型监控记录插件后的 LKJ2000 型列车运行监控装置新增了车载控制程序和车载基础数据在线换装功能,提高了 LKJ2000 型列车运行监控装置的安全可靠性,更好地实现对行车的安全控制。

(一) 监控功能

监控功能包括以下主要功能,根据工作状态调用相应的控制:

1. 在列车速度超过安全行车允许的速度时才启动制动设备,当列车速度低于安全行车允许的速度时,装置不得影响列车的正常运行。

2. 应对机车信号信息进行限速控制,以防止列车越过关闭的信号机。

3. 应防止列车超过线路允许速度、机车允许速度、车辆允许速度及其他允许速度中的低值。

4. 可按揭示命令要求控制列车在规定的施工区段速度不超过临时限速。

5. 应防止列车超过规定的调车限速。

6. 应根据车载数据和输入条件,计算产生输出不同控制指令的控制曲线。

7. 当列车达到报警速度时,装置应报警,若列车速度超过装置设定的动作值,即切除牵引动力、实施常用或紧急制动,控制列车减速或停车。

8. 应防止列车溜逸运行。

9. 启动制动设备实施列车制动后,对于紧急制动方式,必须停车后才可缓解;对于常用制动方式,在列车速度低于装置设定的速度时,装置提供人工缓解条件。

10. 启动制动设备实施列车制动后,只能在速度低于规定的限制速度时才可停止报警。

11. 对于引导进站和路票发车,在列车速度低于某一限速值时,装置可采用司机确认操作的方式,允许列车以低于规定的限制速度进入前方区段。

12. 装有容许信号的通过信号机显示停车信号时,装置允许货物列车以低于规定的限制速度越过该信号机进入前方区段。

13. 自动闭塞区间通过信号机显示停车信号时,列车在该信号机前停车 2 min 后,装置应监控列车以不超过规定的限制速度越过该信号机运行至次一信号机。

14. 应具备侧线超速防护功能,防止列车以超过规定的限制速度通过侧向道岔。当列车通过站内无码的侧线时,在司机确认操作的条件下,装置应允许列车以不超过规定的限制速度通过侧线。

15. 装置具备司机警惕功能。

(二)记录功能

1. 具有运行数据实时记录功能,能够记录日期、时间、里程坐标、机车条件变化、运行状态、按键、检修人员/乘务员输入、系统自检、揭示控制等内容;

2. 记录的数据能够通过专用转储设备转录到地面微机系统中,通过相应的软件进行统计、分析及打印等工作。

(三)显示功能

LKJ 屏幕显示器的显示界面能显示如下信息:

1. 日期和时间;

2. 机车信号信息;

3. 列车运行速度与限速;

4. 前方目标信号机的类别、编号;

5. 距前方信号机距离;

6. 机车所在位置的里程坐标;

7. 监控状态和列车制动状态;

8. 列车最近走过的不少于 1 km 以内的运行速度值轨迹曲线;

9. 机车当前位置至前方不少于 3 km 以内的线路允许速度曲线;

10. 运行所在闭塞分区及运行前方闭塞分区模式限速值曲线;

11. 以曲线、符号和文字形式,沿线路里程的延展显示机车运行前方不少于 3 km 以内的线路曲线、坡道坡度、道口、桥梁、隧道及车站、信号机、电气化铁路接触网分相标等设置情况;

12. 警示光带及放大标尺窗口显示;

13. 车载基础数据版本及车载基本控制软件版本;

14. 各种提示或输入界面显示。

(四)语音提示功能

LKJ 屏幕显示器可以进行下列各类信息的声音提示:

1. LKJ 报警;

2. 机车信号变化;

3. 前方限速变化;

4. 解除牵引力、常用制动或紧急制动;

5. 允许缓解;

6. 车机联控；

7. 侧线股道或支线的选择；

8. 季节性防洪地点提示；

9. 司机警醒功能提示。

（五）在线换装功能

使用 H 型监控记录插件后的 LKJ2000 型列车运行监控装置采用 FLASH 作为 LKJ 基本控制软件和 LKJ 车载基础数据存储介质,新增 LKJ 基本控制软件和 LKJ 车载基础数据在线换装功能,可通过专用接口及专用安全升级设备完成 FLASH 的在线编程,减少了以前需要将程序和数据存储介质拔出、擦除、再编程安装的过程,大大简化了换装的工作量,同时也提升了 LKJ 数据换装的安全性和可靠性。

三、工作状态

LKJ 根据不同工作条件或需求分为通常工作状态、出入段工作状态、调车工作状态、降级工作状态、非本务工作状态、20 km/h 限速工作状态和与其他 ATP 结合工作状态等七种控制状态。

（一）通常工作状态

当 LKJ 能够确定列车位置时,LKJ 可以进入通常工作状态,显示界面如图 16-5 所示。

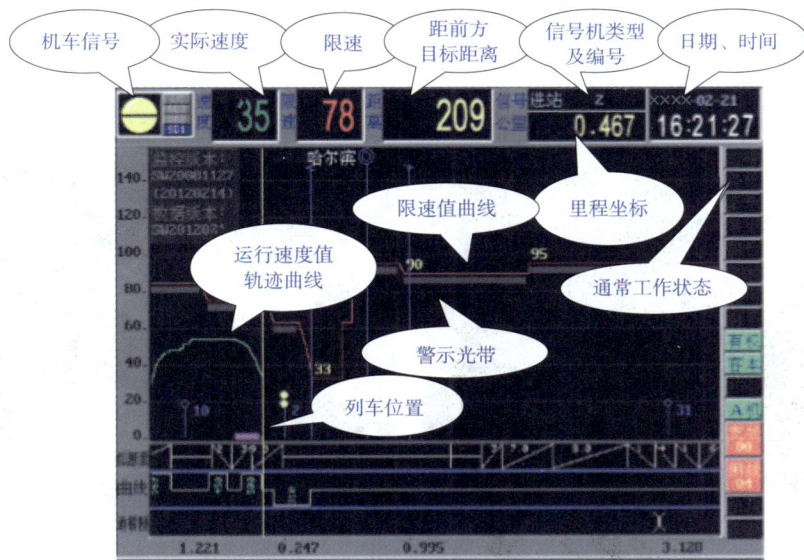

图 16-5　LKJ 通常工作状态

通常工作状态具备以下主要功能:

1. 按机车信号信息监控列车运行,控制曲线的计算可根据需要采取速度分级控制或速度连续控制方式;

2. 在自动闭塞区间通过信号机显示停车信号时,停车 2 min 后允许列车以不超过规定限速运行到次一信号机,按其显示的要求运行;

3. 装有容许信号的通过信号机显示停车信号时,允许货车在该信号机前不停车,以不超过规定限速运行到次一信号机,按其显示的要求运行;

4. 具备引导进站、特定引导进站控制功能;

5. 具备停用基本闭塞法改用电话闭塞法行车控制功能;

6. 具备使用绿色许可证行车控制功能;

7. 具备临时限速控制功能;

8. 具备管压防溜、手柄防溜和相位防溜控制功能;

9. 具备线路里程误差自动修正和人工修正功能;

10. 具备站内无电码化股道通过或发车控制功能;

11. 对于特殊列车,具备特定条件下取消部分制动控制功能;

12. 具备站内靠标停车控制功能;

13. 具备货车站内特殊前行控制功能。

(二) 出入段工作状态

停车状态下,LKJ 允许进入出入段工作状态,显示界面如图 16-6 所示。

出入段工作状态具备以下主要功能:

1. 不按照机车信号信息监控列车运行;

2. 以恒定限速方式监控列车不超过规定的出段、入段限速运行。

(三) 调车工作状态

停车工作状态下,LKJ 允许进入调车工作状态,显示界面如图 16-7 所示。

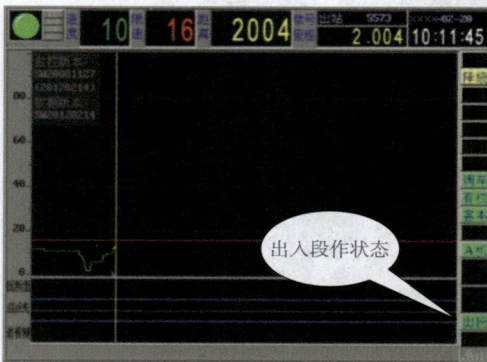

图 16-6　出入段工作状态

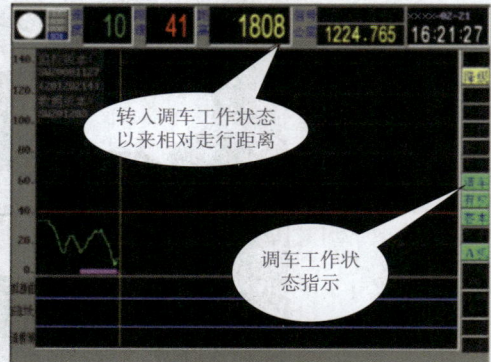

图 16-7　调车工作状态

调车工作状态具备以下主要功能:

1. 不按照机车信号信息监控列车运行;

2. 监控列车不超过规定的调车限速;

3. 自动识别调车灯显信息,按其信息实现相应的控制功能。

（四）降级工作状态

在 LKJ 处于上电初始状态，或者运行中不能确定线路数据位置时，进入降级工作状态，显示界面如图 16-8 所示。

降级工作状态具备以下主要监控功能：

1. 监控列车不超过规定的限速值运行；

2. 当机车信号为停车信号且列车运行速度超过规定速度时，进行周期性报警，机车乘务员在规定时间内必须进行按键应答，否则 LKJ 实施紧急制动。

（五）非本务工作状态

列车担当非本务运行，需通过本/补切换装置实现非本务工作状态和其他工作状态的切换。非本务工作状态显示界面如图 16-9 所示。

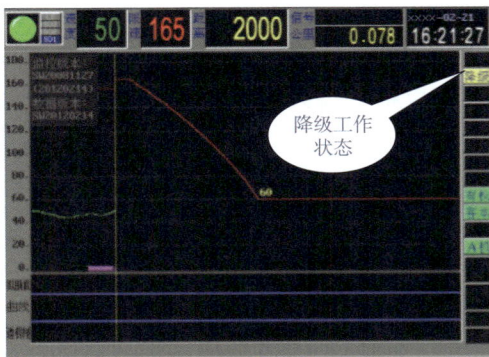

图 16-8　降级工作状态　　　　图 16-9　非本务工作状态

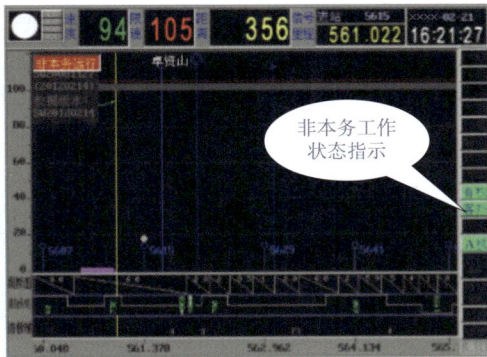

本工作状态不具备监控功能，仅具备以下主要功能：

1. 记录功能；

2. 部分显示、语音提示功能。

安装在动车组上的 LKJ，如果处于救援/回送情况时，LKJ 要关机，所以不存在非本务工作状态。

（六）20 km/h 限速工作状态

停车状态下，LKJ 允许转入 20 km/h 限速工作状态，显示界面如图 16-10 所示。

20 km/h 限速工作状态具备以下主要功能：

1. 转入后列车停车达到 2 min，以 20 km/h 为固定限速值监控列车运行；

2. 监控列车运行至前方车站（不含线路所）的出站信号机（或发车进路信号机）前停车；

3. 不按机车信号信息监控列车运行；

4. 取消 LKJ 的人工股道选择及站内靠标停车控制功能。

（七）与其他 ATP 结合工作状态

LKJ 与其他 ATP 设备结合使用，当接收到 LKJ 不进行监控的指令信息时，LKJ 进入与其他 ATP 结合工作状态，显示界面如图 16-11 所示。

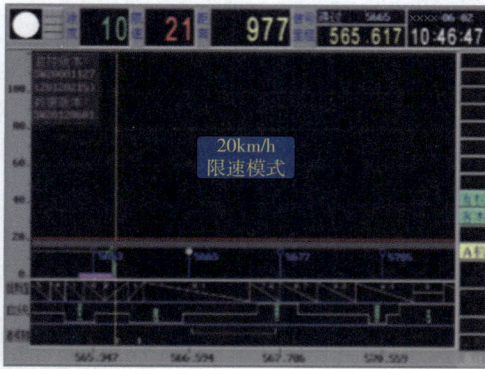

图 16-10　20 km/h 限速工作状态

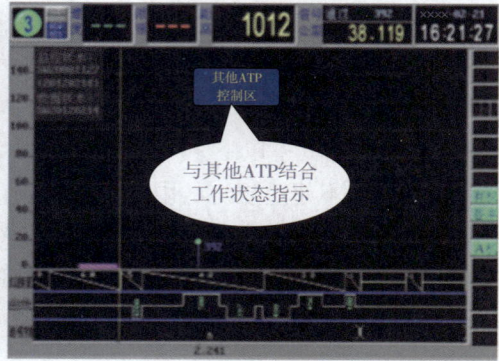

图 16-11　其他 ATP 状态

LKJ 不显示运行速度、限速,也不显示运行速度值轨迹曲线、限速曲线。与其他 ATP 结合工作状态不具备监控功能,仅具备以下主要功能:

1. 记录功能,除了记录自身的运行信息外,还可以根据与其他 ATP 的通信内容记录其运行信息;

2. 部分显示提示功能;

3. 线路里程误差自动修正和人工修正功能。

第二节　列车运行监控装置数据输入、查询、转储

一、显示及操作界面

(一)显示界面

屏幕显示器的显示主界面如图 16-12 所示。

(二)显示内容说明

屏幕显示器主界面按照显示内容大致分为六个基本信息区,如图 16-13 所示。

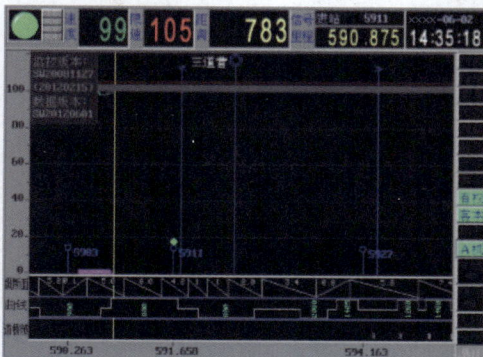

图 16-12　显示器界面

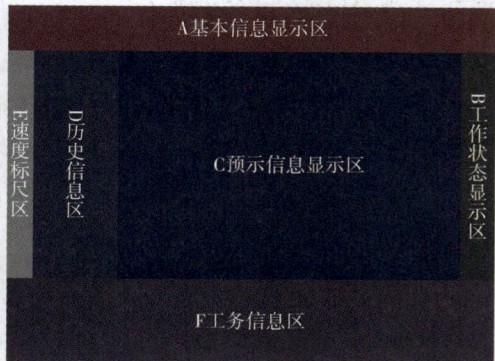

图 16-13　显示器基本信息区

1. 基本信息显示区

屏幕显示器主界面上方的数据界面为基本信息区,如图 16-13 所示的 A 部分,该区域从左向右依次为:

信号灯状态显示窗口:显示机车当前的信号状态,有绿灯、绿/黄灯、黄灯、红灯、红黄灯、双黄灯、黄 2 灯、白灯等。

速度等级显示窗口:从上至下有 LC、SD3、SD2、SD1 四种速度等级,亮的部分表示当前所处的速度等级状态。其中 LC 亮表示绿灯信号状态下的高速度等级。SD1、SD2、SD3 分别表示速度等级 1、速度等级 2、速度等级 3。

运行速度窗口:显示机车当前的实际运行速度(绿色圆润字体的数字)。

限制速度窗口:显示机车当前的最大允许运行速度(红色圆润字体的数字)。

距前方信号机距离窗口:显示距前方信号机的距离(黄色圆润字体的数字)。

信号机编号和信号机类型窗口:显示前方信号机的编号和信号机的类型。运行中收到过绝缘节信号且 LKJ 产生校正时显示背景为绿色,收到过绝缘节信号没有满足校正条件 LKJ 不产生校正时显示背景为红色。

里程显示窗口:显示列车当前的里程信息。

日期和时间窗口:显示当前的系统日期及时间。

2. 工作状态显示区

屏幕显示器主界面右边的状态窗口为工作状态信息区,如图 16-13 所示的 B 部分,该区域自上到下依次为:

故障:当 CAN 总线故障时,指示灯点亮。显示"CANA"时表示 CAN 总线 A 路有故障,显示"CANB"时表示 CAN 总线 B 路有故障。显示"故障"时表示 CANA 和 CANB 均故障。当显示"故障"时屏幕显示器不能与监控主机进行正常通信。

降级:LKJ 处于降级工作状态时,点亮此指示灯。

紧急:LKJ 已输出紧急制动指令时,点亮此指示灯。

常用:LKJ 已输出常用制动指令时,点亮此指示灯。

卸载:LKJ 已输出解除牵引力指令时,点亮此指示灯。

解锁:司机成功完成解锁操作时,此灯点亮,维持 4 s 后消失。

开车:参数有效设定完毕且 LKJ 允许司机开车对标操作时,点亮此指示灯。

调车:LKJ 处于调车工作状态时,点亮此指示灯。

控制权:本端为有权端,具备完全操作权时显示为"有权";本端为无权端,仅能完成有限的操作时显示为"无权"。

列车类型/巡检:一般情况下显示列车类型(客本、货本、客补、货补、动本)。当按压【巡检】键有效后显示"巡检",4 s 后指示灯恢复显示列车类型信息。

IC 卡:有 IC 卡插入时,点亮此指示灯。

A/B 机:指示当前 LKJ 主机的工作状态。LKJ 双机运行且主工作机为 A 机时,以浅绿底蓝字的方式显示"A 机";LKJ 双机运行且主工作机为 B 机时,以浅绿底蓝字的方式显示"B

机"；LKJ 是 A 机单机运行，以黄底蓝字的方式显示"A 机"；LKJ 是 B 机单机运行，以黄底蓝字的方式显示"B 机"。

支线：列车运行中，当允许支线输入操作时，点亮此指示灯，支线输入有效后，显示所输入的支线号。

侧线：列车运行中，当允许侧线输入操作时，点亮此指示灯，侧线输入有效后，显示所输入的侧线号。

入段/出段：LKJ 处于出入段工作状态下的入段控制时，显示"入段"；LKJ 处于出入段工作状态下的出段控制时，显示"出段"。

诊断：当检测到机车故障诊断显示器故障时，在监控屏的状态指示栏位置诊断灯被点亮。

3. 预示信息显示区

屏幕显示器主界面的中间窗口为预示信息显示区，如图 16-13 所示的 C 部分，该区域以曲线方式显示机车当前速度及限速，并以曲线方式预显示前方一定距离范围内的限速信息，与此同时，按一定比例显示实际线路上的信号机及编号、道岔、站中心及站名、电分相等数据信息。主要内容为：

实际速度曲线：机车在经过的区段各点的速度值连成的曲线。

限制速度曲线：区段各点的限速值连成的曲线。

限速曲线提示值：限速曲线上的恒限速变化点处标示出变化点后的限速值。

光带：在通常工作状态下的限速曲线恒速区，填充光带警示实际速度值与固定模式限速值的接近程度。

站中心及站名：以坐标（垂直线）的方式显示前方一定距离内所有站的站中心位置，并用汉字标注对应车站的名称。

列车位置：显示界面中黄色垂直分隔线表示当前列车头部位置，下部显示一个列车图标，图标的长度与输入的列车计长成正比。

道岔：以坐标（垂直线加进、出标记）形式显示进、出站的道岔位置。

4. 历史信息区

如图 16-13 所示的 D 部分为历史信息区，该区域显示列车头部已越过部分的实际速度曲线、限制速度曲线、线路信号机、车站设施、列车示意图等内容。

5. 速度标尺区

屏幕显示器主界面左侧部分为速度标尺区，如图 16-13 所示的 E 部分，该区域显示速度标尺。

6. 工务信息区

屏幕显示器主界面的下方为预示信息显示区，如图 16-13 所示的 F 部分，主要内容为：

线路纵断面、线路曲线、道桥隧：显示运行前方线路纵断面、线路曲线、桥梁、隧道、道口的情况，辅助乘务员操纵。

信号机公里标：显示前方信号机的公里标信息，辅助乘务员操纵。

支线提示：LKJ 前方分区或本分区存在支线时，显示本分区、下分区的支线信息。

(三) 功 能 键

1. 功能键布局

屏幕显示器按键布局如图 16-14 所示。

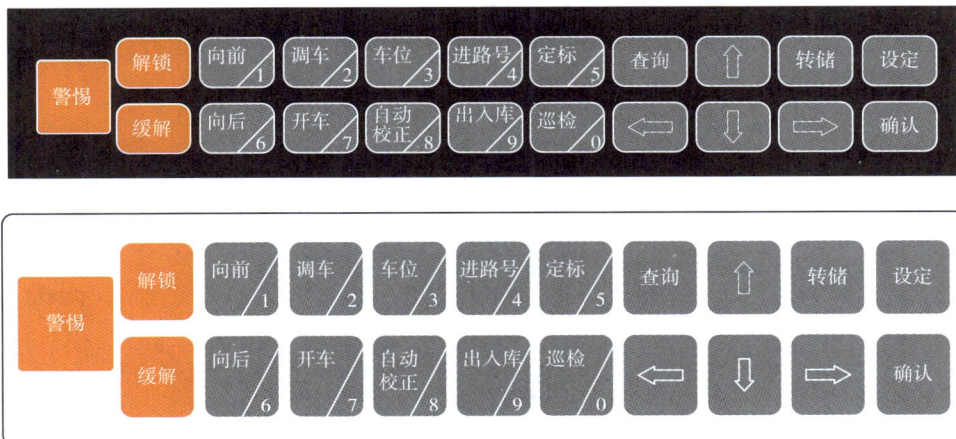

图 16-14　功能键布局

操作按键为带背光薄膜按键，在环境光线变暗时，背光自动点亮。按键共 21 个，【0】~【9】为复合键，其他为单功能键。

2. 功能键说明(表 16-1)

表 16-1　功能键说明

按　　键	按键主功能	快 捷 键
【警惕】	暂停或中止报警。如降级 ZTL 报警时暂停报警作用；防溜报警及防溜动作后的报警解除，终止当前语音报警	无
【解锁】	按压此键，请求解除特定情况下的停车控制，或与其他键组合使用请求解除特定情况下的停车控制	无
【缓解】	按压此键，请求撤除常用制动指令	无
【向前/1】	(1)在运行中，先按压【车位】键，5 s 内再按压【向前】，调整滞后误差； (2)在操作窗口中，按压此键作数字键【1】使用	快捷键 1
【调车/2】	(1)在符合进入或退出调车工作状态条件下，按压此键 LKJ 进入或退出调车工作状态； (2)在操作窗口中，按压此键作数字键【2】使用	快捷键 2

续上表

按　键	按键主功能	快捷键
【车位/3】	（1）该键为组合键，与【向前】【向后】键组合使用完成车位调整请求命令。调整车位时，先按压【车位】键，5 s 内再按压【向前】或【向后】键进行车位调整。 （2）在操作窗口中，按压此键作数字键【3】使用	快捷键 3
【进路号/4】	（1）在运行中，当允许选择支线号或侧线号时，按压【进路号】键进入支线号或侧线号输入操作窗口； （2）在操作窗口中，按压此键作数字键【4】使用	快捷键 4
【定标/5】	（1）需 LKJ 记录此操作的时间、位置信息或解除司机警惕控制功能的报警； （2）在操作窗口中，按压此键作数字键【5】使用	快捷键 5
【查询】	按压此键进入信息查询操作状态	无
【转储】	（1）速度为 0 时，按压此键调出文件转储操作状态； （2）速度非 0，且 LKJ 存在当前起控揭示时，与数字键【1】~【8】组合使用，提供快捷方式解除相应揭示	无
【设定】	按压此键进入或退出参数设定窗口	无
【向后/6】	（1）在运行中，先按压【车位】键，5 s 内再按压【向后】，调整超前误差； （2）在操作窗口中，按压此键作数字键【6】使用	快捷键 6
【开车/7】	（1）当允许开车对标时，按压此键执行开车对标操作； （2）在需要进行特定引导时和【解锁】键组合进行特定引导行车的办理； （3）在操作窗口中，按压此键作数字键【7】使用	快捷键 7
【自动校正/8】	（1）在运行中，当距离误差较小时，可在地面实际信号机位置按压【自动校正】键，监控主机自动判断滞后或超前误差，进行距离调整； （2）在操作窗口中，按压此键作数字键【8】使用	快捷键 8
【出入库/9】	（1）在符合进入或退出出入段工作状态下，按压此键 LKJ 进入或退出出入段工作状态； （2）在操作窗口中，按压此键作数字键【9】使用	快捷键 9

续上表

按　键	按键主功能	快 捷 键
【巡检/0】	(1)在运行中,按压此键执行乘务员机械间巡视记录; (2)在操作窗口中,按压此键作数字键【0】使用	快捷键0
【↑】	(1)按压此键超过2 s弹出"非正常行车窗口"; (2)在非参数编辑状态按压该键可以调整显示器亮度; (3)在操作窗口中,按压此键作向上方向键使用	无
【↓】	(1)在非参数编辑状态按压该键可以调整显示器亮度; (2)在操作窗口中,按压此键作向下方向键使用	无
【←】	(1)在非参数编辑状态按压该键可调整显示器音量大小; (2)在输入数字时,此键作退格键; (3)在操作窗口中,按压此键作向左方向键使用	无
【→】	(1)在非参数编辑状态按压该键可调整显示器音量大小; (2)在操作窗口中,按压此键作向右方向键使用	无
【确认】	(1)按压此键,确认某个输入项或操作; (2)与其他键组合使用进行特定操作	无

注:1. 按键主功能描述按键完成的主要操作和功能;

　2. 安装在动车组上的LKJ无巡检1功能。

二、基本操作

(一)开机操作

打开监控主机电源开关后,装置执行自检功能,数秒后进入主界面的显示状态(图16-15)。屏幕显示器没有电源开关,它的开关状态受监控主机控制。

(二)屏幕亮度调整

在非参数编辑状态下,可以用【↑】【↓】方向键调整屏幕亮度,按压【↑】键增加亮度,按压【↓】键减小亮度。

(三)双针表的切换

在参数设定窗口的下方有"5. 双针表切换"按钮(图16-16)。移动光标到"5. 双针表切换"按钮,按压【确认】键,将切换双针表控制,原来是由A机控制转移到B机控制,或原来是由B机控制转换到A机控制(也可直接按压快捷键5)。

图 16-15　开机页面

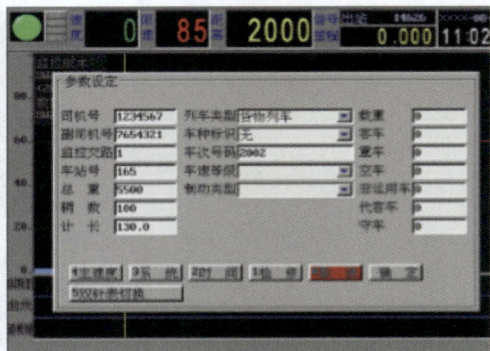

图 16-16　双针表切换

（四）参数输入及列车编组设定操作

由于 LKJ 采用车载数据预存储、运用时顺序调用的工作方式，因此运行前应将本次乘务的监控交路号、车站号、列车种类、车次编号、车速等级等参数输入 LKJ。

设定操作在机车运行（需要满足设定条件时）或停车时均可操作。设定操作分为手动输入和 IC 卡输入两种：

1. 手动输入

按压【设定】键，进入参数的设定状态。双针表切换如图 16-16 所示。

操作方法：

（1）按压【设定】键，进入参数设定状态。

（2）在参数设定窗口，可以通过【←】【↑】【→】【↓】键，移动光标的位置。通过【0】~【9】键，改变具体项的设置。修改完任一项设置，按压一次【确认】键或方向键，使光标移动到下一项。

（3）车次种类、客/货、本/补项、车速等级可以在窗口内直接选择需要设置的内容。

（4）所有参数修改完毕，使光标移到"确定"按钮，按压【确认】键或直接按压【设定】键，确认修改有效并退出参数设置状态。否则，将光标移到"取消"按钮，按压【确认】键修改无效并退出参数设置状态。

注：①计长输入后一位为小数位（例如：输入计长 46.5，应输入 465）。

②当监控交路号、车次编号、车站号有效设置，选择对应的车速等级后，在屏幕的左上角以汉字的形式显示始发站的站名，同时在屏幕上方显示本次设定的一些基本信息（红色字体表示修改过的内容），参数设定有效界面如图 16-17 所示。

2. IC 卡输入

（1）将写有参数的 IC 卡，正确插入屏幕显示器 IC 卡座内，"IC 卡"指示灯点亮。

（2）按压【设定】键，LKJ 将卡内的揭示信息和设定参数读出，自动弹出参数设定对话框，如图 16-15 所示，其中的参数为 IC 卡中预先写入的参数，如需修改可按照前文所述手动输入方法进行，必须选择相应的车速等级后才能退出。

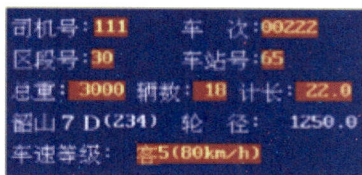

图 16-17　参数设定有效界面

（3）设定完毕，屏幕显示器发送参数的同时将揭示信息传送给 LKJ，然后弹出信息窗口提示揭示条数，按压【确认】键后提示"请查询揭示"，查询确认后返回。

（4）如果卡中没有揭示信息，提示"共 0 条"，按【确认】键返回。

（五）主轴、备轴速度传感器的切换

在参数设定窗口的下方有"主速度"按钮（图 16-15）。移动光标到"主速度"按钮，按压【确认】键（也可直接按压快捷键 4），将切换主轴、备轴速度传感器控制。原来是由主轴速度传感器控制转移到备轴速度传感器控制，图 16-15 中的"主速度"变为"备速度"，或原来是由备轴速度传感器控制转移到主轴速度传感器控制，"备速度"变为"主速度"。

三、运行中的操作

（一）开车操作

当列车头部运行到设定的始发站对标基准点时，开车操作调出前方信号机数据，使 LKJ 车载基础数据与地面基准点同步。

操作方法：正常运行时，当列车头部经过所设置的对标开车基准点时，一次性按压【开车】键，LKJ 调出前方的信号机数据，完成"开车"操作。

（二）过机误差校正操作

列车运行中，LKJ 距前方信号机距离窗口中以不断递减的数据显示距下一架信号机的距离，机车越过一架信号机瞬间显示的距离与机车实际位置的误差称为过机误差。根据距离误差的不同，有以下三种方法进行距离误差的手动调整。

1. 车位向前

机车越过信号机时距离显示仍有余值，经过一段距离后才显示 0。这种零显示出现在信号机位置之后的过机误差称为滞后误差。

出现滞后误差时，先按压【车位】键，在屏幕显示器上显示一个车位调整的窗口提示，在过信号机发码点的瞬间，再按压【向前】键（两键按压间隔时间不得超过 5 s）。

2. 车位向后

机车距信号机还有一段距离，但距离显示值提前进入零显示。这种零显示出现在信号机之前的过机误差称为超前误差。

出现超前误差时，先按压【车位】键，在屏幕显示器上显示一个车位调整的窗口提示，在过信号机发码点的瞬间，再按压【向后】键（两键按压间隔时间不得超过 5 s）。

3. 车位对中

车位误差在一定范围内（300 m），无论超前误差还是滞后误差，在过信号机发码点瞬间，按压【自动校正】键，LKJ 将自动进行距离校正。

(三) 调车操作

机车运行途中要进行调车作业时，需要进入调车工作状态，具体操作方法如下：

1. 进入调车工作状态：在停车状态下，按压【调车】键进入调车状态，限制速度窗口显示41（或 LKJ 控制参数预先设置的其他调车限速值），距离显示区清零，"调车"指示灯点亮。调车工作状态显示界面如图 16-18 所示。

2. 退出调车状态：在调车工作状态下，按压【调车】键就退出调车工作状态，"调车"指示灯灭。

(四) 巡检操作

机车运行中，在规定区间进行机车巡检时，要进行以下操作：

1. 按压操纵端屏幕显示器上的【巡检】键。

2. 巡检到非操纵端时按压屏幕显示器上的【巡检】键（或巡检按钮）。

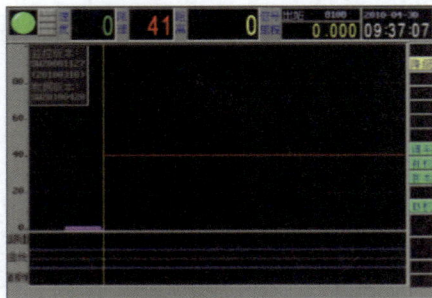

图 16-18　调车工作状态显示界面

3. 返回到操纵端时再次按压【巡检】键，这样完成一次巡检操作。

注：当按压【巡检】键有效时，屏显工作状态显示区的"巡检"指示灯点亮，4 s 后自动熄灭。动车组上安装的 LKJ 无此项目。

(五) 打点操作

在机车运行中按压【定标】键，LKJ 记录下此刻的里程及时间，作为运行数据处理时的查找标记。

(六) 支线操作、侧线操作

1. 注意事项

(1) 在大的编组站及一些特殊站场，各股道长度相差很大，为保证机车在侧线停车时停车位置准确，司机必须在该站的进站信号机前输入侧线股道号。如果不输入，LKJ 按该站缺省的侧线进行控制。

(2) 货运机车在线路分支点，需转入支线运行时，必须在分叉信号机前输入支线号。

2. 操作方法

(1) 多侧线选择操作

当允许输入侧线股道号时，屏显工作状态显示区的"侧线"点亮，如图 16-19 所示。

在"侧线"点亮时，语音提示输入侧线股道号并自动弹出侧线输入窗口，侧线输入窗口中显示缺省的侧线股道，如图 16-20 所示。

图 16-19 指示允许输入侧线

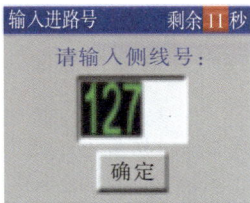

图 16-20 侧线号输入界面

利用数字键,输入侧线股道号,例如:输入 12 道,就按压【1】【2】号键,再按压【确认】键即可。

若输入错误,可按压【进路号】键,重新输入正确的侧线股道号并确认。

(2)支线选择操作

当允许输入支线号时,屏显工作状态显示区的"支线"点亮,如图 16-21 所示;按压【进路号】键进入支线号输入状态,显示支线号 0,如图 16-22 所示。

图 16-21 提示允许输入支线号

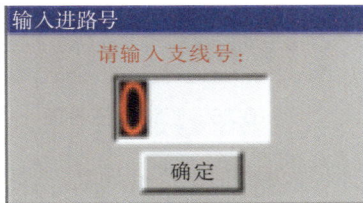

图 16-22 支线号输入界面

利用数字键,输入支线号,例如:输入支线 1 时,按压【1】号键,再按压【确认】键即可。

若输入错误,可按压【进路号】键,重新输入正确的支线号并确认。

(3)支线、侧线同时输入

当同时允许输入支线号和侧线股道号时,屏显工作状态显示区的"支线""侧线"同时点亮,如图 16-23 所示。

按压【进路号】键进入侧线、支线输入状态,显示支线号 0 及缺省的侧线股道号,如图 16-24 所示。

图 16-23 支线、侧线同时允许输入界面

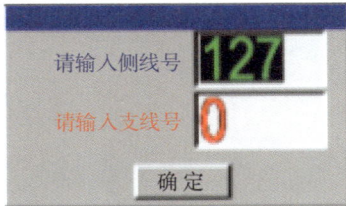

图 16-24 支线、侧线同时输入界面

利用数字键,分别输入支线号、侧线股道号,按压【确认】键即可。

若输入错误,可按压【进路号】键,重新输入正确的支线号或侧线股道号并确认。

(七) 查询操作

按压【查询】键,弹出查询选择界面,如图 16-25 所示。

1. 当前揭示查询

将光标移到"当前揭示"按钮处,按压【确认】键,或直接按压数字键【1】,在满足条件的情况下,可以查询显示当前揭示信息。

2. 工况显示查询

将光标移到"工况显示"按钮,按压【确认】键,或直接按压数字键【2】,此时将退出查询选择窗口,同时在预示信息显示区的右上角出现机车工况显示。显示内容包括内燃机车的柴油机转速(或电力机车的原边电流)、列车管压力、机车工况等信息,如图 16-26 所示。

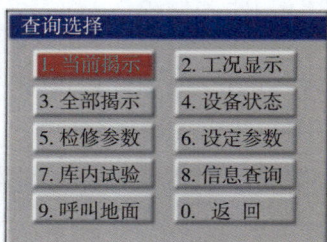

图 16-25　查询选择界面

图 16-26　工况显示界面

此工况显示界面在弹出显示后将一直存在,若想隐藏该工况显示界面,可按压【确认】键。

3. 全部揭示查询

将光标移到"全部揭示"按钮,按压【确认】键,或直接按压数字键【3】,显示全部揭示(图 16-27),按【确认】键返回。如果揭示较多,可以用"上页""下页"翻页显示。

4. 设备状态查询

将光标移到"设备状态"按钮,按压【确认】键,或直接按压数字键【4】,弹出系统当前各模块工作状态和故障状态指示,如图 16-28 所示。

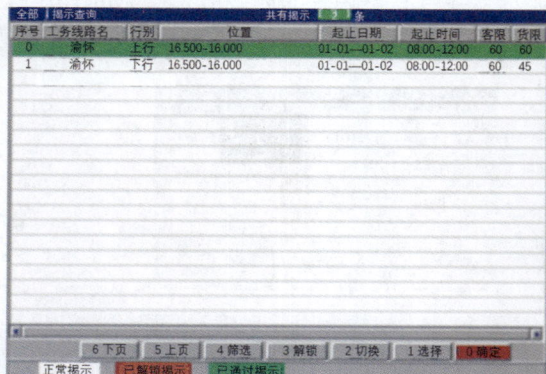

图 16-27　全部揭示查询界面

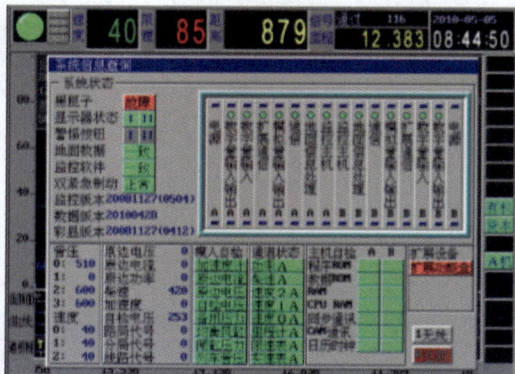

图 16-28　设备状态查询界面

按压数字键【0】或将光标移动到"返回"按钮,再按压【确认】键,退出系统信息查询窗口。

5. 检修参数查询

将光标移到"检修参数"按钮,按压【确认】键,或直接按压数字键【5】,弹出系统当前检修参数,包括装置号、机车型号、机车号、轮径、大总重、大计长、大辆数、柴油机脉冲、双针表量程等,按【确认】键返回,如图 16-29 所示。

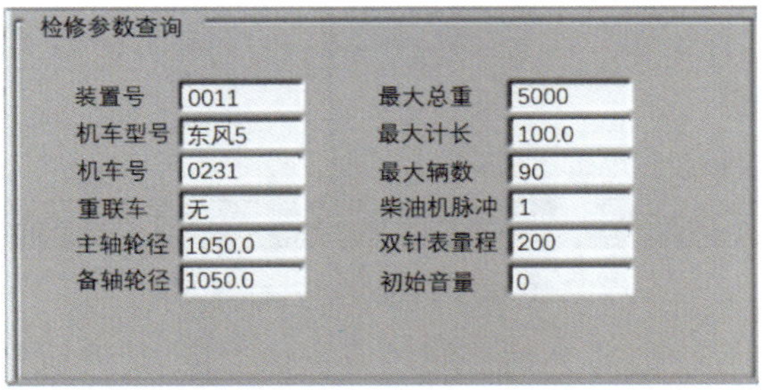

图 16-29　检修参数查询界面

6. 设定参数的查询操作

将光标移到"设定参数"按钮,按压【确认】键,或直接按压数字键【6】,弹出系统当前司机设定的相关参数信息,按【确认】键返回。

(八) 降级 ZTL 控制操作

在降级工作状态下,机车信号为停车信号,当列车运行速度大于 5 km/h 时,LKJ 实施周期性报警,司机须在 7 s 内按【警惕】键应答,否则,LKJ 输出紧急制动指令。

(九) 常用制动缓解操作

机车运行中 LKJ 输出常用制动指令,当满足缓解条件时,显示器语音提示允许缓解,司机可以根据实际情况,一次按压【缓解】键,完成缓解操作。

(十) 防溜报警的解除

当 LKJ 发生防溜报警时,可按压【警惕】键,解除防溜报警。

(十一) 其他操作

当机车加速运行时,加速度大于车载数据中设置的加速度时,LKJ 对采集的速度进行抑制,并按抑制后的速度计算,输出相应指令、显示和记录;当机车减速运行时,减速度大于车载数据中设置的减速度时,LKJ 对采集的速度进行抑制,并按抑制后的速度计算,输出相应指令、显示和记录。

四、转储操作

在速度为 0 时插入"IC 卡",按压【转储】键后屏幕进入文件选择状态(图 16-30),选择文件,开始转储。

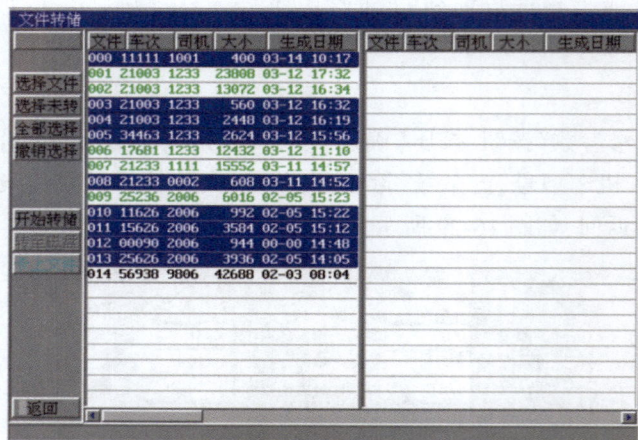

图 16-30 转储文件选择界面

屏幕下面是功能选择按钮,将光标移到相应按钮上按压【确认】键,就可以执行相应的功能。

1. 选择文件:进行手动文件选择,此时文件目录栏内出现一个光标条,可以用【←】【↑】【→】【↓】四个方向键移动光标条到预转储文件,按压【确认】键选择这个文件。选择后光标条自动移到下一个文件,同时选择的文件信息背景变成蓝色。若想取消已经选择的文件,只需将光标条移到所选文件,再次按压【确认】键即可取消对这个文件的选择。

2. 选择未转:选择全部尚未转储过的文件。

3. 全部选择:选择全部文件。

4. 撤销选择:撤销全部选择。

5. 卡上文件:显示当前 IC 卡中的文件列表。

6. 返回:退出转储窗口,回到监控显示状态。

在转储的过程中,会弹出一个指示转储情况的窗口,显示当前正在转储的文件名,并用三个进度条分别指示整个转储进度、当前文件进度和"IC 卡"空间使用情况,如图 16-31 所示。

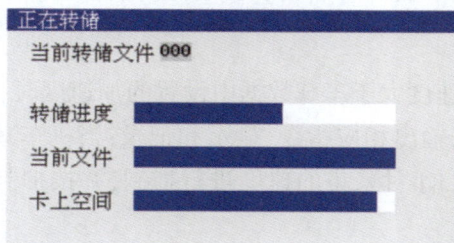

图 16-31 转储进程

转储完毕会出现转储成功或失败的提示,按【确认】键返回文件选择窗口,此时可以选择退出或继续进行下次转储。

第三节　列车运行监控装置非正常行车操作

一、自动闭塞区间行车

1. 自动闭塞分区通过信号机前,机车信号为停车信号时,装置监控列车在该信号机前停车 2 min 后,自动解除停车控制功能。列车起动后,装置监控列车以不超过 20 km/h 的速度越过该信号机并运行至次一架信号机。

2. 在装有容许信号的通过信号机前,机车信号为一个半黄半红色闪光灯光或停车信号时,装置对货运列车自动解除停车控制功能,并监控列车以不超过 20 km/h 的速度越过该信号机并运行至次一架信号机。

二、停止基本闭塞法改用电话闭塞法行车

1. 有计划改用电话闭塞法行车

乘务员出乘时接到改用电话闭塞法的调度命令,并将改用电话闭塞法行车的调度命令写入 IC 卡,输入装置,称为有计划改用电话闭塞法行车。

列车运行至改用电话闭塞法行车起始车站的出站信号机或发车进路信号机前,运行速度低于 60 km/h 时,装置显示屏自动弹出"路票输入"界面,输入路票电话记录号后,将光标移至"确定"位置,按压【解锁】+【确认】键(凡两个及以上键的组合操作均须在 5 s 内完成,下同),装置解除对出站信号机或发车进路信号机和下一站间所有分区通过信号机的停车控制功能。列车运行至下一接车站进站信号机前,装置按其对应的机车信号显示要求监控列车运行。有计划路票输入界面如图 16-32 所示,输入完成界面如图 16-33 所示。

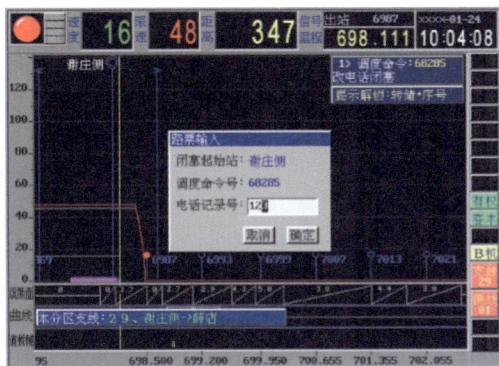

图 16-32　有计划路票输入界面

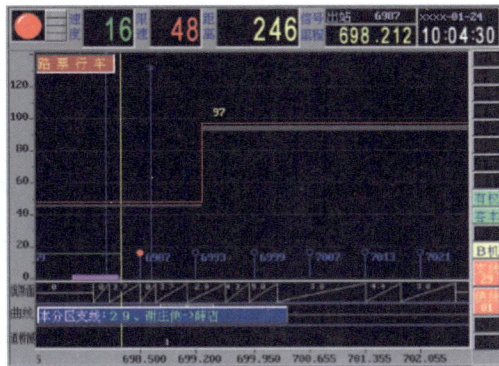

图 16-33　输入完成界面

路票输入界面显示 15 s,若 15 s 内未做任何操作,则界面消失。界面消失后,持续按压【↑】键 2 s 后,进入非正常行车确认界面,再重新进入路票输入窗口。

2. 临时改用电话闭塞法行车

乘务员出乘时未接到改用电话闭塞法行车的调度命令，或装置中未存储改用电话闭塞法行车的记录，列车运行中接到停用基本闭塞法，改用电话闭塞法行车的调度命令，称为临时改用电话闭塞法行车。

在临时改用电话闭塞法行车的起始车站出站信号机或发车进路信号机前停车后，司机持续按压【↑】键2 s，装置显示屏弹出"非正常行车确认"界面（图16-34），司机将光标移至"路票"位置，按压【确认】键后，显示屏弹出"路票输入"界面（图16-35），输入调度命令和路票电话记录号，将光标移至"确定"位置，按压【解锁】+【确认】键，装置解除对出站信号机或发车进路信号机和下一站间所有分区通过信号机的停车控制功能。列车运行至下一接车站进站信号机前，装置按其对应的机车信号显示要求监控列车运行。

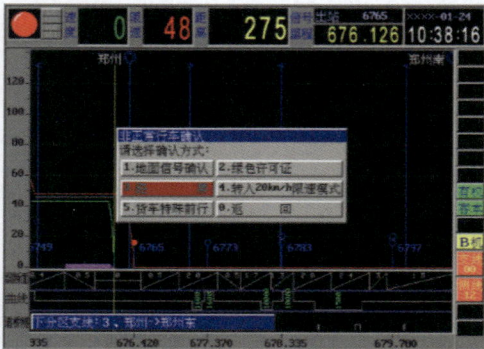

图16-34   非正常行车确认界面   图16-35   临时路票输入界面

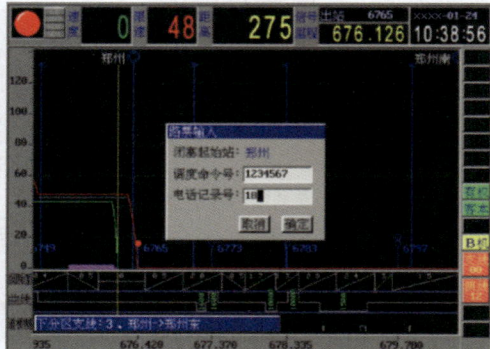

3. 列车在停用基本闭塞法改用电话闭塞法行车

列车在停用基本闭塞法改用电话闭塞法行车的区间，对客运列车，装置按该次列车在对应区间高允许速度的80%自动调整固定模式限速值监控列车运行，该区间限速值低于上述取值的按低值控制。对货运列车，按规定速度监控列车运行。

三、使用绿色许可证发车

（一）有计划使用绿色许可证发车

乘务员出乘时接到使用绿色许可证发车的调度命令，并将使用绿色许可证发车的调度命令写入IC卡，输入装置，称为有计划使用绿色许可证发车。

列车运行至使用绿色许可证发车的出站信号机或发车进路信号机前，速度低于45 km/h时，装置显示屏弹出"绿色许可证输入"界面（图16-36），并显示调度命令号，司机输入绿色许可证编号后，按压【解锁】+【确认】键，装置解除对该出站信号机或发车进路信号机前的停车控制功能，监控列车以不超过45 km/h的速度通过出站道岔。绿色许可证发车输入完成界面如图16-37所示。

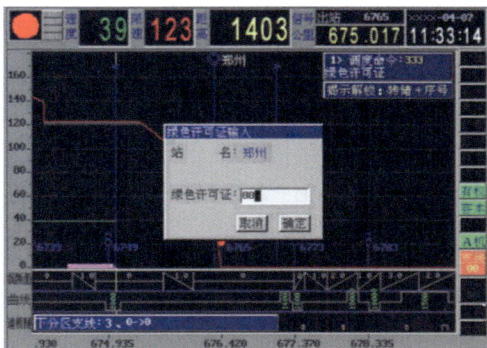

图 16-36　绿色许可证发车输入界面

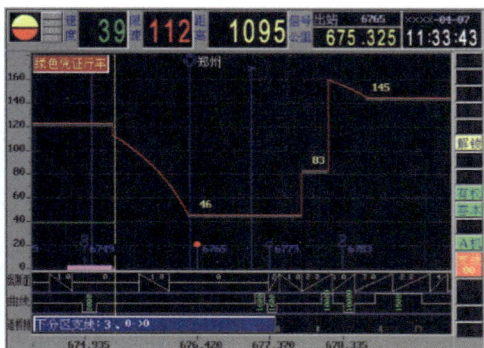

图 16-37　绿色许可证输入完成界面

(二)临时使用绿色许可证发车

乘务员出乘时未接到使用绿色许可证发车的调度命令,或装置中未存储使用绿色许可证发车的记录,列车运行中接到使用绿色许可证发车的调度命令或通知,称为临时使用绿色许可证发车。

列车运行至临时使用绿色许可证发车的出站信号机或发车进路信号机前停车后,司机持续按压【↑】键 2 s,装置显示屏弹出"非正常行车确认"界面,司机将光标移至"绿色许可证"位置,按压【确认】键,显示屏弹出"绿色许可证输入"界面(图 16-38),输入绿色许可证编号,按压【确认】键,显示屏右上角显示刚输入的绿色许可证编号(图 16-39),按压【解锁】+【确认】键后,装置解除在该信号机前的停车控制功能,监控列车以不超过 45 km/h 的速度通过出站道岔。按绿色许可证后行车界面如图 16-40 所示。

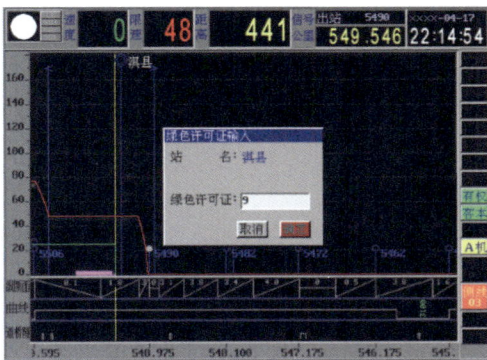

图 16-38　绿色许可证输入界面

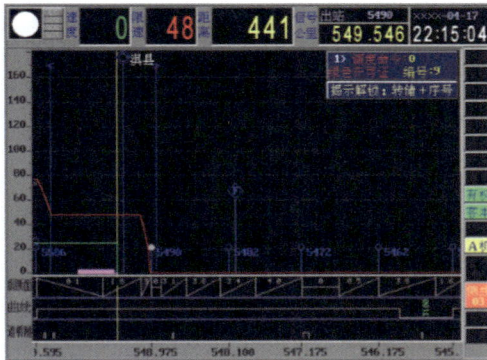

图 16-39　绿色许可证输入完成界面

四、特定引导接车

乘务员出乘时,接到采用特定引导接车的通知,须将使用特定引导接车的调度命令写入IC 卡,输入装置。

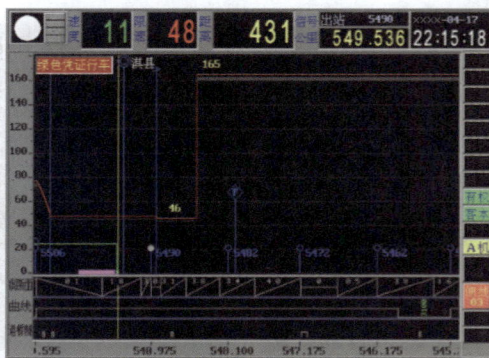

图 16-40　绿色许可证运行界面

列车运行至特定引导接车的进站信号机(接车进路信号机或四显示区段的分割信号机)前,速度低于 60 km/h,司机确认特定人工引导手信号显示正确后,按压【开车】+【解锁】键,装置解除对该信号机前的停车控制功能,并监控列车以不超过 60 km/h 的速度越过该信号机。

特定手信号引导接车确认界面如图 16-41 所示,特定手信号引导接车确认完成界面如图 16-42 所示。

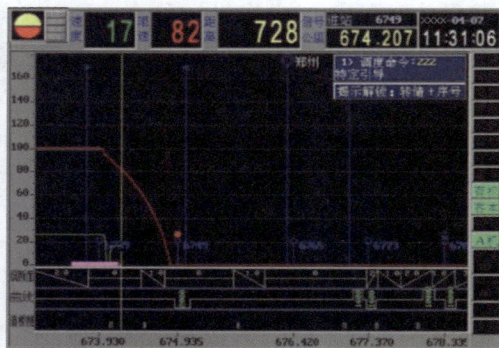

图 16-41　特定手信号引导接车确认界面

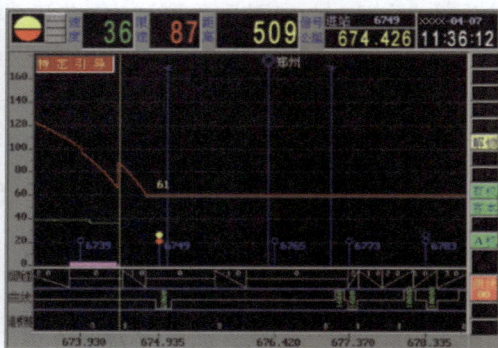

图 16-42　特定手信号引导接车确认完成界面

五、通过发码特殊信号机的操作

1. 对站内轨道电路无码,且装置地面线路数据文件中第一离去信号机已设置为"一离去发码特殊信号机"的,列车越过出站信号机后,运行速度低于 45 km/h,装置提供解除机车信号为一个白色灯光的停车控制条件,按压【解锁】键,监控列车以不超过固定模式限速值越过该第一离去信号机。

2. 列车在场间运行,装置地面线路数据文件中已将进路信号机或出站信号机预先设置为"场间无码特殊信号机"的,列车运行速度低于 45 km/h,装置提供解除机车信号为一个白色灯光的停车控制条件,按压【解锁】+【确认】键后,监控列车以不超过固定模式限速值越过该进路信号机或出站信号机。发码特殊信号机显示如图 16-43 所示。

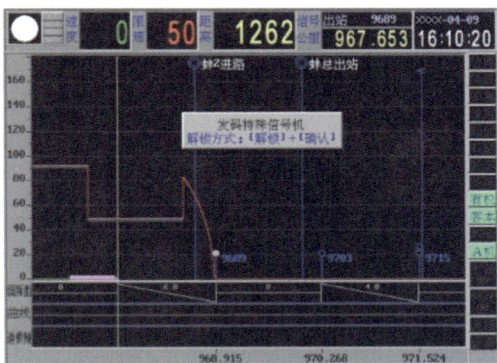

图 16-43　发码特殊信号机显示界面

六、解除监控装置存储的运行揭示

乘务员出乘时通过 IC 卡将运行揭示存储在装置中,当列车运行中接到新的调度命令取消前发运行揭示时,可采用下述方法解除存储在装置中的运行揭示控制:

1. 列车运行中,揭示信息提示框在揭示控制点前 4 000 m 处弹出。司机接到取消前发改用电话闭塞法或绿色许可证行车的调度命令,确认需取消的运行揭示序列号,按压【转储】键,再按压与揭示序列号对应的数字键,显示屏弹出应解除的运行揭示界面,输入新发调度命令号,将光标移至"确定"位置,按压【确认】键,取消该条前发运行揭示,装置解除对该运行揭示的控制。

以揭示解锁提示界面(图 16-44)为例,当显示屏弹出"揭示解锁"界面,显示屏右上角不但显示命令号为 1223,前方"圃田"车站改按电话闭塞的运行揭示,同时显示前方 554.000~553.860 处有 45 km/h 的临时慢行,其序号 1 为临时慢行,序号 2 为改电话闭塞,若取消前发 1223 改电话闭塞揭示,则按压【转储】键,再按压【2】键,输入新发调度命令号(图 16-45),将光标移至"确定"位置,按压【确认】键,前发改按电话闭塞的调度命令即取消,取消后的运行界面如图 16-46 所示。

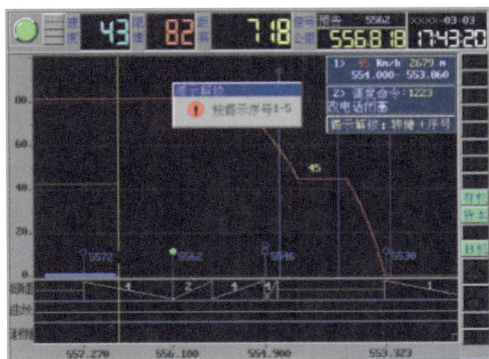

图 16-44　揭示解锁提示界面

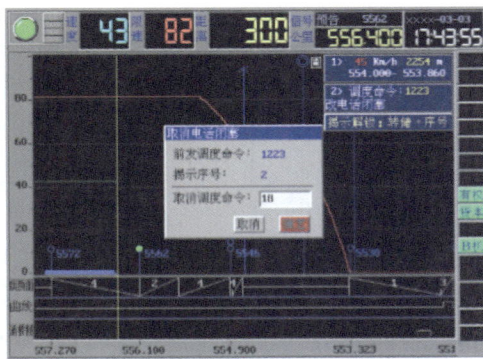

图 16-45　取消调度命令输入界面

2. 当列车距离临时慢行地点 4 000 m 时,显示屏显示临时限制速度线,装置语音提示的同时,显示屏右上角显示临时慢行揭示,司机接到取消前发临时限速的调度命令,按压【转储】键,再按压与临时慢行序列号对应的数字键,显示屏弹出要求输入取消临时慢行调度命令号的窗口,输入新发调度命令号,将光标移至"确定"位置,按压【确认】键,取消前发临时慢行揭示,装置解除对该临时慢行的控制。

以揭示解锁提示界面(图 16-44)为例,若取消限速 45 km/h 的临时慢行,则按压【转储】键,再按压【1】键,输入新发调度命令号,将光标移至"确定"位置,按压【确认】键,限速 45 km/h 的临时慢行即取消。

3. 列车停车时,司机接到取消前发运行揭示的调度命令后,可通过揭示查询方式取消前发运行揭示。方法为:

(1)司机按压【查询】键,显示屏进入查询选择界面,如图 16-47 所示。

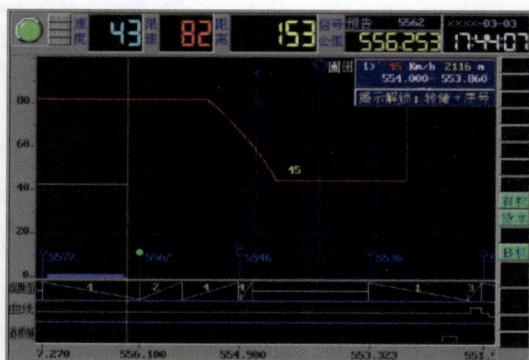

图 16-46　取消调度命令后的运行界面

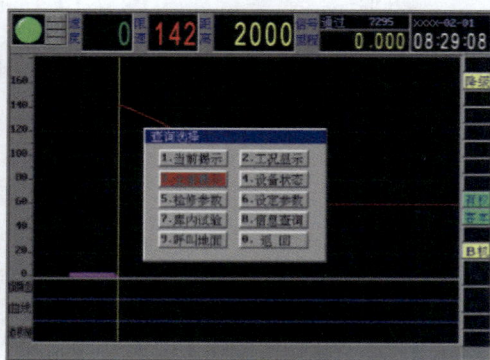

图 16-47　查询选择界面

(2)按压数字键【3】或将光标指向"全部揭示"时按压【确认】键,显示屏显示全部揭示。

(3)按压数字键【1】键,或使用【←】【→】键将光标指向"选择"位置,按压【确认】键,进入选择状态。

(4)使用【↑】【↓】键将光标指向需要解除的运行揭示,按压【确认】键选中运行揭示(图 16-48 中选中的第一条,京广线谢庄站的特定引导)。

(5)按压数字键【3】,或使用【←】【→】键将光标指向"解锁",按压【确认】键,显示屏弹出新发调度命令号输入界面(图 16-49)。

(6)输入新发调度命令号,按压【确认】键,将光标指向"确定",再次按压【确认】键,窗口显示"取消揭示成功",该条运行揭示即解除。取消的揭示以红色栏目标记,如图 16-50 所示。

(7)重复上述操作可解除其他揭示。

(8)将光标指向"返回"位置,按压【确认】键,两次按压【0】键,装置返回监控状态。

图 16-48 全部揭示显示界面

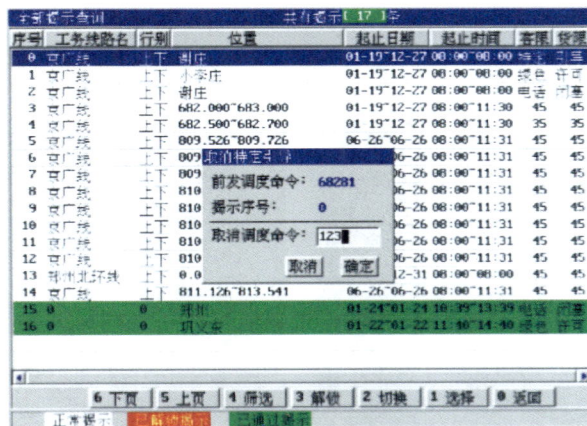

图 16-49 取消第三条揭示输入命令界面

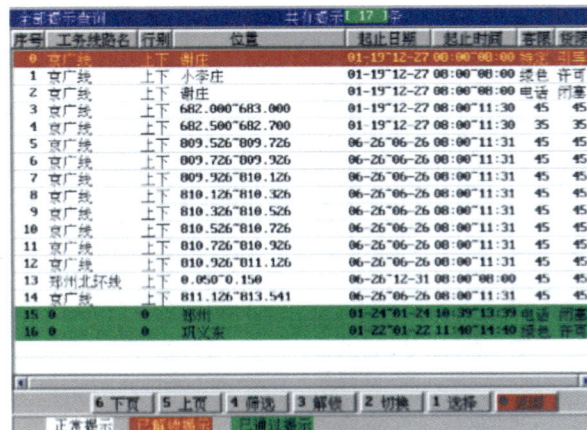

图 16-50 第三条运行揭示解除界面

七、机车信号故障运行

1. 机车信号出现以下情况时,视为机车信号故障:
(1)机车信号持续灭灯或频繁闪灭;
(2)连续两个闭塞分区,机车信号显示白灯或频繁"掉白灯";
(3)机车信号连续显示与地面显示不符的"红/黄""红"灯;
(4)机车信号出现升级显示。

2. 机车信号故障,司机应使列车停车,将装置转为"20 km/h 限速模式",操作方法如下:

持续按压【↑】键 2 s,显示屏弹出"非正常行车确认"界面(图 16-51),将光标移至"转入 20 km/h 限速模式"位置,按压【确认】键后,装置即转为"20 km/h 限速模式"。转为 20 km/h 限速模式后,装置不再按机车信号显示监控列车运行,停车 2 min 后,监控列车以不超过 20 km/h 的速度运行到前方车站出站信号机前停车。

"20 km/h 限速模式"确认界面如图 16-52 所示;"20 km/h 限速模式"运行界面如图 16-53 和图 16-54 所示。

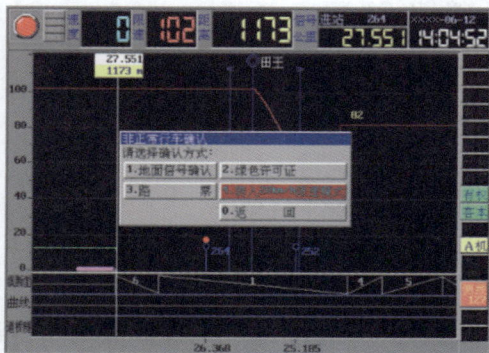

图 16-51 非正常行车确认界面

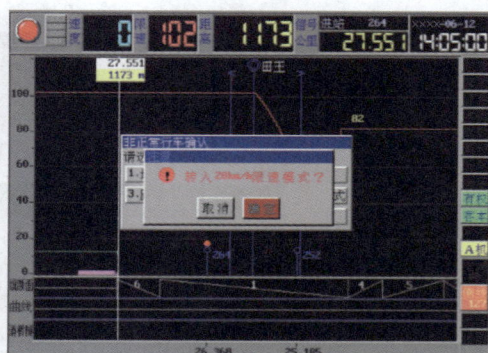

图 16-52 "20 km/h 限速模式"确认界面

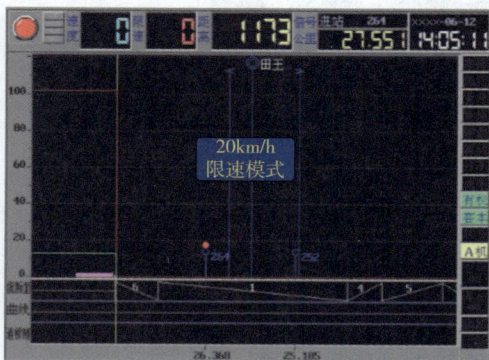

图 16-53 "20 km/h 限速模式"运行界面

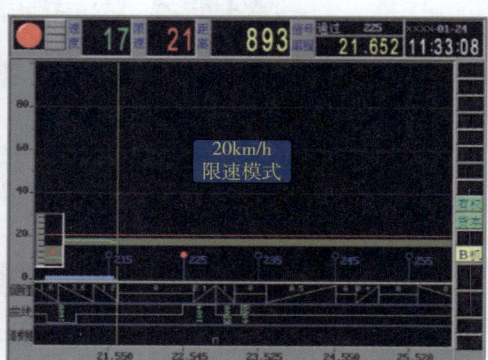

图 16-54 "20 km/h 限速模式"运行界面

　　装置转入"20 km/h 限速模式"后,需解除该模式时,仅能使列车运行到下一车站内(线路所除外)停车后,按压显示器【↑】键 2 s 后,显示屏弹出"非正常行车确认"界面(图 16-55),将光标移至"4. 转出 20 km/h 限速模式"位置,按压【确认】键后,弹出"转出 20 km/h 限速模式"确认界面(图 16-56),将光标移动至"确认"位置,按压【确认】键后,退出"20 km/h 限速模式",进入降级状态。

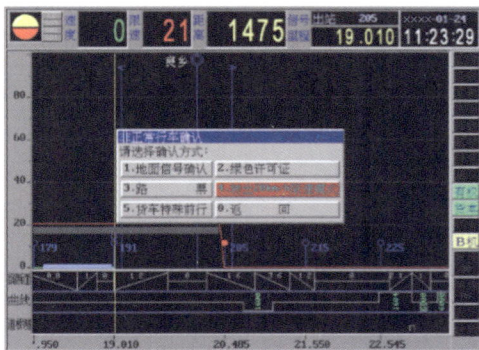
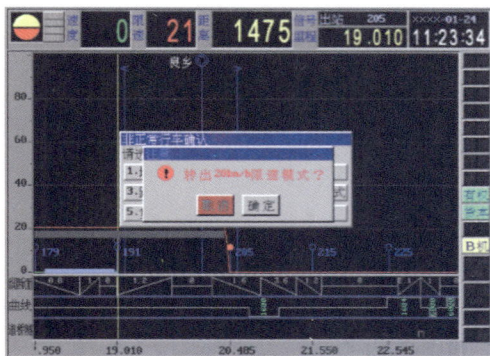

图 16-55　转出"20 km/h 限速模式"界面　　图 16-56　转出"20 km/h 限速模式"确认界面

第十七章　动车组车内设备

第一节　动车组车门的操作流程

一、应急开启动车组车门操作

1. CRH1A 型、CRH1B 型、CRH6A 型、CRH6F 型动车组：通过"紧急解锁装置"打开对应车门，如图 17-1 所示。

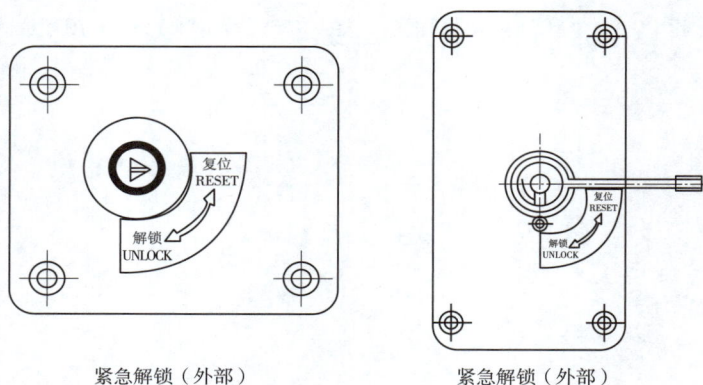

紧急解锁（外部）　　　　　　紧急解锁（外部）

图 17-1　"紧急解锁装置"开门

2. CRH1E 型、CRH1A-A 型、CRH380D 型动车组：隔离对应车门脚踏，断开车门电源，通过"紧急解锁装置"打开车门。

3. CRH2、CRH380A 系列动车组（CRH2E 型、CRH2G 型动车组除外）：操作对应车门"紧急开门阀"排风后打开车门，车内开门阀在车外门上方，车外开门阀在车下裙板处，如图 17-2 所示。

4. CRH2E 型、CRH2G 型、CRH3A/3C 型、CRH5A/5G/5E 型、CRH380B/380BL/380BG/380CL 型、CR400AF/400BF 型动车组：隔离对应车门站台补偿器，断开车门电源，通过"紧急解锁拉手"打开车门。

二、车门—牵引联锁功能的取消

1. CRH1/CRH380D 系列动车组：随车机械师通知司机操作"牵引阻断旁路"或"门回路旁路"开关，随车机械师协助采取越障模式行车。

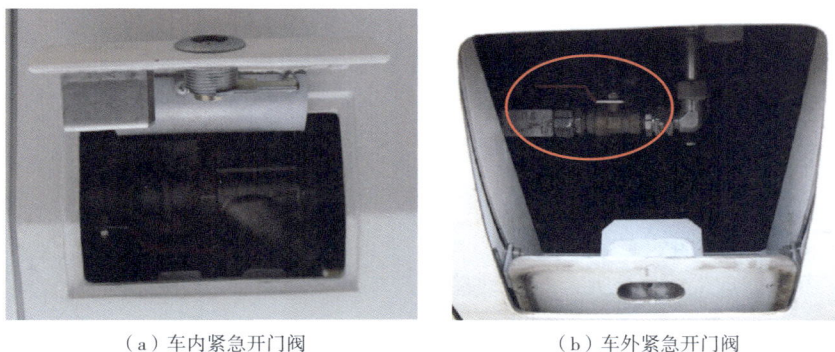

（a）车内紧急开门阀　　　　　　　（b）车外紧急开门阀

图 17-2 "紧急开门阀"开门

2. CRH2/CRH380A 系列、CR400AF 型、CRH6A 型动车组:随车机械师通知司机将司机室配电盘"关门联锁"选择开关置于"闭合"位。

3. CRH3A 型动车组:随车机械师通知司机将主控司机室故障控制面板上"门隔离"旋钮置于"关"位。

4. CRH3C、CRH380B 系列动车组:随车机械师通知司机在 HMI"牵引"主页面,选择"紧急"页面,操作"取消牵引限制(门开)"按键。

5. CRH380CL 型动车组:随车机械师通知司机在 HMI 主页面,点击"设备状态",进入"门状态"页面,点击"取消牵引限制"按键。

6. CR400BF 型动车组:随车机械师通知司机将主控司机室故障控制面板"车门环路旁路"旋钮置于"关"位。

7. CRH5A/5G/5E 型动车组:随车机械师通知司机断开主控司机室 QCA 柜上 45QBY 空气开关。

8. CRH6F 型动车组:随车机械师通知司机将主控司机室配电盘上"车门联锁隔离"旋钮置于"关"位。

第二节　旅客信息系统与广播装置操作

旅客信息系统(以下简称 PIS)主要有两项功能:

1. 将有关运行的信息显示在贯通整个列车的信息显示屏上,并伴有通过扬声器系统播出的数字声音。

2. 处理列车员与乘客之间的声音通信。

一、CRH1/CRH380D 系列动车组

(一)系统结构

CRH1 系列动车组旅客信息系统(PIS)是一个单元遍布各车的分配式系统,彼此之间与 TCMS 系统之间进行通信,主要包括:

1. 客车控制器：是旅客信息系统（PIS）内部网络的中心单元，控制紧急通话单元、扬声器、司机室显示单元和娱乐系统。

2. 接口架：处理以下单元之间的通信。

（1）TCMS 和客车控制器；

（2）客车控制器和娱乐系统；

（3）数字声音播放器和 GPS 天线。

3. 数字声音播放器：用于所有的自动播放。

4. 手持机：用于公开广播和内部通信呼叫。

5. 司机室显示单元：反映出手持机显示器的内容。

（1）已输入的路径号码；

（2）选择的预定义信息；

（3）故障纪录；

（4）旅客信息系统（PIS）状态。

司机室显示屏还显示第一个有效的紧急通话单元的位置。

6. 鹅颈形麦克风：是司机用来进行公开广播以及通过紧急通话单元与乘客进行通信的装置。

7. 扬声器：用于乘客和列车员收听广播和声频播放。

8. 通信接口箱：用于操作乘务员室内的按钮以及处理手持机、鹅颈形麦克风和客车控制器之间的通信。

9. 外部信息显示：显示路径信息和时间。

10. 内部信息显示：显示线径信息日期时间、列车速度、内外空气温度和厕所的占用信息。出现紧急情况时，通过乘客紧急通话单元可实现乘客与司机的通信。

（二）操　作

1. 激活旅客信息系统

当车辆启动时，内部信息显示屏和外部信息显示屏被关闭。乘客信息系统处于非活动状态，直到选择了一个中央单元作为主单元。这种选择是通过司机钥匙（激活司机室）由列车计算机来进行的。

当司机室被激活时，列车计算机将一个激活命令传递给乘客信息系统。列车计算机同时还传递列车配置。对于多重车组，列车配置通过列车计算机传递到所有列车上，但只有包含主单元的列车传递激活命令。

当司机室被去激活时，所选择的中央单元保留其主状态直到另一个司机室被激活，因此，它还保留系统功能（通信、乘客广播、紧急广播等）。

所选择的中央单元可以与在列车配置中已经指定的众多中央单元协同工作。

2. 操作流程

（1）使用鹅颈麦克风进行乘客广播

①按司机操作台前面板上的乘客广播按钮🔊。

②当音调响起时,司机操作台上的当前乘客广播指示灯🔲和紧急通信按钮🔲点亮。当音调停止时,司机即可对麦克风讲话了。

③在对着鹅颈麦克风讲话的过程中,按住乘客广播按钮不放。

④松开该按钮,结束广播。指示灯熄灭,播音结束。

(2)使用手持机进行广播

①按手持机上的按钮🔲,再按🔲。发出一声短音,提醒注意。

②进行乘客广播,并按🔲来结束。

在乘客广播过程中,司机控制盘上的灯🔲点亮。

(3)使用手持机进行寻址乘客广播

①按压按钮🔲。

②使用数字键按所选择车辆的编号。

③按压按钮🔲,发出一声短音,提醒注意。

④进行乘客广播,并按🔲来结束。

在乘客广播过程中,司机控制盘上的灯🔲点亮。

(4)列车乘务员之间的通信

①按压按钮🔲。

②按所选择的手持机的编号。

③按压按钮🔲。所选择的手持机此时响起。

④按任何手持机上的按钮🔲来结束。

如果线路占用,则听到一个忙音,并在手持机显示屏上显示文字 OCCUPIED。

(5)列车乘务员之间的优先通话

①按压按钮🔲。

②按所选择的手持机的编号。

③按压按钮🔲。所选择的手持机此时响起。

④按任何手持机上的按钮🔲来结束。

如果线路占用,则听到一个忙音,并在手持机显示屏上显示文字 OCCUPIED。

(6)在乘客和司机之间进行紧急通信

①乘客按紧急通信单元上的报警按钮。司机室内响起报警声。

②司机操作台上的紧急通信按钮🔲闪烁。紧急通信单元上的"等待"灯亮起。司机显示屏上显示是哪个紧急通信单元发出了该报警信号。

③按紧急通信按钮🔲。按钮停止闪烁,但仍旧处于点亮状态。在紧急通信单元上,"等待"灯熄灭,"讲话"灯亮起。此时乘客可以向司机讲话。

④按乘客广播开关🔲,通过鹅颈麦克风向乘客讲话。在紧急通信单元上,"讲话"灯熄灭,"等待"灯亮起。

⑤当讲完后,松开"乘客广播"按钮。在紧急通信单元上,"讲话"灯亮起,乘客可以向司机讲话。

⑥如果又一个紧急呼叫进入,紧急通信▵开始闪烁,上述情况再次开始,否则紧急通信按钮▵熄灭。

⑦按紧急通信▵,结束通话。

二、CRH2/CRH380A 系列动车组

CRH2/CRH380A 系列动车组旅客信息系统(PIS)为司机和乘务人员提供通信、联络、广播等功能,也会为乘客提供较为完善的信息服务。自动广播装置用于向乘客自动播放音乐及车内广播。

(一) 系统功能

1. 本装置可以为乘客进行广播介绍等。另外,通过操作车辆信息控制装置,可以按车辆编组单位同时切断输出放大。

2. 自动广播装置启动时首先从车辆信息控制装置接收广播所需要的信息,然后根据这些信息进行准确的广播。因此,即使发生停车车站变更(车辆行驶晚点)等情况,由于从车辆信息控制装置获得的信息会发生相应的修改,所以可以准确地播出内容。

3. 收音机广播装置通过外部天线接收 AM/FM 信号,并输出 2 路 AM 和 2 路 FM 音频信号给自动广播装置;收音机广播装置可以接收车辆信息装置提供的里程信息并根据预先存储好的《公里里程与频率对照表》自动调整频率接收不同地区的电台信号。

4. 本装置在联络状态时具有单独联络和全体联络功能。

5. 在车两端的司机室内有联络装置可以进行相互联络。

6. 本装置具有音量自动控制(ALC)功能,可以根据周围环境自动控制广播音量的大小。

7. 本装置在车门开关的时候,车门音响装置接收到信号的蜂鸣器会发出鸣叫声提醒乘客注意。

(二) 系统组成

动车组旅客信息系统(PIS)组成见表 17-1。

表 17-1　动车组旅客信息系统(PIS)组成

Item 装置	T1	M1	M2	T2	T3	M3	M4	T4	合 计
自动广播装置 AAD	—	—	—	—	—	—	1	—	1
INT 联络装置	2	—	—	—	—	—	—	2	4
(司机室)控制放大器 CAMP1	1	—	—	—	—	—	—	1	2
(乘务员室)控制放大器 CAMP2	—	—	—	1	—	2	—	—	3
(配电盘)　控制放大器 CAMP3	—	1	—	1	—	1	—	—	3
输出放大器 PAMP	1	1	—	1	—	1	—	1	5
车内扬声器 SP	6	9	8	9	9	9	7	6	63
通过台扬声器 SPD	3	2	3	2	4	2	3	2	21

续上表

Item 装置	T1	M1	M2	T2	T3	M3	M4	T4	合　计
监视器扬声器 MSP（司机席）	1	—	—	—	—	—	—	1	2
监视器扬声器 MSP（乘务员室）	—	—	—	—	1	—	2	—	3
车门扬声器 DOSP	4	4	4	4	4	4	2	4	3—
车门音响装置	1	1	1	1	1	1	1	1	8
车辆广播控制器	1	—	—	—	—	—	—	—	1
呼叫显示盘	1	—	—	—	1	—	2	2	6

（三）操　　作

1. 司机台控制放大器（C. Amp1）和联络装置（INT）

司机台控制放大器（C. Amp1）如图 17-3 所示，联络装置（INT）如图 17-4 所示。

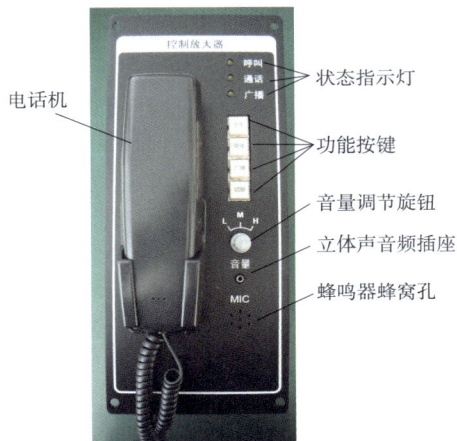

图 17-3　司机台控制放大器　　　　图 17-4　联络装置

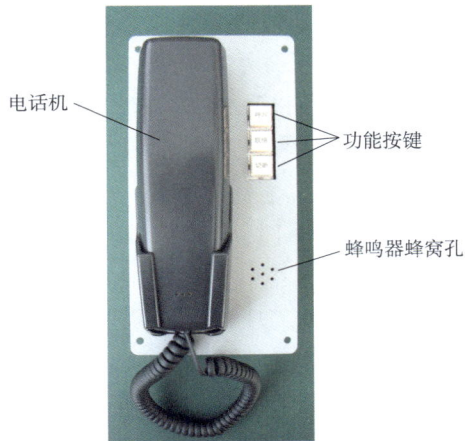

本装置在整套系统中共有两台司机台控制放大器（C. Amp1）和四台联络装置（INT），分别安装在列车头尾的司机室内。每台司机台控制放大器（C. Amp1）连接两台联络装置（INT）设备。

司机台控制放大器（C. Amp1）为在司机室内工作的司机提供通信和广播功能，联络装置（INT）仅用于列车两端的司机室内的通信联络。

（1）司机台控制放大器（C. Amp1）通话操作

①全体呼叫

【主叫方】

主叫方拿起话机先后按下【联络】【全体】键，按键会发光，表示此键被按动，然后"呼叫"指示灯闪烁，所有其他车厢的司机台控制放大器（C. Amp1）和乘务员控制放大器（C. Amp2）的"呼叫"指示灯闪烁、蜂鸣器鸣叫。本方控制放大器的"呼叫"指示灯闪烁；在其中任何一个被叫方拿起话机、按下【联络】键后(按键发光)即可和对方进行双方通话,主叫方控制放大器的"通话"指示灯亮;其他控制放大器的"呼叫"指示灯熄灭、蜂鸣器停止鸣叫。

主叫方在通话结束后,按下【切断】键(此按键不会发光),"通话"指示灯灭,然后挂机。

【被叫方】

当设备被呼叫时,"呼叫"指示灯闪烁,同时蜂鸣器鸣叫,拿起电话机,按下【联络】键(按键发光),控制放大器的"呼叫"指示灯熄灭,"通话"指示灯亮,蜂鸣器停止鸣叫。双方可以进行通话。

通话结束后,按下【切断】键(此按键不会发光),"通话"指示灯灭,然后挂机。

②单独呼叫

【主叫方】

主叫方拿起话机后,按下【联络】键,按照号码牌的标示号码按下被叫方(只能是司机台控制放大器或乘务员/小卖部控制放大器,不能是配电盘控制放大器和联络装置)的相应的号码(数字键【1】~【4】,当两列连挂的时候电话号码范围1~12)。两列车连挂时,第二列车的电话编号自动由1~4变为9~12。电话使用拨号方式,例如:2号车应该拨"2",12号车应该拨"1""2"。拨号结束后,如果号码正确,则主叫控制放大器的"呼叫"指示灯闪烁。如果被叫在线,则被叫控制放大器的"呼叫"灯闪烁,同时蜂鸣器鸣叫。在被叫方拿起电话机,按下【联络】键后即可双方通话,同时控制放大器的"呼叫"指示灯熄灭,"通话"指示灯亮。

通话结束后,按下【切断】键,"通话"指示灯灭,然后挂机。

【被叫方】

当设备被呼叫时,"呼叫"指示灯闪烁,同时蜂鸣器鸣叫,拿起电话机,按下【联络】键,控制放大器的"呼叫"指示灯熄灭,"通话"指示灯亮,蜂鸣器停止鸣叫。双方可以进行通话。

通话结束后,按下【切断】键,"通话"指示灯灭,然后挂机。

③全体广播

拿起话机按下【广播】键,"广播"指示灯闪烁;直接通过话机进行全车广播;也可使用麦克风或其他音源通过控制放大器前面板的立体声插座(MIC)输入音频信号,从而进行全车广播,此时话机广播功能切断,只有拔下立体声音频线才能恢复用话机广播的功能。

当进行广播时,同车厢的司机室喇叭(MSP)无声音。

通过调节控制面板的"音量"调节旋钮可以改变广播音量的大小,音量共分为三挡,分别为"H""M""L",其中"L"为最低,"H"为最高。每个挡间的音量差为6 dB。当调节音量的时候,音量为渐进的方式较慢地发生改变,而不是突然变化。

广播结束后,按下【切断】键,"广播"指示灯熄灭,然后挂机或者拔掉外部音频输入设备连接线。

(2)联络装置(INT)通话的操作(从联络装置进行联络呼叫)

司机通过联络装置进行相互间的联络,联络装置只对联络装置进行呼叫,不能对其他设备进行通信。

【主叫方】

主叫方使用司机台的联络装置，拿起话机先后按下【联络】【呼叫】键；另一侧司机台的两台联络装置的话机同时振铃，司机台控制放大器的"呼叫"指示灯亮；被叫方拿起联络装置话机，按下【联络】键后双方通话，同时司机台控制放大器的"通话"指示灯亮。

通话结束后，按下【切断】键，通话双方的司机台控制放大器上的"通话"指示灯灭，通话切断，然后挂机。

【被叫方】

在设备被叫时，本侧的司机台的两台联络装置的话机同时振铃，司机台控制放大器的"呼叫"指示灯亮；拿起司机联络装置话机，按下【联络】键双方通话，司机台控制放大器的"通话"指示灯亮；通话结束，按下【切断】键，通话双方的司机台控制放大器上的"通话"指示灯灭，通话切断，然后挂机。

2. 乘务员控制放大器（C. Amp2）

乘务员控制放大器（C. Amp2）如图 17-5 所示。

本装置在整套系统中共有三台，安装在列车的乘务员室内，其中有两台安装在同一辆车上并与自动广播装置相连。

本装置为在乘务员室内工作的乘务员提供通信和广播功能。

乘务员控制放大器（C. Amp2）通话操作：

（1）全体呼叫

【主叫方】

主叫方拿起话机先后按下【联络】【全

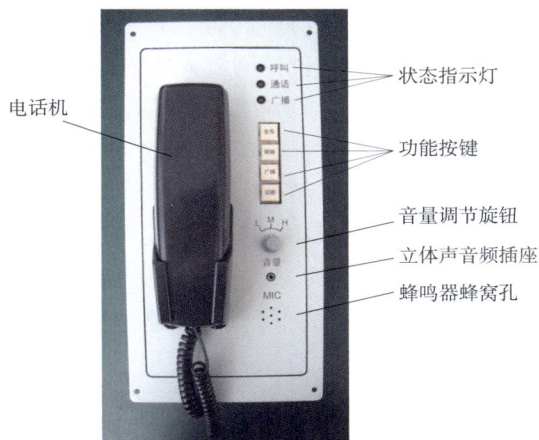

图 17-5　乘务员室控制放大器

体】键，然后"呼叫"指示灯闪烁，所有其他车厢的司机台控制放大器（C. Amp1）和乘务员控制放大器（C. Amp2）的"呼叫"指示灯闪烁、蜂鸣器鸣叫。本方控制放大器的"呼叫"指示灯闪烁；在其中任何一个被叫方拿起话机，按下【联络】键后即可和对方进行双方通话，主叫方控制放大器的"通话"指示灯亮；其他控制放大器的"呼叫"指示灯熄灭、蜂鸣器停止鸣叫。

主叫方在通话结束后，按下【切断】键，"通话"指示灯灭，然后挂机。

【被叫方】

当设备被呼叫时，"呼叫"指示灯闪烁，同时蜂鸣器鸣叫，拿起电话机，按下【联络】键，控制放大器的"呼叫"指示灯熄灭，"通话"指示灯亮，蜂鸣器停止鸣叫。双方可以进行通话。

通话结束后，按下【切断】键，"通话"指示灯灭，然后挂机。

（2）单独呼叫

【主叫方】

主叫方拿起话机后，按下【联络】键，按照号码牌的标示号码按下被叫方（只能是司机台控制放大器或乘务员/小卖部控制放大器，不能是配电盘控制放大器和联络装置）的相应的号码(数字键1~4,当两列连挂的时候电话号码范围1~12)。两列车连挂时,第二列车的电话编号自动由1~4变为9~12。使用拨号方式,例如:2号车应该拨"2",12号车应该拨"1""2"。拨号结束后,如果号码正确,则主叫控制放大器的"呼叫"指示灯闪烁。如果被叫在线,则被叫控制放大器的"呼叫"灯闪烁,同时蜂鸣器鸣叫。在被叫方拿起电话机,按下【联络】键后即可双方通话,同时控制放大器的"呼叫"指示灯熄灭,"通话"指示灯亮。

通话结束后,按下【切断】键,"通话"指示灯灭,然后挂机。

【被叫方】

当设备被呼叫时,"呼叫"指示灯闪烁,同时蜂鸣器鸣叫,拿起电话机,按下"联络"键,控制放大器的"呼叫"指示灯熄灭,"通话"指示灯亮,蜂鸣器停止鸣叫。双方可以进行通话。

通话结束后,按下【切断】键,"通话"指示灯灭,然后挂机。

(3)全体广播

拿起话机按下【广播】键,"广播"指示灯闪烁;直接通过话机进行全车广播;也可使用麦克风或其他音源通过控制放大器前面板的立体声插座(MIC)输入音频信号,从而进行全车广播,此时话机广播功能切断,只有拔下立体声音频线才能恢复用话机广播的功能。

当进行广播时,同车厢的乘务员室喇叭(MSP)无声音。

通过调节控制面板的"音量"调节旋钮可以改变广播音量的大小,音量共分为三挡,分别为"H""M""L",其中"L"为最低,"H"为最高。每个挡间的音量差为6 dB。当调节音量的时候,音量为渐进的方式较慢地发生改变,而不是突然变化。

广播结束后,按下【切断】键,"广播"指示灯熄灭,然后挂机或者拔出外部音频输入设备。

(4)自动噪声控制

当广播时周围噪声较大,设备会通过噪声检测装置自动增大广播的声音。

3. 配电盘控制放大器(C. Amp3)

配电盘控制放大器(C. Amp3)如图17-6所示。

本装置在整套系统中共有三台,安装在列车的配电室内。本装置为在配电室内工作的工作人员提供通信和广播功能。

配电盘控制放大器(C. Amp3)通话操作:

(1)全体呼叫

【主叫方】

主叫方拿起话机先后按下【联络】【全体】键,所有其他车厢的司机台控制放大器(C. Amp1)和乘务员控制放大器(C. Amp2)的"呼叫"指示灯闪烁、蜂鸣器鸣叫。在其中任何一个被叫方拿起话机,按下【联络】键后即可和对方进行双方通话,主叫方控制放大

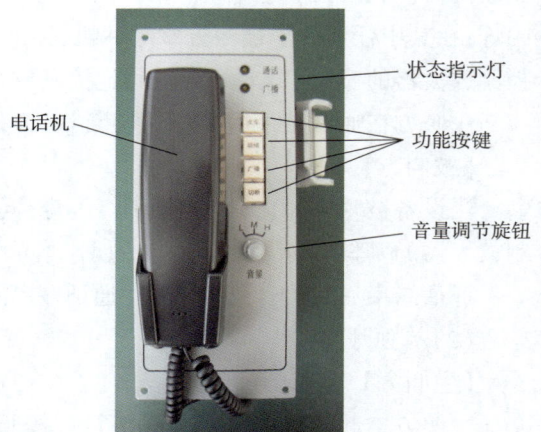

图17-6　配电盘控制放大器

器的"通话"指示灯亮;其他控制放大器的"呼叫"指示灯熄灭、蜂鸣器停止鸣叫。

主叫方在通话结束后,按下【切断】键,"通话"指示灯灭,然后挂机。

【被叫方】

设备不能被呼叫。

(2)全体广播

拿起话机按下"广播"键,"广播"指示灯闪烁;直接通过话机进行全车广播。

通过调节控制面板的"音量"调节旋钮可以改变广播音量的大小,音量共分为三挡,分别为"H""M""L",其中"L"为最低,"H"为最高。每个挡间的音量差为 6 dB。当调节音量的时候,音量为渐进的方式较慢地发生改变,而不是突然变化。

广播结束后,按下【切断】键,"广播"指示灯熄灭,然后挂机或者拔出外部音频输入设备。

三、CRH3/CRH380B 系列动车组

CRH3/CRH380B 系列动车组旅客信息系统包括以下主要功能:

1. 运行信息显示:分为车内信息显示和车外信息显示,车内显示主要显示车次号、车厢号、车外温度、当前速度、当前时间等信息;车外信息显示主要显示车次号、车厢号、时间和起点站终点站。

2. 广播通告:分为自动触发预录的广播、手动触发预录的广播和全列人工广播。

3. 内部通信:实现司机室之间、司机室和列车长室、列车长和乘务员、乘务员和乘务员之间通信。

4. 娱乐服务:分为一等座车和二等座车音视频娱乐、商务座车乘客音视频娱乐和服务呼叫。

系统主要由系统控制器(STC)、车厢控制器(CCT)、车外显示器(ESD)、车内显示器(ICD)、信息系统操作屏(ISOP)、电话(HAS)、扬声器(SLS)、GPS/GSM/FM 天线、GPS 放大器、数字座椅音频娱乐单元(AEU MMI)、音频分支器、视频娱乐单元(VER)、音频分配单元(ADR)、音视频控制面板(AVP)、单电视/双电视/间壁电视/包间电视、VEU 显示器、VEU 控制盒、服务呼叫显示器等组成,如图 17-7 所示。

CRH3/CRH380B 系列动车组旅客信息系统内部通信主要实现司机室之间、司机室和列车长室之间、司机室和乘务员之间、列车长和乘务员之间以及乘务员之间的对讲通信。广播主要是实现司机对乘客、列车长对乘客以及乘务员对乘客的通告,如图 17-8 所示。

旅客信息系统(PIS)电话通话操作:

(1)呼叫司机

普通车电话呼叫司机操作:摘下话筒,点击电话面板上的☏键,且其指示灯点亮后,按下通话键,被呼叫的司机电话振铃启动,摘机后按下通话键即进行通话。挂机通话结束。

列车长室电话呼叫司机操作:摘下话筒,点击电话面板上的☏键,且其指示灯点亮后,按下通话键,被呼叫的司机电话振铃启动,摘机后按下通话键即进行通话。挂机通话结束。

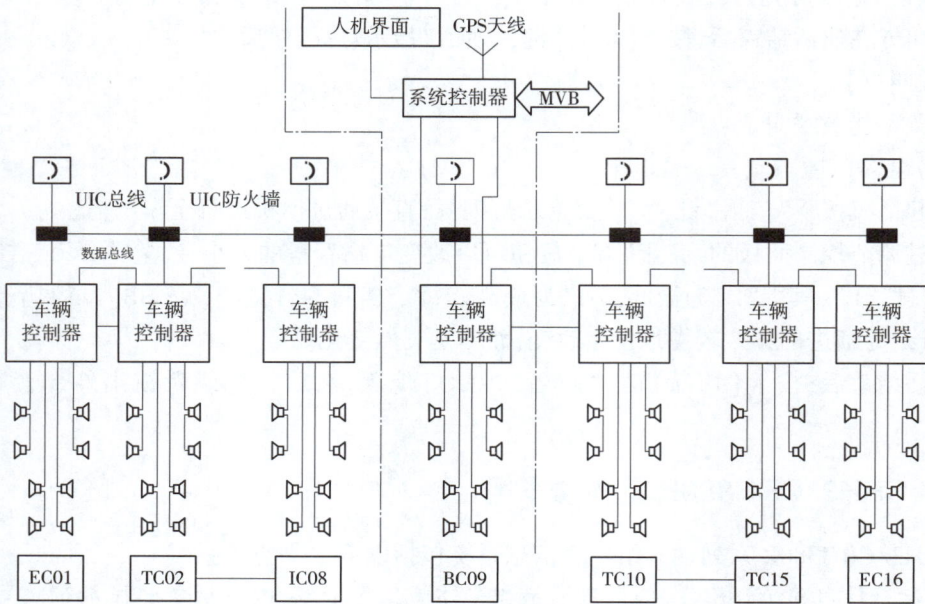

图 17-7　旅客信息系统(PIS)组成

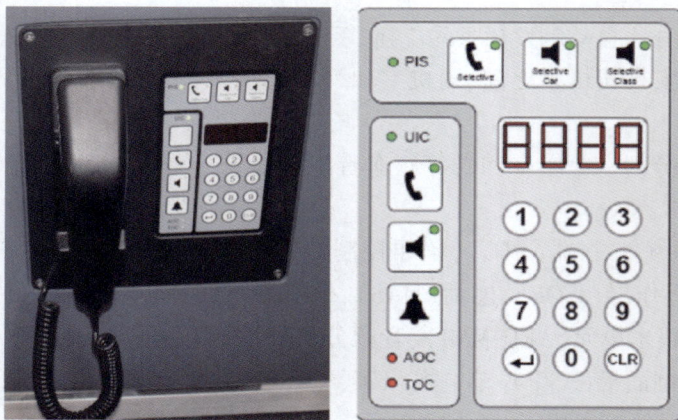

图 17-8　旅客信息系统(PIS)电话及电话按键面板

司机室电话呼叫司机操作:摘下话筒,点击电话面板上的 ☏ 键,且其指示灯点亮后,按下通话键,被呼叫的司机电话振铃启动,摘机后按下通话键即进行通话。挂机通话结束。

(2)广　　播

任意车厢的电话摘下话筒,点击电话面板上的 🔊 键,且其指示灯点亮后,所有车厢扬声器出现"叮咚"声,然后按下通话键即进行广播。挂机广播结束。

司机室的电话点击电话面板上的 🔔 键,且其指示灯点亮后,所有车厢扬声器出现一声"叮咚"声,表示提示乘务员。

（3）对　　讲

任意车厢的电话摘下话筒，点击电话面板上的☎键，且其指示灯点亮后，点击电话面板上的数字键，如果输入数字错误，点击【CLR】键清除，重新输入，再点击【↵】键（如呼叫 3 车，点击数字键【3】，数码管显示数字 3，再点击回车键；呼叫 12 车，点击数字键【1】和【2】，数码管显示数字 12，再点击【回车】键），所呼叫车厢的电话振铃启动，然后按下【通话】键即进行通话。挂机通话结束。

（4）选择车厢广播

任意车厢的电话摘下话筒，点击电话面板上的☎键，且其指示灯点亮后，点击电话面板上的数字键，如果输入数字错误，点击【CLR】键清除，重新输入，再点击【↵】键（如呼叫 3 车，点击数字键【3】，数码管显示数字 3，再点击【回车】键；呼叫 12 车，点击数字键【1】和【2】，数码管显示数字 12，再点击【回车】键），所呼叫车厢的扬声器出现"叮咚"声，然后按下【通话】键即进行广播，挂机通话结束。

（5）选择车厢等级广播

任意车厢的电话摘下话筒，点击电话面板上的☎键，且其指示灯点亮后，点击电话面板上的数字键，如果输入数字错误，点击【CLR】键清除，重新输入，再点击【↵】键（如呼叫一等车，点击数字键【1】，数码管显示数字 1，再点击【回车】键；呼叫二等车，点击数字键【2】，数码管显示数字 2，再点击【回车】键），所呼叫车厢的扬声器出现"叮咚"声，然后按下通话键即进行广播，挂机通话结束。

（6）邻车交叉广播说明

CCT 其中一路功放的输出可以在相邻的两个车厢之间交叉连接（例如：1 车 CCT 故障，在广播时，2 车 CCT 将一路输出交换连接到 1 车，使得 1 车也能接收到广播），1、2 车相互交叉连接，3、4 车相互交叉连接，依次类推。这一功能保证了在向旅客广播时，即使一个车厢控制器出现了故障，也能将广播发送到所有的车厢。其他音源输出（选择性的旅客广播、视频伴音等）的功放输出不进行交叉连接，只在本车厢的扬声器里播放。

（7）优先级说明

内部通信的优先级见表 17-2。

表 17-2　内部通信优先级

优先级	通信方式	备　注
1（高）	司机—司机	任何时刻只能两部电话之间进行通信。优先级高的通信可以将正在进行通信的优先级低的电话强行挂机。例如：司机与列车长正在通话时，此时另一端的司机室电话呼叫该司机，能把正在通话的两部电话强制挂机，被呼叫的司机室电话振铃响起，被呼叫的司机按接听键建立与另一司机之间的通信
2	司机—列车长	
3	司机—乘务员	
4	列车长—乘务员	
5（低）	乘务员—乘务员	

通告的优先级见表 17-3。

表 17-3　通告优先级

优先级	通信方式	备　注
1(高)	全列人工广播	
2	手动触发全列服务信息广播	任何时刻只能一种通信存在。
3	自动触发全列服务信息广播	优先级高的通信可以将正在进行通信的优先级低的强行停止
4	选择车厢广播	
5(低)	背景音乐	

四、CRH5 系列动车组

CRH5 系列动车组旅客信息系统(PIS)具有如下功能:

1. 生成音频/视频行程信息并传输给乘客;

2. 生成音频/视频娱乐信息并传输给乘客;

3. 司机发送由地面设备生成的音频/视频应用信息;

4. 司机发起对讲呼叫;

5. 实现与传输媒介 CAN 总线上的 TCMS 车辆总线接口旅客信息系统(PIS)还为一等车(MC1 车)乘客提供以下娱乐设施。

(1)一等车中用于放映影片的 15 英寸(381 mm)LCD 显示屏。

(2)座椅音频调节器(ASA)。

(3)两个立体声音乐频道。

(4)一个立体声无线广播频道为餐车(TPB 车)酒吧区提供一台 20 英寸(508 mm)LCD 显示屏。客室区域提供液晶 LCD 显示屏。为其余二等车每车提供了 LCD 显示屏。

旅客信息系统(PIS)使司机和列车长能通过各节车上的扬声器向乘客广播。该广播能自动优先于耳机音频或实现对讲,司机还可与另一司机室对讲。

GPS(全球定位系统)用于行程控制,可提供精确的卫星定位和时间信息,自动进行当前站和下一站的音频广播,并管理行程数据及内部和外部的显示。

当两节车组连挂时,音频 PA 信息可通过第一列车组的旅客信息系统(PIS)自动在第二列车组上广播。

系统配装的主要设备的位置和数量见表 17-4。

表 17-4　主要设备的位置和数量

设　备	位　置	车内数量								总数
		MC2	M2S	TP	M2	T2	TPB	MH	MC1	
司机室扬声器	司机室天花板	1	—	—	—	—	—	—	1	2
列车长室扬声器	列车长室	—	—	—	—	—	1	—	—	1

续上表

设　　备	位　　置	车内数量								总数
		MC2	M2S	TP	M2	T2	TPB	MH	MC1	
客室区扬声器	客室	13	15	15	15	15	13	15	13	114
APU+ACU+听筒	QRK 柜	1	1	1	1	1	—	1	1	7
APU+ACU	QRK 柜	—	—	—	—	—	1	—	—	1
司机听筒	司机室	1	—	—	—	—	—	—	1	2
乘务员听筒	电气柜	—	—	—	—	—	1	—	—	1
外部 LED 显示屏单元	车辆外侧	2	4	4	4	4	4	4	2	28
内部 LED 显示屏单元	客室	2	2	2	2	2	3	2	2	17
座椅音频单元—一等 LCD 视频显示屏	一等车	—	—	—	—	—	—	—	60	60
AVRU	列车长室	—	—	—	—	—	—	—	10	10
音频/视频控制单元	一等车	—	—	—	—	—	1	—	—	1
酒吧和自助餐厅内的视频显示屏	TPB 车	—	—	—	—	—	—	—	1	1
GPS	TPB 车	—	—	—	—	—	1	—	—	1
PMU 工作站及相关设备+控制单元	列车长室	—	—	—	—	—	1	—	—	1
地面工作站	地面									1

设备操作如下：

（1）司机室和列车长室听筒，如图 17-9 所示。

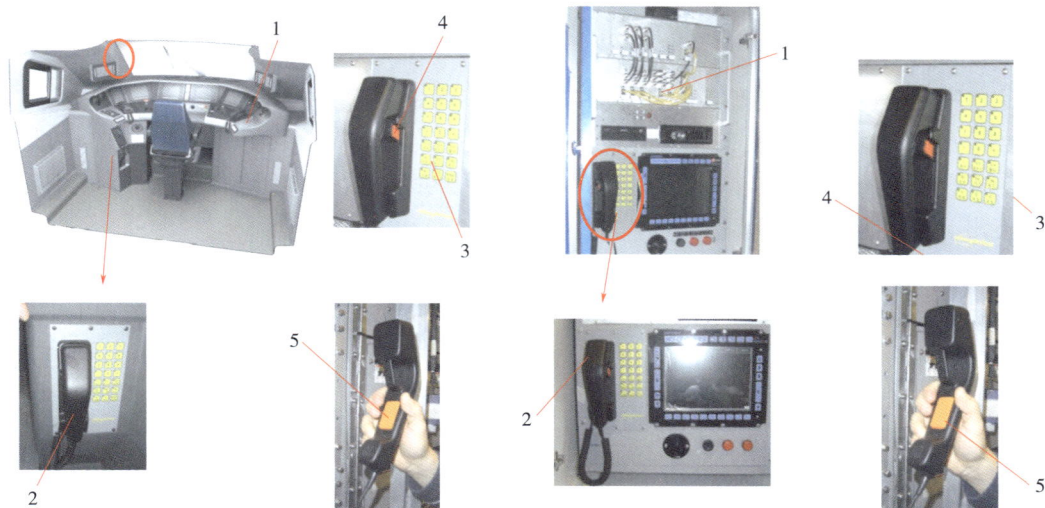

（a）司机室听筒

1—MC1/MC2车司机台面板；2—听筒；
3—电话键盘；4—红色按钮；5—ON按钮（橙色）。

（b）列车室听筒

1—TPB车的列车长室；2—听筒；
3—电话键盘；4—红色按钮；5—ON按钮（橙色）。

图 17-9　司机室和列车长室听筒

①"ON"——开始通信

拿起听筒按"ON"按钮后,电话线占用且司机室扬声器为"静音"模式,此时无法进行其他通信。

②"Ⅰ"——整列车内的对讲

拿起听筒按下"Ⅰ"按钮后,车组上所有其他电话(如有连挂车组,包括连挂车组上的电话)均响起并持续,直至有人拿起听筒并按下点亮的"Ⅰ"按钮。此时,位于设备固定部分的LED点亮以发出呼叫警报。按下听筒柄上的"ON"按钮即可开始通信。所有电话均可连接至主叫电话。按下"END"按钮或放下听筒可结束通话。通信方式为全双工。

③"CT"——与列车长通话

拿起听筒按"CT"按钮后,会发送连续5声"咚咚声"至PA扬声器。车组上所有听筒固定部分上的LED("CT"按钮)均发出呼叫警报。按"ON"通信按钮后,声音便从听筒中传出。通信方式为全双工。

④"IC"——司机室间对讲

司机拿起听筒按"IC"按钮后,可接通与另一司机室的对讲(连挂车组中,与端部司机室而非中间司机室进行对讲)。此时,位于听筒固定部分上"IC"按钮的LED点亮,以发出呼叫警报。按压听筒体上的"ON"按钮,声音便从听筒中传出。通信方式为全双工。

⑤"R"——车—地

拿起听筒并按下"R"按钮,可接通地—车无线电话。利用该功能可通过UIC 568音频线从地—车系统中进行音频信息广播。地—车无线电话广播的优先级高于车组中的其他广播。

⑥"TA"——广播

拿起听筒按"TA"按钮后,即将广播的音频信号(叮咚声)传输至整列车。按"ON"通信按钮后便可进行广播。

⑦"IN"——与所选车辆对讲

司机拿起听筒选择对讲的车号并按下该按钮后,被叫车辆上的听筒响起。被叫车内听筒固定部分上的LED("IN"按钮)点亮,以发出呼叫警报。按"ON"通信按钮后,声音便从听筒中传出。通信方式为全双工。

⑧"CV"——与连挂车组上的所选车辆进行对讲

司机拿起听筒选择对讲的车号(连挂车组中车辆)并按下该按钮后,被叫车辆上的听筒响起。被叫车内听筒固定部分上的LED(CV按钮)点亮以发出呼叫警报。按"ON"通信按钮后,声音便从听筒中传出。通信方式为全双工。

⑨"END"——通话结束

放下听筒或按"END"按钮结束通话。

(2)车辆上的听筒,如图17-10所示。

①"ON"——开始通信

拿起听筒按"ON"按钮(橙色)后,电话线占用且司机室扬声器设为"静音"模式,此时无法进行其他通信。

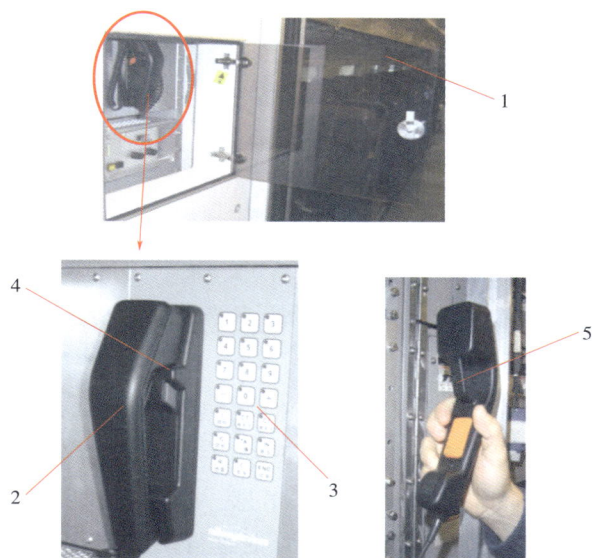

1—电话匣门；2—听筒；3—键盘；4—红色按钮；5—ON按钮（橙色）。

图 17-10　车辆上的听筒

②"Ⅰ"——整列车内的对讲

拿起任一电话的听筒按"Ⅰ"按钮后，车组上所有其他电话（如有连挂车组，包括连挂车组上的电话）均响起并持续，直至有人拿起听筒并按下点亮的"Ⅰ"按钮。此时，位于设备固定部分的 LED 点亮以发出呼叫警报。按压听筒柄上的"ON"按钮（橙色）即可开始通信。按"END"按钮或放下听筒可结束通话。通信方式为全双工。

③"CT"——与列车长通话

司机拿起听筒并按下该按钮后，会发送连续 5 声"咚咚"声至 PA 扬声器，车组上所有听筒固定部分上的"CT"按钮的 LED 均点亮以发出呼叫警报。按"ON"通信按钮（橙色）后，声音便从听筒中传出。通信方式为全双工。

④"C"——向单辆车广播

拿起听筒并按下该按钮后，即将广播的音频信号（叮咚声）传输至单辆车。按"ON"通信按钮（橙色）可重复单辆车广播。

⑤"TA"——广播

拿起听筒并按下该按钮后，即将广播的音频信号（叮咚声）传输至整列车。按"ON"通信按钮（橙色）后便可进行广播。在司机室内无法听到该广播，只能由"TA"按钮上的 LED 通知司机正在进行广播。

⑥"IN"——与所选车辆对讲

司机拿起听筒选择对讲的车号并按下该按钮后，被叫车辆上的听筒响起。被叫车内听筒固定部分上的 LED（"IN"按钮）点亮以发出呼叫警报。按"ON"通信按钮（橙色）后，声音便从听筒中传出。通信方式为全双工。

⑦"CV"——与连挂车组上的所选车辆进行对讲

司机拿起听筒选择对讲的车号(连挂车组中车辆)并按下该按钮后,被叫车辆上的听筒响起。被呼叫车内听筒固定部分上的 LED(CV 按钮)点亮以发出呼叫警报。按"ON"通信按钮(橙色)后,声音便从听筒中传出。通信方式为全双工。

⑧"END"——通话结束

放下听筒或按"END"按钮结束通话。

第三节　EOAS 功能级数据文件分析

动车组司机操控信息分析系统(以下简称 EOAS)是通过共享列控车载信息采集装置所采集的与动车组运行及司机操控有关的信息所开发的系统。该系统自动获取设在国铁集团的列控设备动态监测系统(DMS)数据中心有关信息,并通过信息通道传送至有关铁路局集团公司应用服务器,各机务段设置终端设备,可实时进行动车组运行及司机操控有关信息的查询处理。

一、设备组成

EOAS 包括车载系统与地面系统两部分,包括 EOAS 主机、数据转储终端、拾音器、摄像头及各类电缆等。

地面系统由设置于地面数据中心的应用服务器及各类终端组成,二者通过专用网络连接,可通过数据中心与各段所配终端对动车组操控信息及运行状态信息进行分析查询。

EOAS 充分利用现有设备设施,采用铁路专用移动通信网络(GSM-R)将车载系统与地面系统无缝链接,建立车地双向数据传输平台,可将司机操控信息及列车运行状态参数信息实时传输至地面数据中心,数据中心应用服务器对该类数据进行分析处理并输出结果,便于开展电动车组的动态运营管理及入库后的维修保养工作。

由于各型动车组列控系统不同,列控系统车载设备所获取的列车运行状态参数及司机操作控制信息存在一定差异,无法满足 EOAS 对此类信息的需求,故将列控系统车载设备中的远程数据传输模块(RDT)所获取的电动车组牵引、制动及高压等系统的状态参数信息与列车运行状态信息传送至车内 EOAS 主机;将车载综合无线移动通信设备(CIR)获取的列车无线调度语音及数据指令传送至车内 EOAS 主机;同时,将 EOAS 车载系统中的数据转储终端、拾音器与摄像头等设备置于司机驾驶室内部,用以记录并转储驾驶室内部音、视频数据至 EOAS 主机,数据转储终端具备司机数据转储卡接口便于动车组驾驶员进行关键操控信息及动车组状态信息的转储操作;EOAS 主机预留网络制式 CDMA2000 的便携式 3G 天线接口,为 EOAS 系统升级奠定基础。EOAS 主机工作于服务器模式,当列控系统车载设备连接至 EOAS 主机时自动向主机发送数据,发送间隔采用周期发送与操控及状态信息变化触发相结合的方式。动车组司机操控信息及运行状态参数经过 EOAS 主机分析处理后经由列控设备动态监控系统(DMS)主机的 GSM-R 模块传送至地面通信基站,至此 EOAS 车载系统已将司机操控信息及列车实时状态信息发送完毕。

　　EOAS 车载系统拓扑结构如图 17-11 所示。

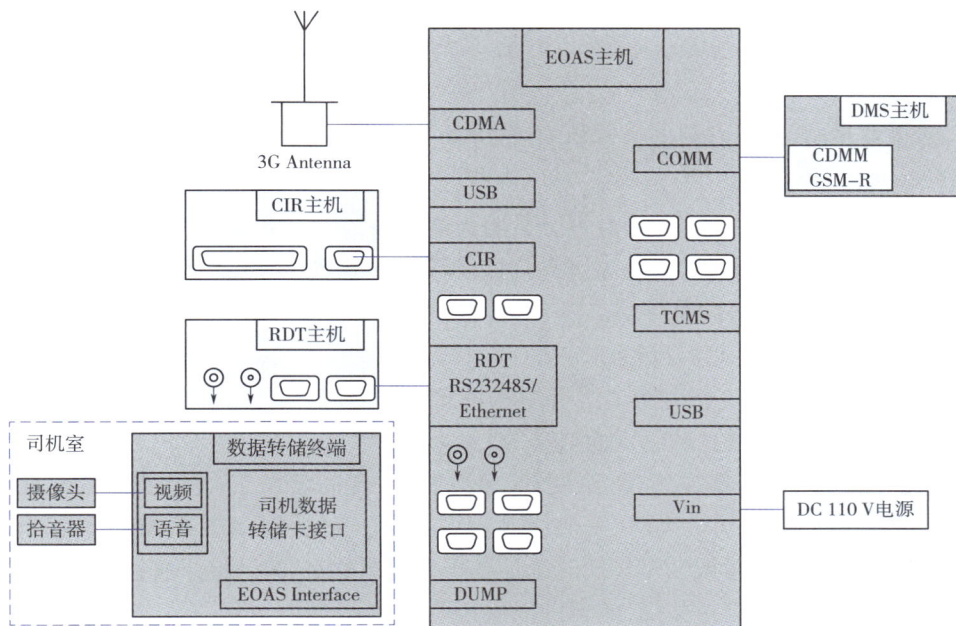

图 17-11　车载系统拓扑结构

EOAS 地面系统拓扑结构如图 17-12 所示。

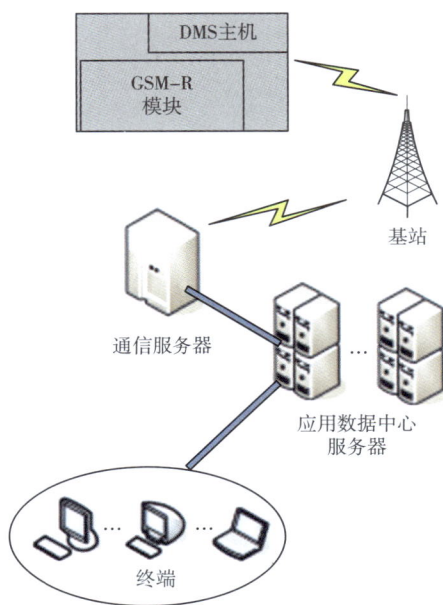

图 17-12　地面系统拓扑结构

　　动车组司机操控信息及运行状态参数信息经由 EOAS 车载系统传输至地面通信基站后,经过通信服务器进行数据格式转换及封装,借助专用传输通道,到达数据中心应用服务器,应用服务器对接收到的数据进行分析处理并存储分析结果,供各段多种终端设备进行相关操作。

二、设备功能

　　1. 数据分析服务器软件:通过网络自动下载、分析、存储数据(存入 Oracle 数据库并以天为单位生成数据文件)。

　　2. 数据库服务器软件:存储由数据分析服务器从数据中心下载的动车数据信息。

　　3. 数据浏览服务器软件:为各浏览终端提供数据下载接口。由该服务器从数据库中提取数据并将数据发送至各浏览终端。

　　4. 动车组司机操控信息分析系统:

　　(1)图形化实时跟踪、查询动车运行图示信息,包括速度、常用制动、紧急制动、司机操作、ATP 状态信息、分相信息和纵断面信息等。

　　(2)实时记录事件数据包括:常用制动、紧急制动、区间停发车、站内停发车、非正常停车、等级转换、模式转换、司机操作(手柄位置、DMI 操作、其他司机动作信息)。

　　(3)根据车次、司机号或动车号实时统计各事件记录数量,统计结果直接链接详细数据。

　　(4)查询当前、历史记录数据,按事件以天为单位进行统计分析。

　　(5)导出、打印记录和统计数据。

　　(6)电子地图实时跟踪动车运行。

　　(7)提供对司机库、动车表、值乘表、工务数据库的维护接口。

　　(8)浏览、下载、导入数据文件,自动进行分析、统计。

第十八章　行车组织和调度指挥系统

第一节　列车调度指挥系统(TDCS)

铁路列车调度指挥系统(以下简称 TDCS)原名为铁路运输调度指挥管理信息系统(以下简称 DMIS)。

一、TDCS 简介

TDCS 由国铁集团、铁路局集团公司、中心局域网及车站基层网组成,是一个覆盖全路的现代化铁路运输调度指挥和控制系统,实现了铁路各级运输调度对列车运行实行透明指挥、实时调整、集中控制。TDCS 利用信息技术、网络技术、控制技术等现代科学技术手段取代了传统落后的行车指挥手段,采用并结合了先进的通信、信号、计算机网络、数据传输、多媒体技术等现代信息技术,在保证网络安全的前提下,与相关系统紧密结合、互联互通、信息共享,实现了铁路运输组织的科学化、现代化,增加运能,提高效率,减轻了调度人员的劳动强度,改善了调度指挥的工作环境。

以 TDCS 为平台,组建分散自律、智能化、高安全、高可靠的新一代调度集中系统(以下简称 CTC 系统),是实现铁路提速、高速以及减员增效的跨越式发展的根本保证。根据国铁集团发展的总体思路,我国铁路是以 TDCS 为平台,以 CTC 系统为核心,构建铁路现代化的调度指挥管理信息系统,以现代运输的理念大力推动铁路运输调度指挥系统建设。

二、国铁集团调度指挥中心 TDCS 功能

从应用角度来说,国铁集团 TDCS 的功能如图 18-1 所示。

归纳起来主要分为以下各部分:

1. 列车动态跟踪

列车动态跟踪功能是 TDCS 的基本功能之一,系统根据铁路局集团公司 TDCS 现场采集的信号设备轨道电路的占用和出清状态判断列车的位置并跟踪,根据铁路局集团公司 TDCS 逻辑跟踪判断并采用无线车次号校核系统进行车次号自动校核获得列车车次号,从而自动进行列车位置的定位和动态实时跟踪。

此外,国铁集团 TDCS 列车动态跟踪功能还可以进行 24 h 状态历史回放,调度人员可以根据需要选择对任意一调度区段或者分界口过去 24 h 内任意时间的列车运行状况进行重新显示,用于运输组织分析和事故分析。

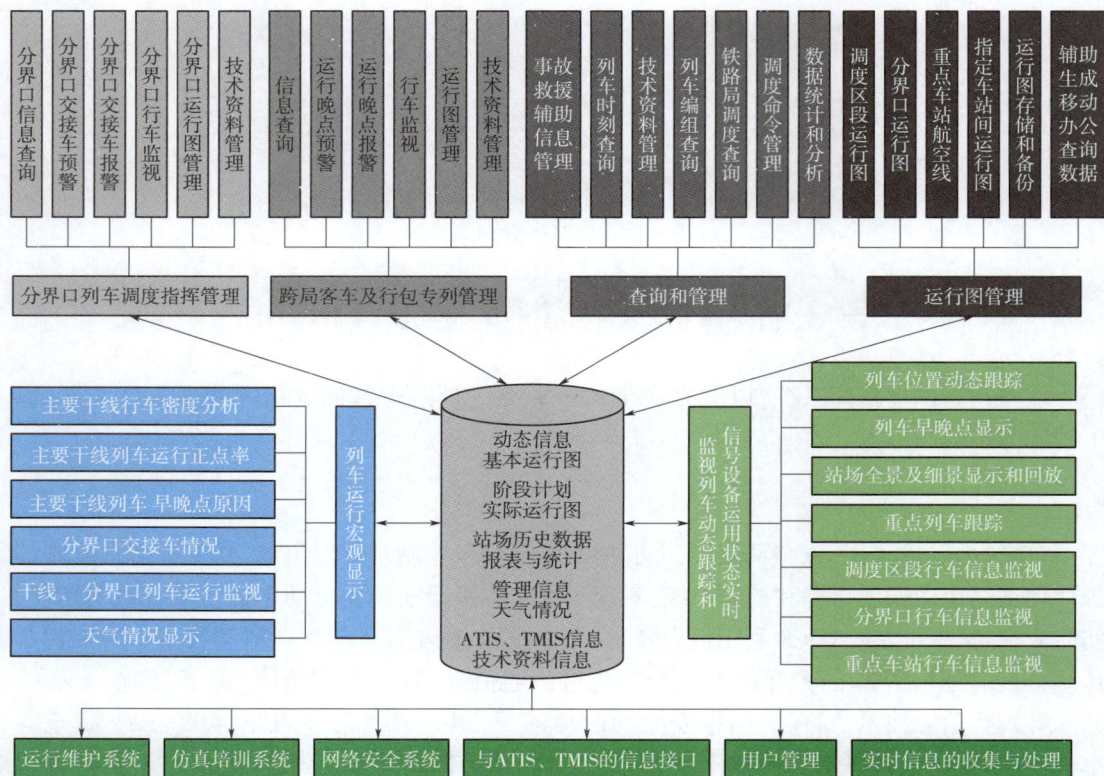

图 18-1　国铁集团 TDCS 功能

2. 信号设备运用状态实时监视

信号设备运用状态实时监视功能提供全路各车站站场的进路排列、信号显示、轨道电路实际占用以及列车车次号信息的显示，是 TDCS 系统的基本功能之一。

国铁集团 TDCS 通过列车调度指挥 TDCS、调度集中 CTC 的基层网系统完成对分界口、区段、枢纽的信号设备运用状态的动态数据采集，获得信号设备运用状态的实时信息。采集信息内容包括：信号机的状态、股道的占用情况、区间的占用情况、进路的状态、车次号信息以及列车运行过程中的相关数据等信息。采集的方式是自动的、真实的、动态的和实时的。基层网信息经过铁路局集团公司 TDCS 传送到国铁集团的传输时间小于 10 s。

此外，国铁集团 TDCS 的信号设备运用状态实时监视功能还可以进行 24 h 状态历史回放，调度人员可以根据需要选择对任意一调度区段或者分界口过去 24 h 内的任意时间的信号设备运用状态进行重新显示，用于运输组织分析和事故分析。

3. 列车运行宏观显示

国铁集团 TDCS 通过列车调度指挥 TDCS、调度集中 CTC 的基层网系统完成对分界口、区段、枢纽的列车运行情况和现场状态的动态数据采集、传送和处理，以图形、图像、文字等方式，直观、灵活地向调度人员及有关领导及时提供准确、可靠和丰富的全路运输状态宏观显示。国铁集团 TDCS 在实现列车运行宏观显示和实时动态统计的基础上,适时提供预警和告警功能,为国铁集团调度指挥中心协调全路运输、科学决策、提高效率、实现现代化管理提供重要手段。

4. 列车运行时刻显示查询

国铁集团 TDCS 接收铁路局集团公司 TDCS 提供的基本图、阶段计划和实际运行图等数据,获得列车运行时刻信息,进行列车运行时刻(列车早晚点、列车到发或通过时刻)的显示和查询。在调度员输入列车车次号、始发调度日(系统缺省提供当前调度日)和当前所在路局等信息后,系统自动搜索各路局传送的相关调度区段的基本图、阶段计划和实际图,查询该列车运行信息,并采用表格方式显示和打印。列车运行信息包括车次号、始发调度日、始发路局、始发车站、终到路局、终到车站、当前路局、当前位置、各站计划到发时刻和各站实际到发时刻等。

5. 运行图管理

列车运行图是全路组织列车运行的基础,它规定了各次列车占用区间的顺序,列车在每个车站的到达、出发和通过时刻,列车在区间的运行时间,列车在车站的停站时间等,是铁路运输工作的综合性计划,是全路列车运行工作的基础。列车运行图包括基本图、阶段计划和实际运行图等。

国铁集团 TDCS 接收铁路局集团公司 TDCS 提供的基本图、阶段计划和实际运行图等数据,提供全路各铁路局集团公司调度区段列车阶段计划的同步显示,以及列车基本图、实际运行图的查询显示,并按照国铁集团运输调度工作特殊需求,提供多种运行图显示手段。

6. 调度命令管理

国铁集团向调度人员提供通过计算机网络系统编辑、存储、下达、接收与查询调度命令等功能。

(1)编辑、发送调度命令;

(2)处理未发送调度命令;

(3)处理已发送调度命令;

(4)查看当前命令回执;

(5)查询调度命令历史信息;

(6)打印调度命令;

(7)铁路局集团公司下发调度命令查询。

7. 列车编组管理

国铁集团 TDCS 通过在国铁集团调度指挥中心实现与 TMIS 的结合并辅以铁路局集团公司 TDCS 信息和 T/D 结合信息,获得列车编组顺序表信息,提供列车编组简单的管理功能,实现全路列车简单编组和列车确报信息的查询、显示和打印。

当调度员需要了解指定列车的编组信息时,可通过键盘和鼠标输入车次号、所在铁路局集团公司名称,系统将以列表的形式提供列车编组信息显示和打印。

8. 数据统计和分析

国铁集团 TDCS 根据建立的数据库信息和数据进行数据统计和分析,提供铁路局集团公司间分界口交接车统计;提供全路各条干线列车运行正点率、列车运行密度和早晚点原因统计等。

9. 技术资料管理

国铁集团 TDCS 提供行调专业相关技术资料管理功能。

技术资料主要包括全国铁路路网图、全路客运营业站示意图、全路货运营业站示意图、全路编组站图册和示意图、主要枢纽示意图、铁路局集团公司间分界口基本列车运行图、救援列车分布信息及列车运行图有关资料等。

10. 调度命令无线传送

国铁集团 TDCS 提供查询显示铁路局集团公司采用无线传输通道(无线列调或 GSM-R)向车站、列车及其他受令终端传送的调度命令信息的功能。

11. 防 火 墙

国铁集团 TDCS 对国铁集团 TDCS 与各铁路局集团公司 TDCS 交换的数据包进行过滤;对国铁集团中心与各铁路局集团公司中心的连接状态、会话等进行检查,保护国铁集团 TDCS 不受非法攻击及访问的影响。

12. 入侵检测

国铁集团 TDCS 对国铁集团 TDCS 网络与各铁路局集团公司 TDCS 网络中的入侵行为特征进行检查,一旦发现符合已知攻击行为特征的数据包,入侵检测系统立即断掉该连接并进入相应的管理员定义的处理系统。

13. 动态口令身份认证

系统提供动态口令方式登录功能,进行操作人员身份认证。在防止网络外部恶意入侵的同时,也能防止网络内部越权操作或恶意破坏。调度人员凭身份认证口令牌提供的动态口令密码进行登录操作,有效地防止了内部越权操作或恶意破坏。

14. 防 病 毒

国铁集团 TDCS 采用网关防毒、服务器防毒、工作站防毒等防毒技术,防止病毒、恶意代码、后门程序等在业务系统网络中的传播,保证系统的安全。

15. 网络及主机漏洞评估

国铁集团 TDCS 完成国铁集团 TDCS 中心主机的安全漏洞评估和网络的安全漏洞评估。

16. 时钟校核

国铁集团 TDCS 通过 GPS 高精度授时仪,获取准确的时钟。通过网络配置,能达到自动校时,保持国铁集团、铁路局集团公司、车站内所有计算机的时钟同步,国铁集团、铁路局集团公司中心系统误差控制在 10 s 以内,铁路局集团公司中心与车站误差在 20 s 以内。

17. 网络管理

国铁集团 TDCS 监视国铁集团 TDCS、铁路局集团公司 TDCS 和车站 TDCS 网络拓扑结构上的各接点及通信信道的工作状态,能够及时准确地提供故障位置。

18. 运行维护系统

国铁集团 TDCS 提供对国铁集团 TDCS 的各子系统运行状态监视、记录和故障报警,以及应用软件和配置数据的更新等运行维护功能,并从运行维护的角度,充分考虑友好性和方便性,提供了必要的运维管理工具。

19. 基础数据维护

国铁集团 TDCS 提供国铁集团中心需要的各种静态数据的验证和导入更新;实现对各厂家静态站场数据的自动拼接,并对重点区段、枢纽提供手工拼接的手段;实现将数据在线更新到调度台及服务器中。

20. 通信质量监督

国铁集团 TDCS 通过配置通信质量监督系统,能够实时监视和记录国铁集团中心与各铁路局集团公司中心通信路状态和通信节点 IP 可达状态,遇故障报警。

21. 分界口列车调度指挥管理

国铁集团 TDCS 系统提供分界口信息查询、分界口交接车预警和报警、行车监视、运行图管理和技术资料查询等功能,并突出和强化"预警和报警"功能。

22. 跨局客车及行包专列管理

国铁集团 TDCS 可对跨局客车及行包专列进行列车调度指挥管理,提供信息查询、晚点预警和晚点报警、行车监视、运行图管理和技术资料查询等功能。

23. 事故救援辅助信息管理

在事故状态下,国铁集团 TDCS 为各种应急预案最大程度地提供事故救援辅助信息并进行管理,通过分析已掌握的各种计划信息、列车运行信息、信号设备状态信息及相关施工、限速、封锁信息以及调度人员输入的信息,实时显示各种与事故有关的信息和画面。

24. 用户信息管理

用户信息管理实现用户登录、用户注册、用户注销。

25. 仿真培训系统

国铁集团 TDCS 分别提供对调度人员和维护人员的仿真培训功能。

通过模拟仿真技术,在调度人员仿真培训终端上,实现对调度人员的培训,仿真实现系统的各项功能,有助于调度人员熟悉系统操作、提高操作水平,并能模拟调度命令下达的仿真功能。

26. 气象信息系统

气象信息系统提供铁路沿线天气情况的实时信息,使调度能了解铁路沿线的天气灾害情况,有效地组织铁路运输生产。

三、铁路局集团公司调度指挥中心 TDCS 功能

铁路局集团公司调度指挥中心直接指挥行车,实时掌握铁路局集团公司调度区段的组

成车站、各分界口、各编组站、各枢纽的列车运行情况、信号设备显示状态,并进行宏观显示,完成阶段计划的调整及调度命令的生成和下达等功能,进行信息汇总、处理,向国铁集团及相邻铁路局集团公司提供行车信息。铁路局集团公司 TDCS 可以利用显示器或大屏幕所显示的干线宏观图、区段宏观图对现场进行监视,对重点列车进行追踪,进行列车运行正点率统计和列车运行密度统计分析。同时,在铁路局集团公司调度指挥中心,提供 TDCS 与 TMIS 的接口,实现两系统间信息的共享。

铁路局集团公司 TDCS 实现以下功能:

1. 干线列车运行秩序的宏观显示功能;

2. 铁路局集团公司管内列车运行实时监视和历史查询功能;

3. 自动完成列车追踪功能;

4. 列车运行图管理功能;

5. 列车紧跟踪报警功能;

6. 车站自动报点功能;

7. 调度命令功能;

8. 仿真培训功能;

9. 具有完善的帮助系统;

10. 与 TMIS 有关的界面和接口。

四、基层网 TDCS 功能

1. 信息的采集和传送

信息的采集是 TDCS 基层网的最基本功能,通过安装在每个站的车站分机,系统采集得到现场的动态信息,同时通过传输设备将信息及时发送到铁路局集团公司 TDCS 中心。在计算机联锁车站,车站分机通过串行通信接口接收车站计算机联锁的电务维护台送来的站场表示信息(状态和控制信息);在继电联锁车站,车站分机采集信号联锁设备的状态信息。在继电联锁车站,车站分机设有专门的开关量采集板用于采集信号联锁设备的状态。

2. 无线车次号校核

由于车次号的准确性直接关系到 TDCS 的性能,因此,无线车次号校核的要点是将机车的列车运行监控装置提供的与车次有关的信息,发送到车站的无线列调设备,再送到 TDCS 系统的基层网设备。

无线车次号信息发送分为列车始发、列车进站和列车出站三部分。

3. 车次跟踪及自动报点

车站分机可通过列车占用和出清轨道电路的变化实现对列车车次的自动跟踪,实现列车的自动报点,并可显示列车的早点、晚点时分。

4. 车次和到发点的人工管理

在始发站,车站值班人员通过值班员终端输入列车车次。TDCS 具有软件车次跟踪功能,能够根据轨道电路光带的变化,实现车次号的自动传递,但是由于多种原因,可能会造成信息丢失、时序错误等现象。尽管 TDCS 针对以上情况采取了很多处理措施，但是还不能保证百分之百的准确率，所以专门在 TDCS 终端上提供了修正车次号的手段，当车次追踪出现错误时可以进行人工修改。TDCS 允许值班员通过终端设备输入、更改列车车次号；车站值班员可进行人工报点，也可对到发点进行修改。

5. 显示本站和邻站信息

TDCS 通过安装在每个车站的车站值班员终端为车站值班员显示区间信号的开放情况以及列车在区间的运行情况，使值班员能够准确掌握所有区间列车的实际运行位置和运行速度等信息，对于提前做好接发车准备工作和提高线路的通过能力非常有利。除了显示区间信息以外，值班员终端还显示邻站信息。通过安装在控制台旁边的彩色显示器，显示出上行和下行方向临近车站的实时信息，扩大了值班员的视野，同样有利于值班员提前做好接发车准备工作和提高线路的通过能力。

车站值班员终端可显示与本站控制台站型一致的本站及相邻车站、相邻区间的有关行车表示信息；同时，可根据配置文件设置站场显示位置、站场显示方向、站场的垂直和水平放大比例，还可实时显示本站采集系统的码位信息。

6. 调度命令的签收和打印

车站值班员可对调度命令进行接收、签收、存储、查询和打印。当调度中心向车站发送调度命令时，调度命令签收按钮将会闪烁并有声音报警，说明已收到调度命令，车站值班员应签收此调度命令。调度命令签收后即自动存入车站系统，车站值班员可进行查询和打印。

7. 调度命令无线传送功能

TDCS 可将调度员拟写的调度命令、车站值班员拟写的行车凭证通过无线通道发送到机车。车站值班员终端判断选择合适时机进行命令发送，并具有命令发送、回执检查、自动重发、报警提示等功能。

8. 阶段计划的签收和打印

当调度中心向车站发送调度命令时，阶段计划签收按钮将会闪烁并有声音报警，说明已收到阶段计划，车站值班员应进行签收。车站调度员可对调度员手工下达的阶段计划进行签收，并可进行查询和打印。阶段计划签收后，即显示在行车日志上。

9. 行车日志的管理

TDCS 自动产生列车的到站、出发时间、列车车次、到发点、占用的股道显示在 TDCS 终端上。TDCS 终端根据日班计划和上述的信息实时生成行车日志，表格中其他一些项目无法自动生成，值班员可以根据实际情况填写。

10. 现在车管理

车站值班员可以在车站 TDCS 终端上输入车站运用车（站存车、现在车）信息，这些信息包括存车股道、车辆的类别和辆数、车辆的去向和说明，车站运用车信息的上报有利于调度员掌握车站的站存车和现在车的情况，更好地组织货运。

11. 甩挂车作业和列车速报表

车站值班员可接收调度员下发的列车甩挂车信息，并可进行存储和查询。这些信息的获得,有利于调度员和车站值班员对车站甩挂车作业的指挥。

车站值班员可输入列车速报表(列车简单编组),用于调度员的行车指挥以及运行图和统计报表的绘制和打印。

12. 用户管理和辅助功能

车站值班员的用户管理要求车站值班员在启用车站 TDCS 终端前必须输入密码进行用户登录,这保证了车站调度工作的严肃性,避免了误操作和其他人员的非法使用。

车站 TDCS 终端还提供了常用词汇输入和声音提示等辅助功能。

第二节　列车调度集中系统(CTC)

一、CTC 结构

CTC 采用分散自律控制模式,其系统结构分为车站子系统、调度中心子系统、网络子系统三大部分,总体构成如图 18-2 所示。

(一)车站子系统

为了加强车站设备的可靠性,车站子系统设备,包括信息采样输出控制接口、车站自律机、数据传输网络和操作终端,各部分均采用冗余设计。

车站子系统设备包括信号机械室设备和车站运转室设备。信号机械室设备包括自律机、6502 联锁驱动装置、信息采集装置、网络接口设备、电源/防雷设备、电务维护终端和综合维修终端等;车站运转室设备由车务终端、转换装置组成。

(二)调度中心子系统

调度中心子系统是列车调度集中系统(CTC)中完成行车指挥功能的核心,同时也提供了在非常情况下的人工控制功能及调车作业的计划编制、进路控制功能。主要有系统服务器(包括数据库服务器、应用服务器、通信服务器)、大屏幕背投显示墙、调度员工作站、助理调度员工作站、控制工作站、值班主任工作站、综合维修工作站、培训工作站和系统维护工作站等。在中心局域网上,配置网络打印机和绘图仪,作为各种电子记录、统计报表和运行图的输出设备。

调度中心子系统设备主要由中心机房设备和调度中心其他设备组成。中心机房设备主要包括数据库服务器、应用服务器、通信前置服务器、时钟服务器、电务维护工作站、D/T 数据交换服务器、网管工作站、网络接口与交换设备、网络安全系统、防雷设备、电源室设备等;调度中心其他设备包括调度员工作站、助理调度员工作站、控制工作站、值班主任工作站、综合维修工作站、培训台工作站、表示墙系统等。

(三)网络子系统

网络子系统采用通用的网络和接入设备按 IP 网的方式组成,由调度中心局域网、车站局域网、站间广域网组成。

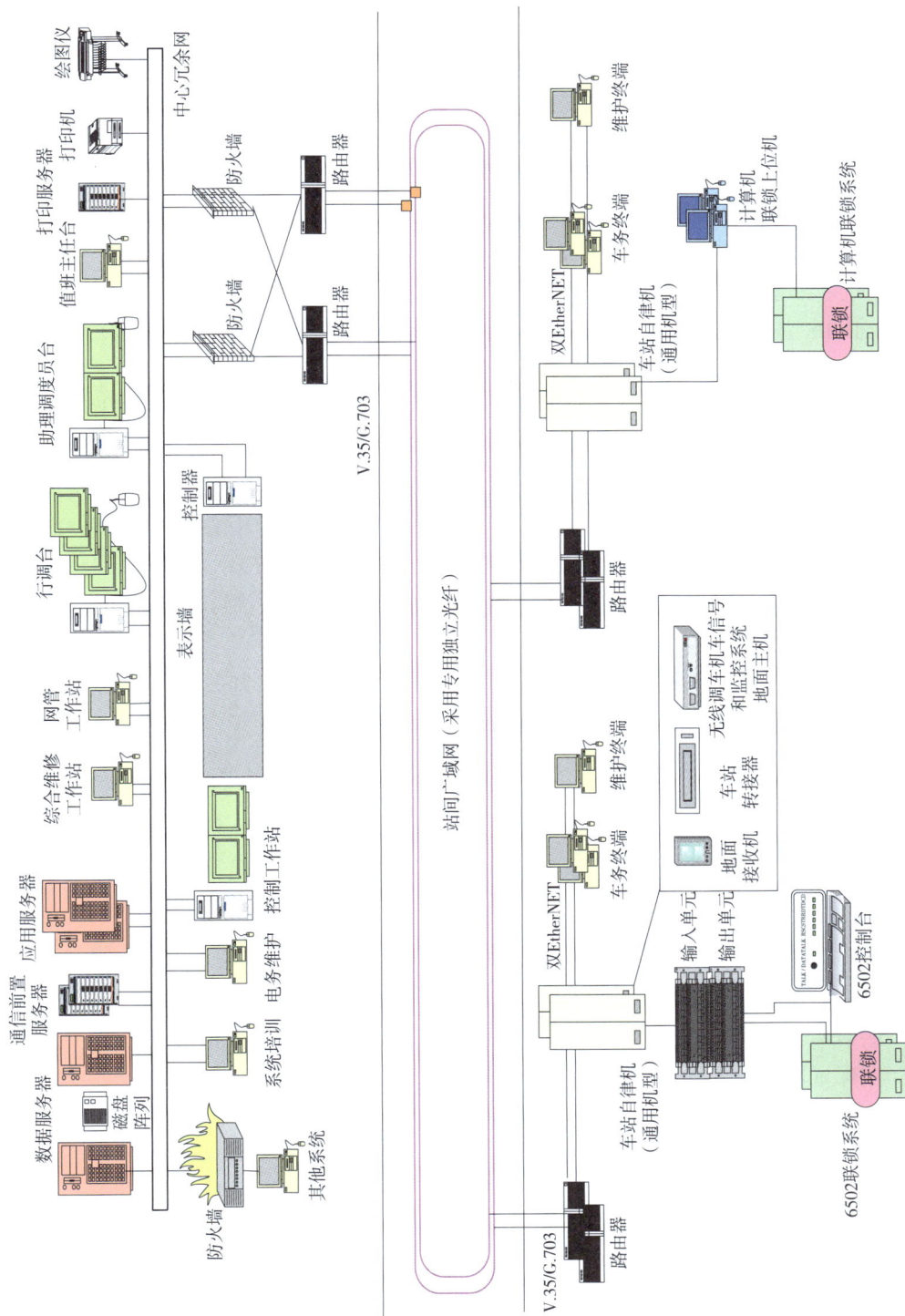

图18-2　CTC总体构成

二、CTC 功能

CTC 除了完成 TDCS 的全部功能外,还可以完成管内车站信号设备的操控功能,也就是说原来车站值班员要动手的工作也可以由 CTC 来完成,分为集中控制和非常站控两种模式。

分散自律控制的基本模式是用列车运行调整计划自动控制列车运行进路,同时在分散自律条件下调度中心具备人工办理列车、调车进路,车站具备人工办理调车进路的功能;非常站控模式是指当调度几种设备故障、发生危及行车安全的情况或设备天窗维修,施工需要时,脱离系统控制转为车站传统人工控制的模式。

CTC 的主要功能如下:

1. 在 DMIS 基础上,调度集中应具备列车运行计划人工、自动调整、实际运行图自动描绘,行车日志自动生成、储存、打印,调度命令传送,车次号校核等功能。

2. 在 DMIS 基础上,调度中心具备向车站、机务段调度、乘务室等部门发布调度命令以及经调度命令无线传送系统向司机下达调度命令(含许可证、调车作业通知单等)的功能。

3. 系统依据列车运行调整计划,铁路技术管理规程等规定,以及相关联锁技术条件对列车、调车作业进行分散自律安全控制(含分散自律控制模式下的中心操作、车站人工直接操作)。对违反分散自律安全条件的人工操作,系统应能进行安全提示。

4. 系统对于影响正常运用的故障,如信号故障关闭(或灭灯及灯丝断丝)时应具有报警、提示、记录等功能。

5. 与调度命令无线传送系统配合具有接车进路信息自动预告功能。

6. 进行调车作业时不需要控制权转换。

7. 不影响既有的平面调车区集中联锁功能。

8. 具有部分非正常条件下接发列车功能以及降级处理措施。

9. 具有本站及相邻各两个车站的列车运行调整计划显示功能。

10. 具有本站及相邻各两个车站的站间透明功能。

11. 具有人工办理排进路功能,为进路指令的执行做好准备。

12. 具有自我诊断、运行日志保存、查询和打印等功能,并逐步实现系统维护智能化。

13. 对所有的人工操作具有完整的记录、查询、回放和打印功能。

14. 实时监控电源状态,停电时应自动保存列车、调车作业等重要信息。

15. 在保证网络安全的条件下可与其他相关系统联网,实现数据资源共享。

三、分散自律控制模式与非常站控模式的转换

控制模式的转换由车站值班员(或应急值班员)在车站进行控制操作。系统对控制模式转换操作应有明确记录。

非常站控按钮(或开关)采用带计数器的非自复式铅封按钮或开关。正常状态为分散自律控制模式,破封按下(或转换)为非常站控模式。

系统在模式转换时不应影响已办理的列车进路和调车进路并防止形成预排进路。

分散自律控制模式转向非常站控模式不检查任何条件,但应向调度员进行提示报警。

非常站控模式转回分散自律控制模式系统应检查以下条件:

1. 分散自律系统设备正常;

2. 非常站控模式下没有正在执行的按钮操作。

在上述条件满足时,系统应给出"允许转回分散自律控制模式"的表示,方允许转回分散自律控制模式,否则操作无效。

调度集中的控制模式状态应有明确的表示。在非常站控按钮(或开关)处以及车务终端上应设置状态表示灯,红灯:非常站控制模式;绿灯:分散自律控制模式;黄灯:允许转回分散自律控制模式。

第三节 普速铁路运输组织模式与特点

铁路运输组织包括旅客运输组织、货物运输组织、铁路行车组织和铁路运输安全管理,本节重点讲述旅客运输组织。

旅客运输的基本任务是最大限度地满足广大旅客在旅行上的需要,安全、迅速、准确、便利地运送旅客、行李、包裹和邮件。

一、旅客运输计划

运输计划主要是为了合理确定旅客列车对数、运行区段和列车编组,充分发挥客运设备的使用效能。

旅客运输计划一般指年度计划,根据执行期间的不同,可分为长远计划、年度计划和日常计划,主要内容包括旅客发送量、旅客运输量、旅客周转量、旅客平均运程。

长远运输计划一般为 5 年、10 年或更长时期内的规划;年度运输计划依据长远计划,结合年度具体情况编制,是旅客运输的任务计划;日常工作计划是根据年度计划并考虑假期、季节及日常客流变化情况编制的。

二、客流分类及旅客列车种类

(一) 客流分类

客流按旅行距离可分为长途、中途和短途客流,我国采用的是按旅行距离结合铁路局集团公司管辖范围的分类方法,分为直通和管内两种客流。

直通客流指旅行距离跨及两个及以上铁路局集团公司的客流,管内客流指旅行距离在一个铁路局集团公司范围内的客流。

(二) 旅客列车种类

旅客列车车次的编排,全路向北京方向、支线向干线方向或指定方向为上行,编为双数车次;反之为下行,编为单数车次,车次种类及编号范围见表 18-1。

表 18-1　旅客列车车次种类及编号范围

列车种类	车次范围	列车种类	车次范围
1. 高速动车组旅客列车	G1～G9998	（1）普通旅客列车	1001～5998
跨局	G1～G5998	跨三局及其以上	1001～1998
管内	G6001～G9998	跨两局	2001～3998
2. 城际动车组旅客列车	C1～C9998	管内	4001～5998
跨局	C1～C1998	（2）普通旅客慢车	6001～7598
管内	C2001～C9998	跨局	6001～6198
3. 动车组旅客列车	D1～D9998	管内	6001～7598
跨局	D1～D3998	8. 通勤列车	7601～8998
管内	D4001～D9998	9. 临时旅客列车	L1～L9998
4. 直达特快旅客列车	Z1～Z9998	跨局	L1～L6998
5. 特快旅客列车	T1～T9998	管内	L7001～L9998
跨局	T1～T4998	10. 旅游列车	Y1～Y998
管内	T5001～T9998	跨局	Y1～Y498
6. 快速旅客列车	K1～K9998	管内	Y501～Y998
跨局	K1～K6998	11. 回送出入厂客车底列车	001～00298
管内	K7001～K9998	12. 回送图定客车底列车	车次前面+0
7. 普通旅客列车	1001～7598	13. 因故折返旅客列车	原车次前面+F

（三）旅客列车编组

旅客列车编组是固定的，一般不变动，每对列车的编组辆数、编组结构及车辆编挂次序固定（固定车底），根据客流密度、列车种类、机车功率大小、线路情况、站线和站台长度等因素加以确定，每一对列车都不尽相同。

三、旅客运输组织

旅客运输组织主要包括列车重量和速度的选择、制定开行方案、编制列车运行图、确定车底需要组数及客车周转图。

（一）列车重量和速度的选择

列车的重量和速度决定旅客列车编挂客车数的多少和旅客在途时间的长短，直接影响客运能力、服务质量和客运设备使用效率，重量标准和编组辆数确定后，拟定开行方案。

（二）开行方案的确定

开行方案指确定旅客列车运行区段、列车种类和开行对数的计划。直通开行方案由国铁集团确定，管内开行方案由各铁路局集团公司确定。

开行方案包括由始发站、终到站、经由线路组成的运行区段；列车不同的等级或性质；开行对数的多少。

(三) 运行方案图

制定开行方案后,进行排点铺图。铺画运行图时,首先编制运行方案图,解决全面布局问题;然后以运行方案为基础,铺画列车运行图,固定各次旅客列车占用区间的顺序,列车在每个车站的到达、出发、通过时刻及在站停留时间、列车在各区间的运行速度及运行时分、机车交路等。

(四) 确定车底组数

固定连挂在一起的旅客列车车列叫客车固定车底,一般在配属所在站和折返段所在站之间往返一次所经过的全部时间叫车底周转时间。周转时间的长短决定某一对旅客列车所需车底数目。

(五) 客车车底周转图

在编制运行方案图的同时绘制客车车底周转图,确定各次列车车底的需要数。

第四节 高速铁路的运输组织模式与特点

高速铁路运输组织通过运输计划进行安排,一般可将列车运行图、动车组运用计划、乘务员运用计划称为综合运输计划。运行图详细规定了各次列车的始发、途中及终到各站的到达、出发时刻;动车组运用计划规定了动车组交路;乘务员运用几乎按规定司机值乘安排。

一、高速铁路客流分类及高速列车种类

高速铁路客流分类有很多种方式,包括按客流组成分类、按空间范围分类、按跨线客流输送方式分类等。

(一) 客流分类

1. 按客流组成,可分为基本客流、诱发客流和转移客流。
2. 按空间范围,可分为本线客流和跨线客流。
3. 按跨线客流输送方式,可分为直达客流和换乘客流。
4. 按客流流动时间,可分为高峰客流、平峰客流和低峰客流。

(二) 高速列车种类

结合我国路网条件及铁路技术装备现状,从运营速度和运行距离角度,我国高速列车有如下种类:

1. 从运营速度上分,可分为高等级高速列车和低等级高速列车。
2. 从运行距离上分,可分为长途列车、中途列车及短途列车。
3. 从运行范围上分,可分为跨线高速列车和本线高速列车。跨线高速列车是指部分在本线运行、部分在现有线或其他客运专线运行的列车。跨线列车分上线和下线两种,上线指低等级高速列车上高等级线路运行的列车;下线指高等级高速列车下低等级线路运行的列

车。本线高速列车指全部在本线上运行的列车。

4. 按编组内容分,可分为高速座席列车、高速卧铺列车和高速混编列车。

(三)高速列车编组

高速列车编组具有以下特点:

1. 单列和重联两种编组形式;

2. 合并和分解运行。

二、高速铁路运输计划

(一)开行方案

开行方案包括列车运行区段、列车种类及开行对数三方面内容。运行区段由列车始发站、终到站以及经由线路组成,列车种类体现了列车不同的等级或性质,开行对数是指线路上行车量的大小。

(二)列车运行图

高速铁路列车运行图需满足列车开行方案确定的列车种类、数量、始发终到、途中停站及停站时分的要求,紧密结合客流和设备变化,采用计算机编制列车运行图,及时调整运行方案,以缩短编制时间,提高编制质量。

(三)动车组运用计划

根据高速铁路动车组运用于整备、维修一体化的思想,高速动车组的运用方案主要有以下三种:

1. 固定运行区段的使用方案

固定方案有利于动车组管理,可根据客流变化采用不同车辆的编组方案,运用组织比较简单,但全线总备用车组数量较大且利用率不高,动车组维修设备只能集中配置且在维修中心集中进行。

2. 不固定运行区段的使用方案

不固定方案可提高动车组使用效率,减少动车组使用数量,在高速铁路运营初期,动车组数量不足情况下,使用不固定方案比较合理,但该方案动车组接续安排比较周密,出现较大干扰时所受的影响也较大,动车组的编成不能根据不同地段客流特点加以改变,可能造成输送能力的萎靡和浪费。

3. 半固定运行区段的使用方案

半固定方案时一些动车组采用固定使用方案,其余动车组采用不固定使用方案,介于固定方案和不固定方案之间。

(四)乘务计划

以动车组方式运行的高速列车通常采用轮乘制。轮乘制可以提高动车组使用效率,提高乘务人员劳动生产率,有利于乘务计划的合理安排和乘务人员的工作休息。

第十九章　铁路防灾系统

根据铁路沿线的风速、降雨量、降雪量、地震动峰值加速度、地质条件以及线路环境、设计速度等情况，铁路建立相应的自然灾害及异物侵限监测系统，对风雨雪、地震灾害和异物侵限等实时监测报警或预警，防灾系统结构如图 19-1 所示。

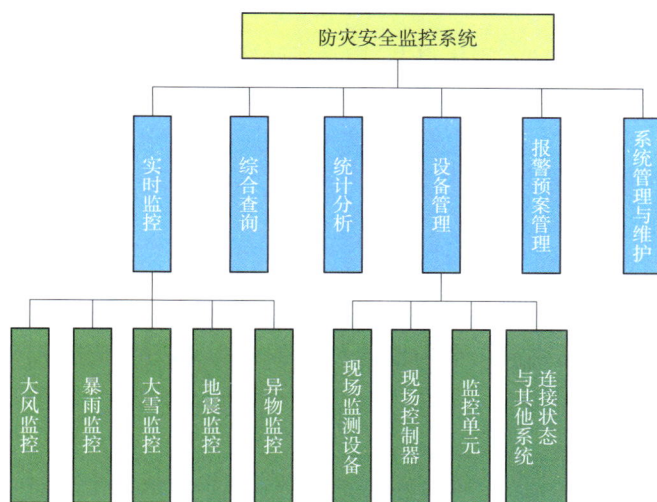

图 19-1　防灾系统结构

自然灾害及异物侵限监测系统现场监测设备、基站、区间中继站、无人值守变配电所和紧急疏散通道按规定设置防护设施。

防灾系统是保证高速铁路列车运行安全的重要基础装备之一，属重要的行车设备，是风监测子系统、雨量监测子系统、异物侵限监控子系统以及地震监测子系统的集成系统。防灾系统对危及高速铁路列车运行安全的风、雨、地震自然灾害和异物侵限进行实时监测报警、预警，控制列车限速或停车。

铁路行车安全监测设备是保障铁路运输安全的重要技术设备，应具备监测、记录、报警、存取功能，保持其作用良好、准确可靠，并定期进行计量校准。

铁路行车安全监测设备主要包括：机车车辆的车载监测设备；机车车辆的地面监测设备；轨道、通信、信号、牵引供电、电力等固定设备的移动检测设备；线路、桥梁、隧道、通信、信号、牵引供电、电力等固定设备的在线自动监测设备；自然灾害及异物侵限监测系统；列车安全防护预警系统及施工防护设备。行车安全监测设备如图 19-2 所示。

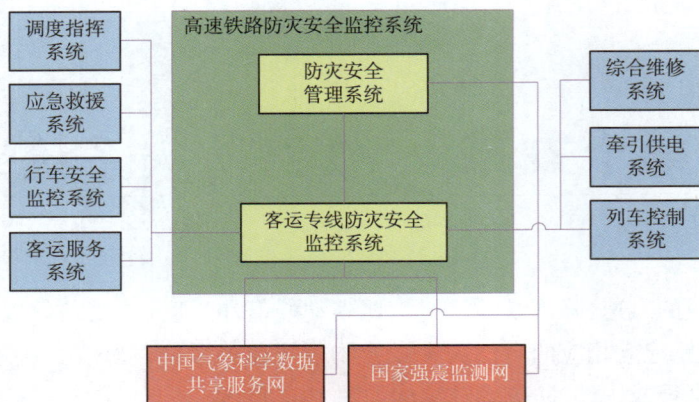

图 19-2　行车安全监测设备

铁路行车安全监测设备应实现信息共享,为运输组织、行车指挥、设备检修、救援及事故分析等提供信息。

第一节　异物侵限监视系统报警后的处置办法

一、异物侵限监视系统组成

异物侵限现场监测设备由异物侵限监测传感器和轨旁控制箱组成,地震监测设备由加速度传感器和强震动记录器组成,监测信息通过电缆传送至离监测点最近的监控单元内。

二、异物侵限报警应急处置

1. 当异物侵限导致双电网断线时,防灾监控终端发出灾害报警信息,防灾安全监控系统同时向列控系统发送异物侵限报警信息,使进入报警点闭塞分区内的列车自动停车。当双电网的一路电网断线时,防灾监控终端发出异物侵限传感器故障报警信息,防灾安全监控系统不向列控系统发送灾害报警信息。

2. 工务段调度接到监控终端异物侵限故障报警信息后(监控终端界面异物侵限电网由绿变黄色),应立即书面通知电务、通信、供电等有关的设备管理单位,按设备分界组织技术人员赶赴现场检查确认各自设备运用状态,工务段负责牵头组织相关设备管理单位及设备厂商技术人员,尽快查找故障原因、修复故障。

接到监控终端异物侵限故障报警信息后,列车调度、工务调度应督促工务、电务、通信等相关设备管理单位及时进行现场检查、尽快恢复故障。

3. 当列车调度员接到防灾监控终端异物侵限灾害报警信息后,报警点为公跨铁立交桥且设有视频监控时,列车调度员应立即通过视频监控系统进行查看确认。

(1)当列车调度员确认线路上有异物时,应立即通知已进入区间的列车禁止通过异物侵限报警点线路,并不再向区间放行列车,同时向值班主任汇报。值班主任应立即通知工务、电务、通信、供电等相关设备管理单位组织人员赶赴现场检查处理。

经现场检修人确认线路具备开通条件后,工务、电务、通信、供电等相关设备管理单位人员应及时到调度所登记,列车调度员按登记要求办理,同时将防灾系统中"上下行临时行车"按钮解锁,并通知进入区间的列车恢复正常行车。

列车如在区间报警点闭塞分区前停车,未得到列车调度员可以继续运行的通知前,禁止动车。

(2)当列车调度员不能通过视频确认线路上是否有异物时,应立即向开往异物侵限报警地段的第一趟列车发布以目视行车速度接近报警点的调度命令,必要时可停车查看,查清线路情况和公跨铁立交桥状况(随车机械师在列尾观察公跨铁立交桥和线路状况,随时与列车司机沟通),并向列车调度员汇报。

列车调度员接到持限速调度命令的列车司机通过线路无异常的报告后,应将防灾系统中"上下行临时行车"按钮解锁,恢复正常行车。列车调度员接到持限速调度命令的列车司机报告线路上确有异物时,应立即通知已进入区间的列车禁止通过异物侵限报警点线路,并不要再向区间放行列车,同时向值班主任汇报。值班主任应立即通知工务、电务、通信、供电等相关设备管理单位组织人员赶赴现场检查处理。

经现场检修人确认线路具备开通条件后,工务、电务、通信、供电等相关设备管理单位人员应及时到调度所登记,列车调度员按登记要求办理,同时将防灾系统中"上下行临时行车"按钮解锁,并通知进入区间的列车恢复正常行车。

(3)当列车调度员通过视频确认线路及公跨铁立交桥无异物坠落时,应将防灾系统中"上下行临时行车"按钮解锁,恢复正常行车,同时通知工务、电务、通信、供电等相关设备管理单位赶赴现场检查处理。

(4)当列车调度员发现防灾监控终端上的"上下行临时行车"按钮失效时,值班主任应立即通知设备管理单位济南通信段赶赴相应的监控单元机房,进行应急处置隔离防灾系统。

4. 发生异物侵限灾害,需要上线修复异物侵限传感器及轨旁控制箱时,由工务段负责提报临时要点计划,组织相关设备管理单位及维修维修人员利用天窗点,尽快修复异物侵限传感器,并通过工务段调度终端试验按钮,确认系统功能恢复正常,同时通知列车调度员操作恢复按钮,使系统恢复到正常状态。

第二节　降雨量报警系统预报警后的处置办法

一、降雨量报警系统组成

雨量及洪水监测系统由数据采集设备、监测终端设备以及监测主机设备构成。数据采集设备主要包括雨量计、水位仪、防撞监视仪、冲刷测量仪、洪水测量仪等。

雨量计应设置在沿线五年一遇日最大降水量大于 100 mm 的区间;位于山坡山脚地带的填土路基,有可能发生滑坡、泥石流或路基下沉的路堑、路堤、隧道入口等处;综合维修基地

（工务段）或车站所在地附近。雨量计应每间隔约 25 km 设置一个,安装高度应在 1~4 m。

当雨量、洪水监测信息超过规定限制时,系统及时报警,调度所、沿线车站产生声、光报警信号,并通过运营指挥调度所对列车运行进行管制,如图 19-3 所示。

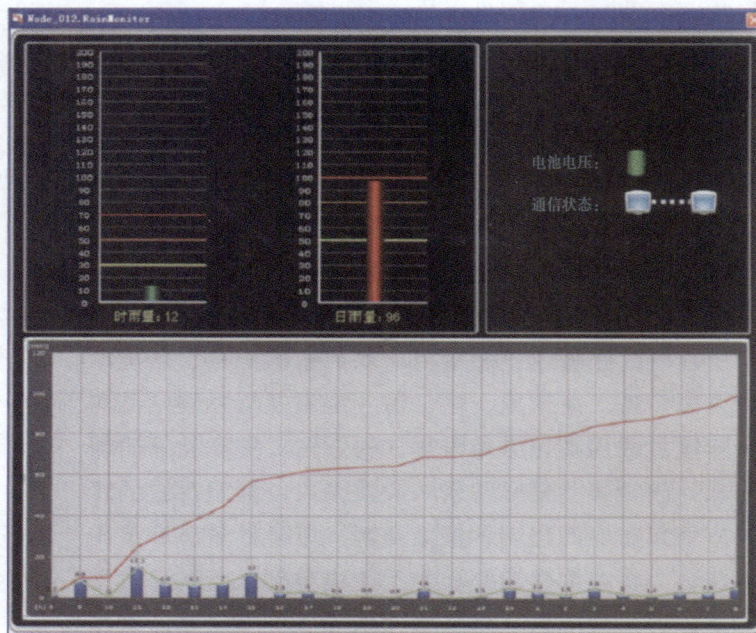

图 19-3　雨量报警信息

二、雨量报警时处置办法

1. 当降雨量达到警戒值时,防灾系统自动报警,列车调度员应根据报警信息立即向动车组列车发布限速调度命令(限速地段监控终端自动显示,限速里程为已确定的长大路堑及隧道口地段),对来不及发布调度命令的列车,应立即通知动车组司机限速运行,动车组司机应按相应的限速要求运行。

2. 工务段根据降雨量报警信息,严格执行警戒雨量设防制度,组织人员分段包保网外巡查,降雨期间加密添乘动车组,特别要加强对重点区段设备的检查和临时看守。需开行轨道车检查时,工务段应提出申请,经调度所值班主任批准后,由列车调度员及时发布调度命令安排轨道车开行。

3. 限速解除:

(1)铁路客运专线 1 h 降雨 20 mm 以下且持续 30 min,同时经现场工务人员确认线路设备安全后,现场工务巡查人员立即向工务段调度汇报,工务段调度填写"暴雨天气取消列车或提高临时限速申请书"盖章后传真至列车调度、工务调度,并通过电话确认。

(2)路局工务调度接到工务段"暴雨天气取消列车或提高临时限速申请书"后,及时通过工务调度监控终端设置取消,设置取消后及时通知列车调度。

（3）列车调度员接到工务段调度取消限速的申请、并确认监控终端报警设置取消后,应及时向动车组列车发布取消临时限速运行的调度命令。

4. 当防灾系统雨监测子系统故障尚未解除前,如遇暴风雨等不良天气时,列车司机可视瞭望情况和风雨大小,依照相关规定,采取降速、停车措施,确保行车安全,并及时向列车调度员汇报。

第三节 强风天气预警系统报警后的处置办法

一、强风天气预警系统组成

风速监测设备由风速计和现场控制箱组成,监测信息通过电缆传送至离监测点最近的监控单元内,记录显示装置设置在调度中心,如图 19-4 所示。

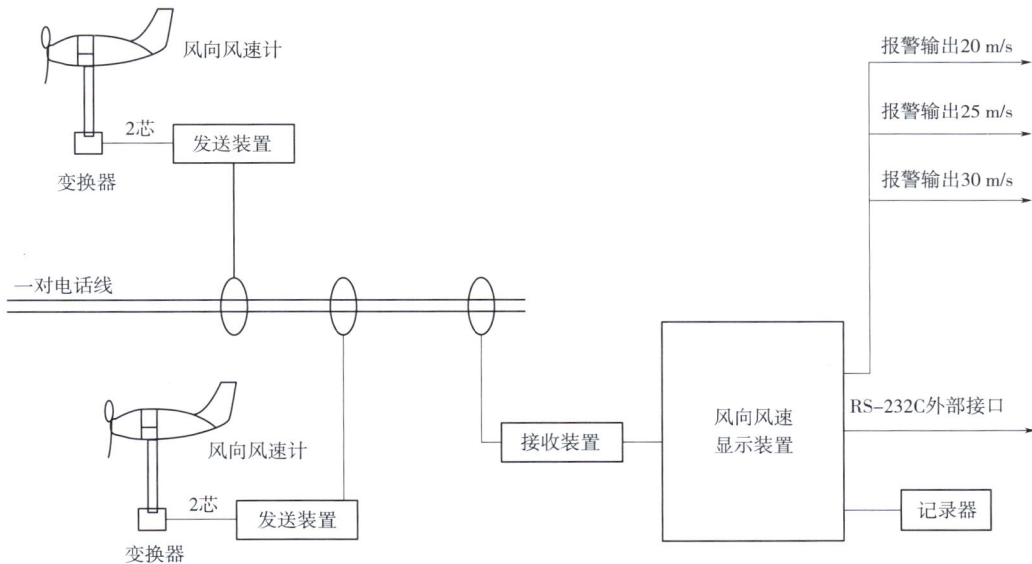

图 19-4 强风天气预警系统组成

二、强风天气报警时处置办法

1. 当风速达到警戒值时,系统及时报警,调度所和沿线车站产生声、光报警信号。报警标准根据线路各段条件、列车抗风性能、周围环境等因素综合确定,并为调度所对列车运行管制提供参考。

列车调度员实时监控防灾系统的监控终端,当防灾系统发出风速报警信息(自动生成限速里程,下同)后,列车调度员应根据报警信息立即向动车组列车发布限速调度命令(限速里程为报警监测点的相邻两端监测点之间的区段,如终端监测点报警,限速里程则为相邻端监测点至终端监测点前移 10 km 的区段)。对来不及发布调度命令的动车组列车,应立即通知动车组司机限速运行,动车组司机应按相应的限速要求运行。当防灾系统发出禁止运行报警信息时,列车调度员应立即通知报警区段内或接近报警区段的动车组停车。动车组司机接到通知后,应立即采取停车措施。

2. 遇大风天气,列车调度员按风速监测子系统报警提示发布限速调度命令,遇风速不稳或同一地段多处风速报警时,列车调度员可合并设置,按最低限速值发布限速调度命令。

风速监测子系统限速报警解除后,列车调度员应及时取消前发限速调度命令,恢复正常行车。

3. 风监测子系统故障时,防灾监控终端自动报警,工务段调度应立即报告列车调度、工务调度员及驻所联络员,驻所联络员立即在"行车设备检查登记簿"内登记。同时,工务段应立即书面通知相关设备管理单位,并组织相关设备管理单位及设备厂商技术人员赶赴现场进行修复。经检查确认,如需上线整修或整修影响行车时,由工务段负责办理临时要点或纳入天窗计划。

(1)当风监测系统故障尚未解除前,如遇天气预报7级及以上大风天气时,列车调度员按照天气预报的最大风级向相关列车发布调度命令。相关限速规定如下:

7级限速300 km/h;8~9级限速200 km/h;10级限速120 km/h;11级及以上禁止列车进入风区。风监测子系统故障解除后,恢复风监测子系统运行。

(2)动车组列车遇大风行车限速的规定如下:

①在环境风速不大于15 m/s时,可以正常速度运行;环境风速不大于20 m/s时,运行速度不大于300 km/h;环境风速不大于25 m/s时,运行速度不大于200 km/h;环境风速不大于30 m/s时,运行速度不大于120 km/h;环境风速大于30 m/s时,严禁动车组列车进入风区。

②在线路中心线距站台边缘为1 750 mm的正线、到发线办理动车组列车通过时,在环境风速不大于15 m/s情况下,速度不得超过80 km/h;当环境风速超过15 m/s时,动车组运行速度不得超过45 km/h,并注意运行。

(3)风级风速换算见表19-1。

表19-1   风级风速换算

风级	风速(m/s)	风级	风速(m/s)	风级	风速(m/s)
0	不足0.3	6	10.8~13.8	12	32.7~36.9
1	0.3~1.5	7	13.9~17.1	13	37.0~41.4
2	1.6~3.3	8	17.2~20.7	14	41.5~46.1
3	3.4~5.4	9	20.8~24.4	15	46.2~50.9
4	5.5~7.9	10	24.5~28.4	16	51.0~56.0
5	8.0~10.7	11	28.5~32.6	17	56.1~61.2

4. 遇大风天气,当列车司机发现晃车时,应果断采取减速或停车措施,并及时报告列车调度员,同时报告晃车时的列车运行速度和里程。如系统无报警信息时,列车调度员指示本列继续运行,立即采取拦停或指示后续列车限速通过晃车地段。

第四节　雪灾报警系统预报警后的处置办法

一、遇冰雪天气时的处置

1. 自然灾害及异物侵限监测系统雪深监测子系统报警雪深值达到警戒值时,列车调度员应根据报警信息和限速提示及时向相关列车发布限速运行的调度命令。对来不及发布调度命令的列车,应立即通知司机限速运行。

未安装雪深监测子系统的区段或雪深监测子系统故障时,工务、电务部门根据降雪情况和需要,在调度所"行车设备检查登记簿"内登记限速申请,并可根据积雪量变化情况,提出提速或进一步限速的申请,列车调度员要及时发布调度命令。

2. 安装动车组运行故障动态图像检测系统(以下简称 TEDS)的区段,TEDS 监控中心要加强对动车组转向架结冰、积雪等情况的监测分析,发现动车组转向架结冰需限速运行时,应立即将车次及限速要求等按规定报告动车调度员。动车调度员通知列车调度员进行处置。

列车运行过程中,随车机械师发现动车组车底异响、动车组被击打等异常情况需要列车限速时,应立即通知司机限速。司机根据随车机械师的限速要求运行,并向列车调度员报告被击打地点里程,列车调度员不再发布限速调度命令。列车调度员通知动车调度员,提示后续首列列车司机、随车机械师在该被击打地点注意列车运行状态;动车调度员应立即通知前方 TEDS 监测点进行重点监测。列车通过该被击打地点后,司机、随车机械师应及时上报有关运行情况。

3. 降雪时,应根据线路积雪情况及时启用道岔融雪装置。降雪达到中雪及以上,车站道岔转动困难时,为减少道岔扳动,车站可采取固定接发车进路的方式办理接发列车作业,上下行各固定一条接发车进路。始发、终到列车较多的车站执行有困难时,可选择交叉干扰少、道岔位置改变少的几条线路相对固定办理接发车作业。较大客运站尽量停靠便于上水、吸污的线路。

4. 需人工上道除雪时,上、下道应执行登记签认制度。列车调度员应根据相关单位的申请,停止本线接发列车及调车作业,邻线列车限速 160 km/h 及以下。

5. 道床积雪、接触网结冰受电弓取流不畅时,司机应先采取减速措施,并及时向列车调度员汇报,列车调度员通知有关专业调度,专业调度及时通知有关设备管理单位,设备管理单位及时查明情况,按规定提出限速申请,列车调度员及时发布限速调度命令。

6. 供电部门应掌握接触网导线结冰情况,需要列车限速时,应立即登记"行车设备检查登记簿",向列车调度员提出限速申请。需要接触网除冰时,供电部门提出除冰申请,列车调度员应及时安排接触网除冰车辆上线运行。

遇接触网导线覆冰时,可取消天窗停电作业,并在天窗时间内开行动车组、单机,进行热滑融冰。

7. 随车机械师在始发、折返站发现动车组转向架结冰、受电弓无法升起、动车组被击打等异常情况需要处理时,应及时通知司机,由司机报告列车调度员,列车调度员通知动车调度员,动车调度员根据随车机械师反映情况和车辆运用情况提出更换车底或限速申请,并组织入库动车组除雪融冰。

8. 降雪结束后,提出限速的设备管理单位应做好对有关行车条件的检查确认,及时恢复常速运行。在具备提速条件或限速情况消除时,应向列车调度员提出申请,列车调度员及时发布相关调度命令。雪后恢复常速运行的具体程序和办法由铁路局集团公司规定。

9. 列车调度员发现雪深监测子系统故障时,应立即通知设备管理单位,并在"行车设备检查登记簿"内登记;设备管理单位发现雪深监测子系统故障时,应立即报告列车调度员,并在调度所"行车设备检查登记簿"内登记。

二、冰雪天气限速要求

1. 当运行区段降中雪或积雪覆盖轨枕板或道砟面时,无砟轨道区段限速 250 km/h 及以下,有砟轨道区段限速 200 km/h 及以下;当运行区段降大雪、暴雪时,无砟轨道区段限速 200 km/h 及以下,有砟轨道区段限速 160 km/h 及以下。中雪、大雪、暴雪的界定,以气象部门公布或观测为准。

当无砟轨道区段轨枕板积雪厚度 100 mm 以上时,限速 200 km/h 及以下;有砟轨道区段道砟面积雪厚度 50 mm 以上时,限速 160 km/h 及以下。

2. 接触网导线结冰受电弓取流不畅时,限速 160 km/h 及以下。

3. 动车组转向架结冰需要列车限速时,无砟轨道区段限速 250 km/h 及以下,有砟轨道区段限速 200 km/h 及以下。

第二十章　动车组驾驶员心理素质提升

第一节　高速运行环境下动车组驾驶员生理心理特征及影响因素

一、驾驶员安全心理知识

行车安全与驾驶员的心理活动有着密切的联系,驾驶员的心理因素是行车安全的决定性因素,驾驶员在驾驶动车组时,只有保持良好的心理特征品质,才能保证行车安全。

驾驶员的气质与行车安全的关系见表 20-1。

表 20-1　驾驶员气质与行车安全关系

气质类型	驾驶时积极的一面	驾驶时消极的一面
多血质	动作迅速敏捷,胆大心细,机动灵活,对线路条件适应快,应变能力强	注意力转移,感情易变化,耐久力差
胆汁质	精力旺盛,不易疲劳,反应迅速敏捷	争强好胜,情绪急躁,有超速隐患
黏液质	小心谨慎,遵章守纪,不急不躁,自制力强	遇突发情况应变能力差,反应迟钝,固执呆板
抑郁质	观察细致,谨慎敏感,能遵章守纪	处理情况犹豫不决,行动慢,遇突发情况心慌无措

(1)驾驶员积极的心理活动能保障行车安全,消极的心理活动容易导致事故的发生。

(2)驾驶员因年龄、经验、技术水平的不同而存在较大的差异,驾驶员只有根据自己的个性差异,适时地把握自己,不断克服弱点,弥补不足,才能减少行为职务,最大可能地避免事故的发生。

(3)驾驶员在行车时要有效地控制自己的情绪,养成优良的性格是安全行车的重要条件。

(4)驾驶员应具有自觉性、果断性、坚持性、自制性等基本的意志品质和一定的注意转移、分配能力,始终保持良好的心态。

二、驾驶员生理状态与安全行车

(一)疲劳对驾驶员的影响

1. 驾驶疲劳的外表征兆

驾驶员长时间坐在固定的座位上,动作受到一定范围的限制,由于长时间精力高度集中和接受外界刺激信息,精神状态格外紧张,容易出现疲劳驾驶,见表 20-2。

表 20-2　疲劳程度及征兆

疲劳程度	征　兆
轻微疲劳	频繁瞌睡,眼皮沉重,操作设备不及时不准确
中度疲劳	眼睛疼,口干舌燥,全身发热,容易走神
重度疲劳	出现瞬间意识模糊,头不由自主地下垂,心跳加速,浑身发颤出冷汗

(二)形成驾驶疲劳的原因

驾驶疲劳的原因见表 20-3。

表 20-3　驾驶疲劳的原因

要　素	主要原因
睡眠质量	睡眠不足,睡眠效果不好
生活环境	家事多,精神负担重
车内环境	温度过高或过低,座椅不舒适,有其他干扰
车外环境	气候条件不良
运行条件	长时间、长距离行车
身体条件	体力、耐久力差,视力能力下降,患有某种慢性疾病等
驾驶经历	技术水平低,操作生疏,驾驶经验少,安全意识差

(三)驾驶疲劳对驾驶员的影响

驾驶员长时间驾驶、睡眠不足或有较大体力消耗时,容易导致驾驶疲劳以致行车中困倦盹睡、四肢无力,不能及时发现和准确处理突发情况。

当发生急性疲劳时,短暂休息可以恢复;发生慢性疲劳时,短暂休息不能消除,需较长时间休息;过度疲劳时,可能以某种急性病态表现出来。

(四)预防驾驶疲劳的措施

1. 发生疲劳的顺序

首先是眼睛,其次是颈部、肩部、腰部,尤其是眼睛和身体的疲劳比较突出。

2. 对疲劳采取的应对措施

（1）劳逸结合，科学行车

保证有足够的睡眠，每天睡眠时间 8 h。白天睡眠效果比夜间差，所以要适当增加白天睡眠时间。

（2）注意休息的方式和环境

停车时，驾驶员可在司机室内调整一下疲劳的部位，比如伸伸臂、踢踢腿、活动一下腰部等，均可以起到较好的缓解作用；司机室内的温度以个人感觉舒适为宜。

三、不良影响因素

（一）饮酒对驾驶员的影响

1. 酒精会影响中枢神经系统，导致感觉模糊、判断失误、反应不当。

2. 血液中酒精含量达到一定程度时，对信号、速度、距离、停车位置等的判断以及直觉能力下降，大脑反应开始迟钝，神志不清，眼花缭乱，精神疲乏，失去自控能力。

（二）疾病、药物对驾驶员的影响

1. 不正确的驾驶姿势，车辆的振动和噪声，使驾驶员身心负荷增大，甚至导致多种疾病，尤其是慢性疾病。比较常见的有高血压、胃病、腰肌疼、肌炎、神经根炎、下肢静脉曲张等，慢性疾病同样会增加事故发生的可能。

2. 服用对神经系统有影响的药物，如催眠药物、使人恶心的药物、止痛药、治疗癫痫或高血压的药物，都会使驾驶员反应迟钝，降低注意力。

常见药物功能与副作用见表 20-4。

表 20-4　药物与副作用

药　物	功　能	副　作　用
抗菌消炎药	抗感染	头晕、眼花、乏力、恶心
镇静药	安眠	瞌睡、疲乏、眩晕、说话含糊
抗过敏药	抗过敏	头晕、瞌睡
降压药	抗高血压	疲劳、嗜睡、头晕眼花
阿托品类	预防肠疾	视力模糊
降糖药	治疗糖尿病	疲劳，多功能失调、障碍
麻醉止痛药	止咳、止痛、镇静	嗜睡、成瘾

第二节　心理适应能力

心理适应主要指各种个性特征互相配合，适应周围环境的能力。一个人能否尽快地适应新环境，能否处理好复杂、重大或危急的特殊情况，与心理适应性高低有很直接的关系。

一、进行自我评价

自我评价是心理学中自我意识的一个方面,是指人对自身条件、素质、才能等各方面情况的一种判断。

正确地进行自我评价一般可以通过两种渠道:直接的自我评价和间接的自我评价。

(一)直接的自我评价

首先要认识到自己的自然条件,包括健康情况、心理状态、情感特点、兴趣倾向、知识水准、专业特长、智力情况、能力特点,还可以测定一下自己的生物节律周期、智商指数、气质类型、性格类型等作为参考。

其次是用自己在不同领域的实践中取得的不同结果相比较,以发现自己的长处,确定奋斗的目标。

(二)间接的自我评价

间接的自我评价法是指通过与他人行为的对照及情况的对比,发现自我认识的错位。

正确的自我评价是帮助我们作出正确奋斗方向的前提。在实践的鉴别中,在与他人的比较中,要使思维方法尽可能地全面些、辩证些、灵活些。

人的知识、才能通常是处于离散、朦胧状态的,需要人们不断地挖掘、发现和开发。从个人兴趣爱好、思维方式的特点、毅力的恒久性、已有的知识结构、献身精神与果敢魅力等多方面进行全面的考察和测试,有助于作出科学的自我评价。

二、增强自信心

1. 每天照三遍镜子

清晨出门之前,对着镜子修饰仪表,整理着装,务必使自己的外表处于最佳状态;午饭后,再照一遍镜子,修饰一下自己,保持整洁;晚上就寝前洗脸时再照照镜子。消除对自己的仪表的不必要的担心,更有利于你将注意力集中到工作、学习上。

2. 不要总想着自己的身体缺陷

每个人都有各自的身体缺陷,完美无缺的人是不存在的,对自身的缺陷不要念念不忘,其实,人们往往并没有那么在意你的缺陷,只要少想,自我感觉就会更好。

3. 你感觉明显的事情,其他人不一定注意

当你在众人面前讲话感到面红耳赤时,你的听众可能只是看到你两腮红润,令人愉快而已。事实上你的窘态并没有那么容易被其他人发现。

4. 不要过多地指责别人

如果你常在心理指责别人,这种毛病就可能成为习惯。应逐渐地克服这种缺点,总爱批评别人的人是缺乏自信的表现。

5. 多数人喜欢的是听众

因此,当别人讲话时,你不要急于用机智幽默的插话来博得别人对你的好感。你只要认

真地倾听别人的讲话,他们就一定会喜欢你。

6. 为人坦诚,不要不懂装懂

对不懂装懂的东西坦白地承认,这不仅不会损害你的形象,还会给人以诚实可信的感觉;对别人的魅力和取得的成就要认可,并致以钦佩和赞赏。

7. 交 朋 友

在自己的身边找一个患难相助、荣辱与共的朋友,这样在任何情况下你都不会感到孤独。

8. 不要试图用酒来壮胆提神

如果你害羞腼腆,那么就是喝干了酒瓶也无济于事。只要你潇洒大方,滴酒不沾也会受到大家的欢迎。

9. 拘谨可能使某些人对你充满敌意

如果某人不爱理你,则不要总觉得自己有错。对于有敌意的人,不讲话虽不是最好的方法,但却是唯一的方法。

10. 一定要避免使自己处于一种不利的环境中

当你处于这种不利情况时,虽然人们会对你表示同情,但他们同时也会感到比你地位优越而在心理上轻视你。

三、自我心理调适方法

有意识地掌握一些常用的自我心理调适方法,如自我暗示法等,对自我心理放松、消除心理压力是非常有帮助的。

自我暗示是靠思想、语词,对自己施加影响以达到心理卫生、心理预防和心理治疗目的的方法。通过自我暗示,可以调理自己的心境、感情、爱好、意志乃至工作能力,起到非常积极的作用。比如,面临紧张的考场,反复告诫自己"沉着、沉着";在荣誉面前,自敲警钟"谦虚、谦虚";在遭遇挫折时,安慰自己"要看到光明,要提高勇气"等。

学习自我暗示,需要坚强刚毅的意志,要对自我及自我暗示有坚定不移的信心,并在实践中进行锻炼,使自我暗示得到恰如其分的应用。下面介绍两种具体的自我暗示的方法:

(一) 冥想放松法

你可以用一件真实的物件,如某种球类、某种水果或者手头可以找到的小块物体,来发挥自我想象的能力,具体做法是:

1. 凝视手中的橘子(或其他物体),反复、仔细地观察它的形状、颜色、纹理脉络,然后用手触摸它的表面质地,看是光滑还是粗糙,再闻闻它有什么气味。

2. 闭上眼睛,回忆这个橘子都留给你哪些印象。

3. 放松肌肉,排除杂念,想象自己钻进了橘子里。那么,想象一下,里面是什么样子?你感觉到了什么?里面的颜色和外边的颜色一样吗?然后再假想你尝了这个橘子,记住它的滋味。

4. 想象自己走出了橘子的内部,恢复了原样,记住刚才在橘子里面所看到的、尝到的和感觉到的一切,然后做五遍深呼吸,慢慢数五下,睁开眼睛,你会感觉到头脑清爽,心情轻松。

(二) 自主训练法

自主训练法又叫适应训练法,其中较简单的一种方法如下:

1. 取坐姿,把背部轻轻靠在椅子上,头部挺直,稍稍前倾,两脚摆放与肩同宽,脚心贴地。

2. 两手平放在大腿上,闭目静静地深呼吸三次;排除杂念,把注意力引向两手和大腿的边缘部位,把意念排导在手心。

3. 不久,你会感到注意力最先指向的部位慢慢地产生温暖感,然后逐渐地扩散到手心全部。这时心里可以反复默念:"静下心来,静下心来",两手就会暖和起来。

4. 做五遍深呼吸,慢慢数五下,睁开眼睛,你会感觉到头脑清爽,心情轻松。

第三节　情绪复原力

一、不良情绪的发生

在发展越来越快的社会,压力变得越来越大,人产生不良情绪的机会就越多。不安是不良情绪中最常见的一种,其他的不良情绪,比如焦虑、烦躁等,其实大部分也与不安有关。为什么会产生不安? 总的来说,不安是对现状和未来产生了思考,从而产生了情绪。

假如你满足于现状,对未来没有太大的期望和要求,我相信处于这个阶段的你肯定会感到很幸福很满足,而不会因为更多地思考未来而产生不安的情绪。

不安的情绪有很多种,可以分为三大类:失败的不安、未知的不安、丧失的不安。

1. 失败的不安,源自于不会顺利,对未来否定的猜测。

2. 未知的不安,源自于未能预测的前景。

3. 丧失的不安,担心会失去自己重要的东西。

不安,一旦堆积,无法排解,产生过剩就容易引起很多问题。比如:在思考方面,视野变得狭窄;惯性思考,难以做出正确的判断;在行动方面缺少自信,工作效率降低,回避新的挑战,在健康方面疲劳容易堆积,产生睡眠障碍,一旦睡不好就容易导致身体变差变衰老。

不良的情绪在适当的时候也可以变成良好的动力。比如:不安能使我们察觉生活中因为忙碌而容易忽视的问题或者风险,让我们能够及早地发现问题,处理问题。这是不安发出的警报作用。不安也可以促进自己的行动,起到推进的作用,通过自己的思考做出改变。这样的想法不但不会影响自己,还会给自己压力去行动,去改变。

不安在一定程度上影响着我们的生活,不安并不完全是坏事,如何与之相处,如何加以活用,而关键在于复原力。

二、复原力的定义及把控不良情绪的方法

复原力指的是面对逆境、困难或沉重压力时,自我适应的精神力和心理过程。简单地说是指抗压能力、应变能力、目标达成力。

影响复原力最重要的一个因素是不良情绪。

修复情绪的三个步骤：

1. 做到察觉，直面并接纳"正念法"

正念指的是发觉或专注地意识到。三分钟正念法和身体扫描法是正念的有效方法。它们的做法类似于深呼吸一样，把所有的意识专注于呼吸，让呼吸把身体慢慢放松，情绪慢慢平静下来，最后把意识回归正题。

正念的主要目的是平复情绪，让意识专注于问题的本身，而不是问题产生的情绪。举个例子：比如，你因为要完成一个工作而着急，焦虑不安。而这个情绪已经严重地影响了你的正常工作进度。这个时候你必须修复自己的情绪才能有效完成任务。正念的做法，先是调整呼吸，让呼吸调整身体，身体放松让情绪平复下来，然后回到工作这个事的本身。

2. 驯服情绪的产生契机—"臆断"

臆断，心理上指的是歪曲的认知，对身边的事物作出了错误的理解，从而导致产生不良情绪。

驯服臆断的方法，问自己三个问题：我理解的内容全是真的吗？我理解的方式正确吗？别人对于这事有其他的看法吗？

3. 适当排解顽固的消极情绪

排解的方法有：

（1）从自身出发的方法：

运动：慢跑、打篮球、打羽毛球等；

音乐：听音乐、去唱歌；

呼吸：调整呼吸；

笔记：写日记。

（2）学习他人的排解方法

发现身边那些遇事能沉静的人，学习他们让自己冷静的方法和思考方式。

三、把不安变成动力，帮助自己的事业

1. 正确认识自己的心态，效用乐观主义和防御性悲观主义

在认知当中，大部分人都是把心态分为两类：乐观主义和悲观主义。乐观主义指的是对未来发展抱有积极期待的倾向，而悲观主义指的是预测未来不会顺利，往不好的方向想象。

在心态方面不仅有乐观主义和悲观主义，还有防御性悲观主义。防御性悲观主义，言行近于悲观主义的倾向，却能取得乐观主义者同等甚至更好的成绩。简单地说，言语、心态可以是悲观的，但行动是乐观的。

悲观主义常给人消极的、不健康的负面影响，这样很容易打击自己的自信。认识到防御性悲观主义的存在，就不会单纯地把自己当成悲观主义。乐观主义和防御性悲观主义，能够在心理上给自己一个安慰，指导自己去行动，不断地去改变，不断地去尝试。

2. 打开"心流"模式

心流是一种专注、忘我和喜悦的状态,通常在我们从事具有一定挑战性,但又不超出我们的能力范围的活动时出现,此时我们的行为变得似乎毫不费力,像是自动完成的,我们整个人完全沉浸在这件事情中,不担心失败和他人的评价,甚至淡忘了时间的流逝。

心流需要满足的条件:

(1)做好时间管理、目标管理;

(2)认清自己的能力水准,挑战自己;

(3)获得有效的反馈。

3. 把握自己的 S 形成长曲线

S 形成长曲线分为三个阶段:初期(创业)、成长期、成熟期

初期:即使我们努力工作,也无法立刻收获成果,因为我们尚未掌握必需的知识技术和经验等。

成长期:已经学完了工作的基本,掌握了所需的知识,技术和经验,可以独当一面。

成熟期:我们能取得超出期待的结果,自身具备的专业知识和技术会得到很高的评价。

把握 S 形曲线,是让我们在成熟期临近的时候,把握生涯的转机,把握自己成长的轨迹,在成熟期的时候能够快速转变轨道,确保自己能够持续的成长。持续成长需要不断积累小的成功体现、拥有有用且开放的心灵、找出工作的意义、尝试回报社会。

第四节　价值观及安全意识

一、安全意识是安全价值观的基础

有什么样的意识就会产生什么样的行为,行为是由意识来支配的。在安全管理上,安全意识是决定安全价值观的基础。树立正确的安全价值观,首先要有强烈的安全意识,这就要求首先要进行安全意识的教育。安全意识可以通过安全培训、事故案例分析、安全论坛、安全知识考试等方式进行。其中,事故案例分析是培育安全意识的有效途径,通过让发生事故的过来人讲讲事故的经过,可以起到很好的警示作用。一般来说,遭遇过事故或者受过事故伤害的人,他们的安全意识就会强一些,这是因为事故的经历已经在他们的心里深深扎根。让这些经历事故者"现身说法",让受伤害者把经历事故和受到伤害的真实感受向广大职工进行宣讲,会收到比较好的效果。再就是选用典型的事故案例,组织大型事故分析会,让参加者受到教育。不管采取何种教育方式,目的就是让广大职工增强安全意识,进而树立正确的安全价值观。

二、安全技能是安全价值观的体现

安全技能是一个人掌握安全技术的能力,实践证明,安全技能直接关系到作业者的安全状况,也从中体现出个人的安全价值观。这一点在特殊工种作业人员身上体现得格外突出,

因为特种作业人员从事的工种特殊,稍有不慎就会造成人身伤害事故。例如:电工作业人员,如果不了解或不知道电器基本常识、电器基本原理、电路敷设规则等,在作业时,极有可能造成事故的发生。其他工种也是一样,这就要求必须进行各工种安全技能的培训学习,使作业人员懂得怎样干安全,怎样干不安全,把学到的知识应用到实际工作中,避免受到伤害。有些人,在作业过程中不懂装懂,不会装会,尤其是到了陌生作业环境中,在不了解所处环境状况的情况下,盲目作业,结果造成伤害,这是安全技能贫乏造成的,也就是说自身的安全价值观存在问题,没有认识到安全技能的重要性。

三、自身行为是安全价值观的运用

正确的安全价值观运用到实际工作中去,能够约束自己的行为,有效地避免事故的发生。在交通行业,司机有了正确的安全价值观,驾车时就会严格按照道路交通法律法规的要求,谨慎驾驶,安全行车。即使碰到有些车辆强超强占,也会采取恰当的方式给予解决。反之,有些驾驶员缺乏相应的安全意识和职业道德,违规开车,有的甚至不顾一车人的生命野蛮开车,结果造成重特大交通事故的发生。在企业的生产过程中也是一样,有些人员违章作业造成事故,他不吸取事故教训,总结事故经验,反思自己的作业行为,而是认为自己倒霉,结果是三天两头地出事故,成了名副其实的事故大王。这就说明有什么样的安全价值观就会有什么样的行为,有什么样的行为就会导致什么样的结果。

四、保障安全是安全价值观的本质

安全价值观的本质是保障自身安全,因为人的不安全行为都是在一定的心理活动下产生的,是心理活动的外在体现。根据有关部门的统计,现代工业生产中70%以上的事故与人的因素有关。这就要求在安全管理上,必须从强化制度、加强培训、从严管理等各方面入手,以人性化安全管理为依托,通过讲道理、摆事实,设身处地地为职工着想,深化职工对安全生产重要性的认识,帮助职工克服麻痹侥幸心理,树立正确的安全价值观。

要确保职工的生命安全,企业就必须建立长效安全机制。建立长效安全机制的基础就是从每一个职工入手,让职工懂得自己的行为自己做主、自己的安全自己做主。

调动职工参与安全生产的积极性,形成对安全生产的认同感,培育职工正确的安全价值观。在企业中形成人人关心安全,人人向往安全、人人必须安全的良好氛围。

第二十一章　防护、应急救援设备使用

第一节　过渡车钩

为便于动车组救援和回送,专门配有救援和回送过渡车钩。

过渡车钩是在救援和回送时与装有 15 型车钩的机车进行连接的部件。结构上要求过渡车钩的一侧能连接到动车组车钩上,另一侧能与救援机车车钩(即 15 型车钩)连接。

过渡车钩必须满足如下条件:

(1)每列动车组上配有两套救援用过渡车钩,可满足牵引 16 辆编组的列车以 120 km/h 速度运行的要求。

(2)过渡车钩放置在车辆两端头车的前罩室或其他车辆走行部裙板内,便于取出和放回。过渡车钩应采用紧凑的轻型设计,每个模块的质量应小于 50 kg。在搬运及安装作业时,使用升降叉车或其他工具,以确保安全。

一、过渡车钩的组成及结构形式

过渡车钩按动车组车钩类型分为四个模块。

过渡车钩模块 1:能与钩高 880 mm 连杆式车钩连挂,应配置制动管,可增加总风管。连杆式车钩应符合 TSI-C(2008)中 10 型车钩的规定,结构形式如图 21-1 所示。

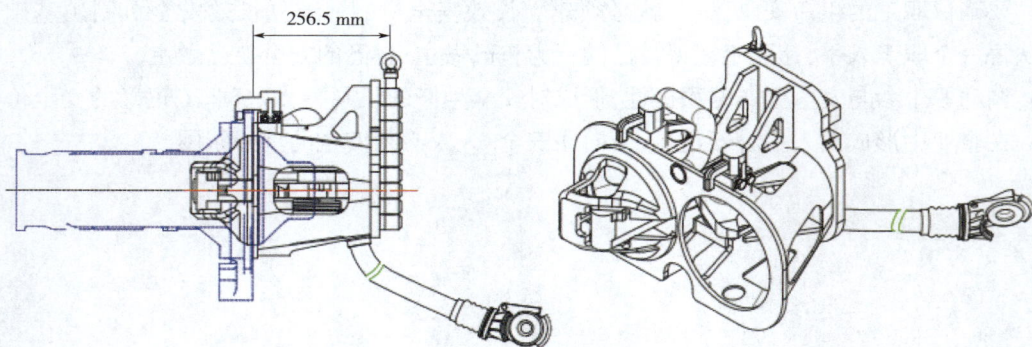

图 21-1　模块 1 结构形式

过渡车钩模块 2:能与钩高 1 000 mm 柱销式密接车钩连挂,应配置连挂引导台和解钩保持装置,结构形式如图 21-2 所示。

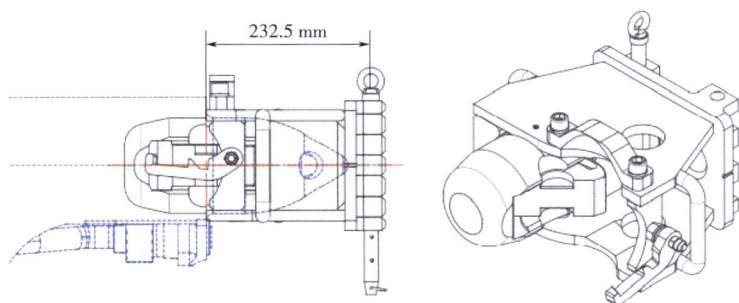

图 21-2 模块 2 结构形式

过渡车钩模块 3:能与钩高 1 000 mm 连杆式车钩连挂,应配置制动管,可增加总风管。连杆式车钩应符合 TSI-C(2008)中 10 型车钩的规定,结构形式如图 21-3 所示。

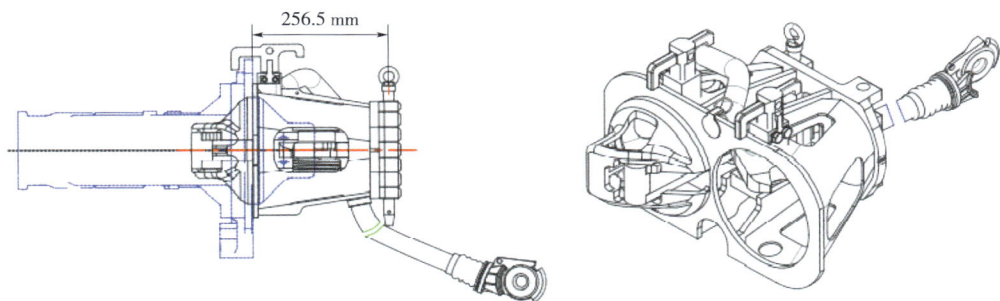

图 21-3 模块 3 结构形式

过渡车钩模块 4:能与国内 13 型/15 型车钩连挂,轮廓应符合 TB/T 456.2 中的规定,结构形式如图 21-4 所示。

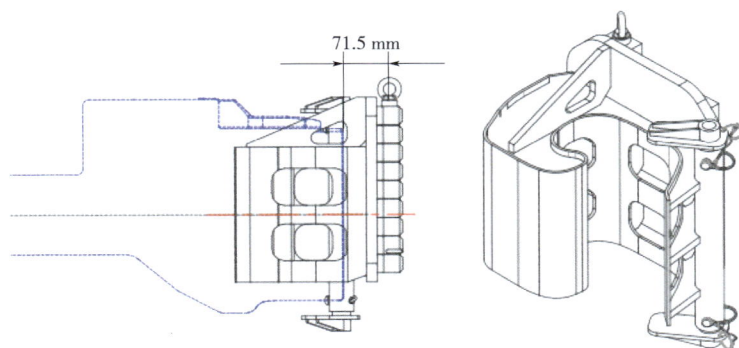

图 21-4 模块 4 结构形式

模块 4 处于安装位时,过渡车钩中心线距轨面高度应在 840~890 mm 之间。

二、过渡车钩的连接轮廓

动车组车钩按内部结构和连接方式,可分为柱销式车钩和连杆式车钩。

　　钩舌和钩舌腔均为半圆柱结构,在连挂状态下两钩能形成完整圆柱钩舌和圆柱钩舌腔以实现连挂的车钩。柱销式车钩的连挂部分结构如图 21-5 所示。

　　在连挂过程中,内部连挂机构旋转,使两钩连挂,此时连挂机构形成完整平行四边形结构的车钩。连杆式车钩的连挂部分结构如图 21-6 所示。

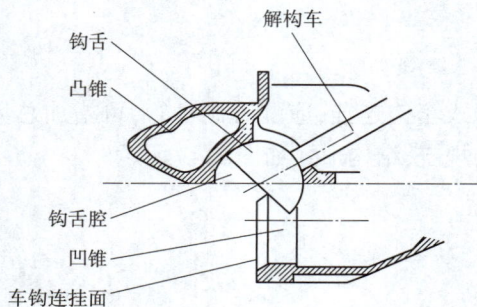

图 21-5　柱销式车钩连挂部分结构

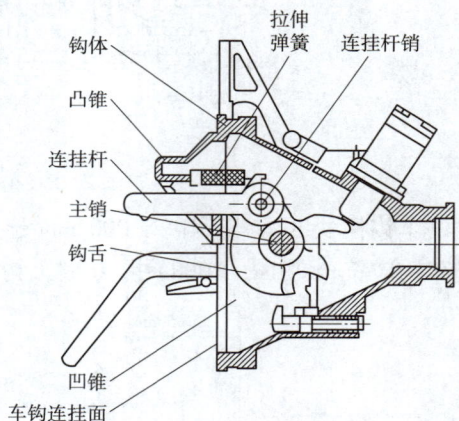

图 21-6　连杆式车钩连挂部分结构

　　两种结构形式的车钩,其连挂轮廓如图 21-7 和图 21-8 所示。

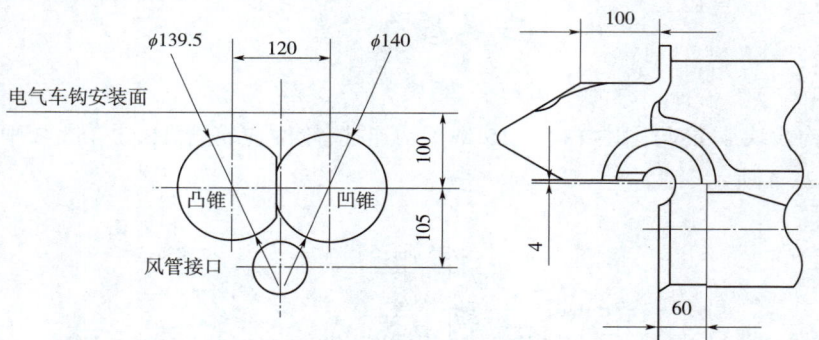

图 21-7　柱销式车钩连挂轮廓(单位:mm)

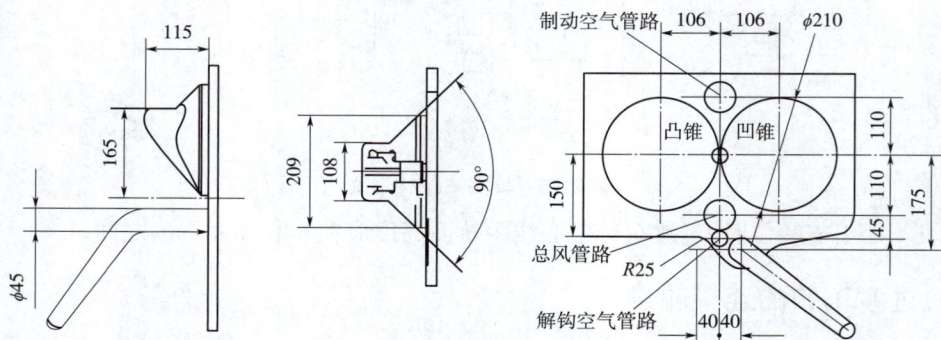

图 21-8　连杆式车钩连挂轮廓(单位:mm)

三、过渡车钩模块组合

通过过渡车钩模块(图 21-9)两两组合实现不同形式的动车组之间或机客车与动车组之间的连挂救援,各模块之间组合形成完整过渡车钩装置以实现连接。过渡车钩各模块之间的组合方式见表 21-1。

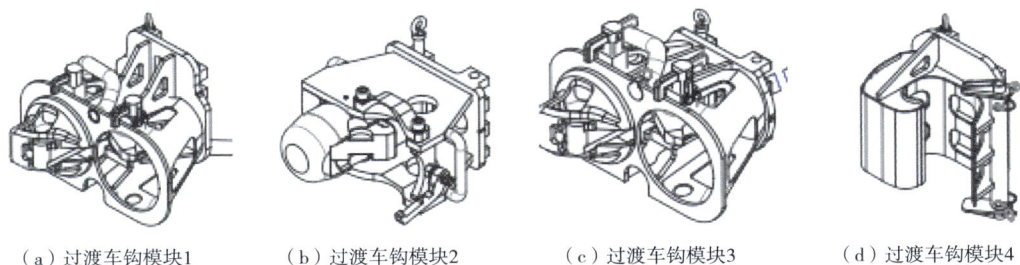

(a)过渡车钩模块1　　(b)过渡车钩模块2　　(c)过渡车钩模块3　　(d)过渡车钩模块4

图 21-9　过渡车钩各模块

表 21-1　各模块中间的组合方式

模块类型	过渡车钩模块 1	过渡车钩模块 2	过渡车钩模块 3
过渡车钩模块 1	—		
过渡车钩模块 2		—	
过渡车钩模块 3			—

续上表

模块类型	过渡车钩模块 1	过渡车钩模块 2	过渡车钩模块 3
过渡车钩模块 4			

四、连挂方式

过渡车钩与机械车钩连挂时，每套车钩的连挂、解钩动作应顺畅，各动作部件不应出现卡滞等异常情况，应具有相应的指示或者信息反馈功能。连挂速度不大于 5 km/h。连挂操作参照《铁路技术管理规程》相关规定执行。过渡车钩模块之间应在 10 min 内完成装配。

第二节　司机室逃生设备使用

司机室逃生设备是发生事故时，为保证司机人身安全，离开司机室逃出车外的设备，包括逃生窗、应急梯和应急软梯等。

一、逃生方向

（一）有独立的司机室门

CRH2A/2B/2C 型及 CRH5 系列动车组，均带有独立的司机室门，该司机室门为司机专用，发生事故时，如具备条件（车门未变形，无其他妨碍条件等），首先选择由司机室门逃生，其逃生方向如图 21-10 和图 21-11 所示。

CRH2A/2B/2C 型及 CRH5 系列动车组，逃生时可以选择由独立司机室外门逃生至车外，或由司机室通过台与车辆客室之间的隔断门逃生至客室内。

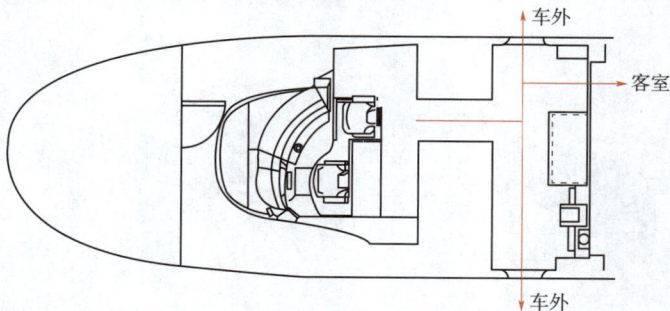

图 21-10　CRH2A/2B/2C 型动车组逃生方向

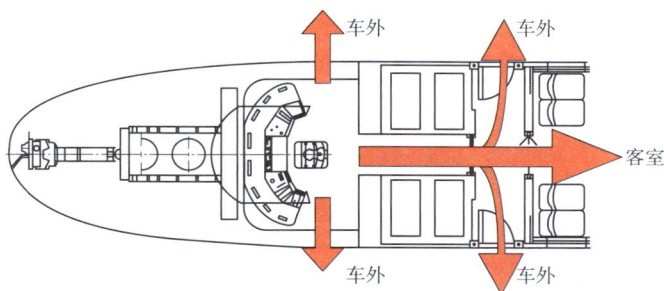

图 21-11　CRH 系列动车组逃生方向

（二）无独立司机室门

其他类型动车组,除无独立的司机室门外,也不设置司机室与客室之间的通过台和隔断门,如要逃生至车外,一是由司机室侧窗逃生,二是由司机室至客室,再由客室逃生至车外。

二、逃生设备的使用

由司机室逃生至车外时,可使用逃生侧窗、逃生梯及逃生软梯,其中,逃生侧窗和逃生软梯配合使用,逃生梯在车辆外门(含司机室独立外门)处使用。

（一）逃生梯的使用

逃生梯存放于司机室或客室备品柜内,使用方式如图 21-12 所示。

（a）车与地面之间救援放置　　　　（b）车与地面之间救援　　　　（c）车与车之间救援

图 21-12　逃生梯

（二）逃生侧窗及逃生软梯

无独立司机室外门的动车组,设有逃生侧窗。逃生侧窗分为两种,一种是可以整个打开的,一种是只能击碎的,如图 21-13 和图 21-14 所示。

图 21-13 中的逃生窗,不能打开,需逃生时,须用右上侧的安全锤敲击逃生窗中的红点处,将玻璃打碎,然后使用逃生软梯。

图 21-14 中的逃生窗,无须打碎玻璃,只需要掰断防护罩,拉开把手,即可打开窗户,然后再使用逃生软梯。

逃生软梯放置在司机座椅下方的备品箱内,如图 21-15 所示。

逃生软梯使用时,取出软梯,将软梯挂钩挂在打开或打碎的逃生侧窗沟槽内,软梯至于车外,即可顺软梯逃出司机室,如图21-16所示。

图 21-13　CRH2A(统)型动车组司机室逃生窗

防护罩　把手　　　　　　逃生侧窗

(a)CRH3系列动车组司机室逃生侧窗

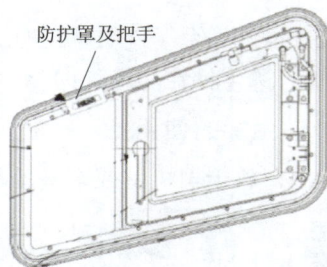

防护罩及把手

(b)CRH5系列动车组司机室逃生侧窗

图 21-14　两种动车组司机的逃生窗

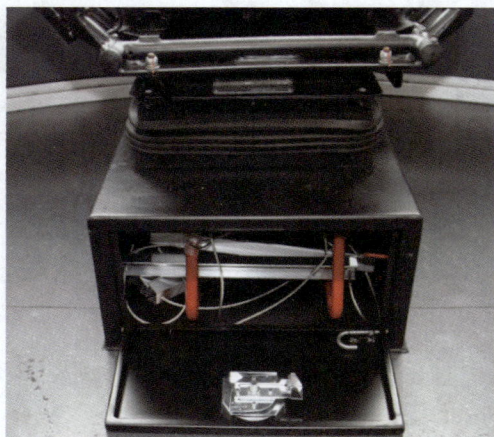

图 21-15　CRH3 系列动车组司机座椅下方
　　　　　备品箱内的逃生软梯

图 21-16　逃生软梯挂在逃生窗上

第三节　防护、防溜的设置与撤除

一、防护设备

防护设备是列车停在区间不能继续运行,对本列车进行防护时所使用的设备,通常有火炬和响墩两种,如图 21-17 所示。

图 21-17　响墩和火炬

(一)火炬使用步骤

1. 取出火炬,检查是否完好;

2. 取下火炬保护塑料筒,擦皮盖和擦皮;

3. 用擦皮与火药头迅速滑擦,直到火炬燃烧;

4. 将燃烧的火炬朝向来车方向吸置在钢轨上,如图 21-18 所示。

注意:放置燃烧的火炬时应斜拿,且不得朝向任何人;燃烧充分时火药水四溅,小心烫伤手。

(二)响墩使用步骤

1. 取出响墩,确认完好。

2. 将响墩按来车方向规定的距离处左 2 右 1 放置在轨面中间并固定,相互间隔 20 m。如有防护人员,防护人员应同时持红旗(灯)进行防护,如图 21-19 所示。

图 21-18　火炬防护

注意:

(1)距离 a 或 b 按《铁路技术管理规程》中规定的距离执行。

(2)防护设备的撤除按《铁路技术管理规程》中相关规定执行。

二、防溜设备

除有停放制动的动车组外,其他动车组须使用止轮器(铁鞋)进行防溜。

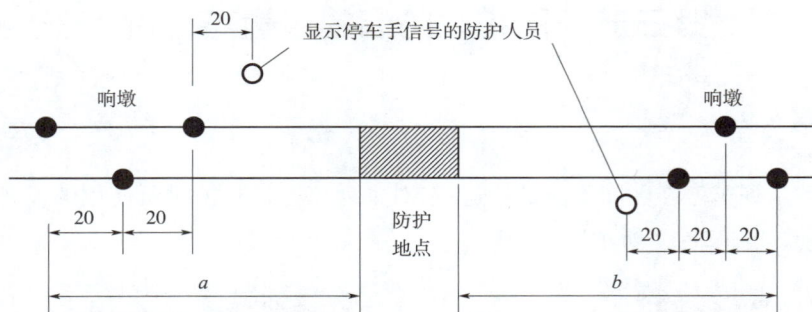

图 21-19   响墩防护(单位:m)

止轮器(铁鞋)如图 21-20 所示。

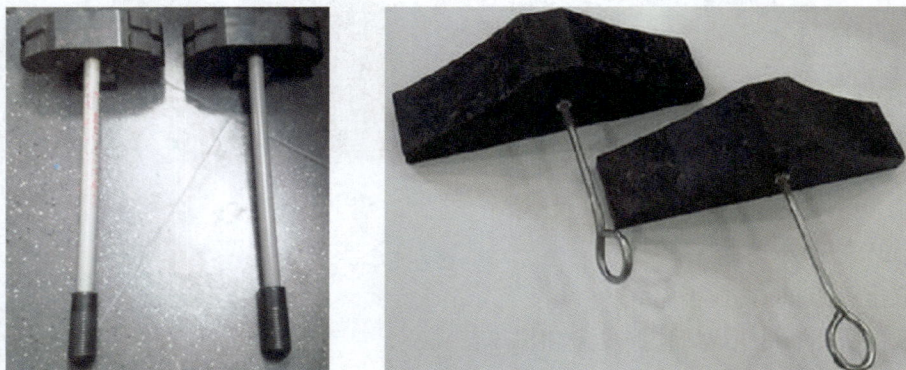

图 21-20   止轮器(铁鞋)形式

防溜的有关规定如下：

1. 动车组无动力停留时,有停放制动装置的动车组,由司机负责将动车组处于停放制动状态;动车组无停放制动装置或在坡度为 20‰以上的区间无动力停留时,由司机通知随车机械师进行防溜,防溜时应使用铁鞋牢靠固定,如图 21-21 所示。

图 21-21   使用木质止轮器防溜设置

2. 重联动车组在设置铁鞋(止轮器)防溜时,仅设置前列。

3. 如需在同一股道内停留两列不重联的动车组时,两列动车组间应间隔不小于 20 m 的安全防护距离(动车段、动车所内的股道除外),并分别做好防溜。

4. 动车段(所)内动车组防溜办法由铁路局集团公司规定。

第二十二章　法律法规、职业道德

第一节　有关法律法规内容

一、《中华人民共和国安全生产法》摘录

第六条　生产经营单位的从业人员有依法获得安全生产保障的权利,并应当依法履行安全生产方面的义务。

第二十五条　生产经营单位的安全生产管理机构以及安全生产管理人员履行下列职责:

(一)组织或者参与拟订本单位安全生产规章制度、操作规程和生产安全事故应急救援预案;

(二)组织或者参与本单位安全生产教育和培训,如实记录安全生产教育和培训情况;

(三)组织开展危险源辨识和评估,督促落实本单位重大危险源的安全管理措施;

(四)组织或者参与本单位应急救援演练;

(五)检查本单位的安全生产状况,及时排查生产安全事故隐患,提出改进安全生产管理的建议;

(六)制止和纠正违章指挥、强令冒险作业、违反操作规程的行为;

(七)督促落实本单位安全生产整改措施。

生产经营单位可以设置专职安全生产分管负责人,协助本单位主要负责人履行安全生产管理职责。

第二十八条　生产经营单位应当对从业人员进行安全生产教育和培训,保证从业人员具备必要的安全生产知识,熟悉有关的安全生产规章制度和安全操作规程,掌握本岗位的安全操作技能,了解事故应急处理措施,知悉自身在安全生产方面的权利和义务。未经安全生产教育和培训合格的从业人员,不得上岗作业。

生产经营单位使用被派遣劳动者的,应当将被派遣劳动者纳入本单位从业人员统一管理,对被派遣劳动者进行岗位安全操作规程和安全操作技能的教育和培训。劳务派遣单位应当对被派遣劳动者进行必要的安全生产教育和培训。

生产经营单位接收中等职业学校、高等学校学生实习的,应当对实习学生进行相应的安全生产教育和培训,提供必要的劳动防护用品。学校应当协助生产经营单位对实习学生进

行安全生产教育和培训。

生产经营单位应当建立安全生产教育和培训档案,如实记录安全生产教育和培训的时间、内容、参加人员以及考核结果等情况。

第二十九条 生产经营单位采用新工艺、新技术、新材料或者使用新设备,必须了解、掌握其安全技术特性,采取有效的安全防护措施,并对从业人员进行专门的安全生产教育和培训。

第三十条 生产经营单位的特种作业人员必须按照国家有关规定经专门的安全作业培训,取得相应资格,方可上岗作业。

特种作业人员的范围由国务院应急管理部门会同国务院有关部门确定。

第三十五条 生产经营单位应当在有较大危险因素的生产经营场所和有关设施、设备上,设置明显的安全警示标志。

第四十一条 生产经营单位应当建立安全风险分级管控制度,按照安全风险分级采取相应的管控措施。

生产经营单位应当建立健全并落实生产安全事故隐患排查治理制度,采取技术、管理措施,及时发现并消除事故隐患。事故隐患排查治理情况应当如实记录,并通过职工大会或者职工代表大会、信息公示栏等方式向从业人员通报。其中,重大事故隐患排查治理情况应当及时向负有安全生产监督管理职责的部门和职工大会或者职工代表大会报告。

县级以上地方各级人民政府负有安全生产监督管理职责的部门应当将重大事故隐患纳入相关信息系统,建立健全重大事故隐患治理督办制度,督促生产经营单位消除重大事故隐患。

第四十二条 生产、经营、储存、使用危险物品的车间、商店、仓库不得与员工宿舍在同一座建筑物内,并应当与员工宿舍保持安全距离。

生产经营场所和员工宿舍应当设有符合紧急疏散要求、标志明显、保持畅通的出口、疏散通道。禁止占用、锁闭、封堵生产经营场所或者员工宿舍的出口、疏散通道。

第四十三条 生产经营单位进行爆破、吊装、动火、临时用电以及国务院应急管理部门会同国务院有关部门规定的其他危险作业,应当安排专门人员进行现场安全管理,确保操作规程的遵守和安全措施的落实。

第四十四条 生产经营单位应当教育和督促从业人员严格执行本单位的安全生产规章制度和安全操作规程;并向从业人员如实告知作业场所和工作岗位存在的危险因素、防范措施以及事故应急措施。

生产经营单位应当关注从业人员的身体、心理状况和行为习惯,加强对从业人员的心理疏导、精神慰藉,严格落实岗位安全生产责任,防范从业人员行为异常导致事故发生。

第四十五条 生产经营单位必须为从业人员提供符合国家标准或者行业标准的劳动防护用品,并监督、教育从业人员按照使用规则佩戴、使用。

第四十六条 生产经营单位的安全生产管理人员应当根据本单位的生产经营特点,对安全生产状况进行经常性检查;对检查中发现的安全问题,应当立即处理;不能处理的,应当及时报告本单位有关负责人,有关负责人应当及时处理。检查及处理情况应当如实记录在案。

生产经营单位的安全生产管理人员在检查中发现重大事故隐患,依照前款规定向本单位有关负责人报告,有关负责人不及时处理的,安全生产管理人员可以向主管的负有安全生产监督管理职责的部门报告,接到报告的部门应当依法及时处理。

第四十七条　生产经营单位应当安排用于配备劳动防护用品、进行安全生产培训的经费。

第五十条　生产经营单位发生生产安全事故时,单位的主要负责人应当立即组织抢救,并不得在事故调查处理期间擅离职守。

第五十一条　生产经营单位必须依法参加工伤保险,为从业人员缴纳保险费。

国家鼓励生产经营单位投保安全生产责任保险;属于国家规定的高危行业、领域的生产经营单位,应当投保安全生产责任保险。具体范围和实施办法由国务院应急管理部门会同国务院财政部门、国务院保险监督管理机构和相关行业主管部门制定。

第五十二条　生产经营单位与从业人员订立的劳动合同,应当载明有关保障从业人员劳动安全、防止职业危害的事项,以及依法为从业人员办理工伤保险的事项。

生产经营单位不得以任何形式与从业人员订立协议,免除或者减轻其对从业人员因生产安全事故伤亡依法应承担的责任。

第五十三条　生产经营单位的从业人员有权了解其作业场所和工作岗位存在的危险因素、防范措施及事故应急措施,有权对本单位的安全生产工作提出建议。

第五十四条　从业人员有权对本单位安全生产工作中存在的问题提出批评、检举、控告;有权拒绝违章指挥和强令冒险作业。

生产经营单位不得因从业人员对本单位安全生产工作提出批评、检举、控告或者拒绝违章指挥、强令冒险作业而降低其工资、福利等待遇或者解除与其订立的劳动合同。

第五十五条　从业人员发现直接危及人身安全的紧急情况时,有权停止作业或者在采取可能的应急措施后撤离作业场所。

生产经营单位不得因从业人员在前款紧急情况下停止作业或者采取紧急撤离措施而降低其工资、福利等待遇或者解除与其订立的劳动合同。

第五十六条　生产经营单位发生生产安全事故后,应当及时采取措施救治有关人员。

因生产安全事故受到损害的从业人员,除依法享有工伤保险外,依照有关民事法律尚有获得赔偿的权利的,有权提出赔偿要求。

第五十七条　从业人员在作业过程中,应当严格落实岗位安全责任,遵守本单位的安全生产规章制度和操作规程,服从管理,正确佩戴和使用劳动防护用品。

第五十八条　从业人员应当接受安全生产教育和培训,掌握本职工作所需的安全生产知识,提高安全生产技能,增强事故预防和应急处理能力。

第五十九条　从业人员发现事故隐患或者其他不安全因素,应当立即向现场安全生产管理人员或者本单位负责人报告;接到报告的人员应当及时予以处理。

第七十四条　任何单位或者个人对事故隐患或者安全生产违法行为,均有权向负有安全生产监督管理职责的部门报告或者举报。

因安全生产违法行为造成重大事故隐患或者导致重大事故,致使国家利益或者社会公共利益受到侵害的,人民检察院可以根据民事诉讼法、行政诉讼法的相关规定提起公益诉讼。

第九十条　负有安全生产监督管理职责的部门的工作人员,有下列行为之一的,给予降级或者撤职的处分;构成犯罪的,依照刑法有关规定追究刑事责任:

(一)对不符合法定安全生产条件的涉及安全生产的事项予以批准或者验收通过的;

(二)发现未依法取得批准、验收的单位擅自从事有关活动或者接到举报后不予取缔或者不依法予以处理的;

(三)对已经依法取得批准的单位不履行监督管理职责,发现其不再具备安全生产条件而不撤销原批准或者发现安全生产违法行为不予查处的;

(四)在监督检查中发现重大事故隐患,不依法及时处理的。

负有安全生产监督管理职责的部门的工作人员有前款规定以外的滥用职权、玩忽职守、徇私舞弊行为的,依法给予处分;构成犯罪的,依照刑法有关规定追究刑事责任。

第一百零七条　生产经营单位的从业人员不落实岗位安全责任,不服从管理,违反安全生产规章制度或者操作规程的,由生产经营单位给予批评教育,依照有关规章制度给予处分;构成犯罪的,依照刑法有关规定追究刑事责任。

二、《中华人民共和国铁路法》摘录

第七十一条　铁路职工玩忽职守、违反规章制度造成铁路运营事故的,滥用职权、利用办理运输业务之便谋取私利的,给予行政处分;情节严重、构成犯罪的,依照刑法有关规定追究刑事责任。

三、《中华人民共和国行政许可法》摘录

第九条、第十二条第三款、第六十五条、第六十九条、第七十条、第七十八条、第七十九条、第八十条、第八十一条。

四、《中华人民共和国刑法》摘录

第一百三十二条　铁路职工违反规章制度,致使发生铁路运营安全事故,造成严重后果的,处三年以下有期徒刑或拘役;造成特别严重后果的,处三年以上七年以下有期徒刑。

五、《铁路安全管理条例》摘录

第五十七条　铁路机车车辆的驾驶人员应当参加国务院铁路行业监督管理部门组织的考试,考试合格方可上岗。具体办法由国务院铁路行业监督管理部门制定。

第五十八条　铁路运输企业应当加强铁路专业技术岗位和主要行车工种岗位从业人员

的业务培训和安全培训,提高从业人员的业务技能和安全意识。

第五十九条　铁路运输企业应当加强运输过程中的安全防护,使用的运输工具、装载加固设备以及其他专用设施设备应当符合国家标准、行业标准和安全要求。

第六十条　铁路运输企业应当建立健全铁路设施设备的检查防护制度,加强对铁路设施设备的日常维护检修,确保铁路设施设备性能完好和安全运行。

铁路运输企业的从业人员应当按照操作规程使用、管理铁路设施设备。

六、《铁路机车车辆驾驶人员资格许可办法》摘录

第二条　在中华人民共和国境内的铁路营业线上,承担公共运输或者施工、维修、检测、试验等任务的铁路机车、动车组、大型养路机械、轨道车、接触网作业车驾驶人员(以下简称驾驶人员),应当依照本办法向国家铁路局申请铁路机车车辆驾驶资格,经考试合格后取得驾驶资格许可,并获得相应类别的机车车辆驾驶证(以下简称驾驶证)。

内地与香港过境铁路机车车辆驾驶人员资格管理按有关规定办理。

第四条　下列人员不得驾驶铁路机车车辆:

(一)走私、贩卖或者吸食毒品的;

(二)组织、领导或者参与恐怖主义活动的;

(三)饮酒、服用国家管制的精神药品或者麻醉药品,或者患有妨碍安全驾驶铁路机车车辆疾病,或者存在其他影响安全驾驶行为的;

(四)违章驾驶后未采取考核、教育、培训等措施的。

第五条　驾驶资格分为机车系列和自轮运转车辆系列。具体代码及对应的准驾机车车辆类型为:

(一)机车系列:

J1 类准驾动车组和内燃、电力机车;

J2 类准驾动车组(不含动力集中型电力动车组)和内燃机车;

J3 类准驾动车组(不含动力集中型内燃动车组)和电力机车;

J4 类准驾动车组(不含动力分散型电力动车组)和内燃、电力机车;

J5 类准驾内燃机车;

J6 类准驾电力机车;

J7 类准驾动力分散型电力动车组;

J8 类准驾动力集中型内燃动车组;

J9 类准驾动力集中型电力动车组。

(二)自轮运转车辆系列:

L1 类准驾大型养路机械和轨道车、接触网作业车;

L2 类准驾大型养路机车;

L3 类准驾轨道车、接触网作业车。

第十一条　申请驾驶证的,应当具备以下条件:

(一)年龄在 18 周岁至 45 周岁。

(二)身体健康,符合国家对驾驶人员健康标注的要求,驾驶适应性测试合格,有良好的汉字读写能力并能够熟练运用普通话交流。

(三)具有国家承认的大专及以上学历(含高职、下同)或者铁路相关专业中专学历;但是本条第三款规定的除外。

(四)机车系列申请人应当连续机务乘务学习 1 年以上或者机务乘务学习行程 6 万公里以上,自轮运转车辆系列申请人应当连续自轮运转车辆乘务学习 6 个月以上;但是本条第二款、第三款规定的除外。

(五)不具有本办法第四条第(一)项、第(二)项规定的情形。

申请 J9 或者 J8 类驾驶资格的,应当连续动车组机务乘务学习 1 年以上且乘务学习行程 6 万公里以上。

申请 J7 类驾驶资格的,应当具有国家承认的机车车辆或者机电类专业大专及以上学历;并且连续动车组机务乘务学习行程 20 万公里,或者连续动车组机务乘务学习 2 年以上且乘务学习行程 15 万公里以上,或者连续担任动车组机械师职务 2 年以上且连续动车组机务乘务学习行程 10 万公里以上。

初次申请驾驶证只能申请机车系列 J9、J8、J7、J6、J5 中的一种,或者自轮运转车辆系列 L3、L2 中的一种。

第十二条　初次申请驾驶证的,申请人应当提交一下材料:

(一)铁路机车车辆驾驶人员资格考试申请表;

(二)本人居民身份证、港澳台居民居住证或者外国人永久居留身份证;

(三)具有资质的健康体检机构或者二级及以上医疗机构按要求出具的近一年内的体检合格报告;

(四)本人学历相关材料。

第十四条　增加本系列准驾机车车辆类型或者增加准驾系列称为增驾。申请增驾时,每次可以申请某一系列的一种机车车辆类型。

已具有 J9、J8、J7、J6、J5 类驾驶资格之一可以互为申请其中的一种,已具有 J4、J3、J2 类驾驶资格之一可以申请 J1 类,已具有 L3、L2 类驾驶资格之一可以申请 L1 类。

申请 J1、J2 或者 J3 类增驾资格,以及 J9、J8、J6、J5 类申请 J7 类增驾资格时,应当不超过 45 周岁,具有所持有的驾驶资格 2 年以上且安全乘务 10 万公里以上;J9、J8、J6、J5 类互为申请增驾资格时,应当具有所持驾驶资格 1 年以上且安全乘务 6 万公里以上。

L2 类持证人申请 L1 类驾驶资格时,应当具有 L2 类驾驶资格 2 年以上且安全乘务 1 万公里以上;L3 类持证人申请 L1 类驾驶资格时,应当具有 L3 类驾驶资格 2 年以上且安全乘务 3 万公里以上。

第十八条　初次申请和申请增驾的人员应当参加国家铁路局组织的考试。考试包括理论考试和实际操作考试。

理论考试内容包括行车安全规章和专业知识两个科目。实际操作考试内容包括检查与试验、驾驶两个科目。

经理论考试合格后,方准予参加实际操作考试。理论考试或者实际操作考试如有一个科目不合格,即为考试不合格。

第十九条 理论考试成绩 2 年内有效。在理论考试合格有效期内,最多允许参加 3 次实际操作考试。未在有效期内完成实际操作考试的,本次理论考试成绩作废。

国家铁路局应当公布申请人考试成绩供申请人查询。

第二十一条 驾驶证仅限本人持有和使用,企业不得非法扣留驾驶证。驾驶人员执业时,应当携带实体驾驶证,遇执法检查时,应当主动配合驾驶资格查验工作。

查验驾驶资格时,电子驾驶证和实体驾驶证均可以作为验证依据。若实体驾驶证与电子驾驶证信息发生不一致时,以电子驾驶证信息为准。

第二十三条 驾驶证有效期为 6 年。驾驶证有效截止日期不得超过持证人法定退休日期。

驾驶证有效期满、需要延续的,应当在驾驶证有效期届满前 90 日内 30 日前向国家铁路局提出换证申请。驾驶证记载内容发生变化、损毁或者丢失的,应当在 90 日内向国家铁路局申请换证或补证。国家铁路局审核后认为符合条件的,予以换证或者补证。

非有效期满换证或者补证的,换发或者补发后的驾驶证有效截止日期不变。申请换证或者补证时无须提交体检合格报告和照片。

驾驶证申请补证期间,驾驶人员可以凭电子驾驶证执业。

第二十四条 有下列情形之一的,应当撤销驾驶资格许可:

(一)工作人员滥用职权、玩忽职守,致使不符合条件的人员取得驾驶证的;

(二)以欺骗、贿赂等不正当手段取得驾驶证的;

(三)依法可以撤销驾驶资格许可的其他情形。

因本条第一款第二项原因撤销驾驶资格许可的,3 年内不得再次申请驾驶证。

第二十五条 有下列情形之一的,应当注销驾驶资格许可:

(一)驾驶证有效期届满未延续的;

(二)驾驶员死亡或者丧失行为能力的;

(三)驾驶证被依法撤销的;

(四)法律、法规规定的其他情形。

第三十条 申请人隐瞒有关情况或者提供虚假材料申请驾驶证的,国家铁路局不予受理或者不予行政许可,并给予警告;申请人 1 年内不得再次申请。

第三十一条 申请人在考试过程中有贿赂、舞弊行为的,取消考试资格,已经通过的考试科目成绩无效。

第三十二条 驾驶人员有下列行为之一的,由铁路监管部门处 1 000 元以下的罚款:

(一)饮酒、服用国家管制的精神药品或者麻醉药品后驾驶铁路机车车辆的;

(二)因个人违章驾驶铁路机车车辆发生较大及以上铁路交通事故的;

（三）将铁路机车车辆交由未取得驾驶资格的人员驾驶的；

（四）持过期、失效或者不符合准驾类型的驾驶证驾驶铁路机车车辆的。

第三十六条　有下列行为之一的,按照有关规定对责任人员给予处分;构成犯罪的,依法追究刑事责任。

（一）参与、协助、纵容考试舞弊的；

（二）故意为不符合申请条件、未经考试、考试不合格人员签注合格成绩或者核发驾驶证的；

（三）故意为不符合条件的人员换发或者补发驾驶证的；

（四）在办理驾驶资格过程中索取或者收受他人财物或者谋取其他利益的。

七、《违反〈铁路安全管理条例〉行政处罚实施办法》摘录

第三十六条　违反《条例》第五十七条规定,铁路机车车辆的驾驶人员持过期或者失效驾驶证件执业的,由地区铁路监督管理责令改正,可以处 1 000 元以下的罚款。

第二节　铁路职业道德实践与修养

一、职业的含义和功能

职业是人们维持生计,承担社会分工角色,发挥个性才能的一种持续进行的社会活动。职业的功能一是维持生计,二是承担社会分工角色,三是发挥个性。

二、树立正确的职业理念

（一）敬业的理念

敬业就是尊敬、尊崇自己的职业。

首先要做到自信,面对艰苦的工作,面对难题的挑战,坚信自己,一定能挑战难题,获得成功。其次,要主动工作,给自己装上一个发动机,不断地获取工作的成功。最后,要在工作中充满友爱,与工作中的团队紧密合作,以友爱、理解和亲和力,去体现自身的价值。

（二）具有积极的心态

首先,要具备自我创造的精神。其次,要心存感激,学会感恩。最后,培养积极的心态要学会称赞别人。

（三）理解企业的理念

首先应当明确,企业是对社会作出贡献的组织。其次,不能把企业看成是什么都完美的组织。最后,不能把企业当成慈善组织,对企业提许多无理的要求。

（四）树立学习的理念

学习型组织在今天已经成为各家企业的一致的发展目标。要重视学习而带来的发展机

会;要重视企业给予的培训;要重视学习能力的培养;要重视学习过程中的产出。

(五)做遵守职业道德的模范

1. 爱岗敬业:这是职业道德的基础。爱岗就是热爱自己的本职工作,忠于职守,对本职工作尽心尽力。
2. 诚实守信:这是做人的基本准则,要讲信用、重信用,信守诺言。
3. 遵纪守法:这是一个公民的基本道德要求,要遵守国家的法规,同时也要遵守企业规章和制度。
4. 奉献社会:这是职业道德的出发点和归宿。奉献社会就是要履行对社会、企业、家庭、个人的责任和义务。

三、职业道德的内涵和作用

职业道德,就是同人们的职业活动紧密联系的、符合职业特点所要求的道德准则、道德情操与道德品质的总和。职业道德是社会道德体系的重要组成部分,它一方面具有社会道德的一般作用,另一方面它又具有自身的特殊作用:

(一)调节职业交往中从业人员内部以及从业人员与服务对象间的关系。

(二)有助于维护和提高本行业的信誉。

(三)有助于促进本行业的发展。

(四)有助于提高全社会的道德水平。

四、铁路职业道德的性质

人民铁路职业道德性质是由我国社会主义的本质属性决定的,具有以下性质:

(一)人民铁路职业道德与社会主义社会所提倡的共产主义道德是一致的。

(二)人民铁路职业道德的原则、规范、要求同铁路职工职业活动的目的是一致的。

(三)铁路职工具有履行铁路职业道德的高度主动性和自觉性。

五、铁路职业道德的基本原则:人民铁路为人民

(一)"人民铁路为人民"是铁路职工正确的价值观和职业理想的集中体现。

(二)"人民铁路为人民"是贯穿全部铁路职业道德规范的总纲和精髓。

(三)"人民铁路为人民"是统一协调铁路经济效益和社会效益的根本原则。

(四)"人民铁路为人民"是铁路职工职业道德实践的行动指南。

六、铁路职业道德基本规范

(一)尊客爱货　热情周到

牢固树立全心全意为人民服务的观念,苦练服务本领,掌握服务规律,提高服务质量,增强服务效果。

(二)遵章守纪　保证安全

树立安全第一、预防为主的观念;坚持进行遵章守纪职业道德教育,反对"官僚主义、好人主义",克服"两违"现象,使职工养成严格遵章守纪的职业习惯;营造遵章守纪的氛围,形成遵章守纪光荣、违章违纪可耻的道德风尚。

(三)团结协作　顾全大局

一要树立在大局下行动的观念,二要自觉搞好与路内外各部门、各单位、各环节的团结协作。首先,要搞好班组的团结协作;其次,要搞好运输结合部的团结协作;最后,要搞好铁路与路外厂矿企业的团结协作。

(四)注重质量　讲究信誉

一要树立质量第一、信誉为重的观念。二要提高技能、严守规程、精心操作。包括苦练本领、提高技能;严守规程、精心操作;待人以诚、恪守信义,建立信誉等。

(五)艰苦奋斗　勇于奉献

一要树立艰苦奋斗、勇于奉献的观念。深刻认识艰苦奋斗是劳动者的本色和崇高的精神境界;深刻认识艰苦奋斗是铁路的政治优势;深刻认识艰苦奋斗的时代内容。二要培养勤俭节约、兴家立业的作风。发扬勤俭节约、兴家立业的作风,首先要树立自力更生、为国争光的思想。坚持勤俭节约、兴家立业的作风,必须确立为国家分忧,为企业解难的主人翁精神。三要学习先进典型,弘扬艰苦奋斗精神。

(六)廉洁自律　秉公办事

一要树立廉洁自律、秉公办事的观念。要正确认识正当的个人物质利益与个人利己主义的原则界限;正确认识各种规范、制度与人的关系;正确认识社会大环境与我们个人行为之间的关系;正确认识普通职工廉洁自律、秉公办事与党员干部率先垂范的关系。

二要慎独守志,接受监督。要严于律己,慎独守志;接受监督,闻过则喜。

三要坚持原则、抵制歪风。要闯过金钱关,战胜金钱的诱惑。要顶住人情风,要冲破关系网。

(七)爱路护路　尽职尽责

一要树立爱路护路、尽职尽责的观念。

二要知法守法,爱护国家财物。

三要见义勇为,坚决同一切破坏铁路运输的不法行为作斗争。

(八)率先垂范　当好公仆

一要树立率先垂范、当好公仆的观念。

二要密切联系群众,自觉接受群众监督。

三要身体力行,做遵守和倡导职业道德的模范。

七、实践和修养

加强铁路职业道德建设,在当前铁路发展的大环境中,在与国际运输业接轨的前提下,加强铁路职业道德建设是非常必要的,也是势在必行的。

(一)从全路总体发展的高度和战略意义出发,结合目前我国的形势,重点突出铁路高质量发展的思路。

(二)从思想入手,重点阐明铁路职工思想建设和完善提高的重要性,必要性和紧迫性。

(三)结合铁路部门的实际,具体工作,充分发挥和发扬工人阶级的先进性,认真贯彻,坚决落实上级各项文件、电报等的精神要求,有力地促进安全生产的稳定顺利进行。

(四)重点推进各类规章制度的认真落实执行工作。严格标准化作业制度的开展,把规章制度的执行和日常的生产工作紧密结合起来,全面促进,保证安全生产的顺利实现。

(五)从个人学习以来的收获入手,重点是思想认识上的提高和进步,树立了牢固的安全生产的奋斗目标,把每天、每次的工作生产都作为规章制度的细化和延展执行,认真落实岗位责任制,明确奋斗目标,确保岗位生产安全。

第三节　铁路职工岗位行为规范

全体铁路职工要有强烈的事业心和责任感,敬业爱岗,恪尽职守,保证工作质量。用心、用功、用智、用巧,勤奋好学,发挥创造性,提高技能,岗位成才。贯彻"人民铁路为人民"的宗旨,工作中遵章守纪、团结协作、举止文明,弘扬诚实守信的良好道德风貌,竭尽全力,最大化满足运输市场需求。

一、遵章守纪

自觉遵守国家法律法规,严格遵守上级、段的规章制度和作业操作规程,令行禁止,服从领导。牢固树立"安全第一"理念,认真履行岗位职责,按标准上岗,按岗位标准作业,严格"两纪",杜绝"两违"。各种备品定置摆放,有效齐全。出乘前、值乘中和待乘期间不饮酒,值乘中不打牌,当班不睡觉。严格执行标准化作业和一次出乘作业标准,不出现漏检、漏修现象,无责任行车安全隐患发生。不利用工作之便进行营利性"捎买带",不私带无票旅客。

二、团结协作

发扬团队精神,同事和部门之间相互主动合作。正派做人,踏实干事,不推诿扯皮,不推卸责任。

三、举止文明

行为得体,举止大方,仪表整洁,规范着装,文明礼貌,注重修养,做到文明对待同事及旅客。不因路风问题被曝光,坚决杜绝各类路风投诉、不良反应和路风问题的发生。